走向科研型教师之路

——西南大学教育学部本科生论文集（第三辑）

ZOUXIANG KEYANXING JIAOSHI ZHI LU

王牧华 王华敏 主编

李晶晶 王新皓 副主编

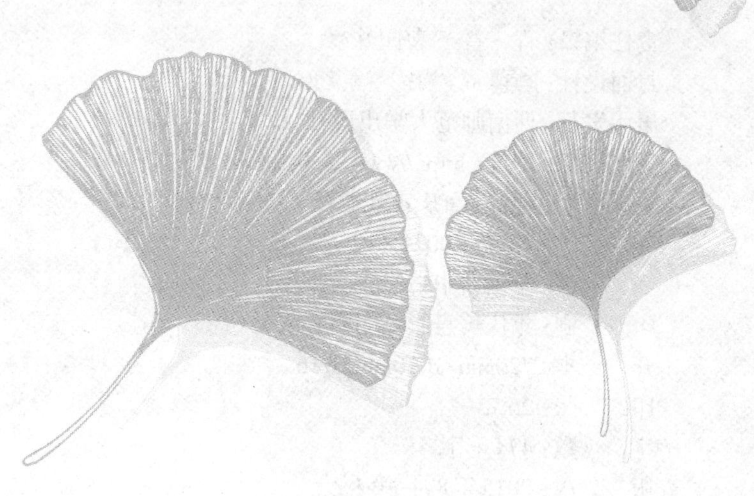

西南師範大學出版社

国家一级出版社 全国百佳图书出版单位

图书在版编目(CIP)数据

走向科研型教师之路：西南大学教育学部本科生论文集 / 王牧华，王华敏主编. — 重庆：西南师范大学出版社，2015.8

ISBN 978-7-5621-7494-3

Ⅰ.①走… Ⅱ.①王… ②王… Ⅲ.①教育-文集 Ⅳ.①G4-53

中国版本图书馆CIP数据核字(2015)第151963号

走向科研型教师之路

——西南大学教育学部本科生论文集（第三辑）

主　　编　王牧华　王华敏

副 主 编　李晶晶　王新皓

责任编辑：程　晋　曹园妹

封面设计：尚品CASTALY 周　娟　喻艾琳

出版发行：西南师范大学出版社

网址：http://www.xscbs.com

地址：重庆市北碚区天生路2号

邮编：400715

经　　销：全国新华书店

印　　刷：重庆美惠彩色印刷有限公司

开　　本：720mm×1030mm　1/16

印　　张：26.75

字　　数：474千字

版　　次：2015年8月　第1版

印　　次：2015年8月　第1次印刷

书　　号：ISBN 978-7-5621-7494-3

定　　价：68.00元

前　言

西南大学教育学部始建于 1950 年，组建于 2011 年，是西南大学办学历史悠久的研究型学部。1952 年全国院系调整时，复旦大学相辉学院教育系、四川大学教育系、重庆大学教育系、国立女子师范学院教育系、四川省立教育学院教育系、川东教育学院教育系和公民训育系、华西协和大学家政系、昆明师范学院教育系、贵州师范学院教育系等 9 个高校的教育类专业相继并入，构成西南师范学院教育系。2011 年，学校将西南大学教育学院、教育科学研究所、基础教育研究中心、教育部西南基础教育课程研究中心、教师教育管理办公室、高等教育研究所和干部培训学院的教学科研人员合并，组建为西南大学教育学部，成为西南大学重点育造的研究型学部。

西南大学教育学部秉承晏阳初、张敷荣、高振业、刘克兰等老一辈教育学家的育人风范，发扬“含弘光大、继往开来”的学校精神，经过 60 多年的发愤图强与开拓进取，构建了从本科生到博士后的人才培养体系，在人才培养、科学研究和社会服务方面取得了卓越的成就，不仅为国家培养了众多优秀的人民教师、教育管理干部和教育科学研究专门人才，而且走出了一大批享誉中外的学人大家。学部现拥有教育学博士后科研流动站、教育学一级学科博士学位授权点，涵盖教育基本原理、课程与教学论等 15 个二级学科博士授权点(含自主设置)、17 个二级学科硕士授权点和 5 个本科专业；拥有课程与教学论国家重点学科、重庆市教育学一级学科重点学科；拥有重庆市重点文科基地“西南大学基础教育研究中心”；拥有课程与教学论、比较教育学等 4 门国家精品课程、1 门国家精品视频公开课程、1 门双语教学国家示范课程、3 门国家级精品资源共享课建设项目；拥有课程与教学论国家级教学团队；拥有重庆市的品牌专业、精品课程和优秀教学团队。这些为进一步提高人才培养质量提供了优越条件。

西南大学教育学部始终坚持以人才培养为根本，注重提高人才培养质量，将本科生培养定位为“良心工程”，不断完善研究型人才培养的顶层设计，积极探索本科拔尖创新人才培养模式，积极推进研究型人才培养工作。自2005年以来，针对教育学科自身发展与社会发展需要，同时也为了增强教育学专业的社会适应性，教育学部进行了专业建设改革，打造综合化的培养机制，重新整合了原有的各传统优势专业，将其合并为一个大专业，即教育学专业。2007年，教育学专业获准为教育部、财政部联合确定的第一批特色专业，分设教育学、小学教育、学前教育、特殊教育和教育管理5个专业方向。从2009年起开办以学部驰名世界的历史名人、平民教育家晏阳初先生名字命名的本科“晏阳初创新实验班”，专门为各重点大学培养高水平教育理论研究后备人才。通过近10年的艰辛探索，教育学部形成了“小班精英化立体大课堂陪伴模式”的本科生培养模式，实施本科生培养“六大计划”，即全英文课程计划、“志汉杯”学生学术作品竞赛计划、本硕博精英计划、国内国外交换计划、实验学校扎根计划、本博牵手计划，努力把免费师范生培养成为教研型学科教师、学术型教研人员、专家型教育管理者，把“晏阳初创新实验班”的学生培养成为教育学研究型人才。

为了培养本科生的创新精神和学术科研能力，从2008年起，教育学部决定每年举办一届学生学术作品竞赛活动，以学部何志汉教授的名字命名为“志汉杯”，将何志汉教授去世时捐赠的8万元现金设立的“何志汉基金”用于奖励学生学术作品竞赛和国家“挑战杯”中的优胜者。“志汉杯”学生学术作品竞赛坚持“六个结合”：一是学术作品竞赛与本科生思想教育相结合。教育学部激励本科生学习和秉承何志汉教授无私奉献、默默钻研、热爱教育事业的“志汉精神”，在科学研究中完善自己的人格。二是学术作品竞赛与本科生导师制相结合。要求本科生导师指导本科生开展科学研究、撰写学术作品。三是学术作品竞赛与本科生阅读专业名著相结合。教育学部为本科生指定了100本专业名著，要求本科生在阅读专业名著的基础上进行研究、撰写论文。四是学术作品竞赛与本科生专业理论学习相结合。本科生可以通过学术研究和论文撰写，进一步深化其专业理论知识学习。五是学术作品竞赛与培养本科生综合素质相结合。通过竞赛，培养本科生的创新意识、创新精神、写作能力、口头表达能力和团队合作意识等各方面素质。六是学术作品竞赛与教师科研相结合。教育学部鼓励本科生广泛参与教师课题研究，从中进行科学选题，学习科学研究方法，培养学术科研能力。2013年5月，依托“志汉杯”学生学术作品竞赛创设本科生“挑战杯”培育基金项目。

教育学部从研究型学部建设经费中每年划拨 5 万元专项经费，每年资助 30 个科研项目，分设重大项目 2 个、重点项目 5 个和一般项目 23 个。择优资助培育优秀的学术科研作品参加全国“挑战杯”大学生课外学术科技作品竞赛。同时，从学校划拨的“晏阳初创新实验班”建设费中每年拿出 2 万元，面向“晏阳初创新实验班”本科生创设“晏阳初创新基金”项目，每年资助 20 个项目，分设重大项目 2 个、重点项目 5 个和一般项目 13 个。近两年学部本科生公开发表学术论文 40 余篇，在全国和重庆市“挑战杯”以及学校“含弘杯”学生学术科技作品竞赛中屡获佳绩。2008 级免费师范生黄良勇同学、2010 级“晏阳初创新实验班”陈春艳同学分别在第十二届、十三届全国“挑战杯”大学生课外学术科技作品竞赛中荣获二等奖和三等奖。

本书所选编的学术研究论文是教育学部第六、七届本科生“志汉杯”学术科技作品竞赛的优秀科研成果，借此希望进一步激发本科生的科研热情，反映本科生的科研意识和能力。应该看到，本科生在指导教师的指导下，根据自身的专业特点所做的研究虽稍显稚嫩，但是在这一篇篇的研究文章中透射出他们对当前各种层次教育以及教育中存在的问题的高度关注，这些都将成为他们今后走向教学研究的强大动力与基础，也是他们成为未来教育家的重要阶梯，我们有信心期待，也有理由期待……

目　录

第五篇　特殊教育审视

第一篇
大学人才培养模式改革

家庭资本对大学生专业选择影响的调查研究

——基于教育公平的视角

作者：朱俊华[①]　郝盼盼[②]　冉亚[③]　李婷[④]　杨磊[⑤]

指导教师：范蔚

在现代社会，"高等教育是一种专用性人力资本培训的投资行为"，大学生进入高校就是家庭投资的开始，而选择专业即明确了家庭投资的方向。根据麦可思研究院发布的《2013 中国大学生就业报告》，大学生选择不同专业带来的收益具有显著差异。随着我国高等教育大众化时代的来临，越来越多的家庭参与到了高等教育人力资本投资的活动中来，家庭对高等教育投资的收益追求愈来愈高，家庭因素也越来越多地参与到大学生专业选择上来。诸多学者经研究均发现，家庭背景是人们获得高等教育机会的重要影响因素之一，那些处于社会优势地位的群体获得了更多的高等教育机会，但他们对于大学生专业选择的关注却相对较少。本研究试图根据有针对性的调查数据，运用布迪厄资本理论作为分析框架，基于教育公平的视角，系统研究家庭资本对大学生专业选择的影响。

一、调查设计与实施

（一）问卷编制

根据布迪厄资本理论的基本内涵，结合我国现实并参考国内政治学、经济学、社会学、教育学等相关研究成果，我们编制了《家庭资本对大学生专业选择影响的调查问卷》。问卷包括三个部分：第一部分为大学生基本信息，包括学生就读的学校和专业、学生的年龄和性别、学生家庭所在地（城乡）、父母的政治面貌等信息；第二部分为大学生家庭资本状况，分为家庭经济资本、家庭文化资

---

①西南大学教育学部教育学专业（晏阳初创新实验班）2012 级学生

②西南大学教育学部教育学专业（晏阳初创新实验班）2011 级学生

③西南大学教育学部教育学专业（晏阳初创新实验班）2011 级学生

④西南大学教育学部教育学专业（晏阳初创新实验班）2011 级学生

⑤西南大学教育学部教育学专业（晏阳初创新实验班）2012 级学生

本、家庭社会资本三个维度，家庭经济资本维度包括家庭年收入、家庭月支出、学生月支出、学生手机价格、家庭经济条件等内容，家庭文化资本维度包括父母的受教育程度、家中藏书量、父母阅读量、父母所获资格证、父母的学术头衔等内容，家庭社会资本维度包括父母职业类型、父母职业被认可度、父母职业影响力、父母职业成就、父母职业声望、父母职业地位等内容；第三部分是家庭资本对大学生专业选择的影响，包括家庭对大学生所选专业的认知度、期望度和满意度，家庭对大学生所选专业的经济支持度和大学生所选专业与父母职业的相关度等内容。

(二)问卷施测情况

首先采用分层抽样的方式，选取了西南地区 6 所不同类型的高校，包括 1 所“985”高校、1 所“211”高校、1 所非“211”一本院校、1 所二本院校、1 所三本院校和 1 所高职高专学校。然后根据 2013 年各专业大学生毕业人数的比例和当年各专业招收学生人数的比例确定各专业大类的样本发放量，在以上 6 所学校对 2013 级的大一新生按专业大类进行随机抽样，共发放问卷 1000 份，回收有效问卷 848 份，问卷有效回收率为 84.8%。调查对象的专业分布情况如表 1 所示。

表 1 调查对象的专业分布情况(单位:人)

学 科	法学	工学	管理学	教育学	经济学	理学	历史学	农学	文学	医学	哲学	合计
人数(人)	36	129	73	34	53	200	21	50	68	160	24	848
百分比(%)	4.2	15.2	8.6	4.0	6.3	23.6	2.5	5.9	8.0	18.9	2.8	100

考虑到学科专业之间的相近性、各学科的样本分布特征、数据处理及讨论的具体情况，本文在研究中采用聚类分析法，对 11 个专业进行分类。每个聚类对象分别由 3 个分析要素构成，即经济资本、文化资本、社会资本。在聚类前，首先筛选有效的聚类变量。采用 R 型聚类，对变量降维，通过近似矩阵得出经济资本与文化资本两个变量的相关系数最大，如表 2 所示，因此选择经济资本与社会资本作为聚类变量。

表 2 三类资本的相关系数表

名称	经济资本	文化资本	社会资本
经济资本	1.000	0.920	0.635
文化资本	0.920	1.000	0.726
社会资本	0.635	0.726	1.000

聚类对象为11个专业，按照G1～G11的顺序分别为：法学、工学、管理学、教育学、经济学、理学、历史学、农学、文学、医学、哲学，聚类变量按照X1～X2的顺序分别为：经济资本、社会资本。不同专业学生的经济资本、社会资本的平均分布情况如表3所示。

表3　分析因子矩阵

要素	G1	G2	G3	G4	G5	G6	G7	G8	G9	G10	G11
X1	9.03	10.18	12.15	9.83	11.89	9.83	9.57	10.33	9.41	8.77	9.75
X2	16.86	16.26	20.3	16.32	18.66	17.15	16.76	17.92	16.29	15.25	16.96

问卷采用李克特5点评分形式计分，将各专业在经济资本、社会资本上的得分标准化，其中G1～G11、X1～X2与表3一致。由表4得知，矩阵每行平均值为0，方差为1，因此不同量纲和数量级的数据可以相互比较。

表4　得分标准化矩阵

	G1	G2	G3	G4	G5	G6	G7	G8	G9	G10	G11
X1	−0.97178	0.10561	1.95123	−0.22229	1.70765	−0.22229	−0.46588	0.24614	−0.61578	−1.21537	−0.29724
X2	−0.21625	−0.65271	2.28613	−0.60906	1.09314	−0.00529	−0.28899	0.55483	−0.63088	−1.38742	−0.1435

运用系统聚类分析法(Hierarchical Cluster Analysis)，根据研究指标间的相似性或亲疏关系，通过某些统计量及划分类型的依据，将相似程度大或关系密切的指标聚合到一个分类单位，将相似程度小或关系疏远的聚合为另一类，从而形成一个由小到大的分类系统，并用谱系图表示出来，如图1所示。

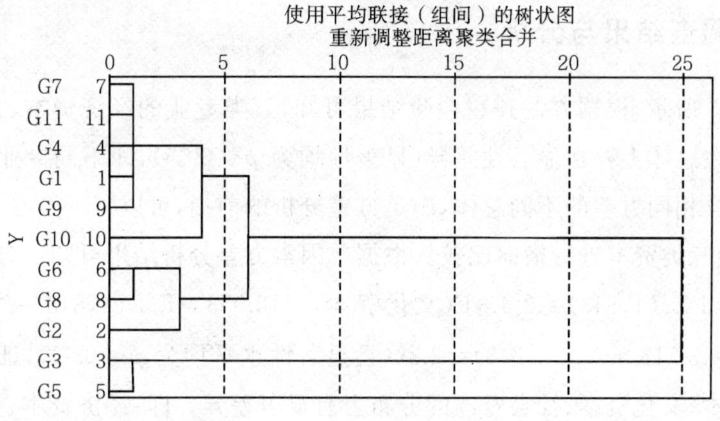

图1　聚类分析谱系图

由图 1 可以得知，在不同的聚类标准下，聚类结果不同，当距离标准逐渐放大到 25 时，11 个聚类对象被依次聚类。结合选取的原始数据以及客观实际情况，选择聚类距离为 3，将上述 11 个不同的专业分为五大类。具体把医学归为类 1，以下称为医科；工学归为类 2，以下称为工科；经济学、管理学归为类 3，以下称为经济管理学科；理学、农学归为类 4，以下称为理科；法学、教育学、历史学、文学、哲学归为类 5，以下称为文科。经调整后各个学科样本分布较为平均，如表 5 所示。

表 5　调整专业后各专业学生分布

专业	人数（人）	百分比（%）	累计百分比（%）
文科	183	21.6	21.6
理科	250	29.5	51.1
经济管理学科	126	14.8	65.7
工科	129	15.2	81.1
医科	160	18.9	100.0
合计	848	100.0	—

注：本统计表的专业聚类名称仅根据本研究要求命名，不具有普遍代表性

通过对调查结果数据的初步处理，使用克隆巴赫 α 系数（Cronbach's Alpha）对问卷进行信度检验，α 系数为 0.905，表明问卷有较好的信度；而本问卷的效度检验较适合采用结构效度，教育统计上一般采用相关分析法来检验问卷的结构效度，本问卷各维度得分与总分的相关系数为 0.653～0.897，因此认为本问卷有较好的结构效度。

二、调查结果与分析

如表 6 所示，根据方差齐性检验结果可知，五类专业的经济资本、文化资本、社会资本在总体上存在显著性差异（显著性均为 $p<0.05$），即不同专业的三个资本量是来自相同方差的不同总体，满足方差分析的前提，可以将一类专业的经济、文化、社会三类资本进行横向比较。根据单因素方差分析结果可知：F（经济资本）$=24.820>F_{0.95}(4,843)=2.37$，F（文化资本）$=16.953>F_{0.95}(4,843)=2.37$，F（社会资本）$=13.715>F_{0.95}(4,843)=2.37$（且显著性水平均为 $p<0.05$），证明各专业在经济资本、文化资本、社会资本的分布上有显著差异。即：经济资本、文化资本、社会资本对专业选择确实存在显著性影响，可以将五类专业在三类资本上分别进

行纵向比较。可排除随机因素干扰，结果具有普遍代表性。

表6　三类资本的单因素方差分析结果

	方差齐性检验				单因素方差分析	
	Levene 统计量	Df_1	Df_2	显著性	F 值	显著性
经济资本	21.974	4	843	0.000	24.820	0.000
文化资本	9.540	4	843	0.000	16.953	0.000
社会资本	11.434	4	843	0.000	13.715	0.000

（一）家庭经济资本对大学生专业选择的影响

从不同专业大学生的家庭经济资本情况可以看出，家庭经济资本对专业选择的影响体现在对不同专业的倾向性上。

1.如表7所示，家庭经济资本中、高的学生较倾向于选择经济管理学科和工科，而家庭经济资本较低的学生在理科、医科、文科中所占比例较大，分别为66%、59%、51%。理科中的学生较多来自低经济资本家庭。

表7　家庭经济资本与专业选择关系交叉表

专业	家庭经济资本			合计
	低	中	高	
医科	94 （59%）	45 （28%）	21 （13%）	160 （100%）
文科	94 （51%）	57 （31%）	32 （18%）	183 （100%）
经济管理学科	32 （26%）	47 （37%）	47 （37%）	126 （100%）
理科	165 （66%）	50 （20%）	35 （14%）	250 （100%）
工科	40 （31%）	55 （43%）	34 （26%）	129 （100%）
合计	425	254	169	848

注：采用李克特5分量表计分，得分在5～12分的为低经济资本家庭，得分在12～18分的为中等经济资本家庭，得分在19～25分的为高经济资本家庭

2.如表 8 所示,以家庭经济资本高的学生占比例最高的经济管理学科为例,进一步采用 LSD 多重比较分析,可以看出,经济管理学科与医科、文科、理科等专业在家庭经济资本上均存在显著性差异,并且均值差都为正,但选择经济管理学科与选择工科专业学生在家庭经济资本上不存在显著性差异(在均值差为 0.05 的显著性水平上)。如果经济管理学科中有极大部分学生来自家庭经济资本高的家庭,则证明选择工科的学生也较多地来自高经济资本家庭;反之,选择医科、文科、理科的学生则在高家庭经济资本中占比相对较少。

表 8　经济管理学科与其他专业家庭经济资本的差异比较

专业	专业	均值差	标准误	显著性
经济管理学科	医科	3.271*	0.343	0.000
	文科	2.564*	0.333	0.000
	理科	2.148*	0.314	0.000
	工科	1.034	0.310	0.098

注:* 表示均值差的显著性水平为 0.05

由于不同经济资本的家庭在家庭收入和家庭条件上存在着差别,所以,不同家庭经济资本的学生在专业选择上所能承受的失败风险和经济负担也不同,对于低经济资本家庭的学生来讲,在专业选择上首先考虑的是能否被大学录取,其次是能否有一个稳定的职业。而高资本家庭的学生首先考虑的是该专业目前或将来热不热,就业率怎样,待遇如何,如果不能读一个本科的好专业,宁肯选择一个专科的好专业,先上一个好专业,以后再设法读本科。在录取分数上,文科、理科等明显低于经济管理学科,所以,低资本家庭的学生为规避高校录取失败的风险,更多地选择了那些相对冷门的专业。另外,不同专业的学费和就读期间的花费也是家庭经济资本考虑的重要因素之一,社会经济地位低的学生倾向于选择学费水平较低的高校与专业,相对而言,文科、理科中专业的学费要低于经济管理学科等。

(二)家庭文化资本对大学生专业选择的影响

从不同专业大学生家庭文化资本的情况可以看出,家庭文化资本对大学生专业选择的影响体现在不同专业大学生家庭文化资本的差异上。

1.如表9所示,家庭文化资本高的学生倾向于选择经济管理学科、理科、工科,所占比例分别达52%、44%、43%。而家庭文化资本较低的学生在医科、文科中所占的比例较大,分别为27%、32%。

表9　家庭文化资本与专业选择关系交叉表

专业	家庭文化资本			合计
	低	中	高	
医科	43	81	36	160
	(27%)	(51%)	(23%)	(100%)
文科	59	79	45	183
	(32%)	(43%)	(25%)	(100%)
经济管理学科	19	42	65	126
	(15%)	(33%)	(52%)	(100%)
理科	60	80	110	250
	(24%)	(32%)	(44%)	(100%)
工科	32	41	56	129
	(25%)	(32%)	(43%)	(100%)
合计	198	316	334	848

注:采用李克特5分量表计分,得分在5～12分的为低文化资本家庭,得分在12～18分的为中等文化资本家庭,得分在19～25分的为高文化资本家庭

2. 如表10所示,根据描述性统计分析结果,以家庭文化资本低的学生占比最高的文科为例,进一步采用LSD多重比较分析,可以看出,文科与工科、经济管理学科等专业在家庭文化资本上均存在显著性差异,并且均值差都为负,但文科专业与理科、医科专业学生在家庭文化资本上不存在显著性差异(在均值差为0.05的显著性水平上)。如果文科中有极大部分学生来自家庭文化资本低的家庭,则证明选择医科、理科的学生也较多地来自低文化资本家庭;反之,选择经济管理学科、工科的学生则在高家庭文化资本中占比相对较多。

表10　文科与其他专业家庭文化资本的差异比较

专业	专业	均值差	标准误	显著性
文科	医科	0.745	0.522	0.154
	理科	−1.532	0.469	0.092
	工科	−2.397*	0.554	0.000
	经济管理学科	−3.188*	0.558	0.000

注:*表示均值差的显著性水平为0.05

专业选择的决策基础在于综合大量相关信息，而不同文化资本对专业选择的首要影响就在于信息的不对称。

其一，家庭文化资本较低的学生处于专业前景信息了解的劣势。其家庭不知道当前社会对人才需求结构的变化，依然按着传统的经验在指导学生的专业选择，存在很大的盲目性。低文化资本家庭的学生在医科和文科上的分布情况则说明：在传统社会观念里，非生产行业（如公务员、律师、医生）的收入高且社会地位高，也更加受人尊敬。所以，很多低文化资本家庭的学生选择了文科、医科等。事实上，这些家庭对信息的掌握具有滞后性，随着我国高等教育的大众化发展和专业的普遍开设，很多文科、医科人才已呈现出结构性过剩的现象，该类专业的就业率在近几年高校各专业就业率排名中几乎都是垫底，而低家庭文化资本的学生没有及时了解到这些信息，做出了对自己不利的专业选择。

其二，家庭文化资本较低的学生处于专业录取信息了解的劣势。如本研究中选择的文科（如哲学）和理科（如农学）几类专业的学生中，有相当大一部分（如哲学达87.5%）是被调剂到该类专业的。也就是说，这一部分学生就读的并不是自己选择的专业。而这些被调剂到该类文科专业的学生大部分属于低文化资本家庭，这也和其家庭信息闭塞、对专业录取的相关信息（录取比例、往年录取分数等）盲目无知不无关系，以致在对比分析自己的高考分数时严重误判，导致专业选择实际达成率低。

（三）家庭社会资本对大学生专业选择的影响

从家庭社会资本与专业选择的关系中可以看出，家庭社会资本对专业选择的影响体现在不同专业学生家庭社会资本的差异上。

1.如表11所示，家庭社会资本高的学生倾向于选择经济管理学科和工科，所占比例分别为34%、31%；而家庭社会资本较差的学生在医科、理科和文科中所占的比例较大，分别为89%、49%、66%。

表 11　家庭社会资本与专业选择关系交叉表

专业	家庭社会资本			合计
	低	中	高	
医科	142	4	14	160
	(89%)	(3%)	(9%)	(100%)
文科	121	27	35	183
	(66%)	(15%)	(19%)	(100%)
经济管理学科	73	10	43	126
	(58%)	(8%)	(34%)	(100%)
理科	123	85	42	250
	(49%)	(34%)	(17%)	(100%)
工科	74	15	40	129
	(57%)	(12%)	(31%)	(100%)
合计	588	86	174	848

注:采用李克特 5 分量表计分,得分在 5～12 分的为低社会资本家庭,得分在 12～18 分的为中等社会资本家庭,得分在 19～25 分的为高社会资本家庭

2.如表 12 所示,根据描述性统计分析结果,以家庭社会资本低的学生占比较高的理科为例,进一步采用 LSD 多重比较分析,可以看出,理科专业与经济管理学科、工科等专业在家庭社会资本上均存在显著性差异,并且均值差都为负,但理科专业与文科、医科专业学生在家庭社会资本上不存在显著性差异(在均值差为 0.05 的显著性水平上)。如果理科中有极大部分学生来自家庭社会资本低的家庭,则证明选择医科、文科的学生也较多地来自低社会资本家庭;反之,选择经济管理学科、工科的学生则在高家庭社会资本中占比相对较多。

表 12　理科与其他专业家庭社会资本的差异比较

专业	专业	均值差	标准误	显著性
理科	医科	0.982	0.523	0.109
	文科	0.680	0.503	0.176
	工科	−1.976*	0.560	0.012
	经济管理学科	−2.379*	0.565	0.000

注：* 表示均值差的显著性水平为 0.05

家庭社会资本所拥有的社会关系和社会资源必然会干预大学生的专业选择。例如高考中各种各样的加分政策,社会资本更高的家庭往往有更多的社会

资源和社会关系来争取到额外加分，这样不公平的录取条件必然会使家庭社会资本高的学生在专业选择上受益。近年来的自主招生政策使高校享有较大的招生自主权，招生计划、招生条件和录取办法都由各高校自行决定，正是这样放大的权力，使选拔出现踏足误区、盲区、禁区的不公平现象。往往家庭社会资本高的学生更容易通过自主招生，而一旦通过自主招生，将会享受额外的加分，那么，在专业选择时无疑处于优势的位置；相反，家庭社会资本低的学生则势必受到负面影响。

三、思考与建议

(一)通过完善高等教育资助体系，减轻低经济资本家庭学生负担

在高等学校收费的条件下，特别是不同专业学费不同的情况下，由于受家庭经济资本不足的影响，社会经济地位低的学生在选择专业时，表现出了与社会经济地位高的学生不同的倾向性。社会经济地位低的学生更多地选择农林、师范等学费较低的专业，而社会经济地位高的学生则更多地选择经管、政法等学费较高的专业，社会经济地位的差异导致了低经济资本家庭学生在专业选择上受到一定的限制，存在着事实上的入学机会不平等。可以通过完善高等教育资助体系，减轻低经济资本家庭学生负担等方式，实现不同家庭经济资本的学生在高等教育专业选择上的公平。目前而言，普通高校学生资助政策体系正在不断健全，通过以“奖”“贷”“助”为主、“勤”“免”“补”为辅的资助体系，从制度上保障了不让一位学生因家庭经济困难而失学，让每一位家庭经济困难学生都享有平等接受高等教育的机会。高等教育资助体系在高等教育入学公平上发挥了重要作用，接下来可以考虑让高等教育资助体系在高等教育专业选择公平上发挥积极的作用。比如，可以根据学生所选专业提供灵活的贷款数额，专业学费较高的可以提供更多的贷款，这样更有利于家庭经济地位低的学生通过贷款资助进入一些学费较高、但就业前景较好的专业。

(二)灵活开展多种形式的信息援助，保障低文化资本家庭学生的专业知情权

在专业选择上，不同文化资本家庭的大学生处于信息不对称的状态，文化

资本高的家庭有更多便利的条件获取更多的信息，而文化资本低的家庭处于获取信息的劣势地位。每个人都有免于信息匮乏的自由，同样，不同家庭文化资本的大学生在专业选择上也应有公平的知情权。就目前而言，教育部、各省市区招生管理办公室、高校综合采用各种技术和手段，对高考信息进行归纳和整理，以提高高考信息利用的效率、最大限度地帮助高考考生合理填报志愿，为学生提供高考信息服务。包括招生广告在高考志愿填报信息服务中的广泛应用，如省级招生部门出版的《招生通讯》《招生专业目录》和《报考指导》，学校自主印发的《招生简章》等；高校印发的各种纸质招生宣传材料，以及网络在高考志愿填报信息服务中的应用，如阳光高考网等。但还存在信息服务不够统一规范、信息传达方式较为局限等诸多问题，对低文化资本家庭学生选择专业帮助较为有限。所以，要加强对低文化资本家庭学生的信息援助，如中学应对这些学生进行专业选择的指导，免费提供网络信息服务；高校要加强和中学的互动，通过支持在校大学生回母校这种形式，向高中毕业生讲解高校的专业设置、专业核心课程、专业就业方向和该专业往年录取的人数和分数线，使低文化资本家庭的学生能了解到所要选择专业的信息；社会媒体也应加大信息支援，如平面和电视媒体可以在高中毕业生填报志愿的时段增加大学生专业相关信息的报道，网络媒体应提供免费或者低收费的专业填报评估系统，以多种途径进行高考志愿填报信息服务，尽力解决文化资本差异在专业选择上造成的负面影响。

（三）进一步规范招考制度，消除高社会资本家庭学生专业选择非正常影响因素

不同社会资本的家庭可利用的社会资源和社会关系存在很大差异，在大学生专业选择的问题上，社会资本较高的家庭往往会利用社会资源和社会关系为子女选择好专业提供便利条件。如高社会资本家庭的学生更有可能通过高考加分和自主招生来选择好的专业，或通过灰色途径获得额外的专业录取资格。因此，首先要加强考试招生法规建设，规范学校招生录取程序，清理并规范升学加分政策；公开自主招生办法、程序和结果；加强诚信制度建设，坚决防范和严肃查处考试招生舞弊行为。近日，国务院印发《关于深化考试招生制度改革的实施意见》，就深化考试招生制度改革提出五大任务，其中，改进招生计划分配方式，提高中西部地区和人口大省高考录取率，增加农村学生上重点高校人数，便是向低资本家庭学生进行政策倾斜。其次是改革招生录取机制，减少和规范考试加分，完善和规范自主招生，完善高校招生选拔机制，改进录取方式，且改革监督管理机制，加强信息公开，加强制度保障，加大违规查处力度，以营造公平的环境。例如：2010 年 7 月，国务院发布《国家中长期教育改革和发展规划纲要》(2010－2020 年)，明确提出要“清理并规范升学加分政策”。2010 年 11 月，教育部等五部委联合发布《关于调整部分高考加分项目和进一步加强管理工作的通知》(以下简称《通知》)，明确在 2014 年高考中开始执行新加分政策。目前，北京、山东、四川、辽宁、黑龙江、湖南、贵州等省市的“加分瘦身”政策也已出台，要求根据考生实际情况，细化加分条款。此外，要规范加分流程，严厉打击造假行为。五部委《通知》中明确指出，各地要规范加分工作流程。所有拟享受高考加分的考生，均须经过本人申报、有关部门审核、省地校三级公示后方能予以认可。有关部门还要明确职责、密切配合，进一步加强对申请高考加分的考生资格或身份的联合审查。为考生营造公平的考试和招生录取环境，消除高家庭社会资本在专业选择上的非正常干扰因素。

参考文献

[1] 褚建芳，王伯庆，恩斯特·使君多福.中国人力资本投资的个人收益率研究[J].经济研究，1995(12).

[2] 樊明成，陈小伟.中国大学生专业选择调查之基本分析[J].大学教育科学，2009(03).

[3] 甘行琼，邓圳.高校扩招与个人教育选择的经济学分析[J].教育研究，2008(12).

[4] 郭丛斌，闵维方.家庭经济和文化资本对子女教育机会获得的影响[J].高等教育研究，2006(11).

[5] 侯龙龙，李锋亮，郑勤华.家庭背景对高等教育数量和质量获得的影响——社会分层的视角[J].高等教育研究，2008(10).

[6] 李春玲.社会政治变迁与教育机会不平等——家庭背景及制度因素对教育获得的影响(1940—2001)[J].中国社会科学，2003(03).

[7] 李晓敏，黄丽霞.“经管法”专业报考热和“理工科”专业受冷遇现象的分析与思考[J].河北科技大学学报(社会科学版)，2010(03).

[8] 孟东方，李志，周顺文，朱勋春，苏玲. 学生家庭社会经济地位与高等学校类型及专业选择的相关性研究(上)[J].渝州大学学报(哲学·社会科学版)，1996(03).

[9] 郑若玲. 自主招生公平问题探析[J]. 中国地质大学学报(社会科学版)，2010(06).

重庆市高校人文素质教育的学生满意度调查研究

作者：林玥茹[①]

指导教师：徐学福

一、问题的提出

人文素质教育是将人类优秀的文化成果通过知识传授、环境熏陶以及自我反省、自身实践等途径内化为受教育者的人格、气质、修养，成为其相对稳定的内在品质的教育。其核心是培育人文精神，本质是成人的教育(即使人之所以为人的教育)，旨在教会受教育者如何做人。自20世纪90年代以来，人文素质教育一直备受关注。党的十八大报告提出“把立德树人作为教育的根本任务”“全面实施素质教育”，习近平“五四”讲话中表明，要将人文素质教育与社会主义核心价值观，与“中国梦”和优秀传统文化教育相结合，这些都表明人文素质教育的重要性。面对当下科学人文主义思潮发展下文理渗透、学科交叉的现象，以及多元文化价值观的挑战，搞好人文素质教育不仅符合世界教育的发展趋势，也是我国素质教育及高等教育改革的重点，更是有助于学生保持身心健康，培养独立人格与创新精神，提高专业素质，树立正确的人生观、价值观，处理好人与物、人与人、人与社会的关系，促使学生全面和谐发展的重要手段。

然而，当前高校人文素质教育仍存在诸多问题。大学生人文素养缺乏、思想道德素质不高、功利倾向较为严重、价值观倾斜、心理问题普遍化、民族精神淡漠等问题普遍存在。而面对这些问题，高校人文素质教育的重视程度不足，教育途径单一、方法老套，考核方式缺乏研究与检验、停留在分数至上的方式上，忽视学生自主性，教材仍有缺陷等。如何有效推动高校人文素质教育的进一步发展是亟待解决的问题。

当今研究者对高校人文素质教育的研究在理论与实践领域都已有一定成果，但多数研究是根据自身经验，采用纯思辨的方式构建理论框架，进行质的研

①西南大学教育学部教育学专业(晏阳初创新实验班)2012级学生

究，少有量的研究。而在少有的量的研究中，也多以调查人文素质教育的现状和教师、学生的人文素质水平为主，很少从态度、满意度这一角度进行分析。另外，相关研究也偏重从上级、管理者角度出发，很少从学生的视角看待问题，因此给出的建议大多偏向理论性，对学生的主体性有所忽视。

基于此，本次调查研究旨在从大学生的角度出发，探求大学生对高校人文素质教育的满意程度及其原因，以推动高校人文素质教育的进一步发展。

二、调查设计

（一）调查对象

本次调查研究的正式样本是来自西南大学、重庆大学、重庆工商大学、重庆交通大学的大一至大四的学生，其中“985”“211”高校 181 人，非“985”“211”高校 154 人；男生 148 人，女生 187 人；理科专业 182 人，文科专业 153 人。共发放问卷 400 份，收回问卷 370 份，回收率为 92.5 %，其中有效问卷 335 份，有效回收率为 90.5%。

（二）调查工具

本次调查研究采用自编信效度较高的问卷，名为《大学生对高校人文素质教育满意度的调查问卷》。在问卷编制中，首先根据相关文献中对高校人文素质教育评估系统的构建，确定了初始问卷，采用李克特（Likert）五点自评式量表计分，并随机抽取 30 位同学进行初测。其后，对所得数据进行探索性因子分析，删除题项标准差小于 1、题项的因子负荷值过小或在两个因子上贡献度相近的 3 个题目，然后以专家鉴定法进行内容效度评定，并对其进行主成分分析，再对结果进行方差最大化正交旋转。得到各题项的因子负荷值在 0.514～0.810，其载荷分配较理想，意义明确，可成为定义公共因子的有效指标，且题项解释总方差的累积百分率达到 73.96%。根据陡阶检验得到每个因子的特征值均大于 1，保证了题项的科学性。最后进行信效度检验，得出问卷总体 Cronbach's Alph 系数为 0.930，表明问卷具有较高的信度。最终形成包含 3 个一级维度，6 个二级维度，18 个题目，2 道开放式简答题的正式问卷。

三、重庆市高校人文素质教育的学生满意度调查结果

经分析，大学生对高校人文素质教育的满意度总体不高，均值为3.05，接近“一般满意(M=3)”的水平。在学校支持、教学建设、活动开展3个维度上，高校人文素质教育的学生满意度具有以下特征。

(一)学校支持：制度资金透明不足，软环境满意度低于硬环境

调查结果显示，在观念制度方面，大学生最为满意的是学校对人文素质教育的重视程度，而对人文素质教育制度完善度的满意度不高(M=2.96)，对学校资金支持力度的满意度最低，均值仅为2.87。在环境建设方面，大学生对硬件设施的满意度(M=3.15)略高于校园文化、人文气息状况(M=3.07)。

本研究认为，高校人文素质教育的制度建设和资金支持力度满意度较低的主要原因不在于制度的制定和资金投入的数量，而在于学校制度建设的宣传力度不足，资金运转机制的透明度不够。这容易使大学生在不了解实情的情况下产生质疑，从而导致其满意度下降。正如M同学在访谈时谈道：“我根本就不知道人文素质教育的具体制度，也不知道学校都在这上面投了多少钱，又拿去做什么了。所以也说不上满意不满意。”

另外，高校人文素质教育软环境建设的满意度要低于硬环境，这可能基于三个原因。其一，硬环境的建设比软环境更为容易。校园文化、人文气息等软环境的形成需要较长时间的积淀与发展，可能其建设本身就落后于硬环境，因此满意度也相对较低。其二，高校对软环境的建设重视不足。面对软环境建设的困难与不易评估性，高校或更倾向于建设看得见、摸得着的硬件设施。其三，大学生评价的问题。由于校园文化、人文关怀等多为隐性的、潜移默化的，较难把握，学生对其感知评估能力可能较弱，所以对硬环境的评价往往高于软环境。

(二)教学建设：师资队伍得到认可，教材与方式仍需改进

调查数据显示，大学生对人文素质教育的师资队伍较为满意，其中对教师的人文素质的满意度最高(M=3.40)。而在课堂教学方面，大学生对人文素质类课程的教学方式较为不满(M=2.99)，对课程教材最不满意，均值仅为2.90。

教师的人文素质状况在一定程度上得到认可，其原因可能有以下两个方

面。其一，随着人文素质教育研究的深入，政府、学校、学者、教师等越来越关注人文素质教育的教师及其人文素养，推动了师资队伍的建设。其二，学生评价时可能有主观因素，考虑教师的个人魅力、权威性等，加入了自己的主观色彩与喜好。

另一方面，大学生对人文素质类课程的教学方式与教材的满意度较低，这在一定程度上表明了教学方式仍存在问题，合适优质的教材尚少等。某些学者也提出了相同的看法，认为高校人文素质教育的教学方式单一，方法老旧，极少体现出专业特色，难以满足学生，无法引起学生的兴趣。

(三)活动开展：学术活动满意度低，喜爱程度影响满意度

分析数据可知，人文类学术活动的学生满意度总体偏低，对活动次数的满意度均值仅为2.86。而大学生对人文素质教育的喜爱程度对他们对课外活动的满意度有较为显著的影响。如图1所示，在“非常讨厌”至“比较喜欢”这一区间内，相关课外活动的满意度与大学生对人文素质教育的喜爱程度呈正相关。

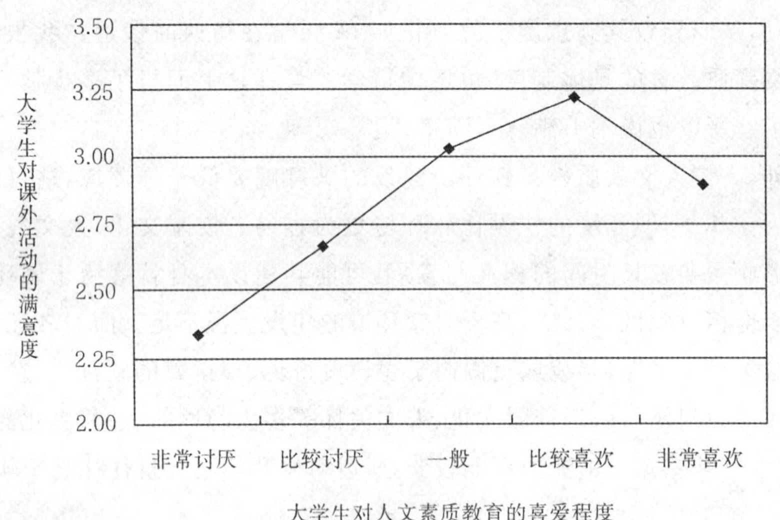

图1　大学生对人文素质教育的喜爱程度与对课外活动满意度折线图

大学生对人文素质类学术活动满意度偏低，在一定程度上表明相关学术活动存在诸多问题。其中，大学生对学术活动的次数最为不满，或是由于学校未从学生的实际需求出发，未给予学生自主选择的权利等。正如访谈中X、Y两位同学提到的：

X:我认为我们学校的人文类学术活动太多了,还强制要求参加。这么多活动耗时耗力,大家都没啥积极性,活动的质量有时也不高。

Y:我们学校这类学术活动很少。我是学理科的,但我很喜欢历史、古文这方面的东西。可惜学校不怎么重视,我们没什么平台。

另外,大学生对人文素质教育的喜爱程度及他们对影响课外活动的满意度说明:一定范围内,大学生对人文素质教育的喜爱程度越高,其对相关的课外活动的参与意愿可能就会越高,参与度也就越高,满意度或有所提升。因此,提高大学生对人文素质教育的喜爱程度,激发学生兴趣,促使其发挥内驱动力,有利于推动人文素质类课外活动的开展,从而促进高校人文素质教育的进步。

四、学生和学校差异对高校人文素质教育满意度的影响分析

(一)阶层线性模型的构建

分维度探讨高校人文素质教育满意度有利于全面了解现状,发现具体问题。但同时也需把握学生满意度的整体状况及其影响因素。梳理已有研究,发现学生个体差异对其满意度有所影响。而学生作为单一个体,势必受到所处大环境即学校的影响。然而,学校因素不仅直接影响着人文素质教育满意度,更对学生本身产生潜移默化的作用,即学校因素会通过影响学生因素间接地影响满意度。因此,通过简单的描述性分析,不考虑学生、学校间的交互作用,是无法分离嵌套在群体中的个体变量的,是无法准确说明高校人文素质教育满意度的影响因素及其效果的。

为解决上述问题,本研究采用阶层线性模型(即 HLM 模型)对嵌套数据进行处理,构建了两个水平模型,以高校人文素质教育的总体满意度为因变量,在查阅文献、观察咨询的基础上,选取了 6 个自变量,分为学生层、学校层两个阶层。具体如表 1 所示。

表1 HLM模型变量表

阶层	变量	指标
Level－1 学生层面 自变量	性别	男(1,即"1＝男",下同)、女(2)
	年级	大一(1)、大二(2)、大三(3)、大四(4)
	专业	理科(1)(包括理学、工学、农学、医学) 文科(2)(包括哲学、经济学、法学、教育学、体育类、文学、语言类、艺术类、历史学、管理学)
	高中文理科	理科(1)、文科(2)
	对人文素质的喜爱程度	非常喜欢(1)、比较喜欢(2)、一般(3)、比较讨厌(4)、非常讨厌(5)
	人文素质方面的学习状况	优(1)、良(2)、中(3)、差(4)
Level－2 学校层面 自变量	学校等级	"985""211"高校(1),非"985""211"高校(2)

(二)零模型分析

在输入变量时,发现"大学生自身在人文素质方面的学习状况"与"高中文理科"这两个变量对模型的有效性有所影响,不宜加入模型,故而删去。其后进行零模型分析,公式如下:

Level－1 方程:$Y_{ij}=\beta_{0j}+r_{ij}$,式中 $r_{ij}\sim N(0,\sigma^2)$

Level－2 方程:$\beta_{0j}=\gamma_{00}+u_{oj}$,式中 $u_{0j}\sim N(0,\tau_{00})$

上式中,Y_{ij}是j学校i学生的满意度,β_{0j}为j学校的学生平均满意度,r_{ij}是个体层次的随机误差;γ_{00}是各校满意度的总平均数,u_{0j}是学校层次的随机误差。分析数据可知,学校层面的随机方差为0.3502($p<0.01$),表明各高校学生的满意度存在显著性差异。计算跨级相关系数$\rho=\tau_{00}/(\sigma^2+\tau_{00})=0.3502/(0.3502+0.6498)=35.02\%$,表明大学生对高校人文素质教育满意度的总变异中有35.02%来自学校之间差异,而有64.98%来自学生个体层面的差异。

(三)完整模型分析

首先加入学生层面自变量运行模型,以探究没有学校因素时学生差异与人文素质教育满意度的关系。然后在斜率$\beta_1\cdots\beta_5$中加入学校特征变量,以探求学校、学生差异的交互作用。各模型公式如下：

Level－1 方程：

$Y_{ij}=\beta_0+\beta_1 X_1+\beta_2 X_2+\cdots+\beta_{nj} X_n+r_{ij}$

Level－2 方程：

$\beta_0=\gamma_{00}+\gamma_{01} W_1+\gamma_{02} W_2+\cdots+\gamma_{0n} W_n+u_0$

$\beta_1=\gamma_{10}+\gamma_{11} W_1+\gamma_{12} W_2+\ldots+\gamma_{1n} W_{nj}+u_1$

……

$\beta_5=\gamma_{50}+\gamma_{51} W_1+\gamma_{52} W_2+\ldots+\gamma_{5n} W_{nj}+u_5$

因所选学校样本数量有所限制，在计算方程的随机误差（r_{ij}；$\mu_0\cdots\mu_5$）时迭代次数过多，因此最终去除了残差。最终结果，即学生和学校交互作用对人文素质教育满意度的影响，如表 2 所示。

表 2　学生特征与学校特征交互作用对高校人文素质教育满意度的影响

	回归系数	标准差	T 检验
满意度—性别	0.062823	0.066730	0.941
学校级别	－0.279376	0.136583	－2.045*
满意度—年级	－0.105725	0.042065	－2.513*
学校级别	－0.063318	0.104752	－0.604
满意度—专业	－0.068818	0.066230	－1.039
学校级别	0.007503	0.136329	0.055
满意度—喜爱程度	0.058481	0.043200	1.354
学校级别	0.104223	0.086309	1.208

注：* 表示在 0.05 水平上差异显著

在上表中，每组第一层数据是未加入学校层面变量的结果，第二层数据是加入后的。当二者符号相同时，第二层变量加强第一层系数所表示的关联强度，反之则减弱，或以相反方向施加影响。表 2 数据显示：

1.学校级别越高，女性满意度高于男性满意度的趋势越明显。

由表 2 可知，学校级别（$\gamma=-0.279$，$p<0.05$）对学生性别变量起负向弱化

作用,而学生性别与满意度本身呈正相关联系,即女性的满意度要高于男性。因此,等级越高的学校这一趋势相对而言更为明显。即“985”“211”高校中,更倾向于女性的满意度高于男性;而非“985”“211”高校中,女性的满意度高于男性这一趋势或有所减弱甚至向相反趋势改变。这或许是由于不同学校的人文素质教育在内容、方式、取向上更符合某一性别的需求与喜好。当然,这也可能是选取样本学校的特殊性的原因,或存在误差。但这也从某一程度上对人文素质教育有所启示:应针对不同学校,考虑性别差异。

2.学校级别越低,大一至大四满意度总体下降的幅度越大。

由表 2 可知,学校级别($\gamma = -0.063$)对学生年级变量起正向强化作用。而学生年级与满意度本身呈显著负相关,即从总体上看,普遍呈现从大一至大四满意度下降的现象。因此,在考虑学校差异的情况下,等级越低的学校,其下降的趋势可能会更强;而等级越高的学校,其下降趋势可能相对较弱,甚至出现年级与满意度之间并无显著关联的现象。即“985”“211”高校的满意度随年级下降的总体幅度小于非“985”“211”高校。其原因可能是:“985”“211”高校的人文素质教育总体优于非“985”“211”高校。或者,“985”“211”高校对此更为重视,研究更透彻,能更好地针对不同年级的特点、需求开展相应的人文素质教育。又或者,相对而言,“985”“211”高校的学生自身人文素质更好、参与度更高,也更愿意将所学知识吸收内化,故而其满意度下降趋势也就越小。这在一定程度上表明,在开展人文素质教育时,应关注学校差异,考虑不同年级学生各自的特点,因材施教,有的放矢。

3.学生专业与满意度之间不呈显著相关。

由表 2 可知,学生专业与高校人文素质教育满意度之间并不存在显著相关性。在已有的研究中,多数学者都将专业作为影响学生人文素质的一个重要因素。如学者们普遍关注理工科的学生人文素质不足的问题,或认为当代大学生人文素养缺乏的一个重要原因就是高中文理分科,以致“先天不足”。这自然有其道理。但具有较高的人文素养不一定就对人文素质教育感到满意。高校人文素质教育不仅应是能提高大学生人文素养的教育,也应是能让学生满意的教育。故而不应仅局限在某一类专业中、仅考虑特性,也要考虑共性,办让学生满意的、立德树人的教育。

五、调控策略与建议

(一)完善制度,明晰资金,注重人文环境建设

首先,针对制度建设、资金支持满意度较低的问题,应完善制度建设,提高资金运作透明度。据调查可知,大学生对相关制度、资金较不满意的原因更多在于了解不足。因此,学校一方面应完善人文素质教育的制度建设,做好财政规划,合理投入资金;另一方面,也应建立良好的信息沟通系统,加强宣传,提高透明度,使学生能便捷及时地获得相关信息。如学校可利用网络资源,在构建学校、学院、学生这一纵向信息交流系统的基础上,通过校园网、学校论坛、微博以及常用的网络通信工具(如飞信、QQ、微信等),建立"学校—学生"的横向沟通机制,并定时公布相关的规章制度、资金财务的投入流向等信息,让学生充分了解到学校在人文素质教育方面的工作进展和实际建设情况。

其次,针对软环境满意度低于硬环境的问题,应注重学校人文环境的建设,在搞好人文素质教育硬件设施的同时,加强校园文化、人文气息等软环境的建设。

(二)丰富方式,创新教材,提高课堂教学质量

首先,针对高校人文素质类课程教学方式满意度较低的问题,应丰富、改进教学方式。据调查可知,大学生普遍认为高校人文素质类课程的教学方式较为单一老套,多知识灌输,课堂教学较为无趣。面对这一问题,学校、教师应关注教学方式的丰富,改变传统的书本灌输和单纯的知识传授,将人文素质教育与专业教育相结合,与实际生活相联系,贯穿融汇于整个课堂教学之中。

其次,针对大学生对高校人文素质类课程教材较不满意的问题,应完善、创新相关教材。目前,人文素质类课程教材很少结合学生实际情况,鲜有自身特色,难以激发学生兴趣。因此,应针对不同的课程内容,改进教材,使其具有自身特色,且可联系学生所在专业进行设计与补充;可创新教材,不拘泥于传统的"教科书"形式。具体而言,可先对相关教材进行现状调查,并探求学生的具体需求和态度倾向,之后采取专家编制教材、校本教材、教师整合资料相结合的方式制定人文素质课程教材。

(三)以学生为中心,改进学术活动,增强学习兴趣

首先,针对大学生对高校人文类学术活动满意度较低的问题,学校应以学生为中心,改进学术活动。据调查可知,大学生对人文类学术活动不满意的原因或是学校忽视了学生的主观需求,将学生仅仅当作被动接受者。对此,学校在开展人文类学术活动时,应以学生为中心,充分了解学生的人文素质水平和实际需求后进行活动策划与实施,以发挥学生的内驱动力,真正走进学生。当然,提高活动质量亦是不可忽视的。如邀请名家举办讲座、实现校际信息共享、引进世界知名网络课程等。

其次,针对大学生对人文素质教育的喜爱程度影响课外活动的满意度这一现象,学校应注重增强学生对人文素质教育的兴趣与喜爱程度。具体而言,可适当开展一些兼具趣味性与教育性的活动,使学生在活动中学习,在学习中享受。另外,也应因材施教,如在大学生入校时进行人文素质教育的喜爱程度调查,根据不同的结果采取具体措施。如面对喜爱程度较低的大学生,可向其提供一些趣味性较高的课程、活动,重在激发其兴趣;而面对喜爱程度较高的大学生,可进行一些更深入的、理论性更强的人文素质教育。

(四)关注学校差异,把握学生性别、年级特点

针对学校级别影响不同性别的满意度的问题,应关注学校间的差异,把握学生性别特点,合理开展人文素质教育。具体而言,可先调查研究一下某高校男女学生在人文素质教育满意度方面的差异,探求其原因,并根据差异调整高校人文素质教育。如某高校为理工科学校,男生数量远远大于女生数量,男女生对人文素质教育的满意度存在明显差异,那么可考虑调整相关课程、活动的开设数量,涉及内容等,以更高效地开展人文素质教育。另外,针对学校级别影响不同年级的满意度问题,应关注学校差异,把握学生年级特点,抓住关键时期,开展不同的人文素质教育。例如,某学校大二、大三学生的专业学习负担较重,闲暇时间较少,对人文素质教育的关注与投入较少,处于满意度下降的关键转折期,那么便该适当调整课程、活动,加强该年级的人文素质教育。

(五)在专业特色基础上办学生满意的人文素质教育

针对学生专业与人文素质教育满意度相关度不大的现状,学校应在专业特

色基础上办学生满意的人文素质教育。根据上文分析可知，不同学校中，学生专业与其满意度都不存在显著相关。因此，虽然由于不同专业的学生可能在人文素质的水平、状况上存在不同，但在照顾专业特色的基础上，更要关注学生对人文素质教育的真实需求与满意程度。人文素质教育不仅是人文知识的教育，更是人文精神的培养、人文行为的塑造。人文素质教育除了是能提高学生的人文素质水平的教育以外，还应该是学生满意的、喜欢的教育。所以，在开展人文素质教育时不应一味强调专业差异，可从其他视角切入，从整体上把握人文素质教育的发展、建设。

参考文献

[1]石亚军，赵伶俐等.人文素质教育：制度变迁与路径选择[M].北京：中国人民大学出版社，2012.

[2]吴小英.大学人文素质教育新论[M].杭州：浙江大学出版社，2012.

[3]蒋旋新.高校人文素质教育背景、现状及发展对策的研究[J].教育探索，2007(11).

[4]王义遒.掀起一个新高潮迎接文化素质教育 20 周年[J].中国大学教学，2014(06).

[5]赵必华.影响教师工作满意度的因素：基于 HLM 的分析[J].教育科学，2011(04).

[6]涂刚鹏.理工科大学生人文素质状况调查分析[J].学校党建与思想教育，2014(05).

[7]张大良.把培育和践行社会主义核心价值观贯穿高校文化素质教育始终[J].中国高教研究，2014，(07).

[8]周远清.在更高层次上推进人文素质教育与科学素质教育的融合[J].中国高教研究，2010(07).

[9]谢定国.当代大学生人文素质教育研究[D].武汉大学，2005.

大学生寝室人际信任现状调查

作者:魏晓宇[①] 李雅琳[②] 黄娅[③] 刘虹雨[④]

指导教师:李静

一、引言

人际信任是指个体在与他人交往的过程中,对交往对象的一种评估,它包括品质信任、情感信任和行为信任。每一种信任还包括各自具体的内容。品质信任指构成个体内部的性格特质和信念,相信对方有良好的道德品质,保证其履行责任和义务,品质信任还涉及他人的动机和人格等方面。情感信任指个人在人际交往过程中,个体所处的情感状态和情感变化过程,这种情感既具有动态性,又具有稳定性。行为信任指特定时刻个体对情境的反应,是由情境刺激决定个体行为倾向性。而大学生寝室人际信任是指在寝室这一特定环境中,个体在与寝室其他成员交往的过程中,对寝室其他成员在品质信任、情感信任和行为信任上的一种评估。

在寝室人际交往过程中,交往双方不同的价值观念、生活习惯等往往会对寝室人际信任造成影响。而随着社会的发展,大学生的价值取向愈发多元化,影响大学生寝室人际关系的因素也日趋复杂,使得大学生寝室人际信任出现新的特点。而寝室成员的不信任往往会造成一系列问题,甚至引发严重后果、产生犯罪行为。“马加爵案”就是一个典型的例子,马加爵正是因为室友对其人格上的不信任才导致了悲剧的发生。这些发生在大学生寝室中的惨痛教训,无不反映了大学生寝室人际不信任会给学校、家庭、社会带来极大的负面影响。

值得注意的是,由于寝室人际信任在一定程度上涉及寝室成员的隐私问题,外界的调节所能发挥的作用有限,而通过分析各因素对大学生寝室人际信

①西南大学教育学部教育学专业(晏阳初创新实验班)2011 级学生
②西南大学教育学部教育学专业(晏阳初创新实验班)2011 级学生
③西南大学教育学部教育学专业(晏阳初创新实验班)2011 级学生
④西南大学教育学部教育学专业(晏阳初创新实验班)2011 级学生

任的不同影响程度，可以为提高寝室人际信任水平提供有效的途径，从而有效提高大学生的总体人际信任水平。对于当代大学生来说，提高自身的寝室人际交往能力，建立与寝室其他成员良好的人际信任关系，对其今后在社会的长足发展具有重要意义。

从目前国内外对人际的研究成果来看，对大学生寝室问题的研究主要停留在人际关系的层面，对人际信任及其影响因素的研究甚少，研究者的关注大多停留在对大学生寝室交往关系的影响因素上。本文以大学生为研究对象，从品质信任、情感信任和行为信任三个维度对影响大学生寝室人际信任的因素进行深入的研究和探讨，旨在发现大学生在寝室人际信任方面所存在的问题及其特征。

二、研究过程与方法

(一)半开放式问卷调查

1.研究目的

通过半开放式问卷，结合专家意见，初步了解大学生寝室人际信任情况，为编制预测问卷奠定基础。

2.研究对象

半开放式问卷的被试为西南大学 80 名在读本科生，半开放式问卷调查对象的构成见表 1。

表 1　半开放式问卷调查对象构成表

（单位：人）

	性别			
年级	大二	大三	大四	小计
男	3	16	8	27
女	20	20	13	53
小计	23	36	21	80

3.研究方法

采用半开放式问卷对大学生进行调查。为了调查大学生在寝室人际交往中，对自己所信任的寝室同学的品质特点和行为表现特点的反应状况，以及与信任的寝室同学相处时的心理感受，半开放式问卷设置了四个问题：“在与寝室成员相处中，您所信任的人有哪些品质特点？”“您与信任的室友在一起时有何感受？”“在与寝室其他成员相处中，有什么行为表现的人值得您信任？”“您的室友还有哪些特点能提升您对他的信任感？请补充。”

4.结果与分析

对半开放式调查问卷的结果进行分类统计整理，分析结果如表2所示。

表2 大学生寝室人际信任内容分析

一级编码	二级编码
品质信任	生活独立性强；宽容大度；冷静；有相似价值观；真诚；踏实；谦虚；讲卫生；有原则；孝敬父母；尊重他人；有健康心态；能换位思考
情感信任	舒服愉快；有共同爱好；能够无所顾虑地表达自己的感受；能够得到心灵的慰藉；感觉受人尊重；有归属感；有安全感
行为信任	乐于助人；讲信用；有责任感；重情义；会保守秘密；能认真倾听；能相互支持；不拘小节；乐于分享；谈吐文明

(二)预测问卷调查

1.研究目的

通过对预测问卷数据的整理和分析，探索大学生寝室人际信任的结构，并编制成大学生寝室人际信任的正式问卷，为探究大学生寝室人际信任的特点提供测量工具。

2.研究对象

采用分层抽样法，从西南大学抽取不同专业、不同年级的学生作为初测对象，共发放问卷200份，有效回收问卷170份，有效回收率为85%，具体被试构成见表3。

表3 预测问卷调查对象构成表

(单位：人)

	性别			
年级	大二	大三	大四	小计
男	13	33	22	68
女	36	36	30	102
小计	49	69	52	170

3.研究过程

采用文献分析法对大学生寝室人际信任的特点进行分析，并结合半开放式问卷所收集的大学生对寝室人际信任相关问题的回答和专家的意见，初步编制了大学生寝室人际信任预测问卷的条目。问卷编好后，先请专家对问卷进行修改，把包含多层意义的条目进行拆分，把意义重复的题目进行删改。然后请大学生阅读各个条目，对表述不清、意思难懂的条目进行修改，最后形成有35个项目的预测问卷。问卷采用Likert五点自评式问卷进行团体施测，让被试从自身实际情况和内心想法出发进行评定，从“完全不符合”到“完全符合”分别评定为1～5分。在西南大学发放问卷，在选择被试时，综合考虑了性别、年级、专业等因素，分别按照一定的比例发放。在调查中，向被试说明研究目的及问卷填写方法，要求其认真作答，并及时回收问卷，以保证问卷的质量。

4.数据处理

全部数据采用SPSS 19.0统计软件进行数据处理。

5.调查结果与分析

(1)项目分析

对问卷的各个题目采用临界比率值(CR值)的方法，进行项目的鉴别力分析。先计算出问卷的总分，并按从高到低的顺序排列，选取总分的前27%为高分组，总分的后27%为低分组，然后对高低两组被试在每个项目得分平均数上的差异显著性进行检验。由此在量表中删除第1,8,11,12,13,31,35题。对项目的效度进行分析，用各个项目与总分的相关系数来反映。结果显示项目与总分的相关水平都达到0.529以上，属于显著相关，没有项目被删除。对项目的独立性进行分析，用项目间的相关水平来反映。在处理时，根据两个项目相关水平达到0.70以上就只保留一项的原则，删除第6,22,34题。

(2)因素分析

对剩下的25个项目进行因素分析。KMO取样适切性系数为0.955，说明样本数据适合进行因素分析。变量间的相关性用Bartlett球形检验，其值为2989.909，显著性水平为0.000，说明变量内部有共享因素的可能性。采取主成分分析抽取公因素，进行正交旋转。抽取因素特征值大于1，至少包含3个项目的因素有3个，可解释总方差的62.81%。因素分析碎石图如图1所示。

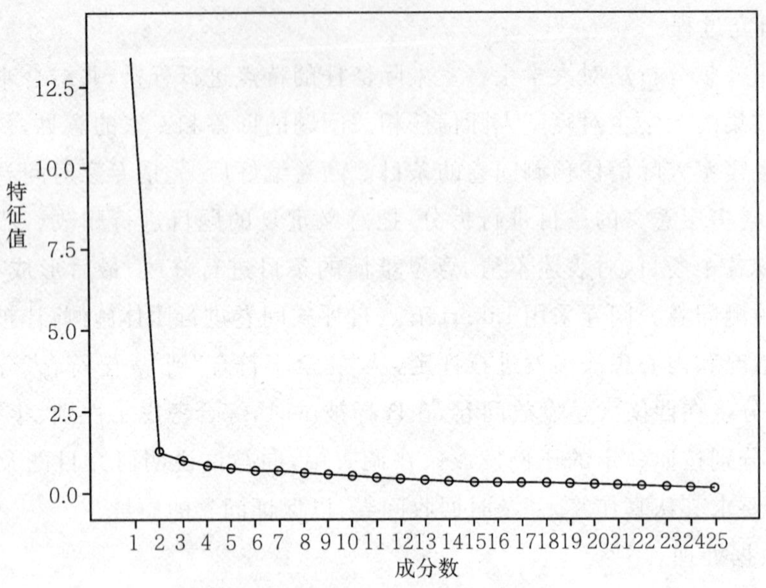

图 1 因素分析碎石图

因素分析结果如表 4 所示，根据因素项目内容对因素进行命名。因素一包含 12 个题项，每个题项的选项主要涉及个人在与寝室其他成员交往中，对寝室同学人格的信任，因此将它命名为“人格品质”，与品质信任相对应；因素二包含 7 个题项，每个题项的选项主要涉及个人在与寝室其他成员交往中自己的内心感受，因此将它命名为“情感状态”，与情感信任相对应；因素三包含 6 个题项，每个题项的选项主要涉及个人在与寝室其他成员交往中，对寝室同学行为倾向的信任，因此将它命名为“行为倾向”，与行为信任相对应。经因素分析，最终形成由 25 个项目组成的正式问卷。

表 4 因素分析结果

题项	因素			共同度
	因素一	因素二	因素三	
Q2	0.641			0.665
Q4	0.716			0.667
Q9	0.728			0.585
Q14	0.713			0.655
Q15	0.596			0.530

（续表）

题项	因素			共同度
	因素一	因素二	因素三	
Q16	0.635			0.705
Q21	0.549			0.662
Q24	0.73			0.717
Q25	0.512			0.61
Q26	0.592			0.606
Q30	0.713			0.622
Q32	0.679			0.67
Q5		0.553		0.538
Q17		0.823		0.721
Q18		0.639		0.685
Q19		0.637		0.642
Q20		0.598		0.604
Q23		0.576		0.593
Q33		0.511		0.503
Q3			0.525	0.617
Q7			0.749	0.687
Q10			0.667	0.535
Q27			0.552	0.577
Q28			0.638	0.68
Q29			0.514	0.627
特征值	13.425	1.274	1.004	
贡献值	53.700	5.094	4.015	62.810

（三）正式问卷调查

1.研究目的

本研究通过大范围的调查，对正式问卷进行信度、效度检验，以此鉴定大学生寝室人际信任问卷的质量。进一步分析大学生寝室人际信任在性别、年级、民族、是否独生子女、是否学生干部、家庭居住地等社会人口统计学方面的差异，进而探讨大学生寝室人际信任的特征，发现大学生寝室人际信任中所存在的问题，并提出适当的对策建议。

2.研究对象

采用随机抽样法，从全国 13 所大学中选取样本，共发放调查问卷 800 份，有效回收 665 份，有效回收率为 83%，具体被试构成见表 5。

表 5　正式问卷调查对象构成

（单位：人）

学校	性别		年级			
	男	女	大一	大二	大三	大四
湖南大学	22	77	17	10	71	1
西南大学	123	279	84	65	163	90
浙江大学	44	41	19	36	20	10
重庆大学	13	29	1	1	33	7
其他	18	19	2	5	24	6
小计	220	445	123	117	311	114

3.数据处理

全部数据采用 SPSS 19.0 统计软件进行数据处理。

4.调查结果与分析

(1)信度分析

对问卷及因素进行内部一致性信度检验，如表 6 所示，总体信度为 0.963，因素信度为 0.935。信度分析表明，大学生寝室人际信任问卷有较理想的信度。

表 6　内部一致性信度检验

	Cronbach's Alpha	项数
总体信度	0.963	25
因素信度	0.935	3

(2)效度分析

本研究所编制的问卷的维度和题项设计是在前人研究的基础上，结合半开放式的问卷调查和因素分析结果，问卷经过多位心理学专家的多次修订，从而基本上保证了问卷有较好的内容效度。如表 7 所示，各因素之间的相关水平在

0.782～0.850，各因素与总体的相关水平在0.915～0.973，说明各因素与总体有较高的相关水平，大学生寝室人际信任问卷有较好的结构效度。

表7　各因素及因素与总体之间相关水平

	人格品质	情感状态	行为倾向	总体
人格品质	1	—	—	—
情感状态	0.850**	1	—	—
行为倾向	0.850**	0.782**	1	—
总体	0.973**	0.927**	0.915**	1

注：** 表示在0.01水平（双侧）上显著相关

三、大学生寝室人际信任现状调查结果

（一）大学生寝室人际信任总体现状

如表8所示，大学生寝室人际信任的总体得分为95.5，处于中上等水平；在信任水平中，“人格品质”的水平位置最高，“行为倾向”的水平位置最低。内外环境的不同以及个体间存在的差异，使得大学生人际信任在各个维度上表现出不平衡状况，这比较符合我国大学生的现实情况。

表8　大学生寝室人际信任总体状况

	总体水平	人格品质	情感状态	行为倾向
最高分	125	60	35	30
最低分	37	14	7	6
平均分	95.50	46.99	25.98	22.52
标准差	17.13	8.60	5.23	4.27
比例	76.40%	78.32%	74.24%	75.08%

（二）大学生寝室人际信任影响因素分析

1.大学生寝室人际信任性别差异检验

采用独立样本T检验法对665名大学生（其中男220名，女445名）在总量表及各维度上的总得分进行比较。从表9可以发现女生的总体寝室人际信任水平略低于男生，但在人格品质、情感状态和行为倾向三个因素上并无显著差

异。这与郭志峰、国秀琴等人的研究结果相一致。但吕锋、魏晓娅等人的研究发现女生人际信任水平显著高于男生。出现这种差异的原因可能是不同的研究在样本上存在差异。而且性别差异的出现可能与本研究主要是调查寝室这一特定情境有关。

表 9 大学生寝室人际信任的性别差异分析

	男(n=220)		女(n=445)		T 值
	平均数	标准差	平均数	标准差	
人格品质	3.9617	0.72737	3.8931	0.71205	1.162
情感状态	3.7597	0.73996	3.6883	0.75142	1.160
行为倾向	3.7758	0.71688	3.7431	0.71083	0.556

2.大学生寝室人际信任年级差异检验

对大一、大二、大三、大四年级进行分析,结果如表 10 所示。方差分析的结果显示,大学生寝室人际信任水平在年级上存在显著差异,问卷总得分上存在一年级>四年级>三年级>二年级的特征。不仅如此,在人格品质、情感状态、行为倾向三个因素上,不同年级的大学生寝室人际信任水平都存在着显著差异,并且都符合一年级>四年级>三年级>二年级的特点。这与吕鹏和陈青萍的研究结果相一致。吕鹏的研究表明,大学生寝室人际关系在四个年级存在极显著的差异,表现为一年级>四年级>三年级>二年级。陈青萍对大学生寝室生活心理适应的研究表明,大学生寝室生活心理适应存在年级差异,二年级问题最多,一、三年级次之,四年级最少。

表 10 大学生寝室人际信任的年级差异分析

	大一		大二		大三		大四		F 值
	平均数	标准差	平均数	标准差	平均数	标准差	平均数	标准差	—
人格品质	4.220	0.587	3.816	0.722	3.836	0.754	3.907	0.654	9.751**
情感状态	3.964	0.663	3.582	0.757	3.649	0.763	3.746	0.726	6.823**
行为倾向	4.089	0.616	3.601	0.673	3.679	0.735	3.753	0.679	12.666**
总分	4.117	0.580	3.699	0.683	3.746	0.710	3.825	0.641	—

注:** 表示在 0.01 水平上差异显著

在对各年级寝室人际信任水平的多重平均数比较中我们可以发现这样一个规律,在人格品质、情感状态和行为倾向三个因素上,大一年级分别与大二、大三、大四年级之间存在显著差异，而大二、大三、大四年级之间差异不显著。

3.大学生寝室人际信任其他影响因素差异检验

以是否少数民族、是否独生子女、是否学生干部、家庭居住地为自变量，寝室人际信任水平为因变量运用独立样本T检验法进行分析，结果如表11所示。分析结果表明大学生寝室人际信任水平在不同民族、是否学生干部上无显著差异；在是否独生子女上行为倾向这一因素有显著差异，家庭居住地在人格品质和行为倾向这两个因素上有显著差异，而在其他因素上差异不显著。但张建齐的研究结果表明寝室人际关系在是否独生子女、家庭条件方面均不存在显著差异，这可能与维度的选取有关。邹平的研究表明，学生干部的人际信任显著高于非学生干部。之所以出现寝室人际信任水平在是否为学生干部方面差异不显著，可能是在寝室生活方面，学生干部处理学生工作的能力与寝室人际信任能力存在差别，所以表现并不显著。

表11　大学生寝室人际信任的民族、独生子女、学生干部、家庭居住地差异分析

		人格品质				情感状态				行为倾向			
		平均数	标准差	T值	P值	平均数	标准差	T值	P值	平均数	标准差	T值	P值
民族	少数民族(n=66)	3.89	0.65	0.291	0.771	3.60	0.78	1.312	0.19	3.71	0.67	0.501	0.616
	非少数民族(n=599)	3.92	0.72			3.72	0.74			3.76	0.72		
独生子女	独生子女(n=314)	3.86	0.78	−1.914	0.056	3.68	0.78	−0.932	0.352	3.70	0.77	−2.009	0.045*
	非独生子女(n=351)	3.97	0.65			3.74	0.71			3.81	0.65		
学生干部	学生干部(n=269)	3.93	0.70	0.466	0.641	3.76	0.73	1.366	0.172	3.79	0.70	1.113	0.266
	非学生干部(n=396)	3.91	0.73			3.68	0.76			3.73	0.72		
家庭居住地	城市(n=353)	3.86	0.76	−2.157	0.031*	3.68	0.77	−1.041	0.298	3.70	0.74	−2.146	0.032*
	农村(n=312)	3.98	0.66			3.74	0.72			3.82	0.68		

注：*表示在0.05水平上差异显著

四、大学生寝室人际信任现状分析与讨论

(一)针对半开放式问卷结果的分析与讨论

根据半开放式问卷的整理结果,我们得出:(1)大学生在寝室当中所信任的人具有的品质更倾向于开朗、成熟、真诚、踏实的性格因素,而非社会交往能力与学生工作能力。出现这种状况的原因是,大学生们生活在寝室的狭小环境中,与人交往更倾向于托付信任与保护隐私。(2)大学生在与信任的室友在一起时,不仅能自身体会到舒适,还能随意表达自己的情绪,得到慰藉。(3)在值得信任的寝室成员的表现中,大学生对室友能够知错就改的表现认同感较低。因为大学生已经进入成人阶段,心智水平早已成熟,并不需要通过一味的退让来获得信任关系的建构。(4)我们还得出有关大学生寝室人际信任状况是由3个一级编码与30个二级编码构成。

(二)针对预测问卷结果的分析与讨论

基于半开放式问卷的分类与条目,我们编制了由35个项目组成的预测问卷,对170名大学生进行了随机调查。项目分析对问卷项目进行精细分析,随后的因素分析得出了3个有效因子,删减相关度不高的因素,最终保留25个项目制成正式问卷。

(三)针对正式问卷结果的分析与讨论

对正式问卷进行的分析,表现出了很高的信度与效度水平。总的来看,大学生寝室人际信任问卷的编制是成功的,由问卷获得的大学生寝室人际信任现状也较为合理。

正式问卷的调查结果表明:大学生寝室人际信任的总体平均分为95.5分,而高于此水平的有348人,属于正常水平。但最低分达到37分,且低于75分(满分125分的百分之六十)的有76人,证明在大学生寝室人际信任问题上还是存在问题。用F检验与T检验进一步分析可知:大学生寝室人际信任状况在年级上存在显著差异,而在性别上也有差异,但不显著。在年级上,大一得分最高,大二得分最低。原因可能是大一新生刚入学,出于对陌生环境的适应与

自保心理,会主动去调节寝室的人际信任关系。随着时间的增长,大学生与寝室成员之间在性格、行为上的差异性逐渐表现出来,在大二时达到顶峰,使得寝室人际信任出现危机。而大三、大四学生面临考研与就业的影响,注意力转移,并且毕业的不舍心理也会使得寝室人际信任关系出现回升。性别上的差异虽不显著,但女生寝室人际信任得分普遍低于男生,可能是因为女生性格更为敏感,对隐私关注更强,在涉及隐私、情感、个人利益等问题上更容易与室友产生矛盾,导致寝室人际信任感降低。本研究结果表明,大学生寝室人际信任水平在是否少数民族、是否学生干部这两个因素上均无显著差异。而是否独生子女在行为倾向上存在显著差异,可能是因为独生子女处于家庭的中心地位,是家人关注的焦点,进而自我意识较强,较少站在其他寝室成员的角度考虑问题。家庭居住地在人格品质和行为倾向这两个因素上有显著差异,农村大学生比城市大学生的寝室人际信任水平更高。这可能与农村大学生生活条件更为艰苦,需要较早独立,并形成为他人分担的意识有关。

通过初步研究我们发现,大学生寝室人际信任问题可能跟大学生依赖家庭、同伴等他人因素较强,缺乏相应的人际信任调节能力等有关。在大学生寝室人际信任现状的调查问卷中可以看出,大学生寝室人际信任总体处于中上等水平,其中人格品质信任水平最高,行为倾向信任水平相对较低,情感状态信任水平最低。

五、结论与对策建议

(一)结论

通过以上研究可以得出以下结论:第一,大学生寝室人际信任可以由人格品质、情感状态和行为倾向三个因素构成。在本次研究所调查的高校中,大学生寝室人际信任总体状况良好。其中,对寝室成员乐于助人、尊重他人等人格品质方面的信任水平与重情义、讲信用等行为倾向方面的信任水平较高,而与寝室成员相处中舒服愉快、有安全感等情感状态方面的信任水平较低。这说明随着对寝室成员的了解更加深入,作为社会压力削减器的人际情感在人际关系中的纽带地位可能逐渐消失。第二,本次研究所调查的高校中,大学生寝室人际信任仍然存在一些问题,其中情感状态这一因素得分相对较低,推测较差的大学生寝室人际信任关系与大学生在寝室中是否得到心灵的慰藉,是否能够不拘小节,是否有安全感存在极大关联,这有可能是引发寝室成员信任危机的重要原因。第三,本次研究所调查的高校中,年级对大学生寝室人际信任水平有着显著影响,具体信任水平表现为一年级>四年级>三年级>二年级。是否独生子女对行为倾向信任有显著影响,家庭居住地对人格品质信任和行为倾向信任有显著影响。而性别、民族、是否学生干部对大学生寝室人际信任水平影响较小。

(二)对策建议

1.对学生自身层面的建议

(1)大学生应该自觉提升寝室人际交往能力

作为寝室成员之一,大学生应做到真诚对待寝室成员,心胸开阔。要多理解他人,为人处世时也尽量从他人的角度设身处地地为其考虑和着想。同时还要多与寝室其他成员沟通、交流,不要仅凭以往的交往经验来主观断定人和事,要在与寝室其他成员的相处中形成对他人方方面面的尊重,这样才能进一步提升寝室成员的信任感。

(2)大学生应该始终保持与寝室成员友好相处的意识

大学生应该始终保持与寝室成员友好相处的意识,并不只有大一新生才需要主动加强寝室成员间的团结与合作。特别是到了二年级的时候,随着大家对大学生活与对寝室成员的熟悉,即使个性、生活习惯等方面存在差异,作为一起生活的同伴,也有必要继续保持积极主动的心态,因为经过时间的打磨,寝室成员总能找到和谐相处的方式。大四时,即将离校的不舍心态促使寝室人际关系恢复和谐。因此大学生在大二、大三时期更应注意与寝室成员相处的人际交往技巧。

2.对学校层面的建议

(1)学校应该对大学生进行人际信任相关理论的讲授

学校有责任与义务通过开设相应的课程及相关讲座等,来对大学生进行一定的人际信任相关理论的讲授。因为只有在了解一定的人际信任相关理论的基础上,大学生自身才能正确认识和分析自己,特别是对于寝室人际信任水平较低的年级更应如此。而要真正解决寝室人际信任问题,还必须把理论转化为行动,让大学生学会运用理智去抑制情绪的冲动,自觉养成构建和谐寝室的意识，这样才能真正解决大学生寝室人际信任问题。

(2)学校应该建立健全心理咨询体系

大学生确实需要一定的心理辅导，才能得到心理的健康发展。学校应通过建立心理咨询室以及心理咨询网站等形式，完善其心理咨询体系，密切关注学生的心理状况。学院相关部门和辅导员也要密切关注学生寝室人际信任的实际状况，以便及时展开调解。学校还应优化学生的生活环境，通过开展各种各样的以寝室为单位的活动，营造寝室成员之间真诚相待的氛围，增加寝室成员互动的机会，丰富寝室文化，从而促进和谐寝室的形成。

参考文献

[1]井维华，张庆强.青少年学生的人际信任度与家庭因素的相关研究[J].心理学探新，2006(02).

[2]毛小玲，李宏翰，张建梅.大学生宿舍人际关系的特点[J].中国心理卫生杂志，2005(07).

[3]彭泗清.关系和信任：中国人际信任的本土化研究[J].北京大学，中国社会学年鉴(1995—1998).

[4]佟月华.大学生应对方式与心理健康的关系研究[J].中华行为医学与脑科学，2004，13(01).

[5]杨中芳，彭泗清.中国人人际信任的概念化：一个人际关系的观点[J].社会学研究，1999(02).

[6]张建新，张妙清，梁觉.殊化信任与泛化信任在人际信任行为路径模型中的作用[J].心理学报，2000，32(03).

[7]陈青萍.大学生宿舍生活心理适应障碍及其干预措施[J].中国学校卫生，2002(05).

[8]周永红等.云南大学生心理健康的团体咨询实验[J].中国心理卫生杂志，2003(05).

[9]王霞霞.大学生人际信任的特征研究[D].西南大学，2008.

[10]邹平.大学生人际信任与心理健康的关系研究[D].广西师范大学，2008.

[11]吕鹏.重庆市大学生寝室人际关系调查研究[D].西南大学，2006.

[12]张建齐.90后大学生人际信任、自立人格与人际关系的相关研究[D].福建师范大学，2012.

大学生“学生会文化”认同度调查与调控策略研究

作者：肖桐[①] 林玥茹[②] 李雨晴[③] 罗潇[④] 丁瑗[⑤]

指导教师：易连云

一、研究目的、调查对象与工具

（一）研究目的

学生会文化是大学生在学生会里的一切活动方式、活动过程及活动结果，是学生会的一种内部氛围、一种价值取向或一种观念形态，是被自觉强化了的内在精神。学生会文化作为校园文化的亚文化，是学生会文化主体与客体在人类已有的文化基础上长期作用的过程和结果，是物质文化、制度文化、行为文化、精神文化的有机统一。

之所以选择大学生对“学生会文化”认同度的状况进行研究，主要基于四个原因：第一，高校学生会是大学生自治性群众组织，对于推进学校民主管理和维护教育教学秩序有着不可替代的作用；第二，作为校园文化的亚文化，学生会文化具有熏陶功能、激励功能、凝聚功能和形象塑造功能，对建立良好的师生关系、促进学生自身发展、丰富校园文化起着重要作用，了解大学生对其的认同度有利于明确学生会主体对学生会文化的感知状况，有利于了解学生会的真实现状，有利于推动学生会文化的发展；第三，高校学生会文化存在诸多问题，学生会中存在的众多问题引起社会的诟病；第四，当今研究者对高校学生会的研究，多停留在管理与建设层面，对于其文化的探索较少，且多采用纯思辨的方式进行质的研究，从而忽略了量的研究，偏重从上级、管理者角度出发，很少从学生的视角上进行研究。

---

①西南大学教育学部教育学专业（晏阳初创新实验班）2012级学生

②西南大学教育学部教育学专业（晏阳初创新实验班）2012级学生

③西南大学教育学部教育学专业（晏阳初创新实验班）2012级学生

④西南大学教育学部教育学专业（晏阳初创新实验班）2012级学生

⑤西南大学教育学部教育学专业（晏阳初创新实验班）2012级学生

(二)调查对象

本问卷调查采用不记名的方式，对西南大学大一至大四的部分同学进行调查，共获得有效问卷233份。从年级、职务及是否参加学生会看，具体情况如表1。

表1　问卷调查对象基本情况统计

变量		有效样本数(人)	有效样本百分比(%)
参加学生会	是	121	51.9
	否	112	48.1
年级	大一	58	24.9
	大二	62	26.6
	大三	55	23.6
	大四	58	24.9
职务	无	112	48.1
	干事	66	28.3
	部长、副部长	45	23.6
	部长以上(主席、副主席等)	10	24.9

(三)调查工具

1.问卷结构

本文采用“大学生对学生会文化的认同度调查问卷”进行研究。问卷分为6个部分，第一部分为个人基本信息；第二部分为物质文化认同度问卷，由5个题目组成，主要考察大学生对学生会生存和发展的物质条件及学生会文化的物化形态的感知满意度，具体内容包括：“财务配备”“工作时间”“活动场地规划与布局”等；第三部分为制度文化认同度问卷，由7个题目组成，主要考察大学生对学生会这个特定组织环境内，由学生会本质功能、作用的发挥与学生会管理者制定各种制度的理性原则、价值取向、道德标准、利益观念等一系列观念体系而构成的制度体系的明确性感知；第四部分为行为文化认同度问卷，由6个题目组成，主要考察大学生对学生会成员的人际交往、成员工作服务态度及工作安排等具有文化意义的实践活动中体现和创造的文化的明确性感知；第五部分为精神文化认同度问卷，由7个题目组成，主要考察大学生对学生会精神文化氛围营造、精神文明建设以及学生会成员的理想、信念、价值目标和观念体系的具体感知与评价；第六部分为开放式问题，主要考察大学生对“学生会文化”的整体感知与评价。

2.问卷编制与测量

本研究初步确定从学生会的物质文化、制度文化、行为文化、精神文化 4 个维度出发设计“大学生对学生会文化的认同度调查问卷”。研究者在初步确定 4 个维度，19 个条目的问卷后，开始对问卷进行试测，删除显著性与相关度较低的 3 道题后，对问卷进行重新整合修改，再以专家鉴定法对修改后的项目进行内容效度评定。评判标准是项目多大程度上测量了它所要测量的维度、项目表述的好坏程度。根据以上人员的反馈，研究者进一步对题项进行了相应的调整和修改，删除了一些不合理的题项，增加了一些新题项，对容易引起误解的题项进行了修正，最后形成了由 4 个结构维度 26 个条目构成的初始问卷，采用 likert 五点自评式量表，“完全不认同”“较不认同”“一般认同”“比较认同”“完全认同”依次记为 1 分、2 分、3 分、4 分和 5 分。

本研究的调查问卷数据资料采用 SPSS 17.0 统计软件进行处理。问卷4 个维度的 Cronbach’s Alpha 系数在 0.745～0.889，问卷总体 Cronbach’s Alpha 系数为 0.900，表明问卷具有较高的信度。

二、大学生对学生会文化认同度的现状及成因

经分析，大学生对学生会文化总体认同度的均值为 3.33，介于“一般满意”（M＝3.00，即平均分为 3.00，下同）和“比较满意”（M＝4.00）之间，具体如表 2 所示。在物质文化认同度、制度文化认同度、行为文化认同度以及精神文化认同度 4 个维度上，大学生对学生会文化认同度具有以下一般性特征。

表 2　各维度文化认同度表

维度	M	SD
物质文化认同度	3.2137	.53545
制度文化认同度	3.3716	.62860
行为文化认同度	3.3240	.58048
精神文化认同度	3.4022	.74780
学生会文化认同度	3.3278	.62310

(一)物质文化:活动认同度差异较大,资金运转及财务安排受到质疑

调查结果显示,在物质文化认同度中,大学生最认同的是“学生会举办的活动丰富了大学生活,很有意义(M=3.62)”。但值得注意的是,大学生在学生会中所任职务越低,对此认同度也越低(部长、副部长认同度 M=4.02,干事 M=3.64),而非学生会成员的平均认同度仅为 3.41。而对于“学生会中存在资金运转不明,财务安排不当的现象”也存在同样情况,干事及部长、副部长的认同度分别为 M=3.14、M=3.29,而非学生会成员的平均认同度仅为 2.40。

大学生对学生会所办活动的认同度存在较大差异,表明了学生会举办的活动缺乏群众基础。活动的策划者对活动较为了解,倾注了心血与汗水,往往对活动的认同度较高;而活动的参与者——非学生会成员则常常被强制要求参与活动,对活动认识并不充分,并且在非自愿情况下也难以真正有所收获,故而认同度较低。可见,活动策划组织者对参与者的调查研究尚不充分,多凭借主观意愿来策划各种活动,在意见与信息的交流沟通上仍存在问题。

而学生会中的高层与中下层对学生会资金运转,财务安排的认同度存在巨大差异,在一定程度上说明了学生会中存在资金运转不够公开,财务安排不够透明的现象。这既有可能是学生会资金运转本身具有滥用、贪用的现象,学生会高层干部了解较多,所以认同度较低,而中下层难以窥视实情,认同度相对较高。另外,这也可能纯粹是资金财务透明度不高引起的胡乱质疑,从而造成了认同度的偏差。

(二)制度文化:侧重规程准则及部门分工,平等民主认同不足

调查结果显示,在制度文化方面,“学生会有明确合理的办事规程和行为准则(M=3.64)”“学生会各部门间分工合理明确(M=3.64)”是在制度文化维度中认同度最高的两项,而“学生会内部民主、平等(M=3.06)”认同度则最低。

大学生对学生会办事规程、行为准则及部门分工认同较高,而对其平等民主认同较低,在一定程度上表明了学生会制度建设日趋完善,但民主性有待加强。一方面,学生会制度文化可能没有起到有效的渗透作用,传播面仅仅停留在学生会内部成员,致使非学生会成员对学生会内部状态了解颇少,以致存在一定偏见。另一方面,学生会文化在内部的民主平等的建设上仍存在诸多问

题，从制度到氛围，从日常工作到换届选举等等，都有着不民主、不平等的现象。正如一名大三学生在访谈中说道："学生会作为服务学生的组织，方向应该由全体学生掌握，而现实中不是，是由学院老师掌握的，这有悖于自治，在换届选举方面缺乏民主和活力。另外，现实中也存在走后门、靠关系、指定空降上位等。"

(三)行为文化：人际交往得到普遍认同，办事效率及行为规范认同较低

调查结果显示，在行为文化中，认同度最高的是"学生会成员与非学生会成员间相处愉快，关系良好(M＝3.61)"，处于比较认同区间。"学生会办事效率较高"此题认同度为M＝3.32，对学生会成员行为规范的认同度为M＝3.21，认同程度相对较低。

大学生对学生会成员与非学生会成员间的良好关系较为认同，说明学生会在协调人际关系方面起到了较好的作用。这在一定程度上表明，学生会成员认识到应打好群众基础、服务同学，学生会对这方面的重视与培养也有所成效。

大学生对学生会办事效率及行为规范认同较低，显示行为文化中普遍存在形式主义，而学生会成员的行为也尚待规范。在一些学校，学生会成了学校党政关于学生工作决策的直接执行者，成了某些教师、行政干部的私人助手。部分学生干部为了个人利益，在发展党员、学生评优方面进行暗箱操作。学生会存在的意义发生了变化，学生会干部在学生眼里的形象发生了变化，学生加入学生会的动机也在这样的引导下发生了变化。因此，部分学生会成员的行为出现了偏差，不能起到表率作用。同时，"重业绩，轻服务"现象严重，形式主义盛行，造成了办事效率低下。一名学生会成员在访谈中说道："太形式化倒是真的，经常会开很多会，内容却是千篇一律。往往是数十个人完成几个人的工作，效率很低。举办的一些活动也没有实际意义，只是应付上级，场面倒是大得很。我们也想改变，可是必须完成上层的指标和任务，要交出成果。"

由此可见，学生会宗旨虽为切实服务学生群体，而在实际运行过程中，由于过多受控于外部因素而不得不调整实际的工作方向，选择忽视权利相对较小的学生群体，脱离了组织目标的方向性价值约束。

(四)精神文化：归属感及凝聚力得到认同，官僚风气不被认同

调查结果显示，在精神文化中，"学生会能够给学生会成员以归属感""学生

会具有较强的凝聚力”处于比较认同区间(M=3.57),其中大一年级对其认同度分别高达 M=3.9 和 M=4.0。认同度最低的是“学生会内部具有良好的风气”(M=3.15)。而在简答题中,绝大部分大学生最不认同学生会文化的地方主要在于其官僚主义作风,有“密切联系上级,脱离群众”“重业绩,轻服务”等现象。

大学生对学生会文化的归属感、凝聚力方面较为认同,尤其是新生。这说明学生会对大一新生较为关注,对于新生适应大学学习、生活意义较大。另一方面,上述特征也表明了学生会风气不良,普遍存在官僚主义的现象。访谈中一名学生会成员针对此问题说出了自己的看法:“我觉得学生会行政气息特别浓,一些同学凭借自己在学生会中担任的职务就向下面的同学发号施令,让他们取快递,拿包裹,为自己干私活。对待比自己职务高的同学则是毕恭毕敬。”

学生会是一种学生自治组织,过多模仿官场模式,具有较强的行政化特征。这既与学生会内部制度建设不健全有直接关系,也与社会普遍的“官本位”思想有联系。正如某管理学专业教授说的:“现在的学生会官僚气息太重了,像政府机构。政府机构都需要加强群众基础,学生会则更应如此。”

学生会内部风气正是学生会精神文明建设在日常工作生活中的具体体现,风气不正,不仅不利于学生会本身的发展,也会对整个校园文化的建设造成影响。

三、人口统计学变量在大学生对学生会文化认同度上的差异现状分析

以性别、年级、参加学生会与否、职务等为自变量,对学生会文化认同度进行 Pearson 相关分析。(表 3)结果显示,年级、参加学生会与否、职务是影响大学生对学生会文化认同度的重要因素。其中,年级、参加学生会与否与学生会文化认同度呈显著负相关;职务高低与学生会文化认同度呈显著正相关。

表 3　人口统计变量与学生会文化认同度的相关性分析

项目	年级	参加过否	职务
Pearson 相关性	-0.355**	-0.168*	0.146*
显著性(双侧)	0.000	0.010	0.026

注:* 表示在 0.05 水平(双侧)上显著相关,** 表示在 0.01 水平(双侧)上显著相关

(一)随着年级增高,大学生对学生会文化认同度逐渐降低

调查结果显示,大学生对学生会文化的认同度随年级的增长呈下滑趋势。(图 1)其一,这在一定程度上是由于随着了解和感受学生会文化的时间的增长,大学生对学生会问题的感知愈发明显。其二,根据访谈了解到学生会组织活动时一般都是针对低年级学生,因此对高年级学生产生的影响较小。其三,可能是到了高年级,学生们在许多方面出现消极倦怠的情绪,正如一名参加过学生会的大四同学所说:"现在学生会管理的对象和平时组织活动的对象大多只针对大一和大二,我们这些高年级的学生,觉得这些东西离我们越来越远,自然也就难以对它产生认同。身处学生会文化中久了,就会慢慢发现其中很多东西是值得商榷的。在升入高年级后,回顾自己在这里的成长历程,觉得没学到什么东西,离期许也较远。"

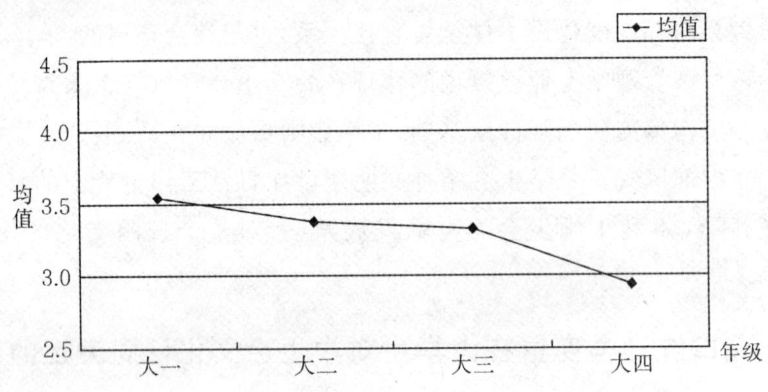

图 1　学生会文化认同度随年级变化折线图

(二)非学生会成员对学生会文化的认同度明显低于学生会成员

学生会成员与非成员间对学生会文化认同度呈现显著性差异。(图 2)其中一部分原因可能是未参加过学生会的学生对学生会了解有限,但学生会组织本身的意义就在于为学生服务,如果不能得到大家的认同,就说明工作方向和工作方法出现了一定纰漏,需要及时改进。另一部分原因是学生会成员通常是活动的组织者,其对自己组织的活动评价往往带有主观色彩,这也一定程度上反映了学生会成员在进行组织工作时与非成员的沟通交流不够,在了解非成员的需求方面尚有不足。

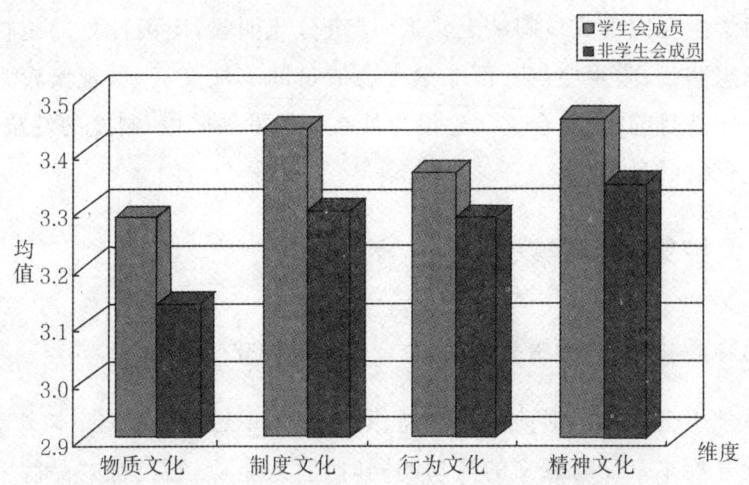

图 2　学生会成员与非学生会成员认同度柱状图

(三)大学生在学生会中职务越低对学生会文化的认同度越低

调查结果显示,无职务、干事、部长及副部长、部长以上的认同度均值分别为 3.20,3.37,3.39,3.52,可以看出大学生在学生会中职务越低,对学生会文化的认同度越低。一方面可能是不同职务的成员之间交流较少,职务较低的成员在工作中通常只担任执行者的角色,难以参与到高层的决策工作中。另一方面可能是职务较高的成员在布置任务时没有充分考虑到执行者和任务对象的感受,而在对这些活动进行评价的时候又往往带有主观色彩。

(四)人口统计变量相关矩阵体现的学生会文化属性

研究发现,各人口统计变量对学生会文化的认同度呈现显著差异。在一定程度上说明了学生会文化的受众范围较大,但影响效力不均匀,其文化本身具有一定的封闭性、局限性,其文化坡度分化较明显。学生会文化在各个年级中的认同度差异性明显,说明其文化的不稳定性和可塑性。学生会文化在学生会成员间与非成员间显著性明显,可以看出其带有一定的封闭性。学生会文化认同度随着职务的上升,而出现明显的上升趋势,说明其文化还带有一定的坡度,处在不同层级的位置,其文化透露出的属性也有变化。学生会文化具有以上特性,一方面由于学生会文化建设带有主观性色彩,发展模式与方向没有长期性的规划与策略,具有偶然性,使得各年级对学生会文化认同度出现较大差异。

另一方面学生会内部成员间缺乏沟通,层级分化明显,政策计划的施行没有一致性的思想路线;学生会与外部非学生会成员间欠缺交流,呈现出较为明显的团体性分化。目前,学生会文化建设尚处在初级发展阶段,制度的健全,发展方向的确立仍需时日。

四、调控策略与建议

(一)物质文化:打造精品活动,资金财务透明化

针对学生会举办的活动质量不高、财务安排不透明的问题,本文建议学生会在继续开展丰富而有意义的活动的同时,引入企业经营中的“品牌”意识,加强对精品活动的打造,提高活动质量。对此,可在举办活动前进行一定的事前调研,广泛征集活动形式内容。同类活动引入竞争机制,综合考虑活动意义、活动预算及活动受欢迎程度等。按月统筹活动安排,避免活动扎堆现象。另外,也应注重对活动主体的把握,考虑“为谁办活动”“为什么办活动”,从参与者的角度出发,而非从组织者的角度为了办活动而办活动。此外,关注学生会的物质使用问题,建设廉洁节俭型组织,加强资金运转的公开透明。设立专员负责管理,详细记录学生会的财务收支情况,定期公布学生会资金运转情况报告,接受全体同学和老师的核查、监督,并对存在浪费、腐败现象的个人或部门进行记录、警告,以创造廉洁节约、公开透明的物质文化。

(二)制度文化:加强民主平等,制度与文化相结合

针对学生会文化的民主、平等尚待加强这一问题,本文建议学生会健全各项制度,加强民主平等建设。对此,可重点关注招新选拔与换届选举制度、干部考核制度、管理决策制度等。还要关注制度文化创新,走出只注重制度而忽视制度文化的建设困境。制度与文化结合,将规范层面的软文化无缝隙地融入机构设置、组织架构、组织管理等硬实施层面的全过程中,从学生会成立的宗旨、管理到具体的业务工作,都要充分发挥并体现学生会文化的作用。如将学生会制度与其文化有效融合,构建学生会与外部环境的有机联系,在学生会内部治理结构中加入具有文化属性的新内容,消除潜规则在学生会中的生存空间。重新思考学生会的本性,即学生会成立的宗旨,坚持服务导向,不是为了管理而管

理，而是为了服务而管理。

(三)行为文化：引入项目管理模式，去形式化

学生会行为文化中普遍存在形式主义的问题，本文建议学生会深入实践，务实工作，杜绝形式主义，减少、消除“重业绩，轻服务”“人浮于事”等现象。学生会当改变评判机制，采用多元评判模式，以组织者、管理者为评判主体转变为以活动参与者为评判主体。如学生会对各部门进行学期或年终考评时，改变仅仅以申报材料为依据的方式，而是主要根据此部门服务对象的反馈进行考评，制定相应的考评标准。在管理学的视角下，适当引入项目管理模式，把特定活动作为一个项目，围绕项目计划、项目组织、质量管理、费用控制、进度控制等五项基本任务来展开，以切实落实相关工作，杜绝形式主义，不为“业绩”“场面”等举办活动或频繁开会；同时，也应在实践过程中吸收经验教训，检验学生会文化是否适应时代的要求，是否适应素质教育与学校发展的需要，等等，加强学生会文化的建设。

(四)精神文化：回归角色，反官僚化，发挥示范引领作用

学生会只有改良内部风气，杜绝官僚主义，才能为自身谋求更好的发展。对此，可从三个角色的回归着手。

其一，使主管部门回归指导者的角色。如打破主管部门与学生会之间“命令—服从”的权力赋予模式，实现去行政化的民主自治，经由学生广泛参与的公共协商构建学生群体的内生秩序和权力结构。

其二，使学生会成员回归服务者的角色。在监督方面，学生会内部可建立基层监督机制，施行干事对部长、部长对主席的监督评价机制，由团委书记或相关教师组织定期的评测活动，通过交流或匿名打分方式进行评测，对评测结果优良者进行公布，对评测结果差者进行私下提醒，以达到端正上位者作风的目的。加强学生会成员的服务意识、责任意识的培养，制定相关奖惩、监督机制，抓好典型案件查处工作，对滥用职权、以权谋私、以职欺人的行为进行批评教育，开除会籍等严肃处理。

其三，使学生会回归大学生群众组织的角色。如从国家本位、高校本位和学生本位出发的同时，理清校党委、团委与高校学生会的关系，纠偏高校学生会

价值定位。应把公共理性作为价值定位的基石，以国家、社会和学校的建设性合作者的身份认同，回归教育的本质和大学的精神协调工具理性和价值理性，平衡国家、社会、学校及各组织、学生等不同主体间的利益诉求。

（五）人口统计变量：关注老生，构建文化传承与信息交流机制

大学生对学生会文化的认同度随年级的增长而递减，学生会应关注高年级学生及其需求，并将其视为一种重要的人力资源，加强学生会自身建设，构建文化传承机制。具体而言，学生会可针对高年级的具体需求开展相关活动、提供相关服务，成立就业指导部、考研指导部等，提供就业招聘、考研择校的有效信息；也可建立学生会咨询委员会，由“退休”干部组成，使其在发挥余热、示范作用的同时也更好地传承学生会文化。此外，学生会应加强宣传工作，从建立网络平台、实行全员公关、搞好内外部信息分享与沟通三个方面着手完善信息与沟通体系，使非学生会成员能更好地认识、了解学生会文化。

参考文献

[1]胡巍.管理沟通：原理与实践[M].济南：山东人民出版社，2003.

[2]李兰芬，崔绪治.管理文化——管理哲学的新视野[M].苏州：苏州大学出版社，1991.

[3]王少安，周玉清.大爱精神与大学文化建设[M].北京：人民出版社，2008.

[4]吴照云.管理学[M].第5版.北京：中国社会科学出版社，2006.

[5]熊丙奇.美国杜克大学的办学细节[N].文汇报，2013-09-26.

[6]蔡芝芳.高校学生会中项目管理的运用[J].学校党建与思想教育，2011(06).

[7]高丽.浅谈高校学生会干部的基本素质[J].高等教育研究，2005(09).

[8]黄圣炯，李碧鹰.论充分发挥学生会干部的作用[J].中国高教研究，2011(04).

[9]牛金芳.高等学校学生会的法律地位及权利边界[J].高教探索，2013(03).

[10]刘俊.青年民间组织视阈中的高校学生会组织定位[J].中国青年研究，2012(01).

[11]孟鹏.浅谈高校学生会干部队伍培训[J].中国成人教育，2008(08).

[12]王拓.论学生会在大学校园文化建设中的积极作用[J].当代教育科学，2008(11).

[13]王建梁，张业琴.澳大利亚高校学生会组织研究及启示[J].当代教育科学，2010(07).

[14]朱新卓，石俊华，董智慧.家庭背景对大学生担任学生会干部的影响[J].高等教育研究，2013(04).

虚拟与现实:大学生电子阅读现状研究

作者:彭婧[①] 常琪[②] 刘姿熠[③]

指导教师:汪宏

一、研究背景及问题提出

(一)研究背景

中国互联网络信息中心(CNNIC)2013年7月17日公布的第32次《中国互联网发展状况统计报告》显示,截至2013年6月底,我国网民规模达到5.91亿,较2012年底增加2556万人。互联网普及率为44.1%,较2012年底提升2%。互联网的普及促进了电子阅读产业的迅速发展,电子阅读在网民上网时间中占据了一席之地。同时,电子阅读这一新兴阅读方式也推动着大学生进入阅读新时代。

在电子阅读与传统纸质阅读的交锋与融合中,已有的调查发现,电子阅读发展迅猛,增势甚至强于传统纸质阅读。传统的纸质图书阅读是单向传播,而网络不但包括单向传播,还包括双向沟通:网络阅读、手机阅读、荧屏阅读等新媒体阅读形式多种多样。网络技术的发展还改变了传统出版物对信息的采集、把关与发表的垄断状态,通过博客、电子杂志、网络出版等方式,让读者也成为阅读内容的提供者,可以参与网络出版内容的形成,这极大地调动了读者参与电子阅读的积极性。

(二)问题提出

当前,"电子书"无疑已经占据了众多大学生课外阅读的一片天地,手机、平板电脑等电子阅读工具也备受大学生青睐,几乎是形影不离。而除了电子书与

①西南大学教育学部学前教育专业2012级免费师范生
②西南大学教育学部学前教育专业2012级免费师范生
③西南大学教育学部学前教育专业2012级免费师范生

手机等电子阅读器之外，电子阅读涵盖的内容还有很多。随着当前信息化的发展，电子阅读这一方式对人们传统的阅读方式产生巨大冲击，年轻人的思想意识和思维逻辑也因此受到影响。电子阅读这一阅读方式在大学生群体中究竟扮演着怎样的角色？它如何影响大学生的学习和生活？电子阅读产业在面对大学生这一受众群体时又有哪些需要改进的地方？这一系列问题值得我们进行深入的思考和研究。

二、研究目的与意义

（一）研究目的

为了解大学生对电子阅读的认知状况和情感态度，了解其在电子阅读上的行为方式与特点，电子阅读对大学生学习生活产生的影响，比较电子阅读与传统纸质阅读的优缺点，对电子阅读的未来发展做出展望、对大学生电子阅读方式与习惯等提出策略和建议等，研究者在综合分析已有研究的基础上，结合生活现实，确定了本次研究的方向和目的。

（二）研究意义

《全国教育科学"十二五"规划 2012 年度课题指南》明确指出："要在教育信息技术研究中开展面向数字化教育装备的开发与应用研究。"为了促使大学生更科学地利用电子阅读这一方式，同时也使电子阅读更好地服务于数字化教育，本研究拟通过实证研究探讨大学生电子阅读的行为特点及电子阅读对其生活和学习的影响，在理论上有利于扩展对大学生阅读态度、行为的内涵理解，实践上可以为促进大学生的阅读能力、改善其阅读习惯提供参考性的建议。

三、研究设计

（一）研究方法

本研究采取的主要研究方法有文献分析法、调查法、访谈法。在查找前人有关电子阅读的理论文献的基础上，以大学生这一特殊的群体作为研究对象，利用问卷调查法和访谈法深入探究当代大学生电子阅读的现状。

(二)研究内容

本研究以电子阅读的迅速发展为背景，以电子阅读对大学生的影响以及电子阅读本身的优缺点为研究思路，具体从以下方面进行研究：探究电子阅读对大学生学习生活的影响度，了解大学生在电子阅读内容和方式上的认知和行为；了解他们对待电子阅读的态度与情感；比较电子阅读与纸质阅读的不同差异，深入分析各自的利弊；大学生对电子阅读未来发展的展望等。

(三)研究对象

本次研究随机选取西南大学各个院系的部分本科生为调查对象，共涉及四个年级十余个学院，涵盖了文史类、理工类、农医类、音体美类等四个大类，共发放问卷 200 份，回收有效问卷 183 份，有效回收率 91.5％。

四、研究结果

(一)电子阅读的总体特点

调查发现将近六成的当代大学生涉及电子阅读，说明电子阅读在大学生的生活中占有重要地位。(表 1)

表 1　大学生电子阅读的方式

题目	题项	所占比例
阅读的方式	以电子阅读为主	17.58％
	以纸质阅读为主	41.76％
	电子阅读与纸质阅读相均衡	40.66％

通过卡方检验，研究者分析了不同性别、年级、专业对大学生阅读方式的影响，发现大学生阅读方式上存在显著的年级差异，表现为大一、大四学生选择纸质阅读的比例相对较高。(表 2，表 3)

表 2　大学生阅读方式的性别、年级、专业差异

题项	X^2	Sig.
性别差异	0.349[a]	0.840
年级差异	20.077[a]	0.003
专业差异	6.871[a]	0.333

注：a 表示在 0.05 水平上差异显著

表3　大学生阅读方式的年级差异

题项		年级 1	2	3	4	合计
平常阅读方式	电子阅读为主	0.0%	15.4%	2.2%	0.0%	17.6%
	书本阅读为主	2.2%	21.4%	9.3%	8.8%	41.8%
	二者均衡	0.0%	23.6%	11.5%	5.5%	40.7%
	合计	2.2%	60.4%	23.1%	14.3%	100.0%

从被调查者对电子阅读未来发展的预期来看,28.89%的同学认为发展前景乐观,66.11%的被调查者认为有待观察,5%的认为发展前景有待观察。有60.34%的同学认为电子阅读不能取代纸质阅读,16.76%的认为电子阅读可以取代纸质阅读。研究者对调查问卷的一道开放性问题“你认为目前电子阅读与纸质阅读相比最需要改进和注意的问题是?”进行了词频统计,其中“伤眼睛”“没有质感”“不便做笔记”等词的出现频率较高。

(二)进行电子阅读的时间

调查显示,54.10%的大学生每天进行电子阅读的时间在1小时以下,30.6%的学生为1～2小时,另有15.3%的学生达到2小时以上。

53.55%的大学生网上阅读时间占上网时间的比率不足20%,31.15%的大学生网上阅读时间占20%～50%,仅15.3%的大学生网上阅读时间占到上网时间比率的一半以上。

通过列联表分析和卡方检验,大学生性别和专业对其网上阅读的时间影响显著。男生网上阅读时间占上网时间的比率比女生稍大,音体美类和农医类学生网上阅读时间占上网时间的比率大于理工类和文史类学生。

(三)电子阅读的内容

在面对电子阅读内容时,有81.97%的大学生选择了“新闻、微博”,54.64%的大学生选择了文学小说,此外,有小部分同学选择了学术文献、教辅资料和其他内容。(图1)

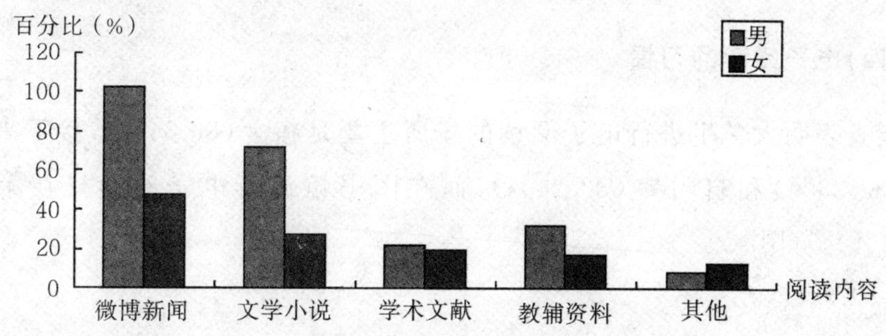

图 1　大学生电子阅读的内容(性别差异)

除此之外，年级对大学生电子阅读内容的影响较大，集中表现在教辅资料的选择上。通过列联表分析和卡方检验我们发现：大四、大三、大二、大一将教辅资料作为电子阅读内容的比率依次为 50.0%，31.0%，19.8%，0%。另外，专业类别对大学生电子阅读内容选择也有影响。音体美类、文史类、理工类、农医类对学术文献一项的选择依次为 37.5%，32.1%，21.2%，0%。

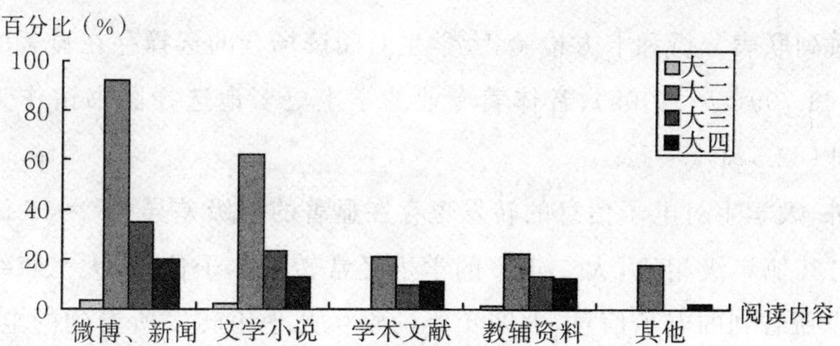

图 2　大学生电子阅读的内容(年级差异)

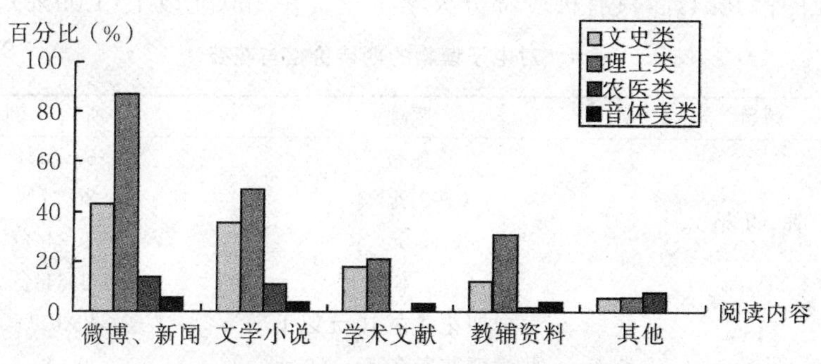

图 3　大学生电子阅读的内容(专业差异)

(四)电子阅读的习惯

调查表明大学生进行电子阅读的场所主要是宿舍(86.34%),接下来是卫生间(33.33%)和自习室(32.24%),而在图书馆进行电子阅读排在第四位(20.04%)。(图 4)

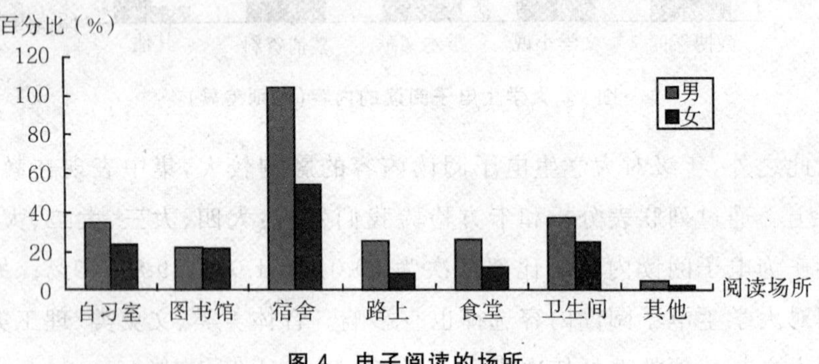

图 4　电子阅读的场所

通过列联表分析和卡方检验,大学生对阅读场合的选择存在显著的专业差异($X^2=11.799^a$,$p<0.05$),音体美专业的学生更多地选择图书馆作为电子阅读的场地(62.5%)。

此外,大学生对电子信息的转发也存在显著的年级差异($X^2=16.944^a$,$p<0.05$),与其他年级相比,大二年级的学生经常转发电子信息,大三年级的学生偶尔转发所看到的电子信息,大四年级的学生几乎不转发所看到的电子信息,转发频率与年级高低大致成反比例关系。

在电子书的投入方面,大学生每学期花费在 10 元以下的占 83.61%,花费在 10～50 元的占 9.84%,只有极少部分大学生花费在 100 元以上(1.09%)。(表 4)

表 4　对电子读物的期待价格与花费

题目	题项	所占比例
期望价格	免费	67.76%
	0～3 元/本	20.77%
	3～5 元/本	9.84%
	5 元/本以上	1.64%
花费	每学期花费在 10 元以下	83.61%
	每学期花费在 10～50 元	9.84%
	每学期花费在 100 元以上	1.09%

(五)对电子阅读的态度

根据调查,共有54.65%的大学生认为电子阅读对他们比较有吸引力,其中认为非常有吸引力的占8.20%,另有45.35%的学生认为电子阅读不太有吸引力。

通过对满意度的调查数据进行分析,大部分大学生对电子书籍整体质量的满意度为一般,对其满意和不满意的各占9.8%和11.5%。

另外对于许多杂志、小说的重点章节,专业论文等阅读内容需额外收费的看法,认为合理和不合理的平分秋色,只有小部分认为无所谓。

通过进一步的研究,我们发现不同性别的大学生在对电子书籍整体质量的满意度上存在显著性差异($X^2=11.348^a$,$p<0.05$)。其中男生选不满意较多(17.5%),而女生选满意偏多(15.1%)。研究还发现大学生电子阅读的目的在年级、专业和性别上存在显著差异。数据显示,大四学生查阅资料的比率明显高于其他年级,文史类大学生查阅资料的比率远高于其他专业,女生以消遣娱乐为目的的比率大于男生。(表5)

表5 大学生阅读目的的性别、年级、专业差异

题项		X^2	Sig.
性别差异	查阅资料	.032[a]	.857
	掌握技能	3.563[a]	.059
	了解时事	1.759[a]	.185
	消遣娱乐	8.112[a]	.004
	其他	.199[a]	.656
年级差异	查阅资料	15.968[a]	.001
	掌握技能	4.417[a]	.220
	了解时事	1.061[a]	.786
	消遣娱乐	2.695[a]	.441
	其他	.536[a]	.911
专业差异	查阅资料	10.002[a]	.019
	掌握技能	24.014[a]	.000
	了解时事	1.730[a]	.630
	消遣娱乐	5.117[a]	.163
	其他	3.075[a]	.380

(六)电子阅读与纸质阅读的比较

在电子阅读与传统阅读的比较上,多数大学生认为电子阅读较之纸质阅读搜索更加方便(81.42%);大多数人认为进行电子阅读可以节约成本(57.38%);此外也有人认为二者存在内容、省时及其他方面的差异。进一步分析发现,性别在大学生对电子阅读"节约成本"的看法上存在显著差异($X^2=4.439^a$,$p<0.05$),相较而言,有更多的男生认为电子阅读节约成本的优势明显。

另外,在电子阅读的版权问题方面,51.37%的大学生认为免费下载未授权的资源是一种侵权行为;20.22%认为免费下载未授权的资源不会构成侵权。有57.38%的大学生在阅读电子书后会选择购买纸质版书籍,其中选择经常会购买的人占16.94%。

五、结果分析

(一)电子阅读是否会取代纸质阅读的问题

中国出版研究所于2005年组织了第四次"全国国民阅读调查",其公布的调查结果显示,我国国民纸质图书阅读率连续六年持续走低,与此同时,网络阅读率大幅增长。在本次调查中我们了解到,电子阅读这一新兴的阅读方式已经渗透到大多数大学生的学习生活中。据统计,大学生电子阅读的内容以微博、新闻、小说等娱乐性内容为主,以消遣娱乐为主要目的,而专业性、学术性的阅读则很少。因此,一方面,大学生对电子阅读内容的选择具有倾向性和片面性,说明电子阅读尚无法满足大学生对阅读的全面需求;另一方面,通过访谈我们得知,大学生进行阅读时常存在"囫囵吞枣、一带而过"的浅阅读现象,深入的理解和思考少了,不利于培养读者良好的阅读习惯,也不利于社会良好阅读风气的形成。

此外,调查中,仅16.94%的大学生选择电子阅读之后继续购买其纸质版,超过八成的学生对电子阅读感到满意,九成以上的学生对电子阅读产业的发展表示期待。可以说,新兴的电子阅读产业已经获得读者的芳心,只要不断创新与改进,必将赢得自己的一片天地。

(二)电子阅读对大学生学习和生活的影响

数据显示,大学生电子阅读的内容和目的存在着显著的专业和年级差异,高年级学生对专业性、学术性内容的选择远远高于低年级学生,这与其学业水平的提高、学习压力的增大有密不可分的联系。音体美类、文史类学生对学术文献的选择也高于理工类和农医类,这与不同专业学生的阅读爱好、阅读习惯、思维方式与专业需求存在一定联系,虽然学习方式存在差异,但研究者认为高校通识教育意义重大,"理"与"文"应有可以相互转化的共通性。

电子阅读一定程度上还增加了大学生之间的交流,电子内容因网络之便具有很强的传播性与感染性,大学生这一青年群体便是电子内容转发的主力军之一。

(三)电子阅读的利弊

调查中,多数大学生认为电子阅读较纸质阅读具有节约时间和成本、搜索方便、内容丰富等优点,从大学生对电子阅读的期望价格较低、投入较少这一点我们可以推断:电子阅读吸引大学生群体的一个很大优点便是价格低廉。电子阅读的这些特点无疑是其风靡校园的重要因素,同时也成为电子阅读产业发展的根源推动力之一。值得一提的是,调查中有相对更多的男生认为电子阅读节约成本的优势明显,这样可能直接导致对纸质书籍的购买也会存在性别差异。

当然,对纸质书籍的拥护者也不少。通过访谈我们得知,大学生普遍认为纸质阅读给他们带来"阅读的实在感和精神的愉悦感";纸质书阅读更符合传统的阅读习惯、对视力的伤害较小、不易疲劳;纸质阅读便于读者进行深入思考等,而这些恰是电子阅读所缺失的。调查中大学生提到,电子阅读对眼睛伤害较大,排版不够美观,没有纸质阅读的感觉等。由此我们可推断电子读物质量低、阅读器对身体的不利影响是影响大学生很好地利用电子阅读的重要原因。此外调查还发现,一些电子读物的侵权行为已经引起了大学生的关注,这从产业发展的角度提醒电子生产商应重视电子产品生产规范,在市场竞争中以服务取胜。

(四)电子阅读的发展前景

我国当前电子书阅读市场规模增长速度较快,但总体规模偏小,与发达国家相比，在质量与数量上仍有较大差距。我们看到，当前大学生对电子阅读整体满意度较好，但投入少、内容选取较为单一，这在无形中展示了电子阅读产业发展的巨大空间。电子阅读产业的发展符合当前时代信息化、世界一体化的发展趋势。结合对电子阅读优点与缺点的调查分析，电子阅读产业只要不断改进、去粗取精、创造更新，就能依托信息化发展的潮流，为自己迎来发展的春天。

六、建议

(一)坚持良好阅读习惯，吸取新兴方式精华

电子阅读延伸了传统阅读的功能，为读者的信息获取提供了更便捷更开放的平台，但其也具有众多缺点与不完善之处。大学生在面对这两种阅读方式时，应理性地平衡二者、不可偏废，既要从传统纸质阅读中汲取精髓，保持良好的看书习惯，又要能充分利用网络，通过电子阅读为自己“充电”，扩展知识面、方便自己的学习与生活。此通过纸质阅读与电子阅读相结合的方式，既能增长见识、开阔眼界、活跃思维，又能博精相兼、求真务实。

(二)学生与学校共塑良好学习习惯

从学生角度，首先，避免电子阅读一味地消遣娱乐化，电子读物内容极其丰富，大学生应深化阅读、积极从中汲取营养和精髓，挖掘电子阅读的潜在能量；其次，大学生自身应优化消费结构，加大教育投入和学习支出；第三，电子阅读的信息全面广泛，大学生之间资源共享与交流的同时应加强对网络纷杂信息的辨识，不盲目从众。

从学校角度，学校首先应对大学生进行有效的电子阅读给予必要的指导，使学生学会快捷便利地查找资料，并迅速筛选冗杂信息，节约时间提高效率；其次要注意培养学生良好的阅读学习，倡导大学生学会随时随地碎片式的阅读方式，使大学生日常生活中零散的时间得以利用。

(三)优化电子阅读内容，增强辅助阅读功能

一方面，电子阅读具有强大的辅助阅读功能，电子产业应该加强对数据进行检索和查阅的功能，以利于帮助读者吸收、消化书本知识；电子阅读的内容表

现形式多种多样，能够对文字、图片、影像、声音等信息形态进行有机的合成，供应商应注意在加工的过程中，其他的信息形式应以辅助读者对文字阅读的理解为目的，不可喧宾夺主。另一方面，电子阅读的内容质量参差不齐，电子阅读应在保证内容准确性的同时促进其丰富化、多元化，增强其可读性；电子阅读载体对于读者的视力有一定影响，电子产业应大力探索和开发对读者视力伤害最小的电子阅读器，使之适合长时间阅读；此外，电子阅读存在“浅阅读”“快餐式”的阅读现象。我们建议加强大学生电子阅读的学术性目的，同时供应商应该严格保证阅读内容的健康向上，控制其中插播广告的数量，以及提供更加严谨、方便的电子阅读方式。

(四)监管中规范，创新中进步，合作中发展

电子阅读作为新兴的阅读方式，本身具有极大的活力与提升空间。但由于核心技术的缺乏、市场调节的缺陷、法律监管的漏洞使其发展遭遇瓶颈。因此，产业本身应注重技术的开发、管理的创新与观念的更新；要完善法律监督机制，营造公平和谐的产业竞争氛围；协调电子阅读产业与传统纸质阅读产业的发展，二者相互借鉴、互相扶持、共促发展。同时，读者理性的阅读方式也将为厂商提供积极的反馈，有利于其改进技术，制造出更符合消费者需求的产品，实现读者与厂家的双赢。

参考文献

[1] 郑彩华.PISA视野下电子阅读素养测试以及启示[J].基础教育，2012(03).

[2] 刘日升，杨振力.国外用户电子阅读需求与行为研究综述[J].情报资料工作，2012(01).

[3] 江璇娥.电子阅读与纸本阅读交互使用——浅析当前读者最佳阅读方式之取向[J].福建图书馆理论与实践，2007(01).

[4] 张凯.电子书与电子阅读刍议[J].湖北师范学院学报(自然科学版)，2010(03).

[5] 石群.校园网电子阅读发展对策[J].卫生职业教育，2010(04).

[6] 曾敏灵.电子阅读发展与图书馆建设的对策[J].图书馆论坛，2008(03).

[7] 游传耀.从信息时代的阅读谈高校电子图书馆的建设[J].东南传播，2008(11).

[8] 顾小清，傅伟，齐贵超.连接阅读与学习：电子课本的信息模型设计[J].华东师范大学学报(自然科学版)，2012(02).

[9] 黄蓓蓓.移动“阅览室”的崛起：3G时代的手机阅读用户研究[J].新媒体专题，2011(02).

[10] Velde, Wouter, Ernst & Olaf. *The Future of ebooks? Will print disappear? An end－user perspective*.[M]Library Hi Tech. 27.4, 2009.

[11] Barkoviak, M. E－reader Customers Are Older, College－Educated Users, From: dailytech.com.

[12] Crawford & Walt. *Why Aren't Ebooks More Successful?* [J], E－Content. 29.8 (Oct 2006).

[13] Guernsey & Lisa. Are Ebooks Any Good? School Library Journal .157.6 (Jun 2011): n/a.

[14] Abell, J. Five reasons why e－books aren't there yet, From: wired.co.uk.

西南大学教育学专业本科生专业认同度的调查研究

作者：刘宇①　许佳②　杨健③　陈雪儿④

指导教师：任一明

一、问题的提出

（一）现实启发

2014年6月9日，麦克思研究院调查编著的《2014中国大学生就业报告》正式发布。报告显示，2013届本科毕业生的工作与专业相关度仅为69%。麦克思研究院副院长周凌波认为，大学毕业生自愿选择与专业不相关的工作，主要是对专业相关工作不认同。

从各类相关的调查研究中也可看出，我国高校的教育学专业本科生中存在较多的专业认同问题，如对专业不了解、不感兴趣、学习倦怠等。因此，为了教育学专业学生能更好地成长，也为了教育学专业能更好地发展，我们有必要对这些问题进行调查、研究与探讨。

（二）自身感受

作为西南大学教育学专业一名大二学生，经过一年的学习，我对这个专业的认识逐渐深刻，情感与专业认同感也随之变化。我发现不仅外界存在对教育学专业批评和质疑的声音，就连身边的同学在专业认识上也存在较大误区。社会上对本专业的看法也不尽相同，许多人不了解教育学专业，不知道该专业毕业后能做什么。这既不利于教育学专业学生的成长发展，也不利于教育学专业的建设与发展。

---

①西南大学教育学部教育学专业（晏阳初创新实验班）2012级学生

②西南大学教育学部教育学专业（晏阳初创新实验班）2012级学生

③西南大学教育学部教育学专业（晏阳初创新实验班）2012级学生

④西南大学教育学部教育学专业（晏阳初创新实验班）2012级学生

二、研究对象和方法

(一)研究对象

选择西南大学教育学专业本科生为研究对象。为了保证本研究的效度，本研究未把本届本科新生纳入研究对象，因此此次调查选取的样本是西南大学教育学专业大二、大三和大四三个年级共 94 名在读本科生。

(二)研究方法

1.文献法

通过查阅相关文献，了解国内外对大学生专业认同的研究方向，充实本研究的研究背景以及为本研究提供理论支持。

2.调查法

综合使用问卷法与访谈法获取相关研究数据。

三、调查结果与分析

(一)问卷回收情况

本次调查共发放问卷 94 份，回收问卷 84 份，回收率为 89.4%，其中有效问卷 79 份，有效回收率为 84.0%。有效被试情况如表 1。

表 1　调查对象信息表

变量	类别	频次(人)	百分比(%)
性别	男	12	15.2
	女	67	84.8
年级	大二	30	38.0
	大三	22	27.8
	大四	27	34.2
高中学科背景	文科	57	72.2
	理科	22	27.8

（续表）

变量	类别	频次(人)	百分比(%)
生源地	城市	39	49.4
	农村	40	50.6
目前专业成绩	较前	22	27.8
	中间	33	41.8
	较后	24	30.4
志愿选择	自主选择	58	73.4
	父母或他人意愿	15	19.0
	调剂专业	6	7.6

(二)教育学专业本科生专业认同总体情况

表2　专业认同总体情况表

维度	N	均值
总均分	79	2.8000
专业认知	79	2.7548
专业情感	79	2.8829
外部条件	79	2.7516
学习行为	79	2.8078

从表2可知,西南大学教育学专业本科生专业认同的总平均分为2.8000。从统计学的意义来看,目前西南大学教育学本科生专业认同度略低于理论中间值,但按照本研究的反向计分标准,即专业认同度比中间值偏高。不过从访谈调查内容来看,教育学专业本科生专业认同方面仍然存在一些问题。

1.专业认知维度

表3　“当初填专业时,我了解本专业”一题调查统计表

	频率(人)	百分比(%)	有效百分比(%)
比较符合	9	11.4	11.4
一般	21	26.6	26.6
比较不符合	31	39.2	39.2
非常不符合	18	22.8	22.8
合计	79	100.0	100.0

这是在认知维度中得分最高的一道题(均值3.7342,标准差0.94338),但按

照本研究的计分标准，即其实际了解度最低(后同)。在学习教育学专业之前，对该专业了解程度选择“比较不符合”和“非常不符合”的比例为62.0%。

这说明大部分学生在进校之前对该专业知之甚少，这容易使他们在学习过程中发现很多与他们主观设想与期待不相符的地方，更加容易产生专业困惑，影响专业认同。

而从另一题反映的结果来看，大部分学生(88.6%)在学习至少一年教育学专业后能较全面地了解本专业，其主要困惑是关于本专业的就业问题，54.4%的学生不太清楚本科毕业后做什么。

2.专业情感维度

根据频率分析结果，只有31.6%的学生对教育学专业感兴趣，其余大部分人(40.5%)在兴趣问题上选择了“一般”，可见，相当多的同学对教育学专业是缺乏兴趣的，这也使其自身的学习动力不足。仅26.6%的被调查对象在教育学专业学习中有热情，选择缺乏热情的学生比例为30.4%。

另外，当被问到总体上是否喜欢本专业时，选择“比较喜欢”和“非常喜欢”的只有36.7%，而选择“比较不喜欢”和“非常不喜欢”的占到了24.1%，这一比例接近被调查学生人数的1/5。可见，在学生的学习情感方面专业认同情况不容乐观。

结合心理学中有关知、情、意特点的知识，考虑到情感因素的变化性，问卷中设计了“对专业态度的变化”一题，结果如图1所示。

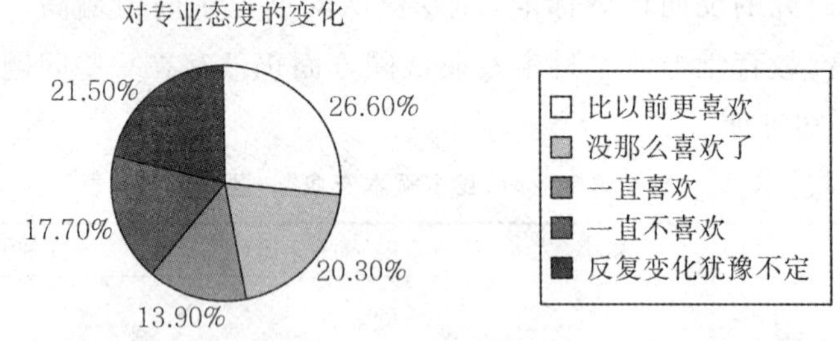

图1 专业态度变化统计

从图1中可以看出，大部分学生在学习教育学专业后对其情感发生了变化。需要注意的是，在教育学专业学习过程中产生消极情绪变化的比例达到了59.9%。

3.学习行为维度

教育学专业本科生的总体学习情况如下表。

表 4　“您目前对于本专业的学习现状是……”一题调查统计表

	频率(人)	百分比(%)	有效百分比(%)	累积百分比(%)
有兴趣主动学习	19	24.1	24.1	24.1
没热情依然认真	39	49.4	49.4	73.4
不认真为应付考试	19	24.1	24.1	97.5
很不认真	2	2.5	2.5	100.0
合计	79	100.0	100.0	—

由表 4 可知,73.4%的学生学习认真,说明他们的整体学习氛围较好。但是,只有不到 1/4 的学生选择“有兴趣主动学习”,接近一半的学生表现为没有热情但依然学习认真。这种专业情感与学习行为的不一致反映出,随着心理水平的发展和学习阶段面临的任务加重,不少学生还是能较好地接受并适应专业学习。当然,这也与西南大学本科生招生的质量有一定关系,学生素质较好,即使开始对专业有一定不认同,也会随着学习内容的加深而对专业认同做出自我心理暗示与自我调节。

“晏阳初教育学术讲座”是西南大学教育学部针对本科生设置的一项特色活动,也是教育学本科生接触的主要讲座。从此次调查结果看出,有意愿主动参加讲座的学生只有 12.7%,对讲座抱有排斥心理的学生有 36.7%,一半以上(50.6%)的学生对此感到无所谓。在这种情况下,讲座给大部分学生带来的学习效果必定不佳。

关于上课情况,分析结果显示,79.7%的学生基本没有逃过专业课,从平时观察得出,西南大学教育学部的同学专业课出勤率较高。但是,只有 43%的学生上课认真,积极思考问题,这表明虽然有较高的课堂出勤率,但学生自身的上课质量并不高,课堂学习效果实质欠佳。

表5 “我经常主动参加与本专业相关的校内外实践活动”一题调查统计表

		频率(人)	百分比(%)	有效百分比(%)	累积百分比(%)
有效	非常符合	2	2.5	2.5	2.5
	比较符合	13	16.5	16.5	19.0
	一般	26	32.9	32.9	51.9
	比较不符合	31	39.2	39.2	91.1
	非常不符合	7	8.9	8.9	100.0
	合计	79	100.0	100.0	—

仅有51.9%的学生在参加校内外专业拓展活动有主动性和积极性。虽然有较多学生积极参与课题项目研究,但校外实践比较缺乏。(表5)

在学生专业学习行为方面存在的另一突出问题是转专业行为。以大二年级为例,在过去一年的学习过程中,约有1/5的学生提交过转专业学习申请。总体上,54.4%的学生有过转专业学习想法。

4.外部条件维度(部分影响因素的探究)

在这个维度中,主要涉及包括课程设置、教师水平和学科性质等与专业相关的客观条件对学生专业认同度的影响。欣喜的是所有被调查者中,98.7%的学生对班级学习氛围表示基本认可。良好的学习环境对学生的发展至关重要,这一方面源于西南大学本科生的素质较好,另一方面也得益于西南大学教育学部的有效教学管理。但是,根据本研究使用的问卷信息反馈可以看出在专业课程设置问题上学生意见分歧较大。(表6)

表6 “本专业的课程设置合理”一题调查统计表

	频率(人)	百分比(%)	有效百分比(%)	累积百分比(%)
比较符合	7	8.9	8.9	8.9
一般	28	35.4	35.4	44.3
比较不符合	38	48.1	48.1	92.4
非常不符合	6	7.6	7.6	100.0
合计	79	100.0	100.0	—

由表6可知,55.7%的被调查对象认为教育学专业课程设置不够合理。根据访谈和日常交流所得,主要有两个问题:一是各年级专业课程开设顺序不同,二是部分课程对于专业发展的实用性较小。

由于教育学专业课程包含部分研究性技术课，这就产生了对于这些作为教育研究工具技术的课程在哪一个学段开设效果更好的问题。对于大一的学生，这些课程必定有一定难度，而对于大四的学生，因为他们在大二就开始接触教育问题研究，所以他们没能在最需要的时候有条件系统地学习这些课程。

另外，对于其他部分课程，学生往往学而不知其所以然，虽然多少也能获得一些知识，但一些学生认为对教育理论和教育研究的作用并不大。

调查结果显示，教育学专业学生认为本专业对其发展的主要帮助以及自己期望得到的帮助情况如下图所示。

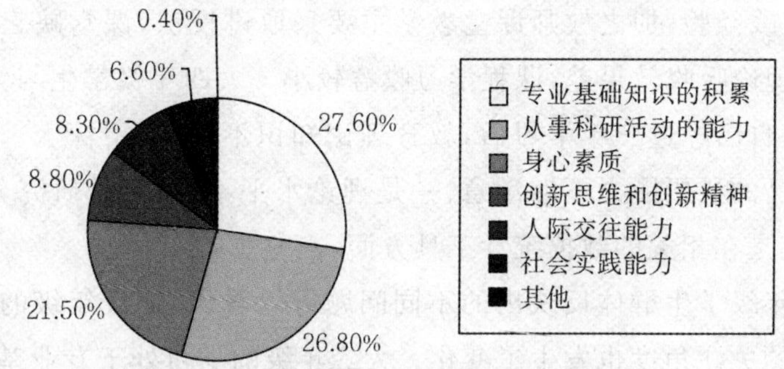

图 2　专业中得到的能力类型统计

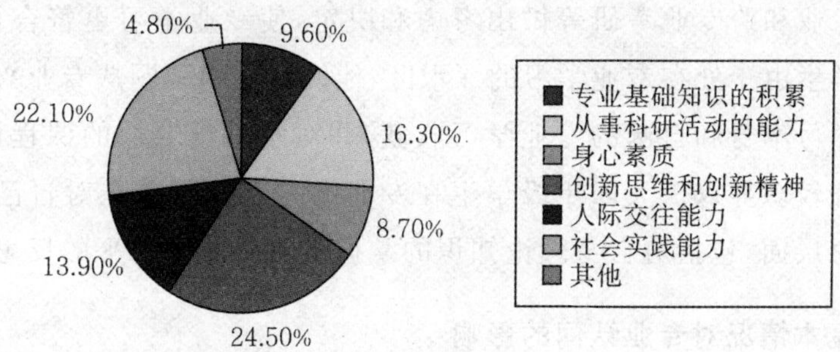

图 3　期望从该专业收获的能力类型统计

可见，大部分学生感到自己从教育学专业学习中得到的主要帮助是“专业基础知识的积累”“从事科研活动的能力”和“身心素质”三方面。而学生自身希望得到的主要帮助却是“创新思维和创新精神”的培养及“社会实践能力”的锻炼两方面。

(三)各年级学生专业认同的差异

从综合问卷和访谈结果来看,不同年级学生的专业认同度存在差异,总体呈现年级越高专业认同度越高的趋势。

具体来说,年级因素对学生专业认同的影响表现在不同年级学生在专业认同方面存在的主要问题不同。根据调查结果,大二年级学生主要是对学习内容缺乏兴趣,学习主动性与积极性不高,对于考研热情也较低。而大三年级学生主要是对专业课程内容与课堂教学方法不认同,普遍反映教育学专业理论课较繁多,缺少实践经验,加之教师课堂教学主要采取讲授法,课堂缺乏生气,导致大部分学生理论吸收效果差,课程学习收益较小。大四年级学生与大三年级相似,同样反映自己经过三年学习后,教育理论知识不系统,不深入。另外,大部分学生对自己的科研能力不够满意,一是理论水平不高,二是研究分析方法掌握不牢,尤其是在相关的数据统计工具方面,实力薄弱。

从不同年级学生群体反映出的不同问题可以看出,随着年级的升高,学生对自身专业的关注角度也发生了变化。大二年级的学习处于专业基础阶段,他们比较在意自身专业学习兴趣和专业培养要求是否符合自己意愿等问题,并对辅修第二专业和跨专业考研等做出考虑和决定,使专业学习更符合自身期待。大三年级学生由于处在专业学习的深水区,他们关注的问题从专业兴趣方面转向了专业学习本身和自己的专业学习收获,并对教育学专业的课程设置、教学方法等存在较多异议。大四年级学生在专业学习方面则重在对自己专业学习效益的反思层面,包括对自身理论知识的掌握和科研能力水平的反思。

(四)基本情况对专业认同的影响

利用 SPSS 21.0 对所得数据进行单因素方差分析,结果显示:性别、高中学科背景和生源地三项内容对学生的专业认同并无显著影响。而专业成绩在班上的排名与志愿选择两项内容对学生的专业认同度影响较大。

表 7 “专业成绩在班上的排名”对专业认同的影响

	认知	情感	外部条件	学习行为
F	8.569	17.186	0.672	13.573
Sig.	0.000	0.000	0.537	0.000

由表7可见,“专业成绩在班上的排名”在专业认知、专业情感、学习行为三个维度中的显著性水平均为 $p=0.000<0.001$,因此该项内容对学生专业认同度的影响极为显著。专业成绩排名不同的学生间专业认同度存在明显差别。一般看来,专业成绩较好的学生专业认同度普遍较高,专业成绩排名较后的学生专业认同度较低。

表8　“志愿选择”对学生专业认同的影响

	认知	情感	外部条件	学习行为
F	3.953	2.483	2.531	7.716
Sig.	.023	.090	.086	.001

由表8可见,“志愿选择”对学生专业认同的影响主要表现在认知和学习行为两层面,均为差异显著($p<0.05$)。按照父母或他人意愿选择专业以及接受专业调剂的学生专业认知度较低,部分自主选择专业的学生由于报考学校时,平行志愿结构不合理等因素也导致对专业不了解,认知度偏低。而学生的专业认同必定对其专业学习状态有重要影响,对专业的不了解导致学习过程中的困惑进而造成学习效果的低下。

四、研究结论与建议

(一)研究结论

西南大学教育学专业本科生专业认同度总体较高,这得益于学生整体较好的学习素质,以及科学的培养方案、优良的教学管理等与学校本专业发展水平较高相联系的客观因素。但是,根据日常观察与交流和对问卷中部分题目所做的频率分析结果可以看出,教育学专业本科生在专业认同中仍存在不少问题,主要表现在专业认知维度、专业情感维度、专业学习投入度以及对专业相关条件的认可程度上。

另外,由于年级不同、阶段任务不同等原因,不同年级的学生专业认同存在一定差异性,总体上表现为年级越高,认同度越高的趋势。同样,不同年级的学生在专业认同方面存在的主要问题也不尽相同,他们对自身专业的关注点也是变化的。

在影响因素中,性别、生源地和高中学科背景对学生专业认同并无显著影响,志愿选择与专业成绩排名对学生的专业认同度影响较大。

(二)建议

1.学生层面

(1)学生要在选择专业时全面了解专业

对专业的深刻了解与认识是专业学习过程中有较高认同度的基础条件,盲目地选择专业会给后期学习造成诸多困惑,影响专业学习效果与自身发展。

(2)学生要根据自身实际结合专业要求合理规划未来发展方向

学生应明确自己的兴趣特长与职业展望,在专业学习过程中找到满足自身未来发展的学习方向,避免盲目学习与从众心理。

(3)学生要积极参加专业相关活动,在实践中增强专业认同感

教育学专业的性质决定了其相对偏理论性,因此,学生需根据自身的能力培养需求选择学习重点,或者积极参加与专业相关的校内外实践活动来达到学以致用、理论联系实际的目的。

2.学部层面

(1)教育学部要根据学生普遍的发展需求,合理调整专业培养方案,完善课程设置,在对专业培养方案和课程设置等相关问题决策修订时,学部可以对学生进行初步调查,了解学生总体的观点和意见,树立学生主体原则,使专业建设更加符合学生的期待与需求。根据西南大学教育学专业目前大二至大四三个年级学生的总体反映情况,希望教育学专业在培养学生中更加关注专业课程设置问题,尤其是部分课程开设顺序问题;希望通过调整学生培养方案,如为学生提供更多的见习活动等,来改善专业理论与实践略显脱节的问题。对此,学校可以通过加强与其他中小学或民办教育机构的交流与联系等方式实现。

(2)优化资源配置

健全完善导师制的评价监督体系,促使导师更加关心学生的学习发展状况,及时给予必要的指导关怀。适当给予本科生更多学习资源使用权限,如放开学部的资料外借限制等。

3.学校层面

学校应针对学生专业思想上的问题,根据不同年级学生思想情感变化的规律和特点,开展适当的、科学的专业思想教育。这种教育应该是多形式的:讲座、课程、见习、外出参观等。学校要帮助学生根据自身的实际情况确定合理的

专业发展目标,减少学生学习过程中的困惑与盲目性。刚入学的学生对专业学习是带有最大的好奇与热情的,这时,学部应该及时开展形式灵活多样的新生专业思想教育。

五、研究的创新与不足

(一)创新之处

1. 选题结合自身实际,从学习生活中发现问题,贴近现实,具有较高的研究意义。

2. 综合使用历史研究法与调查研究法,结合教育学与心理学专业知识,跨学科研究。

(二)不足之处

1.受研究时间所限,未对本届大一新生进行调查,可能影响研究结论。

2.研究者能力有限,在对问卷进行 SPSS 数据分析时,侧重于频率分析和方差分析,分析方法运用不够全面。

3.研究者理论水平有限,在对问题进行分析和提出建议时,缺少理论支撑和指导,偏向于个人经验之谈,缺乏理论深度和高度。

参考文献

[1]胡志海,黄和林.大学生人格类型与专业认同间的关系研究[J],心理科学,2006(06).

[2]周田,张卉.大学生专业认同研究综述[J],科教文汇,2008(10).

[3]秦攀博.大学生专业认同的特点及其相关研究[D],西南大学,2009.

[4]齐丙春.我国西部地区高校学生专业认同度的实证研究[D],重庆大学,2010.

[5]鲍秋旭.教育学专业本科生专业认同问题与对策研究[G],华中科技大学,2012.

[6]彭兰.教育学专业本科生专业认同感存在的主要问题及对策[G],西南大学,2013.

[7]薛丽.大学生专业认同感的现状作用及对策[G],华章,2014.

[8]李海芬,王敬.大学生专业认同现状调查研究,教学研究[G],2014.

[9]Margaret Nauta,*Assessing College Students' Satisfaction With Their Academic Majors*(J),Journal of Career Assessment,2007,Vol.15(4).

[10]Shauna Moody,*Students' attitudes toward their major discipline: Implicit versus explicit measure of attitude*(D),Western Carolina University,2010.

大学生寝室文化现状调查研究

——以重庆市本科高校为例

作者:彭代玉[①] 赵鑫凤[②] 彭乐[③] 李宏月[④] 黄艺璇[⑤]

指导教师:王天平

一、引言

(一)问题的提出

大学生寝室文化作为大学生校园文化的子系统,其影响是多方面的,影响寝室人际交往,影响学生身心健康,甚至关乎大学生的整个精神文明建设。然而高校对寝室的建设重点往往放置在寝室安全上,对寝室文化的建设重视度不够,投入也不够。

实际上,自1986年上海交通大学提出寝室文化这一概念以来,1991年张文凯发表《寝室文化初探》对寝室文化这一概念进行初步界定,到1997年国家教委发文肯定了这一概念并要求"重视加强社团文化、寝室文化建设,强化社团和宿舍的育人功能"之后,不少学者就已经表明寝室文化建设的重要性。瞿明勇学者在《高校寝室文化的功能分析及整合》中提到,对于寝室成员个体,寝室是其社会化的重要场所,就整体而言,寝室可以实现目标整合与规范向导,维护寝室的和谐发展。尽管众多学者对大学生寝室文化重要性的一再强调,国家、各高校的政策、规则相继出台,在学生素质不断提高,学历不断增高的当今时代,寝室问题仍然层出不穷,寝室文化建设依旧不到位。因此本研究立足于大学生寝室文化现状进行调查研究具有重要意义。

①西南大学教育学部教育学专业(晏阳初创新实验班)2012级学生
②西南大学教育学部教育学专业(晏阳初创新实验班)2012级学生
③西南大学教育学部教育学专业(晏阳初创新实验班)2012级学生
④西南大学教育学部教育学专业(晏阳初创新实验班)2012级学生
⑤西南大学教育学部教育学专业(晏阳初创新实验班)2012级学生

(二)相关研究概况及概念解释

纵观大量关于大学生寝室文化的研究文献，不难发现，对于大学生寝室文化这一概念的说法尚未统一。比如：第一，郭金亮、孙梦飞等学者将大学生寝室文化概括为“大学生寝室文化它包括硬件和软件两方面，所谓硬件是指寝室的设施、装饰、规章制度、环境卫生等，属于物质文化范畴，是大学生寝室文化的基础；软件是指寝室成员在学习、生活等活动中，表现出来的思想观念、理想情操等，属于精神文化范畴，它是高校寝室文化建设的核心部分”。第二，李宝林学者认为“寝室文化有表层文化和深层文化之分。表层文化，主要指大学生寝室里显露的一些具体生活现象，比如兴趣爱好、娱乐方式、交际手段等。而深层文化，一般是指大学生头脑中反映出的观念、倾向。如思想观念、价值选择、心理状态、行为趋向等”。实际上，对大学生寝室文化内涵解释可以分为两大方面，即物质文化范畴和精神文化范畴。

基于此，本研究综合相关研究引用王国义、何春岐两位学者对大学生寝室文化的定义，即“大学生寝室文化是以大学生寝室为地理环境圈，依托社会文化背景，以寝室成员为主体，在寝室共同生活、相互作用中表现出来的物质、制度、精神和行为方式的集合”。所以大学生寝室文化主要包括物质文化、制度文化、行为文化和精神文化四个方面。由于精神文化研究的抽象性和复杂性，所以本研究着重从寝室物质文化、寝室制度文化、寝室行为文化三方面进行调查和分析。

二、调查过程及分析

(一)调研设计及过程

1.调研目的

通过调研了解当前大学生寝室文化的现状，分析大学生寝室文化中存在的问题，提出有力可行的对策措施，促进大学生寝室文化以及大学生精神文明建设。

2.调研对象

课题组于2014年9月调查了重庆市6所本科高校(西南大学、重庆大学、重庆医科大学、重庆交通大学、重庆师范大学以及重庆人文科技学院)的大学生。此次调研发放 500 份问卷,实际回收 475 份,回收率达 95%,有效问卷 464 份,有效率达 92.8%。其中一本学校学生 267 名,二本学校学生 118 名,三本学校学生 79 名;文科师范类学生 46 名,理科师范类学生 56 名,文科非师范类学生 101 名,理科非师范类学生 261 名;大一年级学生 52 名,大二年级学生 308 名,大三年级学生 44 名,大四年级学生 60 名;男生 219 名,女生 245 名;城镇学生 199 名,农村学生 265 名。

3.调研工具

(1)本次研究采用自编问卷《重庆市本科高校大学生寝室文化现状调查问卷》,包括 23 道客观题和 3 道主观题。其中问卷维度分为三个维度:一是物质文化,涉及硬件设施、人为布置与装饰两个项目,包括"您所在学校的寝室床、柜等设施如何""您觉得您所在寝室的布置如何"等 6 个题目;二是制度文化,涉及学校寝室管理制度和寝室内部卫生打扫制度、寝室内部作息时间制度、寝室内部水电费支付制度 4 个项目,包括"您所在寝室是否有固定的作息时间规定""您所在寝室水电费支付情况如何""您所在寝室卫生清扫情况如何"等 7 个题目;三是行为文化,涉及课余寝室活动、寝室集体活动、寝室人际交流 3 个项目,包括"您所在宿舍通常有哪些集体活动""您所在宿舍多久进行一次集体活动"等 10 个题目。问卷最后还设置 3 道主观题。

(2)本次调研采用自编大学生寝室文化现状调查访谈提纲,分为物质文化、制度文化、行为文化三个维度进行访谈题目的拟定。

4.问卷的处理

回收问卷后对所收集数据进行录入,按要求剔除无效问卷,采用统计软件 SPSS 21.0 进行数据分析。

(二)大学生寝室文化现状分析

1.大学生寝室物质文化现状

(1)寝室床、柜等基本硬件设施大体上现状良好。

本次调研结果显示,40.10%的大学生对寝室床、柜等基本设施表示满意或比较满意,30.60%的大学生对其持"一般"可接受的态度,而就调查的六所高校来看,87.0%以上的学生都居住在有独立卫生间和浴室的寝室,两者都没有的仅占0.20%。

因此,大部分学生对现在寝室硬件设施持比较满意的态度。(图 1,图 2)

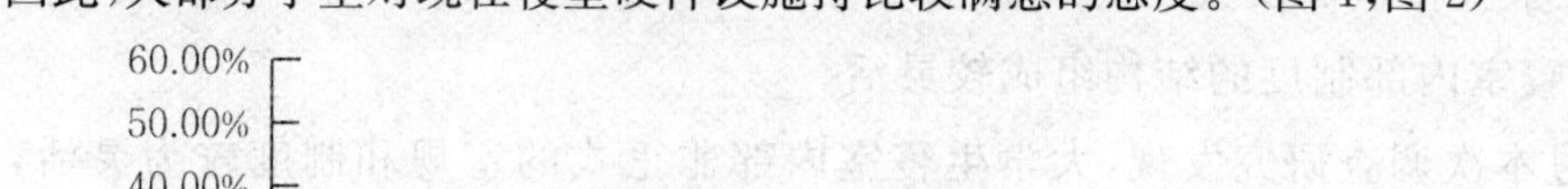

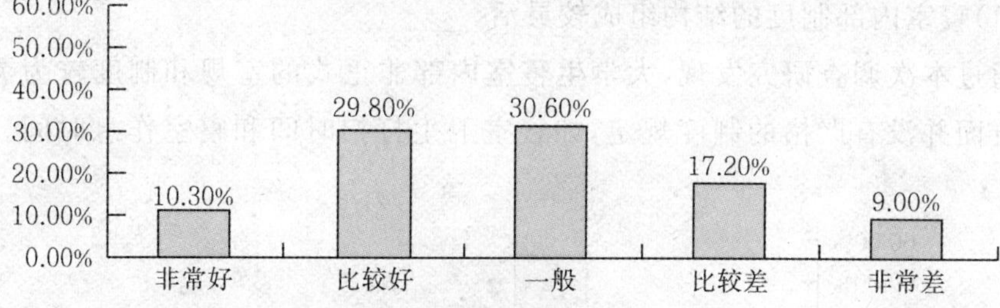

图 1　所在学校的寝室床、柜等设施情况

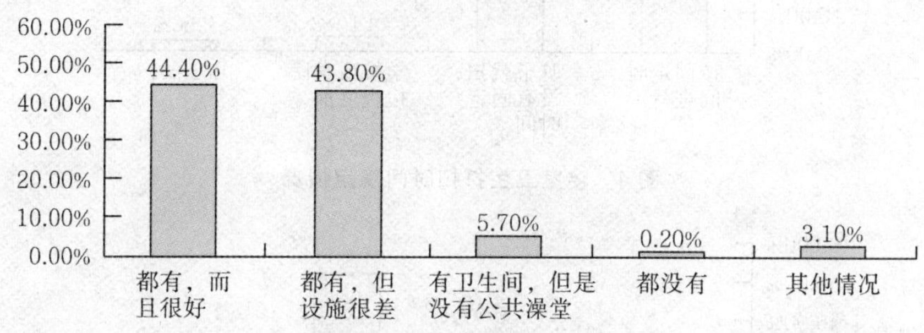

图 2　寝室卫生间和浴室情况

(2)寝室内部人为布置和装饰倾向个人化。

本次调研显示,对于寝室内部物品摆放,有 60.00%的学生是选择根据自己的喜好放置,23.90%的学生则根据寝室成员统一意见来摆放。由此可以看出,大部分学生在寝室生活中会遵循自己的喜好习惯,但是寝室成员喜好不同、习惯不同就会导致寝室内部布置和装饰倾向个人化,难以营造相对规范、整洁的寝室物态文化氛围。(图 3)

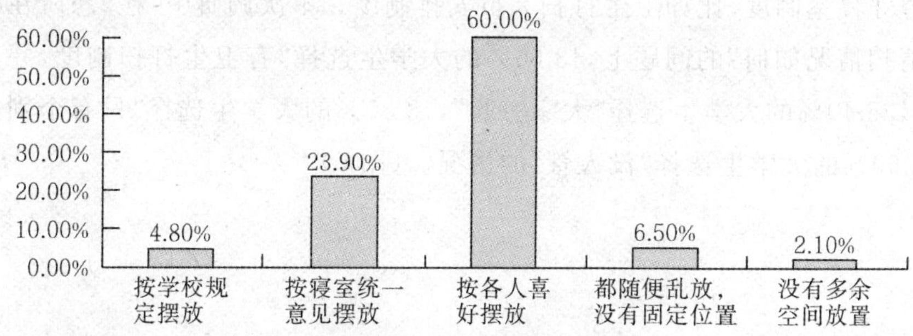

图 3　寝室内部物品摆放情况

2.大学生寝室制度文化的现状

(1)寝室内部制度的结构组成较灵活。

通过本次调查研究发现,大学生寝室内部非正式的室规和制度较为灵活,有的方面并没有严格的制度规定,如寝室卫生打扫时间和寝室作息时间。(图4,图5)

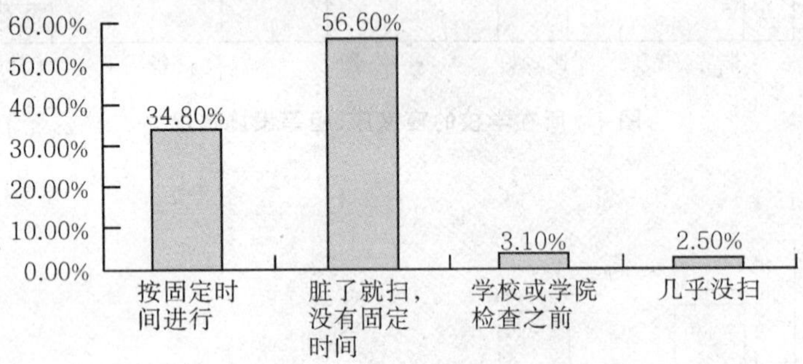

图4 寝室卫生打扫时间规定情况

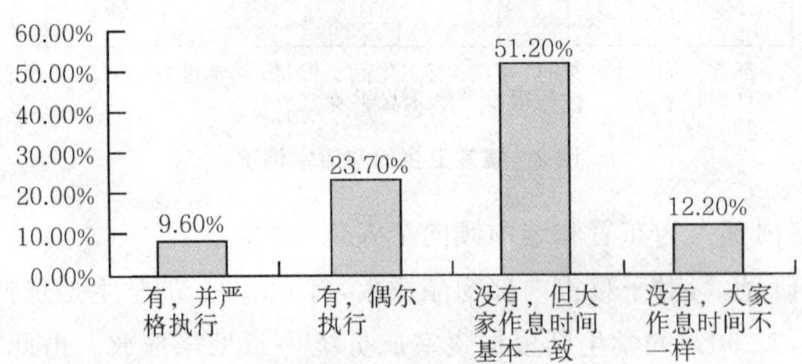

图5 寝室作息时间规定情况

但是在有些问题上,大学生寝室又形成了较为严格的制度并且寝室成员基本能遵守寝室制度,比如卫生打扫人员安排制度。本次调研中,在“您所在寝室卫生清扫情况如何”的问题上,43.60%的大学生选择“有卫生打扫制度,并严格执行”,35.40%的大学生选择“大家一起”,13.80%的大学生选择“只有个别人在做”,3.60%的大学生选择“没人管”的情况。(图6)

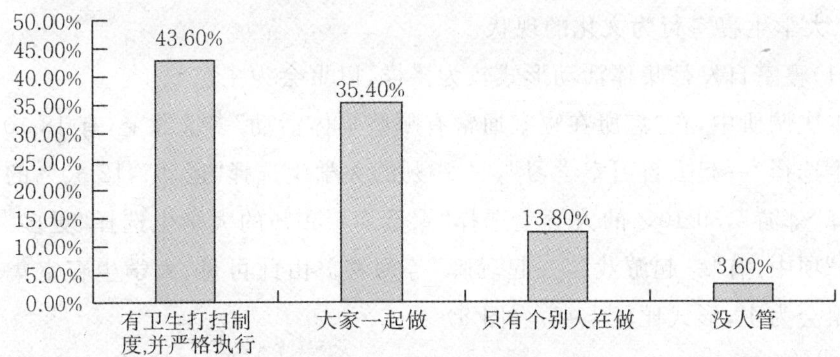

图6　寝室卫生清扫人员安排情况

可见,大学生寝室是大学生的主要集中地,寝室成员根据共同需求在这个公共场所中形成了灵活多样的内部制度和规定,有松散随意的规定,也有严格紧密的制度,这也体现出大学生寝室内部管理具有一定的自主性。

(2)大学生对学校的公寓管理制度和章程了解程度不够。

本次调研中,在"您对学校的公寓管理制度和章程了解如何"的问题上,有3.40%的大学生选择"非常了解",16.40%的大学生选择"比较了解",47.60%的大学生选择"一般",26.80%的大学生选择"不太了解",3.10%的大学生选择"完全不了解"。(图7)这说明学校公寓正式管理制度并没有在大多数大学住校生中普及,相当一大部分大学生并没有对其有较为全面的了解。

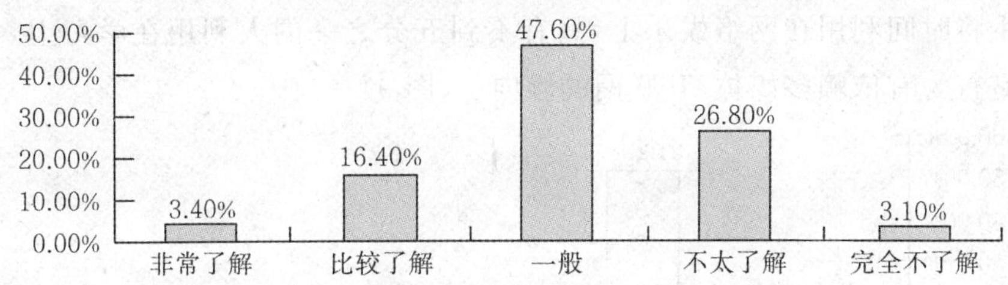

图7　对公寓管理制度和章程的了解程度

(3)高校以管理为中心的制度模式与大学生理想制度模式存在偏差。

本次调研中,在"您对您所在学校或学院在寝室管理制度和考核制度等方面有哪些建议"这一开放性试题中,有大学生反映"希望学校能放松寝室管理""检查违规电器时不要乱翻私人物品""寝室的备用钥匙不太愿意交由老师保管,感觉无隐私""取消突击检查"等意见,抛开这些意见可不可行不说,但确实是反映出学校公寓管理与大学生理想管理模式之间存在一定的差距和矛盾。

3.大学生寝室行为文化的现状

(1)寝室自发性集体活动形式较为多样,以聚会为主。

本次调研中,在“您所在寝室通常有哪些集体活动”多选题上,有18.10%的大学生选择“一起去自习室学习”,24.20%的大学生选择“运动”,12.30%的大学生选择“郊游”,39.10%的大学生选择“聚会”,6.30%的大学生选择“更多”。在“其他”项中,有“一起游戏”“一起玩牌”等回答。由此可见,大学生寝室集体活动以聚会为主,形式比较丰富。(图8)

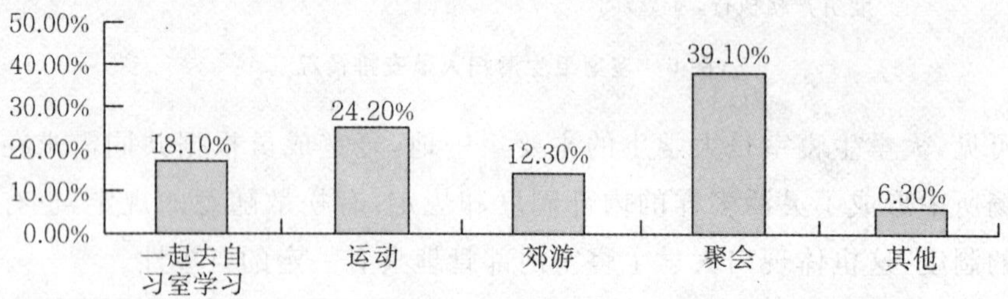

图8 寝室常见的集体的活动

(2)大学生在寝室的娱乐活动有依赖多媒体、互联网的倾向。

本次调研中,在“您的课余时间在寝室做得最多的事是什么”的问题上,51.20%的学生把课余时间花在了看电视电影上,9.40%的人将时间花在了玩游戏上,而只有18.90%的人将时间花在了学习和看书上。这大致反映出了大部分学生将时间利用在网络娱乐上,只有不到五分之一的人利用在学习上,大学生寝室行为有依赖多媒体、互联网的倾向。(图9)

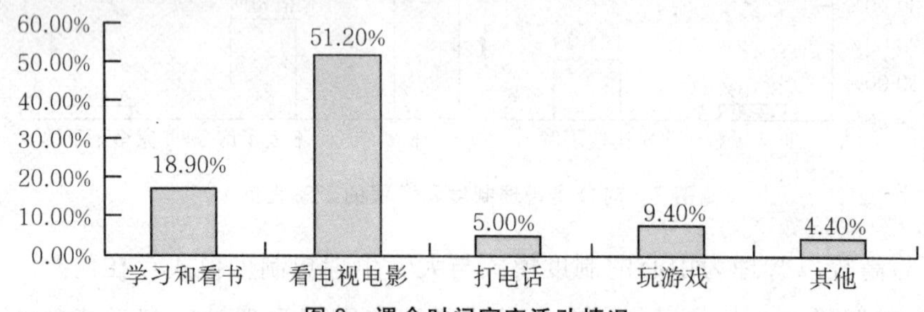

图9 课余时间寝室活动情况

注:经spss分析后,有的问题选项出现缺失,故除开缺失量得到有效百分比。下同

(3)大学生寝室心理交流较频繁,寝室“卧谈会”主题丰富。

在本次调研中,在“寝室睡觉前会卧谈吗”问题上,12.60%的大学生选择“每天都会”;26.60%的大学生选择“经常”;53.20%的大学生选择“偶尔”,

3.10%大学生选择“从不”。由此可见，大学生寝室心理行为文化交流较为频繁，尤其表现为寝室“卧谈会”。(图 10)

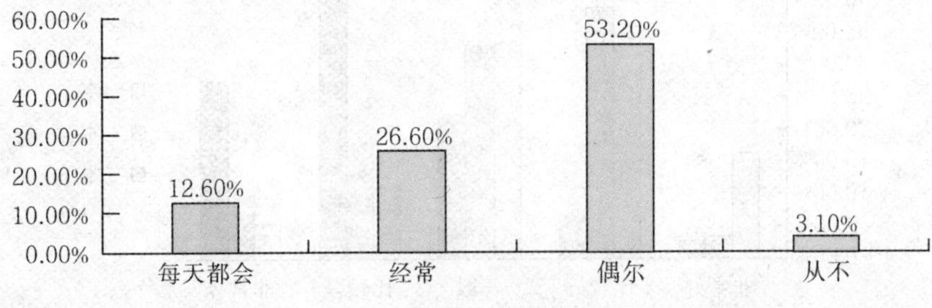

图 10　寝室“卧谈会”频率

同时，本次调研还调查了大学生寝室“卧谈会”主题的问题，提供多选的选项有“学习问题”“家庭情况”“个人感情问题”“他人的趣闻轶事”“其他”。调查结果显示，有 67.20%的人在寝室“卧谈会”中谈论“他人的趣闻轶事”，60.80%的人谈论“个人情感问题”，22.30%的大学生选择了“家庭情况”；25.60%大学生选择“学习问题”，17.1%的大学生选择“其他“。在开放型回答中，寝室“卧谈会”主题还包括“游戏”“时事”“娱乐八卦”等，由此可见，大学生寝室“卧谈会”主题多样，大学生心理行为文化丰富。(图 11)

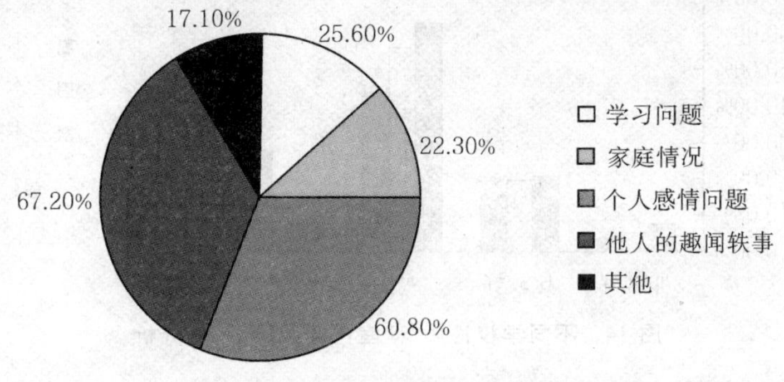

图 11　寝室“卧谈会”主题

(三)大学生寝室文化差异分析

1.不同学校性质大学生寝室文化现状的差异分析

从本次调研的六所重庆本科高校来看，大学生寝室物质文化良好程度随学校等级上升大体呈增高趋势。我们在这里以物质文化这一维度中“寝室的床、柜等设施条件如何”“寝室独立卫生间和浴室条件如何”“寝室内部装饰如何”三

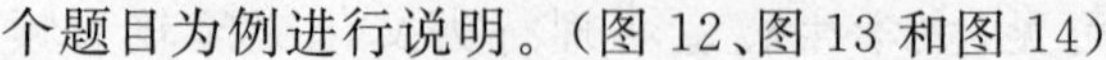
个题目为例进行说明。（图 12、图 13 和图 14）

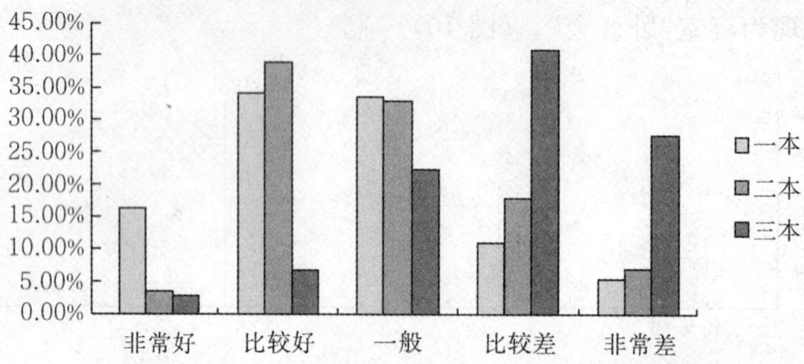

图 12　不同学校性质“寝室的床、柜等设施条件”差异分析

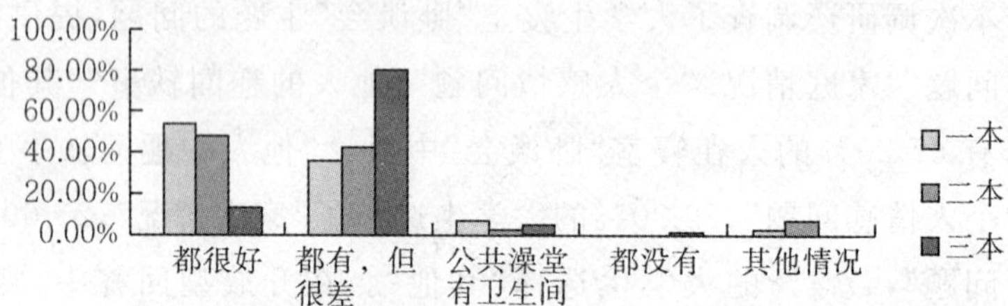

图 13　不同学校性质“寝室独立卫生间和浴室条件”差异分析

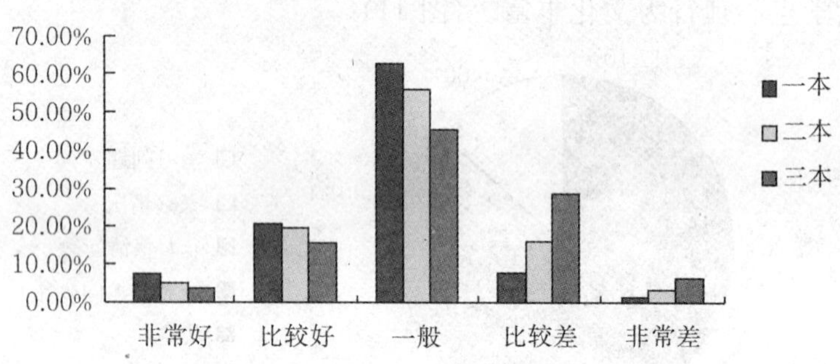

图 14　不同学校性质“寝室内部装饰”差异分析

2.不同年级大学生寝室文化现状的差异分析

大学生寝室内部制度规范意识随年级增高逐步减弱。

由图 15 可知，本次调研中“您所在寝室多久进行一次卫生打扫”问题上，选择选项“按固定时间进行”中大一年级学生占 47.1%，大二年级占 39.6%，大三年级占 22.7%，大四年级占 16.7%。分析这一现象出现的可能原因之一是大一新生刚住校，学校制度强化力度相对较大。其次，寝室成员相互还不熟悉，在寝室公共卫生上以规定制度来保障各自的行为意愿。随着年级的增高，寝室成员内部熟悉后可能忽视和淡化卫生制度意识。由图 16 可知，不同年级大学生寝室作息时间制度情况存在差异。

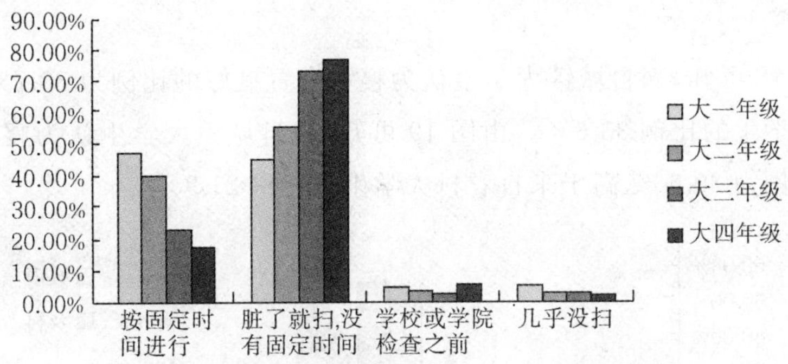

图 15　不同年级大学生寝室卫生打扫时间安排差异分析

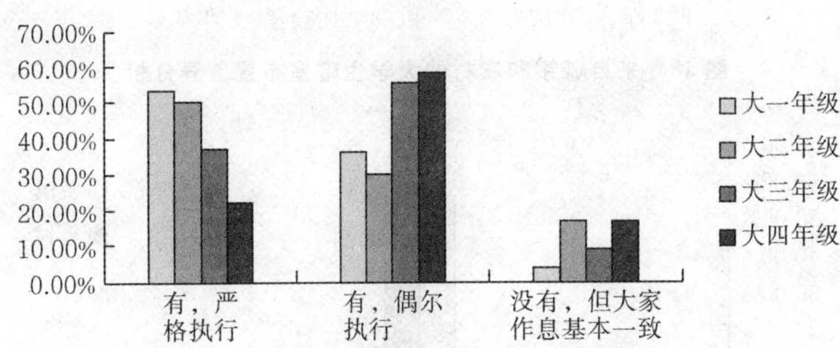

图 16　不同年级大学生寝室作息时间制度情况差异分析

3.不同性别大学生寝室文化现状的差异分析

不同性别大学生寝室行为文化存在显著差异。

由图 17 可知，本次调研中，有 25.2%的女生选择课余时间在寝室“看书、学习”，仅有 15.3%的男生选择课余时间在寝室“学习、看书”；有 19.6%的男生选择课余时间在寝室“玩游戏”，仅有 3.5%的女生选择课余时间在寝室“玩游戏”。

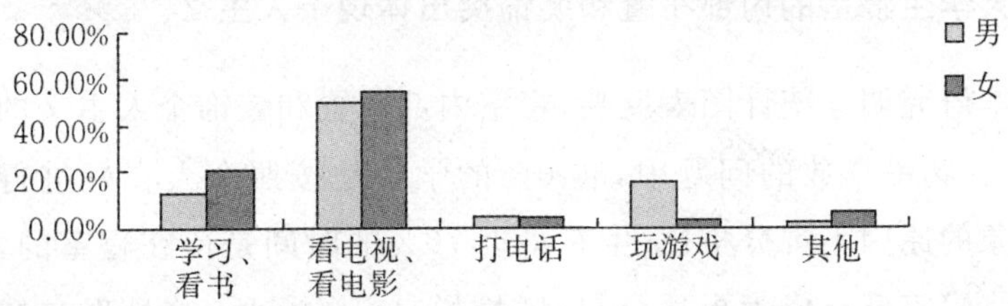

图 17　不同性别大学生课余时间在寝室活动差异分析

4.城乡大学生寝室文化现状的差异分析

来自城镇大学生对寝室内部布置和装饰良好认知程度高于来自农村的大学生。

由图18可知,来自城镇大学生认为寝室布置良好的比例为39.7%,高于来自农村大学生的比例33.6%。由图19可知,来自城镇大学生认为寝室内部装饰良好比例为30.6%,高于来自农村大学生的比例21.9%。

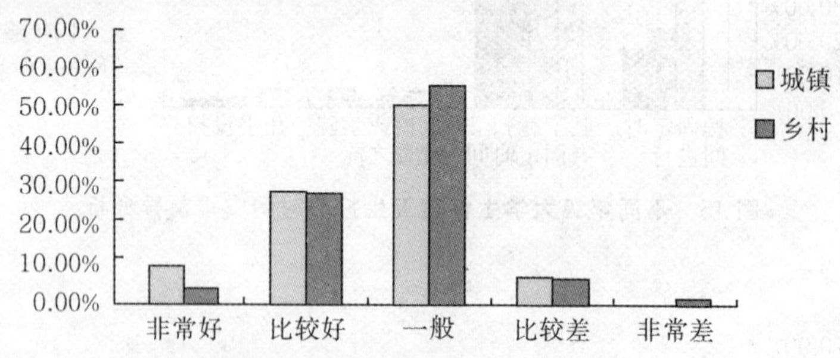

图18　来自城镇和农村的大学生寝室布置差异分析

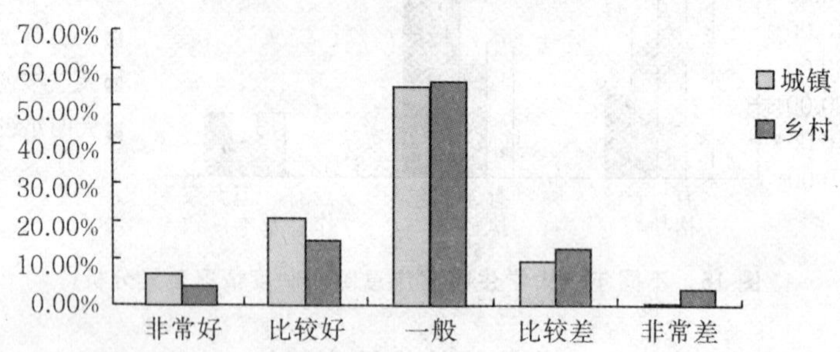

图19　来自城镇和农村的大学生寝室内部装饰差异分析

三、突出问题

(一)大学生寝室的内部布置和装饰突出体现个人主义

根据本研究调查统计图表反映,寝室内部布置和装饰个人主义的体现较为明显。如:在物品摆放的问题中,60.0%的学生是按照个人喜好进行摆放。造成这种现象的原因不难分析:学生有将近70%的时间是待在寝室的,这就让学生尽可能将寝室营造成为更适合自己、愉悦自己的场所,并且现在的大学生很多属于独生子女家庭,家庭环境也会对个人主义的养成产生影响。除此之外,由于每个人的意愿不同，寝室文化建设也会出现不同结果，这也是建设大学生寝室文化的阻力之一。

(二)大学生的寝室管理和规范制度意识薄弱

从调查结果来看，大学生的寝室管理制度意识薄弱主要由两方面原因造成：一是，大学生没有主动了解和学习寝室管理制度；二是，大学生期望的管理制度与高校的管理制度出现偏差和矛盾，对公寓的管理制度接受度不高。

(三)多媒体和网络对大学生寝室行为文化带来一定的冲击

本次调研结果显示，大学生在课余时间里的寝室活动是多种多样的，但是有 51.2％的同学将时间花在看电影、电视上，9.4％的同学将时间花在玩游戏上，也就是说很大一部分同学利用多媒体网络进行多种娱乐活动，注重享受多媒体和网络带来的娱乐价值，而忽视其教育价值。出现这种现象也不足为奇，由于现在寝室条件的改善，大部分寝室都拥有电脑等现代化设备，宿舍都装有网络接口，大学生利用多媒体和网络查资料、看新闻、玩游戏、社交等学习和生活行为频率高涨，信息化气息迅速席卷大学生寝室，冲击大学生寝室行为文化。

(四)大学生寝室文化建设可能缺少学校或院系文化价值的引导和深入

根据本次调研结果的分析，我们可以推论出目前高校寝室文化建设可能缺少学校或院系文化价值的引导和深入。高校学校文化是一个全面完整的体系，学校文化决定着学校各个方面文化(如教学文化、课程文化、教师文化、学生文化等方面)的建设。所以学生寝室文化建设是各高校学校文化建设的一个必不可少的方面，寝室文化建设需要学校文化价值的引导和深入。

四、对策建议

(一)加强寝室集体主义的宣传和教育，营造寝室集体氛围

寝室个人主义的盛行势必与集体主义发生冲突，处理不好个人与集体的关系就会造成寝室文化建设效率低下等问题。笔者建议加强集体主义建设主要是以寝室集体活动为纽带，增强学生团结一致、为他人着想的意识。丰富多彩

的集体活动可以增进学生之间的理解，促进寝室成员之间的交流，还可以潜移默化地影响寝室成员的思想。当然，这就要求学校要积极开展健康有益的活动，同时又要协调好活动与学生学习时间之间的矛盾，如果活动时间过多会引起学生的厌烦，适得其反。

（二）增强学生在寝室制度建设中的作用，提高寝室制度的科学性和民主性

本研究将从学校和学生两方面进行具体建议的阐述。第一，学校方面建立寝室—宿舍管理员—辅导员（学院）—学校的自下而上的意见反馈体系，广泛听取学生在寝室管理制度方面的意见和建议，综合考虑多方因素，科学、民主地制定和修改学校寝室公寓管理制度。第二，学生方面自觉地树立制度意识和主体意识，能主动为高校制度建设献计献策。为此，大学生主动了解和学习学校公寓管理制度，主动建议，正确建议。

（三）加大寝室网络教育和管理的力度，充分发挥多媒体和网络的教育价值

笔者建议从学校和大学生两方面着手。学校方面应构建合理的多媒体网络平台，加强寝室网络教育。首先，在制度方面，学校可以以寝室为单位大力倡导或组织学生查看和网络有关的《青少年网络文明公约》等国家相关文件，让学生意识到文明用网的重要性；其次，在行为方面，学校应该定期开设一些网络课堂，提出相关问题，让学生发言等，有利于学生内心的自我反思与反省；学生方面应增强自制力，寝室成员互相监督，合理利用课余时间，有效利用多媒体和网络，做一个健康用网、合理用网的大学生，从而实现大学生寝室多媒体和网络的教育价值。

（四）加强寝室活动的引导和深入，尤其响应新时期大学生“三走”号召

通过本次调研发现，大学生寝室文化建设可能缺乏学校或学院相关负责部门文化价值的引导，特别是在大学生寝室活动建设上。因此笔者建议，必须有组织、有计划地加强大学生寝室活动建设，尤其响应新时期大学生“三走”号召：走下网络，走出寝室，走进操场。第一，各院系相关负责部门可以加强引导和组织寝室活动，为寝室室友培养感情，建立良好的交际提供良好契机和平台。第二，定期进行寝室间或寝室内部联谊交流会等。鼓励大家展现才艺，展示自己，

交流想法，沟通思想。确立寝室主流文化，营造良好成才环境。比如开展“天下大事大家谈”，开展寝室论坛，普通话、英语口语角，创造讲普通话与使用英语的语言环境。第三，开展以培养业余爱好为主要内容的文体活动，成立寝室文化兴趣小组，如书法之家、音乐之家等琴棋书画歌谱器乐，陶冶性情，培养情趣，丰富学生业余生活。

参考文献

[1]张文凯.大学生寝室文化初探[J]. 湖北社会科学，1991(05).

[2]李宝林.应当重视大学生寝室文化的建设[J]. 江苏工学院学报，1993(05).

[3]陈秀琴，刘炯辉.大学生寝室文化的建设[J]. 思想教育研究，1996(04).

[4]孟炎，汪琯琪.浅谈大学生寝室文化建设的策略[J]. 教育探索，2009(07).

[5]王甫勤.大学生寝室人际关系影响因素的实证研究[J]. 大学教育科学，2008(01).

[6]瞿明勇.高校寝室文化的功能分析及整合[J]. 中国高等教育，2010(27).

[7]冯万里，乔林.加强高校寝室文化建设 促进优良学风形成[J]. 思想政治教育研究，2010(05).

[8]杨晓丹.浅谈大学生寝室文化的现状与影响因素[J]. 时代教育，2014(03).

[9]郭金亮，孙梦云，伊飞，徐毓才.高校学生寝室文化建设的现状与对策[J].机械工业高教研究，1998(02).

[10]王国义，何春岐.人学理论视阈下大学生寝室文化的反思与重构[J]. 黑龙江高教研究，2012(08).

大学生网络评教的现状与对策

——基于学生的视角

作者:汪娟①

指导教师:欧本谷

一、问题的提出

课堂教学在学校整个教学过程中处于核心地位,课堂教学质量与学校教育质量、学校声誉、学生和教师的发展息息相关,因此课堂教学质量的提高一直是学校教学管理部门、教师本人和学生最关心的问题。为了促进教学质量的全面提高,帮助教学管理者掌握教学情况,高校普遍采用了包括领导评价、同事评价、专家评价、学生评价、家长评价等多样化的教育评价方式。其中学生评教凭借其"最直接、最生动、最具说服力"的优势成为教师教学质量评价的重要组成部分。

随着科学技术的发展,网络和信息技术在各个领域得到了广泛的应用,很多高校已经建立了网络评教的平台,学生本着"实名登陆,匿名评教"的原则对任课老师进行教学评价(下文全部简称为"网络评教")。但在大学生看来,他们真实的声音并没有在网络评教中得到有效的呈现。

目前,国内外学者对教师的课堂教学质量评价和网络评教方面的研究已取得相当的成效,他们在关于学生网络评教的可行性与必要性的研究、关于学生网络评教的理论性研究以及关于学生评教效果的研究等方面已经有了系统的论述。例如田再悦在《大学生网络评教问题研究》中总结出网络评教具有以下几个方面的意义:(1)它是促进学校教育教学改革的需要;(2)它是促进教师教学水平提高的需要;(3)它是促进学风建设的需要;(4)它是促进学校教学管理水平提高的需要。暨南大学的马晓燕老师认为,目前各个高校在对教师工作的评价中,学生对教师教学质量的评价反馈意见越来越受到重视,提出将学生评

---

①西南大学教育学部学前教育专业2012级免费师范生

教作为评价教师教学质量的主要依据，并为教师晋升、工资、奖励等绩效提供重要参考。但是基于学生的视角对高校网络评教成果的研究甚少。

笔者通过对已有文献进行分析，获得目前网络评教的整体信息，找到其中存在的问题，已经解决的问题以及尚未解决的问题，使得本次研究具有一定的理论基础。接着，笔者对 168 篇关于高校本科学生网络评教的课程论文进行了深入的分析，从学生的视角寻找关键信息，发现新的问题。最后，结合某大学学生网络评教的现状，编制了《关于某大学学生网络评教的调查问卷》，给 181 名大二、大三、大四本科学生发放问卷，利用 SPSS16.0 和 Excel 软件进行了数据分析，并根据数据分析的结果进行问题的探讨，提出笔者的意见和建议。

二、大学生网络评教的优势

(一)网络评教更具灵活性

网络评教突破了时空限制，学生在一定的时间段内(一般为期末的两个月)可以在校园的任何地点对教师进行评教，这使得学生评教可以在轻松的环境中进行。调查显示 82.88%的大学生认为网络评教没有时间限制，85.08%的学生认为网络评教没有空间限制。这考虑到了学生的实际情况，为学生提供了较大的方便。因此，大学生认为这是网络评教的突出优势之一。(图 1，图 2)

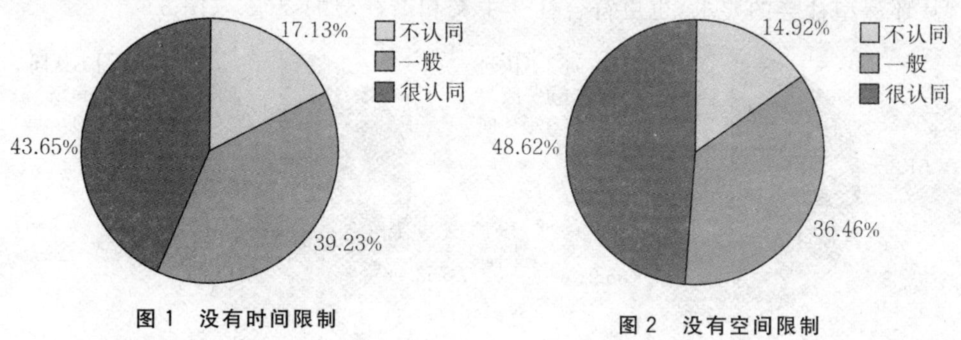

图 1 没有时间限制

图 2 没有空间限制

(二)网络评教更具公平性

网络评教要求每个学生都要参与，并且参与方式相同，具有较好的代表性，可以提高评教数据的真实性和有效性。学生可以把往年的评教结果作为自己现在选课的依据。调查显示 77.90%的学生认为网络评教的学生参与率高。

(图 3)同时,评教结果能够通过电脑技术迅速地处理,可以有效避免学生参与率低、样本容量小、代表性误差大等弊端,能清晰地反馈教学效果,更具有公平性。

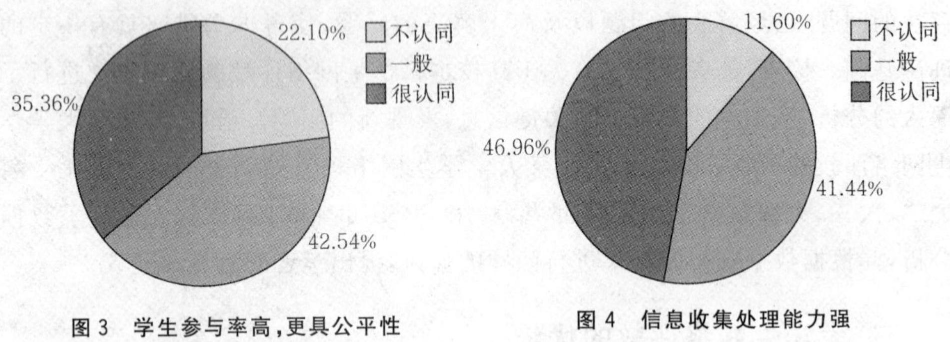

图 3　学生参与率高,更具公平性

图 4　信息收集处理能力强

(三)网络评教更具时代性

调查显示 88.40%的大学生认为网络评教的信息收集处理能力比较强,便于教师及时、准确地获得学生对教师教学质量的反馈信息,也便于学校进行动态教学监控与管理,符合时代发展的要求。(图 4)此外,87.29%的学生认为网络评教方便快捷,符合学生的操作习惯,因此网络评教也更受大学生欢迎。(图 5)最后,92.82%的学生认为网络评教相对于传统的纸质评教,更符合节约型、环保型社会的要求,也更符合社会主义和谐社会的要求。(图 6)

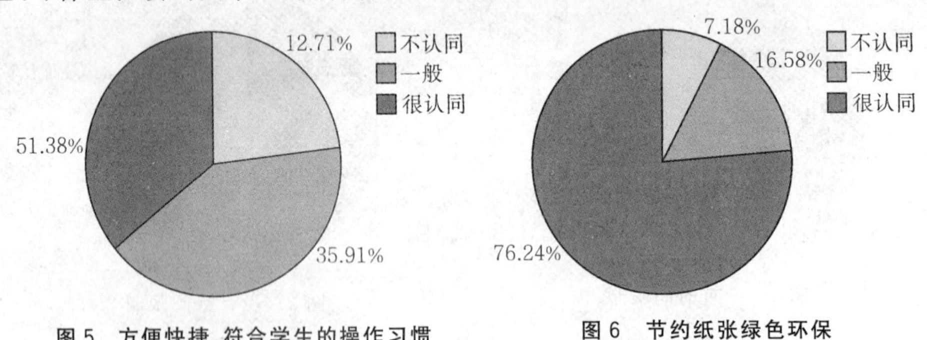

图 5　方便快捷,符合学生的操作习惯

图 6　节约纸张绿色环保

三、大学生网络评教存在的问题

在进行调查时,由于大一新生刚入校,没有经历过网络评教,所以本研究选取的调查对象为某大学大二、大三和大四本科生。调查显示本科生中大二学生占37.02%，大三学生占26.52%，大四学生占36.46%；文科生占58.01%，理科生占41.99%。（图7，图8）大学生第一次了解网络评教主要是通过辅导员（班主任）、任课老师和高年级学生三种途径，其中通过辅导员（班主任）了解的占56.91%，通过任课老师了解的占30.94%，通过高年级学生了解的占12.15%。（图9）

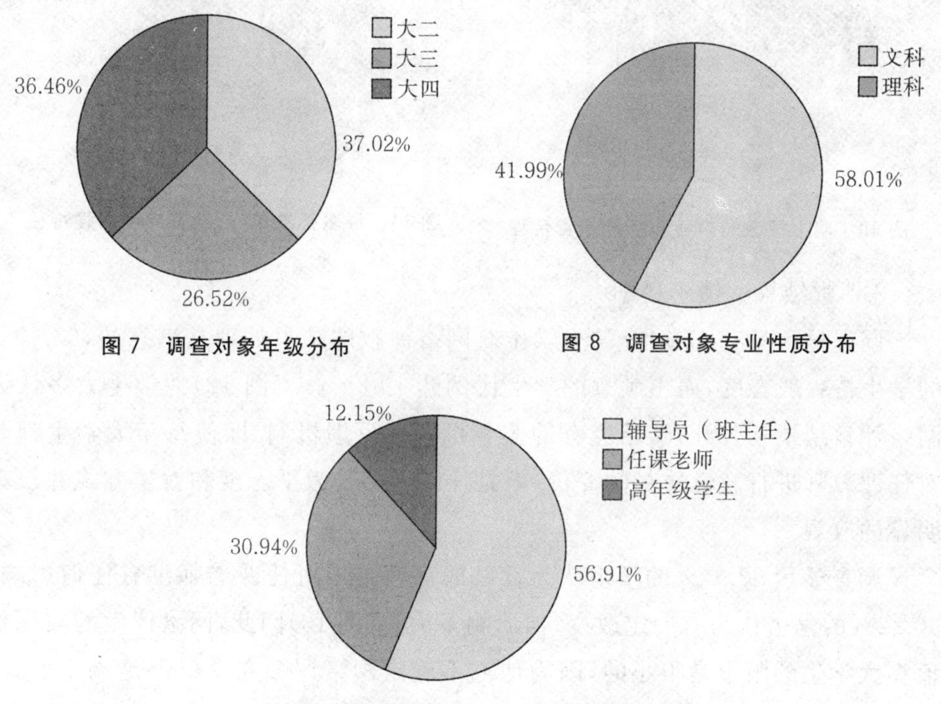

图7　调查对象年级分布

图8　调查对象专业性质分布

图9　调查对象第一次了解网上评教的途径

尽管网络评教有着很强的优势，但是随着历年网络评教的开展，其问题也逐渐凸显出来。其中包括评教制度本身存在的问题以及评教主体存在的问题。调查发现，评教主体存在的问题更为明显。

（一）评教制度本身存在的问题

1.评教指标体系设计不科学

调查显示，23.20%的学生认为网络评教的内容是合理的，64.09%的学生认为一般，12.71%的学生认为不合理。（图10）其中在认为评教内容不合理的大学生中，92.82%的学生认为评教标准单一，没有突出各个学科的课程特色，例如“教师的书写是否标准”,这一内容不仅在对理论课的教师评教标准里出现,而且还在体育等实践操作课程的教师评教标准里出现。(图 11)此外,还有很多大学生认为网络评教的内容太过繁琐,学生要对不合理的教师标准进行评教,普遍具有抵触情绪。

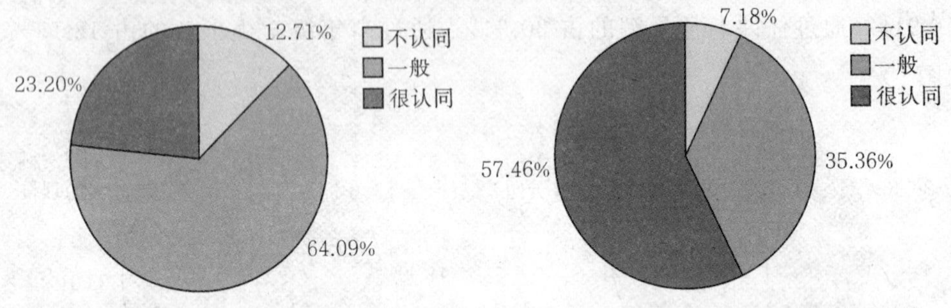

图 10　网上评教的内容和标准是否合理　　图 11　评教标准单一,没有突出课程特色

2.评教结果反馈不科学

调查显示只有 12.71%的大学生对网络评教的结果处理是满意的,67.40%的学生持一般态度,而不满意的学生比例达 19.89%。(图 12)大学生大多认为网络评教结果不公开,缺乏应有的监督机制和反馈机制,即使每年大学生都要对任课教师进行教学质量的评价,但是任课老师的教学态度和教学方式并没有明显的改观。

调查显示 32.04%的学生认为自己的评教结果对任课老师没有任何影响;60.22%的学生认为有一定改变,但影响不大。(图 13)因此,网络评教的实际价值在大学生的眼中是很小的,因为他们不确定网络评教究竟仅仅是流于形式,还是真的具有实际意义。

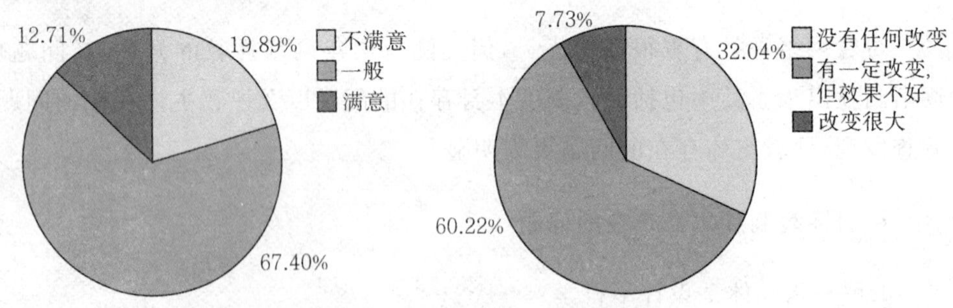

图 12　你对网上评教的结果处理是否满意　　图 13　评教后任课老师的教学改变程度如何

3.评教时间不合理,缺乏连贯性

从管理学角度来看,学生评教应该是一个完整的 PDCA 过程,即“计划—

实施—检查—修正”的循环过程。89.50%的学生认为这种评教缺乏连续性,因为高校的网络评教时间集中在期末,其他时间段并没有评教,这会导致一些问题的产生。(图 14)例如有些课程是教师团队上课,由几个老师轮流上课,等到期末评教的时候,学生对前段时间上课的老师印象已经模糊了。77.90%的学生认为自己只能凭借模糊的印象对前段时间上课的老师进行评教,这会导致对个别老师的评教没有实效性,显然有悖于评教的初衷。

4.网络不稳定,影响学生评教情绪

由于学生评教时间比较集中,教务处的评教系统比较繁忙,再加上校园网网络不稳定,学生在评教时经常出现中断的情况,严重影响他们的评教情绪,所以学生为了赶快结束“任务”,往往就会选择乱评。调查显示 71.27%的学生认同“网络不稳定,影响评教情绪”的观点。(图 15)

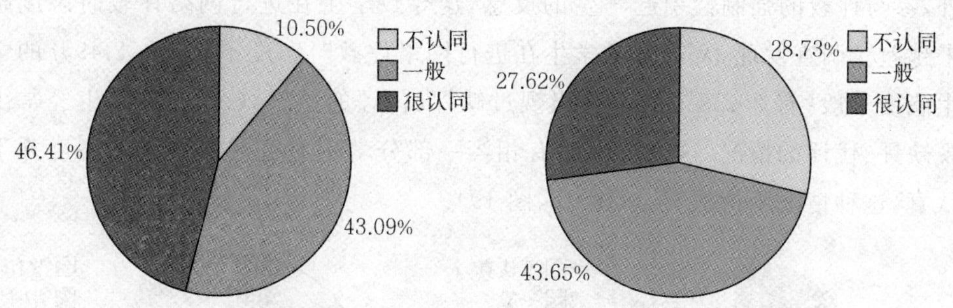

图 14 评教时间集中在学期末,缺乏连续性　　**图 15 网络不稳定,影响评教情绪**

(二)评教主体存在的问题

1.评教主体被动

调查显示,17.68%的学生不了解网络评教的具体流程,45.86%的学生对网络评教的具体流程有一定了解,36.46%的学生对网络评教比较了解。(图 16)值得关注的是,40.33%的学生并不想了解网络评教的运作机制,只有 13.26%的学生有很强的意愿去了解,这充分说明大学生在网络评教时是相当被动的。(图 17)

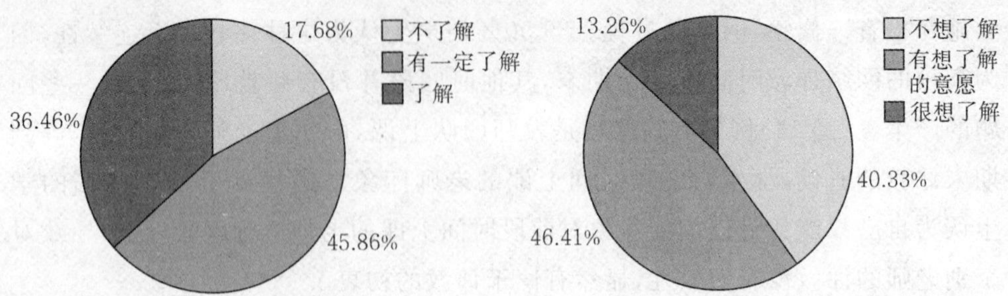

图16 对网上评教的具体流程的了解程度　　图17 想了解网上评教运作机制的意愿程度

2.大学生评教态度不认真,缺评、代评现象严重

尽管大学生的心智发展趋于完善,但是由于对网络评教认识不足,他们在进行网络评教时仍然表现出明显的"不成熟"特点,掺杂了较多的个人情感。另外,参与评教的强制性引起学生的反感,这导致学生在进行网络评教时态度越来越差。调查发现12.71%的学生在进行网络评教时态度不认真,52.49%的学生态度一般;有29.28%的学生出现过缺评、代评的情况,6.63%的学生经常出现缺评、代评的情况,这充分说明有相当一部分学生对待网络评教的态度并不认真,这种情况亟待改善。(图18,图19)

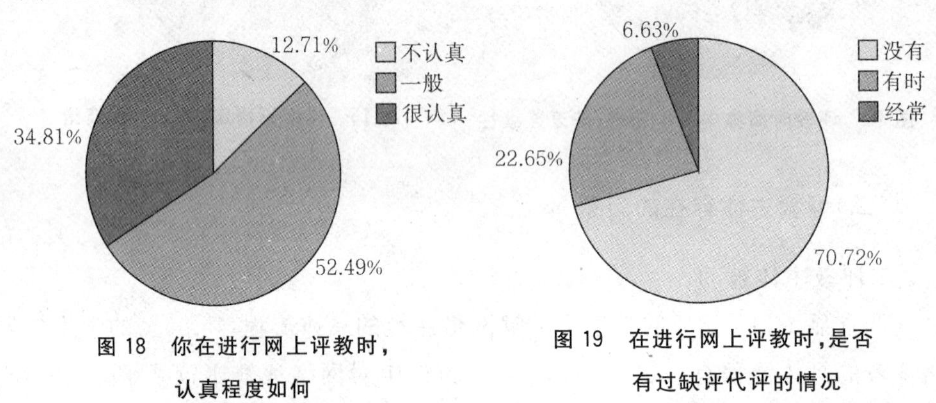

图18 你在进行网上评教时,认真程度如何　　图19 在进行网上评教时,是否有过缺评代评的情况

3.大学生的主观性较强

首先,大学生对任课教师具有讨好心理。大学生担心任课老师通过某种途径了解到自己对他们的评价后,会对自己不利,所以他们对任课老师存有讨好心理,在进行网络评教时,倾向"评好不评坏"的原则,打高分的情况多于打低分的情况。同时,任课教师有时也会暗示学生,希望学生可以对自己的评价好一点。调查发现69.06%的大学生认为学生对任课教师具有讨好心理,55.24%的

学生认同“任课老师有时会对学生网上评教进行暗示”的说法。(图 20,图 21)

其次,大学生在评教时掺杂了个人好恶因素。由于学生的个人好恶不同,所以对任课老师的评价也不同。如果是自己喜欢的老师,他们往往会把分数打得很高;相反,如果是自己不喜欢的老师,则会把分数打得很低。调查显示,96.14%的学生认同这一观点,这充分说明学生在进行网络评教时主观性是非常大的。(图 22)

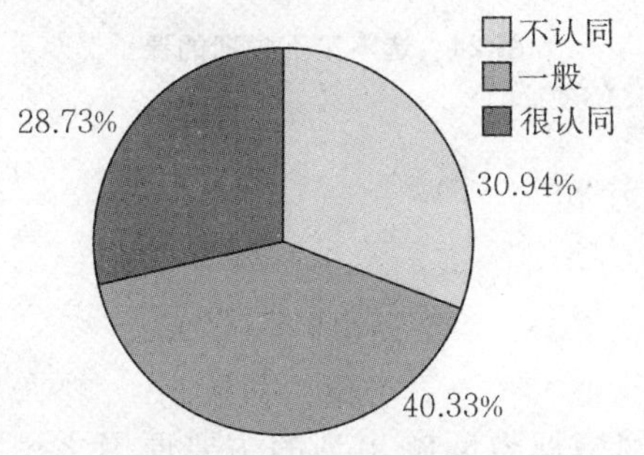

图 20　学生对任课老师具有讨好心理

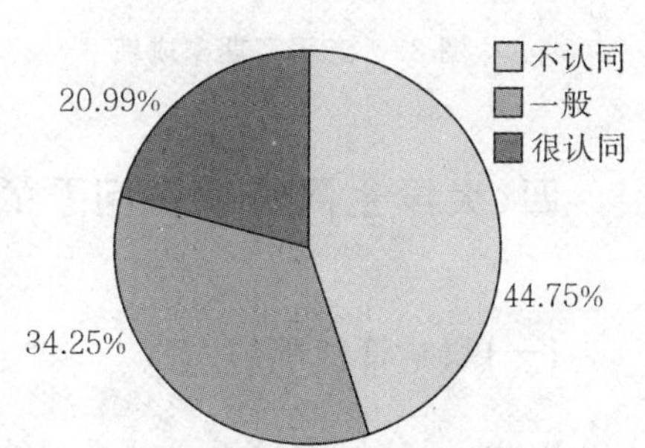

图 21　任课老师有时会对学生网上评教进行暗示

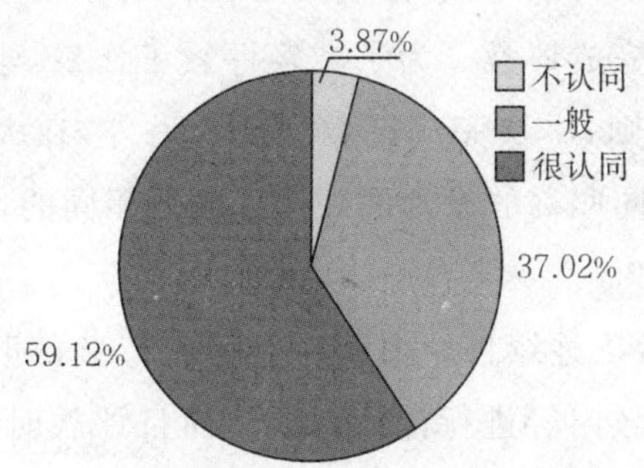

图 22　评教中有个人对教师的好恶因素

4.大学生对期末成绩和选课的担忧

如果学生不进行网络评教,就查不了期末成绩,也选不了下学期的课程,这普遍引起大学生的担忧。调查显示,64.09%的学生担心查不了期末成绩,59.67%的学生担心选不了下学期的课。(图 23,图 24)这种强制性的评教方式虽然保证了评教的样本数量,但会引发学生的抵触情绪,导致他们在评教时没有做到客观公正,这会影响网络评教的有效性。

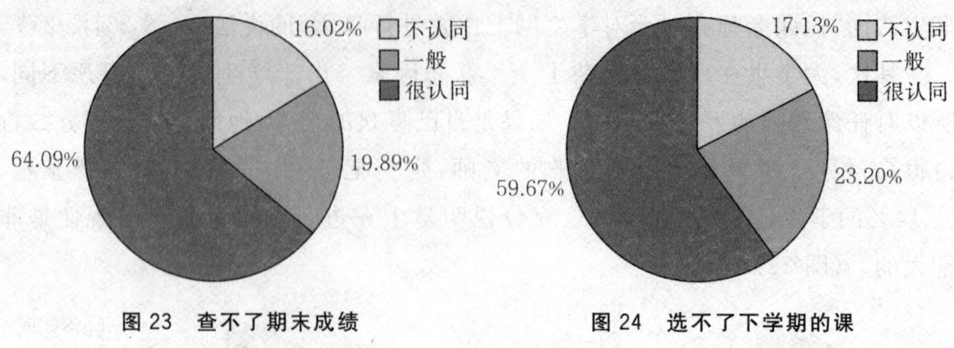

图 23　查不了期末成绩　　　　图 24　选不了下学期的课

四、大学生网络评教问题的原因分析

(一)教学管理部门因素

首先,评教标准缺乏灵活性是大学生网络评教问题出现的主要原因之一。对大学生而言,必须要对所有任课教师的教学质量评教完以后才能提交,如果未完成评教就提交结果的话,所有之前的评教内容全部清零,这导致学生要花更多的时间和精力去完成评教。为了减轻评教工作量,学生往往会本着“能省则省,能简则简”的原则,尽快完成评教任务。另外,在大学生看来,对不同专业、不同课程性质、不同职称的教师的评教标准是相同的,这对处于劣势的老师是不公平的。

其次,评教时间缺乏连续性。由于网络评教持续的时间不长,学生没有足够的时间对相应的评教内容进行深入分析。而且评教时间一般处于课程尚未结束的时段,学生并不敢畅所欲言,他们担心任课老师不能正确对待评教结果而对自己进行报复,从而影响自己的期末成绩。此外,每学期的评教只进行一次,缺乏对老师教学质量的跟踪评教,这不利于教师教学质量的改进。

(二)教师因素

首先,大学教师的教学任务非常繁重,有时要进行好几门课程的备课。另外,学生数量繁多,基础参差不齐,教师的教学方式并不能满足每个学生的需要。因此,即使学生有很强烈的愿望,希望教师改变教学风格和教学方式,但是由于各种条件的限制,这一愿望在短期内很难实现。

其次，大学教师的科研任务非常繁重，他们要投入更多的时间和精力在科研方面，因而往往忽视了对本科生的教学。大学生也认为评教结果对任课老师并没有多大的影响，老师们只要在课堂上没有大的教学错误，能把教学内容“带过去”就可以了，至于是否考虑到学生的实际则另当别论，这样的情况在全校通选课中较为普遍。

（三）大学生因素

学生由于分析和判断能力有限，容易受课程性质、学习动机、情感色彩等因素的影响，产生对网络评教的认知偏差。部分学生没有意识到学生评教对教学评估的重要性，评教态度不端正，有时仅仅为完成任务而胡乱评教。另外，部分学生学习态度不端正，学习目的不明确，经常逃课、缺课，他们在评教时，敷衍了事，根本没做到公平公正。

另外，很多大学生以自己对老师的个人偏好作为评价的标准，存在“晕轮效应”和“参照效应”。有的学生从前几届同学那里得知哪些老师授课水平高，哪些老师授课水平差，因此，自己也糊里糊涂地评了。此外，部分学生讨好心理与报复心理兼具，存在好心人心态的学生对老师的评价全是好评；而师生矛盾比较尖锐的学生对老师的评教则全部是差评。

五、建议与对策

（一）改进网络评教机制，促使教师参与网络评教

教育管理部门要转变角色，由“管理者”变为“服务者”。教育管理部门应当为大学生的网络评教创造宽松的评教环境，同时充分发挥各院系教师的积极性，让教师们也参与到网络评教中来。教师参与网络评价的优势如下：第一，教师对自身教学有较大的发言权，更能为本专业的教学提出针对性的评估意见。第二，能更好地对待评教结果，充分显示学校对教师的人文关怀。教师能更多地关注教学目标中长期的、隐性的内容，重视发展性评价，使学生评教为提高教师教学质量服务。第三，能改善评教主体单一这一弊端，使学生对教师教学质量的评价更加全面。

(二)加强“网评”平台建设,规范学生评教管理工作

高校要加强网络评教的平台和制度完善,把网络评教纳入改进教学的制度中。在评教过程和结果中及时发现问题、解决问题,真正实现“评教是激励,评教是监督,评教是改进”的目标。在评教制度方面,学校应制定相应的制度,明确评教的范围、实施时间、组织人员、实施的程序和纪律的处理等要素,保证学生评教的独立性。在机构设置方面,学校应建立一个专职的评教管理部门,进行长期的连续的评教。主管部门加强与各科教师的联系,对教师的教学评教标准适时做出调整,避免不相关的指标对学生评教造成误导。在过程管理方面,对网络评教进行管理时,要做到评教过程的严格化。加强对学生课堂纪律的管理,保证每个学生都参与到课堂教学。学生只有认真听了课,才具备公正客观评教的基础。此外,每个学生都要亲自评教,不可出现代评的现象。

(三)建立评价反馈体系,实现对评教的再评价

首先,设立一支高素质的教学督导队伍对学生网络评教进行公正客观的监督,使学生网络评教公开化。其次,采用动态评教方式,通过快速链接的形式,设立允许教师进入评教系统查看学生评教的得分,以有效改进教学,在评教后建立一个对学生评教结果的解释程序。最后,抽取部分学生进行二次评教,改进反馈机制,设置网络评教系统的检验机制,对学生评教结果进行自动“筛选”,提高评教结果的有效性。

(四)提高学生对网络评教的认识

学院领导要做好学生的思想工作,使学生认识到教学活动是教师与学生的双边活动,学生应认识到自己有权利去参与教师教学活动。另外,加强对学生的德育工作,把权利意识和责任意识紧密集合起来,让学生明白网络评教既是对教师“师德”的考验,也是对学生“学德”的考验。最后,鼓励学生进行自评和互评。只有正确认识自己之后才能更好地评价老师。必要时可以对学生进行培训和宣传,提高学生的责任感和观察分析能力。

(五)使用有弹性的评教方法,让网络评教更人性化

重视沟通渠道的建设,构建和谐的教学氛围。利用网络教育平台,为师生

沟通开辟空间，就课程内容、习题发布、问题解答进行交流。交流空间可以是公开的，也可以是隐私的；可以是实名的，也可以是匿名的。教师可以利用空余时间和学生进行面对面的交流，也可以让学生和教师利用电子邮件、微信等便捷工具进行交流。

备注：本文系教育部人文社科研究规划基金项目“政府补贴培训项目有效运行的治理策略”(批准号：1002013)阶段性研究成果之一。

参考文献

[1]丁福兴. 学生在网上评教中的新问题与新要求评析[J]. 理工高教研究，2005(04).

[2]任燕. 学生网上评教的问题与对策[J]. 吉林工商学院学报，2010(04).

[3]廖明，姜峰，郭燕锋. 大学生对教学质量的主观偏好与学生评教体系的完善[J]. 中国高等教育，2012(18).

[4]宋淑丽，颜丽娟. 浅谈学生网络评教——以黑龙江八一农垦大学为例[J]. 黑龙江教育(高教研究与评估)，2011(11).

[5]田再悦.大学生网络评教问题研究[D].西南大学，2008.

[6]马晓燕.建立网上学生网络评教系统完善课堂教学质量评价体系[D].黑龙江高教研究，2005.

[7]孟凡. 利益相关者视角下的大学学生评教制度研究[D].华中科技大学，2010.

[8]李金枝. 高校学生评教现状调查与分析[D].华中师范大学，2013.

[9]尹雪峰. 网络评教系统的设计与实现[D].山东大学，2011.

当代大学生对重大社会事件的关注倾向及议事理性度的调查研究

作者：王静雨[①] 李婷[②] 杨璐[③] 于佳平[④]

指导教师：阳泽

一、问题提出

自五四运动以来，一代又一代热血青年以救亡图存、振兴中华为己任，始终与国家同呼吸、与民族共命运、与人民心连心。历史表明，青年是社会上最有梦想、最富活力、最善创造的群体。只要青年一代有理想、有担当，国家、民族就有前途、有希望。当前我国社会正处于转型期，出现了一些新的社会矛盾和冲突，突发社会事件是新的社会矛盾和冲突的表现形式。2009 年以来，重大公共事件的形态、成因与动员机制正在发生剧烈变迁，重大公共事件的突发性、进化性、扩散性和不确定性特点日益明显。在这一时期，党的十八大报告中指出：全党全国人民的总任务是实现社会主义现代化和中华民族伟大复兴。但是，这一宏伟任务的实现，需要一代又一代有志青年克服困难，继续奋斗。特别是我们这些有志的青年大学生，面对这一时期频繁发生的重大社会事件，是采取关注还是漠视的态度，是较深入地关注还是仅仅走马观花，可以体现出大学生是否具有社会责任感。而社会责任感又是当代大学生促进党的总任务实现所应具有的重要素质。

有研究表明，当代大学生并不像媒体所宣扬的那样，只关心经济利益，不关心政治，不关注国家的前途和命运。大学生对现在的社会重大事件都有着比较浓厚的兴趣，但是缺乏相关的知识。大学生的社会关注情况集中反映学生群体的思想特点，从一定程度上体现了整个社会的基本动向与思想潮流。

---

①西南大学教育学部特殊教育专业 2013 级免费师范生

②西南大学教育学部特殊教育专业 2013 级免费师范生

③西南大学教育学部特殊教育专业 2013 级免费师范生

④西南大学教育学部特殊教育专业 2013 级免费师范生

当今信息化时代，网络成为人们议事的新平台，网络的高度开放、多元性，增加了大学生参与社会的自由度和机会，提高了他们议事的热情。最近几年发生的网络事件如“山西黑砖窑事件”“躲猫猫事件”等，也因为有了众多大学生网民的参与，最终改变了事件的结局。但是，网络的言论自由容易使一些大学生迷失自己，丧失社会责任意识。大学生社会责任意识的培养，对提高大学生的思想道德素质和建设社会主义和谐社会具有重要的意义。因此，本研究结果分析有利于帮助当代大学生学会控制自己的心理及有效地控制自我的行为，培育理性意识与理性议事能力。同时对于提高全民族思想道德和科学文化素质，促进人的全面发展，实现个人价值和社会价值的统一有重要意义。

二、研究过程

(一)对重大社会事件的筛选

小组首先讨论近五年来社会上发生的重大社会事件，其次从网络上通过网络热词和新闻头条的查询，分析归纳了50个事件，在第一次编制的半开放式问卷的基础上，商讨并将事件归类整合后确定了30个事件编入问卷。该问卷分五级记分，分为非常关注（记1分）、较关注（记2分）、一般（记3分）、不太关注（记4分）、从不关注（记5分）。编制的问卷分别发放到了10所学校，发出100份，回收93份，其中可用问卷87份，有效回收率87%。对回收问卷统计分析得出大学生对重大社会事件关注度的基本情况，因有部分事件关注方面有所交叉，并有一些因社会性不足不能称为重大社会事件，选取了以下10个事件作为正式问卷的内容。（表1）

表1　大学生对重大社会事件关注度的基本情况

事件	关注度	事件	关注度	事件	关注度
食品安全（毒奶粉、瘦肉精等）	0.54	新疆打砸抢烧暴力事件	0.57	国产尖端武器井喷	0.25
莫言获诺贝尔文学奖	0.32	中日钓鱼岛争端	0.52	相亲节目大热	0.14
房地产泡沫	0.45	禽流感	0.38	“两岸三通”	0.22
明星吸毒入狱事件	0.63	新一代国家领导人产生	0.57	十八大顺利召开	0.24
女大学生频繁遇害	0.53	反腐行动	0.65	光盘行动	0.30

（续表）

事件	关注度	事件	关注度	事件	关注度
中国经济增长速度下降	0.26	马航飞机失事	0.56	中菲南海争端	0.36
嫦娥飞天，蛟龙入海	0.38	高考文理分科	0.40	韩国明星在国内爆红	0.17
2008年奥运会	0.50	校车安全	0.37	云南昆明火车站暴力事件	0.41
中国梦	0.56	朝鲜半岛问题	0.24	PM2.5问题	0.42
冰桶挑战	0.3	欧盟光伏反倾销	0.23	雾霾天气笼罩全国	0.37

注：关注程度用0～1表示，0表示无关注，1表示非常关注

（二）重大社会事件关注倾向及理性议事调查问卷的编制

自编当代大学生对重大社会事件关注倾向及议事理性度调查问卷。经小组讨论及导师指导，我们将关注倾向分为三个方面：(1)关注频次（关注、不关注），(2)关注内容（注重这个事件对个人的影响、注重这个事件对社会的影响），(3)关注层次（议论、不议论）。将议事理性度分为四个维度：(1)听从他人的观点、自主判断，(2)凭直觉分析判断、凭逻辑分析判断，(3)起哄凑热闹、慎重严肃地讨论，(4)图一时之快、顾虑后果。

（三）问卷调查

1.被试

被试为包括山东科技大学、青岛大学、河南科技大学、河南工业大学、西南大学、四川外国语大学、西南政法大学、宁夏财经学院、广东工业大学、武汉大学等10所大学的大学生，共发放750份问卷，回收700份，有效问卷576份，有效回收率为76.8%。

2.调查工具

调查工具为自编《关于当代大学生对重大社会事件的关注及理性议事的调查问卷》。近五年来大学生关注的重大社会事件包含10个项目，根据两方面（关注度与关注倾向）回答计分。调查问卷中包含籍贯、性别、职务等9个方面的基本信息。

问卷中关注度根据频次来记分，理性度记分是将四个理性度分别记为1分，每选择一个理性度记为1分。

3.调查过程

采用随机抽样的方法,在10所大学选取调查对象。在调查中,对研究对象说明研究目的、填写量表方法与注意事项,要求被试认真作答,以保证问卷作答质量。全部数据采用SPSS 21.0统计软件进行统计处理并使用了描述性统计中的频率统计、独立样本T检验、卡方检验、单因素方差分析等分析方法对数据进行了分析。

四、结果分析与讨论

(一)当代大学生对社会重大事件关注倾向总体状况

由表2综合比较可知,当代大学生对十个事件的关注度平均为84.9%,但比较发现,大学生对时事关注度偏向于国家政治与社会方面的事件,当代大学生对十个社会重大事件关注的内容更倾向于该事件对社会的影响方面,关注层次更倾向于深层次的议论。

表2 当代大学生对社会重大事件关注倾向总体状况[频次(百分比:%)]

	关注频次	关注内容		关注层次	
		个人	社会	议论	不议论
事件一	551(95.7)	99(17.2)	404(70.1)	527(91.5)	25(4.3)
事件二	552(90.6)	171(29.7)	274(47.6)	522(90.6)	70(12.2)
事件三	519(90.1)	54(9.4)	394(68.4)	462(80.2)	60(10.4)
事件四	516(89.6)	76(13.2)	376(65.3)	465(80.7)	53(9.2)
事件五	472(81.9)	78(13.5)	305(53.0)	399(69.3)	78(13.5)
事件六	318(55.2)	69(12.0)	171(29.7)	249(43.2)	76(13.2)
事件七	496(86.1)	79(13.7)	342(59.4)	433(75.2)	66(11.5)
事件八	516(89.6)	162(28.1)	294(51.0)	468(81.3)	48(8.3)
事件九	461(80.0)	82(14.2)	318(55.2)	418(72.6)	47(8.2)
事件十	454(79.8)	56(9.7)	311(54.0)	372(64.6)	84(14.6)

注:2008年北京奥运会表示为事件一,女大学生频繁遇害表示为事件二,中日钓鱼岛争端表示为事件三,马航MH370、MH17失事表示为事件四,新一代国家领导人产生表示为事件五,房地产泡沫表示为事件六,新疆打砸抢烧暴力恐怖事件表示为事件七,食品安全(毒奶粉、瘦肉精、

地沟油等)表示为事件八,明星吸毒入狱事件表示为事件九,反腐行动(苍蝇老虎一起打)表示为事件十。下同

(二)大学生对重大社会事件的关注倾向差异分析

大学生在重大社会事件的关注频次、关注层次、关注内容上表现出一定的差异。性别在事件二和事件九上呈现显著性差异。年级在事件六和事件十上表现出差异。专业在关注频次方面在事件二、事件三、事件六、事件九、事件十上存在显著性差异,学校类型在关注频次方面在事件四、事件七、事件九上差异显著,在关注层次上事件二表现出显著性差异,一本学校学生的关注度明显高于二本与专科院校。民族在事件七上差异显著,汉族学生的关注频次高于少数民族,并更倾向于深层次的议论。政治面貌在关注频次方面在事件六上表现出差异,相比较而言,党员对重大社会事件的关注程度及议论程度高于团员与群众。(表3)

表3 当代大学生对社会重大事件关注度总体差异(x^2)

		事件一	事件二	事件三	事件四	事件五	事件六	事件七	事件八	事件九	事件十
性别	关注频次	1.45	13.17**	0.28	0.95	0.52	0.82	2.24	0.20	22.53**	0.35
	关注层次	0.57	32.42**	0.61	1.86	1.01	1.24	0.01	0.00	9.83**	10.59**
	关注内容	12.39**	1.76	11.62**	1.33	4.72*	0.69	1.87	1.04	0.11	6.16*
年级	关注频次	1.07	2.60	1.50	2.80	2.56	16.28**	11.83	1.17	6.23	9.42*
	关注层次	2.05	16.79**	3.74	6.52	4.75	7.46	5.63	3.78	4.78	5.51
	关注内容	7.15	5.32	0.55	7.81	4.85	2.72	2.83	0.97	4.97	2.36
专业	关注频次	0.45	12.16**	14.50**	3.93	6.99*	9.61**	4.65	6.96*	10.53**	11.33**
	关注层次	5.79	13.37**	5.50	13.04*	16.38**	5.73	4.09	6.29*	3.98	4.46
	关注内容	1.82	2.05	0.11	4.55	8.33*	2.34	1.70	3.60	1.67	1.69
学校类型	关注频次	7.82*	0.53	2.24	9.19**	1.00	3.03	19.82**	5.29	15.57**	0.45
	关注层次	7.37*	10.10**	3.24	10.20*	3.30	5.41	0.08	3.47	6.60*	10.50*
	关注内容	2.98	1.41	2.37	5.46	4.07	2.60	4.79	4.39	3.93	2.58
民族	关注频次	4.83	3.57	8.84	8.70*	3.23	7.33*	25.38**	1.84	0.11	1.82
	关注层次	0.98	0.45	0.39	0.49	0.65	6.51*	0.14	1.19	2.73	4.31
	关注内容	0.11	0.52	1.54	4.38	2.59	0.84	3.18	1.93	3.23	2.96

（续表）

		事件一	事件二	事件三	事件四	事件五	事件六	事件七	事件八	事件九	事件十
来自	关注频次	0.95	2.11	0.68	3.40	2.89	0.45	7.90	0.42	4.98	10.07**
	关注层次	0.92	13.46**	1.86	3.96	0.29	2.48	1.48	0.47	2.71	4.96
	关注内容	5.82	4.22	4.00	2.66	0.51	2.67	2.90	4.78	3.16	8.58*
地域	关注频次	5.59	3.07	8.64	1.33	2.62	14.69**	4.00	5.00	5.92	12.93*
	关注层次	4.13	8.19	10.32*	10.67	4.78	15.34**	4.37	6.34	3.99	23.16**
	关注内容	7.15	14.44	3.52	17.91*	20.66**	4.91	9.61	9.55*	3.87	2.92
政治面貌	关注频次	1.26	3.81	0.71	2.45	2.35	6.74*	4.10	3.75	0.68	1.70
	关注层次	3.82	0.55	2.33	1.01	4.02	0.50	3.27	2.68	0.98	6.09
	关注内容	7.55	30.50**	1.53	10.24*	4.05	3.12	15.83**	5.06	1.46	0.42

注：*** 表示在 0.001 水平上差异显著，** 表示在 0.01 水平上差异显著，* 表示在 0.05 水平上差异显著。下同

(三)大学生对重大社会事件的议事理性度总体情况的分析

大学生对十个社会重大事件的理性度总体较高，其中对事件一的理性度最高，对事件六的理性度最低。说明大学生对经济类型的社会重大事件理性度较低，对负面类型社会重大事件的理性度较高。(表 4)

表 4　大学生对重大社会事件的议事理性度总体情况

事件	理性度	事件	理性度
2008 年北京奥运会	0.67	房地产泡沫	0.32
女大学生频繁遇害	0.62	新疆打砸抢烧暴力恐怖事件	0.62
中日钓鱼岛争端	0.64	食品安全	0.65
马航失事	0.62	明星吸毒入狱事件	0.53
新一代国家领导人上台	0.55	反腐行动	0.52

注：理性度用 0～1 表示，0 表示无关注，1 表示非常关注

(四)大学生对重大社会事件的议事理性度差异分析

由表 5 可知，在事件一、二、五、九、十上大学生的理性度存在性别差异，在事件二、六、七上大学生的理性度存在专业差异，在事件二、四、六、九、十上大学生的理性度存在年级差异，在事件一、二、六、七、九、十上大学生的理性度存在

学校类型的差异。

表 5　大学生对重大社会事件理性度的差异分析(M±SD)

		事件一	事件二	事件三	事件四	事件五	事件六	事件七	事件八	事件九	事件十
性别	男	0.69±0.37	0.52±0.45	0.70±0.40	0.64±0.43	0.60±0.44	0.34±0.44	0.62±0.43	0.65±0.42	0.43±0.44	0.60±0.45
	女	0.65±0.37	0.69±0.40	0.60±0.41	0.62±0.42	0.52±0.44	0.31±0.43	0.62±0.43	0.64±0.42	0.59±0.42	0.48±0.46
	T	1.27	−4.58*	2.74**	0.524	2.190*	0.657	−0.030	0.368	−4.38*	3.07**
专业	文科	0.68±0.36	0.69±0.40	0.67±0.40	0.64±0.41	0.58±0.43	0.35±0.44	0.65±0.42	0.67±0.41	0.55±0.44	0.54±0.45
	理科	0.66±0.38	0.56±0.44	0.62±0.42	0.60±0.44	0.53±0.46	0.27±0.42	0.57±0.45	0.61±0.43	0.50±0.43	0.52±0.47
	T	2.47	14.08*	2.84	5.55	5.99	7.83*	8.30*	6.78	3.10	3.95
年级	大一	0.68±0.37	0.56±0.44	0.61±0.42	0.61±0.42	0.54±0.45	0.332±0.43	0.60±0.44	0.63±0.43	0.54±0.44	0.53±0.45
	大二	0.64±0.37	0.62±0.42	0.64±0.41	0.59±0.42	0.53±0.44	0.29±0.42	0.62±0.43	0.63±0.41	0.48±0.44	0.49±0.46
	大三	0.70±0.36	0.72±0.40	0.70±0.40	0.71±0.43	0.57±0.47	0.36±0.46	0.62±0.44	0.67±0.45	0.56±0.44	0.54±0.46
	大四	0.77±0.31	0.83±0.29	0.75±0.40	0.81±0.26	0.79±0.30	0.63±0.43	0.80±0.32	0.83±0.32	0.80±0.33	0.86±0.28
	F	1.40	4.89*	1.33	3.34*	2.55	4.50**	1,42	1.65	3.97**	4.77**
学校类型	一本	0.70.±0.35	0.66±0.42	0.67±0.40	0.65±0.41	0.56±0.44	0.36±0.45	0.66±0.42	0.67±0.41	0.57±0.43	0.57±0.46
	二本	0.60±0.39	0.53±0.44	0.60±0.44	0.55±0.45	0.51±0.45	0.24±0.39	0.56±0.44	0.62±0.42	0.42±0.43	0.43±0.45
	专科	0.61±0.41	0.61±0.43	0.61±0.41	0.63±0.42	0.54±0.44	0.29±0.40	0.48±0.45	0.55±0.44	0.51±0.45	0.50±0.45
	F	4.87**	4.63*	1.38	3.19*	0.88	3.84*	6.49**	2.47	6.19**	4.62*

(五)讨论

1.当代中国大学生对重大社会事件关注度总体情况

对于当代大学生对重大社会事件关注倾向的总体情况进行分析,从关注频次、关注层次、关注内容分析与性别、年级等九个因素的关联,获得了初步结论。根据当代大学生关注的这些社会热点问题可看出当下高校大学生在与他人、社会环境等多项因素互动的情况下,关注某些社会问题并且表现出一些倾向性原因。有研究指出,大学生之所以会关注某些社会问题并且表现出一些负面效应的倾向性,这与当代大学生自身的特点和社会环境密切相关。多重比较发现大学生关注与切身更为息息相关的事件时,更为关注其对个人的影响,这也表明大学生自我意识相对较强,在某些方面个人利益的取舍会影响其关注兴趣。

2.当代中国大学生对重大社会事件关注差异情况

在当代大学生对社会重大事件关注情况上,个人情况上呈现差异。笔者认为大学生在关注相关事件时,会依据自身爱好和是否与自身息息相关而选择性地关注。另有相关研究发现,多数高年级学生表示关注的社会热点大多数集中在国内时政、国家颁布的政策与法律法规等方面,反观年级较低的学生的关注热点集中反映在大学生的学习生活、社会时事新闻、人际关系这几方面。

教育程度不同的学生对社会重大事件的关注情况不同。在学校类型方面,笔者认为一本院校针对大学生自身的特点,帮助他们树立正确“四观”,提高社会责任感比其他院校好。

当代大学生对社会重大事件关注情况在社会身份上呈现差异。党员对重大社会事件关注程度及议论程度高于团员与群众。有研究表明党、团员大学生比一般普通大学生在政治活动的参与方面更具有主动性,参与性更强,更关注相关社会事件。

在地域上当代大学生对社会重大事件关注情况上呈现差异。以事件六为例,这可能是房地产泡沫在西部的影响度高于其他地域,因此西部的学生对此可能更关注,有相关研究数据表明,大学生对学校所在城市热点问题的关注度较高。

3.当代中国大学生对重大社会事件理性议事能力总体情况

对当代中国大学生对重大社会事件理性议事能力总体情况进行分析,发现大部分大学生对事件的议论倾向于自主判断。相关研究认为,在大众文化的影响下，当代大学生理性精神的缺失主要是因为理想主义价值的失落和功利主义的泛化，另有观点认为，大学生理性缺失的原因，首先是西方伦理思潮的影响，其次是市场经济的负面影响，再次是家庭与学校的影响，最后是改革开放以来的社会变革。

4.当代中国大学生对重大社会事件理性度的差异情况

在学校类型上，有相关研究表明，在诸如家庭、学校、社会环境等的影响下，大学生人生追求和信仰功利化，行为上往往过于偏激，众多大学生理性与非理性出现严重的失衡。

在性别上，男女大学生对相关事件表现出差异，有相关研究数据指出，男生在理性思维方式和经验思维方式量表总分上均高于女生，在理性能力上的得分也显著高于女生。

从年级差异来看，大四学生的理性能力大于大一学生，大学生在理性能力上有显著差异，随着年龄的增长和学习的深入，大学生对各种社会问题的思考日趋理性。

五、结论与建议

(一)结论

在大学生对重大社会事件的关注度上，大学生总体关注度处于较高水平(84.9%)。当代大学生对十个社会重大事件关注的内容更倾向于该事件对社会的影响方面，对十个社会重大事件的关注层次更倾向于深层次的议论。

但大学生对社会重大事件的关注度存在内部差异，具体表现为女生对十个事件的关注度大于男生，文科大于理科，一本大于二本和专科，大四明显大于大一、大二、大三。

大学生总体理性度较高。大部分大学生对事件的议论倾向于理性，如自主判断；小部分大学生在对事件议论时，倾向于非理性，如听从他人观点。大学生对社会重大事件的理性度内部(性别、年级等)存在显著差异。

(二)建议

1.大学应加强对大学生理性意识与能力的培养

大学的教育更应该注重怎样提升学生的理性能力，教给学生活的方法与态度而非死的知识与操作。在教学活动中教师应注重发掘和强化学生主体意识。学生课前接受自学任务，对即将要学习的知识有一定的认知并对老师的提问有独立的思考和见解，老师针对学生的自学程度以及表现进行考核、做出评价，并对言之有理的学生提出表扬激发其自信心，使学生养成自主学习的理性的习惯。

2.教育相关工作单位和领导机构应该注重对学生理性意识的培养

教育相关工作单位和领导机构作为培养大学生的重要单位机构，它们不仅要重视对大学生的知识和能力的培养，也要重视对他们人生观、价值观、世界观的引导和对理性意识的培养，在教育课程的安排上亦是如此。

3.正确认识对大学生理性培养的意义与方法

大学生应该追求创新的文化，充分运用大学校园网、校报、学报、广播站、电视台、学生记者团、院系网页等各种媒体，开展各种活动，营造理性、宽容、创新的校园文化。通过座谈会、辩论赛、网上讨论等多种形式，对通过网络散布在大学生中的一些错误想法进行辨析，清扫其中一些流行的思想误区，减少扑朔迷离的网络世界对大学生理性意识的干扰，在理性的反思中认识现实。

4.大学生自身应树立理性人格

人类进入工业经济时代，理性被片面强化，畸形发展。因此，大学生要树立理性人格，学会自我反思，养成对自我的批判意识和能力，大胆的怀疑精神和强烈的创新意识。完备的理性人格，须有三点，即历史理性、批判理性和实证理性。大学生只有树立理性人格，才能在纷繁复杂的社会环境中为祖国的复兴贡献自己的力量。

5.社会应注重培养形成理性风尚

随着国家的经济政治水平的飞速发展，社会的资源和手段更加的丰富，社会应注重利用广泛的知识资源与环境资源，帮助人们形成理性意识，形成自主而理性的具有拓展性、创造性的思想。社会对大学生的培养以及理性意识的培养不能仅从大学生自身来看，更应该从社会层面来看，想要让当代的大学生成为理性的人才，我们的社会就应该提供一个良好的社会环境。

参考文献

[1]孟炎，汪琯琪.试论增强大学生社会责任意识的教育[J].教育探索，2010(07).

[2]李昊,钟剑鸣.重大公共事件的特点及其法治化应对策略[J].云南大学学报法学版,2014(02).

[3]李国波.论突发社会事件应急法制的缺陷与完善[J].西安社会科学,2009(01).

[4]王晓昱.重大社会事件对大学生的影响及思想政治工作的对策研究[J].法制与社会,2009(07).

[5]吕云峰.大学生理性精神的弱化及思想政治教育的几点应对措施——高校思想政治教育实效性探索[J].法制与社会,2009(12).

[6]吴小英.论加强大学生的理性精神建设[J].思想教育研究,2005(10).

[7]张春歌.浅谈当代大学生理性精神的培养[J].广西教育学院学报,2005(02).

[8]高芳.教育的理性主义和非理性精神[J].国家教育行政学院学报,2014(02).

[9]邢雁林.实现民族复兴须强化大学生理性精神构建[J].前沿,2014(11).

[10]王宝林,宁悦.当代大学生关注社会热点问题特点分析及对策研究[J].2014 重庆科技学院学报(社会科学版),2014(03).

[11]刘世涛.大学生理性爱国教育研究[J].卷宗,2012(10).

[12]田平.关于理性能力的当代思考[J].自然辩证法通讯,2005(03).

[13]刘懿,郭寄良.浅谈当代大学生的公民意识教育[J].成都教育学院学报,2005(11).

[14]李一聪.对大学生关注社会热点现状问题的分析[J]. 剑南文学(经典教苑),2013(05).

[15]丰子义.社会发展与现代理性构建[J].学习与探索,2012(01).

[16]周文惠.论高校教师在大学生社会责任意识教育中的主导作用[J].四川理工学院学报(社会科学版),2010(27).

[17]贾茹.大学生对社会关注度与其个人特质的关系[N].辽宁经济日报,2009(04).

第二篇
学习方式与动机

智能手机对大学生自主学习状况的影响

——基于齐默尔曼自主学习理论的分析

作者:张清艳[①]　李晓林[②]　黄金伟[③]

指导教师:唐智松

一、导论

(一)概念界定

1.智能手机

目前学术界对智能手机的解释并不完全一样,大多数学者认为智能手机是指“像个人电脑,具有独立的操作系统,用户可以安装自己想要的软件、游戏、导航等第三方供应商提供的程序,通过这些程序来持续扩展手机的功能,并可通过移动通信网络来实现无线网络接入的这类型手机的总称”。本研究中是指将智能手机作为无线移动通信设备进行学习的设备。

2.自主学习

自主学习一般是指个体自觉确定学习目标、制订学习计划、选择学习方法、监控学习过程、评价学习结果的过程或能力。又称自我调节的学习,是自我、行为和环境三者互为因果、相互影响的结果。

(二)选题缘由

选题缘由基于四个趋势与两个问题提出。四个趋势表现在创建学习型社会的理念,实现终身学习的目的,计算机网络以及智能手机等移动智能设备飞速发展带来的技术支持,使单纯的传统学习模式转向学习与现代信息技术相结

①西南大学教育学部教育学专业(晏阳初创新实验班)2012级学生
②西南大学教育学部教育学专业(晏阳初创新实验班)2012级学生
③西南大学教育学部教育学专业(晏阳初创新实验班)2012级学生

合的模式。也就是说新科学技术应用于教育领域,对于促进学习者的终身教育、自主学习具有相当大的教育价值。但同时又存在着两个问题。第一,“低头族”遍布校园,在大学校园里,不论是在课堂上还是在图书馆,不论是课间休息或是吃饭时,都能看见低着头忙着玩手机的身影;第二,手机的“双刃剑效应”,智能手机能刺激学习者学习新鲜事物的欲望,开辟学生获取信息资源的新途径等,但同时又存在耽误学习时间、扰乱学习计划等弊端。智能手机对大学生学习和生活的双重性影响主要集中于对大学生自主学习方面。笔者欲通过此研究,获得智能手机对大学生自主学习的利弊影响,以及时给予相应的建议,帮助大学生正确认识和使用智能手机。从而为大学生在信息技术环境下有效地进行自主学习提出建议,为高校教学工作的开展以及人才培养提供参考。

(三)研究思路与方法

1.研究思路

本文以国外学者齐默尔曼自主学习理论为基础,结合智能手机的智能性、便捷性等特性。确定了本研究的6个一级维度与16个次级维度。智能手机对自主学习的影响便体现在对这些维度的影响中。在学习动机方面,智能手机软件的多样性与趣味性激发学习者的学习欲望;在学习方式方面,智能手机开辟了获取信息资源的新途径,学习者由传统的接受式学习转换为自主学习;在学习时间方面,智能手机 APP 软件帮助学习者合理分配、管理学习时间,同时与学习无关的信息会耽误学习者学习时间;在学习环境方面,智能手机的便携性、资源的丰富性等能帮助学习者进行自主学习,然而,网络的通达性、软件的多样性使得海量信息干扰学习者的有效学习;在学习内容方面,智能手机使学习内容更加丰富,对内容的选择更富有自主性与针对性;在学习过程方面,智能手机信息多样性与娱乐性干扰学习者的学习,而且对使用者身体也有一定的伤害;在学习结果方面,智能手机实现了非正式知识的获取和自由的信息沟通,使得学习问题可以得到及时的解决。降低学习难度,提高自我评价,提升自我效能感。

2.研究方法

(1)文献法

本研究通过 CNKI 等途径搜集相关资料并进行整理。将齐默尔曼自主学习理论作为本研究的理论支撑。搜索有关学习方式、自主学习理论以及网络影响下的自主学习的文献，以了解国内外已有的研究理论与成果。

(2)问卷法

本研究以齐默尔曼自主学习理论为框架，列出7个维度，并以此为依据自行编制发放“智能手机对大学生自主学习状况的影响”的问卷，旨在了解大学生智能手机的使用现状以及智能手机对大学生自主学习的影响。

(3)访谈法

为进一步了解智能手机对大学生自主学习影响的情况，笔者根据研究需要编制了“智能手机对大学生自主学习的影响”访谈提纲，在问卷调查中抽取部分同学为访谈对象进行深度访谈，发现存在的问题，以便尝试提出问题解决的对策。

二、研究设计

(一)问卷设计

本次问卷包括学习动机、学习时间、学习环境、学习内容、学习过程、学习结果共6个一级维度，并采取李克特五点量表法制定相关选项。本次调研主要是运用SPSS 20.0软件对有效问卷的数据进行统计分析。通过对问卷进行KMO和Bartlett检验，发现该量表的信度良好，可用于进一步研究。

表1　问卷可靠性统计表

可靠性统计量		
Cronbach's Alpha	基于标准化项的Cronbach's Alpha	项数
0.920	0.904	42

(二)调查对象

以在重庆市的重庆大学、西南大学、西南政法大学等高校大一至大四各年级部分学生为问卷测试对象，发放150份问卷，有效回收149份，回收率达99.33%。回收的问卷中大学生男女比例接近1∶1，使得研究能够均衡地反映出不同性别智能手机的使用情况以及对自主学习的影响。同时，我们的调查对象来自大一到大四四个年级，能够普遍地反映大学生整体在智能手机使用和自主学习状况的情况。

三、统计分析

(一)智能手机的使用情况

1.智能手机的普及率高

作者向重庆市部分高校随机发放150份网络问卷,得到的智能手机普及率为100%。虽然数据可能具有一定的偶然性,但也说明了智能手机在高校有很高的普及水平。

2.智能手机使用频率高

中国互联网络信息中心发布的《中国移动互联网发展状况调查报告》称,智能手机用户平均每天上网109分钟,也就是近2个小时,而超过57.72%的大学生每天使用智能手机时间超过3个小时甚至5个小时。说明大学生使用智能手机的频率高。

通过使用SPSS 20.0进一步进行独立样本T检验发现,男女每天使用手机的时间差异性大,表现为女生每天使用时间多于男生每天的使用时间。(表2)

表2 大学生每天使用手机的性别差异分析

T检验				
性别	均值(M)	标准差(SD)	自由度(Df)	T值
男	2.62	0.85	147	−2.12*
女	2.94	0.96		

3.对智能手机的依赖性强

调查显示当遇到外出忘记带手机的情况,有67.11%的大学生会选择回去取。学生习惯于手机带来的便利,时间长了就出现一些“手机依赖症状”,例如发现没带手机后会表现出坐立不安的焦虑状态,有事没事都爱掏出手机看看,上课时耳边总是传来手机振动的幻觉等。

4.智能手机影响的对比性大

关于大学生每天使用智能手机的主要用途,排在前三名的分别是浏览网页、登录社交网站和通话。其他方面的使用相对较少。75.17%的人通过手机方便交流与分享。只有很少部分的人会觉得智能手机帮助控制自己的学习或是使学习目标更明确,当然也有觉得智能手机没用或是其做出他评价的。

(二)智能手机对大学生自主学习状况的影响

1.智能手机对内部调节的影响

在智能手机对自主学习的学习动机影响方面,38.26%的大学生持不置可否的态度,但有36.24%的大学生态度明确,认为智能手机的软件功能多,学习软件的趣味性浓,刺激了学习新鲜事物的欲望,提高了学习者的学习积极性,调动了自主学习的内在动力。

2.智能手机对行为调节的影响

(1)学习方法的选择方面

58.39%的大学生认为在自主学习遇到困难时,智能手机提供了更多的方法去解决。如此可见,学习者的知识获得途径不再局限于教师与书本,手机的智能化开辟了学生获取信息资源的新途径。

(2)学习时间的管理方面

43.62%的大学生对智能手机的学习型软件是否帮助合理分配学习时间,提高学习效率的问题持一般的态度,34.9%的大学生认为智能手机并未起到该作用,少数人使用智能手机达到了有效学习的效果。大部分的学生在上自习时会不自觉地打开手机聊天、看新闻,或登录网站查找资料时被手机界面附带的其他无关信息吸引而耽误学习。通过进一步相关分析发现,学习动机与是否易受干扰而扰乱学习计划呈显著性相关。(表3)

表3 学习动机与学习时间管理的相关性分析

斯皮尔曼等级相关系数	
	我常因在自习时使用手机做与学习无关的事而扰乱学习计划
智能手机下载的学习软件吸引我在其中学习	0.31**

注:** 表示在0.01水平(双侧)上显著相关

在探究智能手机如何对大学生自主学习产生影响时,作者以智能手机的使用频率作为代表因素与智能手机对自主学习6个维度的影响进行相关分析发现,智能手机的使用频率与智能手机对大学生的时间计划和时间管理方面呈显著性相关。具体表现在对自主学习时间管理帮助与阻碍两个方面。(表4)

表 4　大学生每个月的数据流量费与自主学习时间的相关性分析

斯皮尔曼等级相关系数	
智能手机使用频率	学习时间
你每月的数据流量费	0.205*
你每天使用手机的时间	0.209*

注:1. * 表示在置信度(双侧)为 0.05 时,相关性是显著的。2."学习时间"="智能手机的使用对学生自主学习的时间计划和时间安排的影响"

通过均值对比发现,智能手机的使用对学生在自主学习中的时间计划和管理是弊大于利。

表 5　智能手机对大学生学习时间帮助、阻碍的描述性分析

描述统计量						
	N	极小值	极大值	均值	标准差	方差
学习时间帮助	149	1.00	5.00	2.81	0.98	0.96
学习时间阻碍	149	1.00	5.00	3.04	0.89	0.80
有效的 N（列表状态）	149	—	—	—	—	—

注:"学习时间帮助"="智能手机的使用对学生自主学习的时间计划和管理起辅助作用""学习时间阻碍"="智能手机的使用对学生自主学习的时间计划和管理起阻碍作用"。

(3)学习内容的选择方面

经常通过手机下载软件以进一步了解自身感兴趣内容的行为只占32.89%,37.59%的大学生没有或是偶尔有这种行为。大学生更加倾向于选择用手机对教师讲课的 PPT 拍照,以便于课后自己学习时使用。遇到老师讲课枯燥乏味难以理解时,更多的大学生选择用智能手机查询课堂相关内容来学习。也就是说,大学生更多地利用智能手机丰富专业知识的学习,满足自身兴趣需求的自主学习行为较少。进一步探究智能手机对大学生自主学习状况的影响是否存在性别的差异时发现,智能手机对男女大学生自主学习的学习内容选择有明显的差异性。(表 6)

表 6　大学生自主学习内容性别的显著性检验分析

T检验				
性别	均值(M)	标准差(SD)	自由度(Df)	T 值
男	2.99	0.87	147	−2.14*
女	3.28	0.79		

(4)学习过程的监控方面

智能手机对自主学习的学习过程影响,主要体现在学习者克服身心障碍和学习过程自我监控两个方面。结果显示,智能手机在快捷解决学生学习问题的同时,其部分时间管理软件也帮助了学生在自主学习过程中的自我管理,但同时智能手机也带来了消极影响。智能手机多样的聊天工具、丰富的游戏软件等特性使其同时成为一种网络诱惑,使得学生经常无法克服手机的网络诱惑而导致自主学习过程中自我监控失败。

(5)学习结果的评估方面

通过自我检查发现,大多数学生学习中遇到困难时,利用智能手机查询得到及时的解决,但是相对于课堂学习,一部分人不愿意在课下根据自己的兴趣利用智能手机提供的资源进行学习,也有一部分人愿意这么做。总之,就智能手机环境下学习效率的满意度而言,持不置可否的学生最多,比较满意的占28.86%,多于不满意的比例。智能手机一定程度上实现了各种动态非正式知识的获取和广泛自由的信息沟通,使得遇到的问题更及时、快捷地得以解决。

3.智能手机对环境调节的影响

大部分人选择在图书馆或上自习时通过智能手机解决学习中遇到的问题,充分利用了自习室与图书馆安静的学习氛围,并且充分发挥手机的网络功能。由于手机每月数据流量费的有限,56.37%的大学生选择在校园网覆盖或是有Wi-Fi的地方利用手机进行查询。基于智能手机的易携带性等特征,一部分人认为智能手机使自己能够随时随地进行学习。所以,智能手机在一定程度上为大学生的自主学习提供了良好的信息技术。

四、对策探讨

(一)学生方面

学习目标是学习活动的出发点,它不仅影响学习的过程还影响学习的效果。学习之前制定学习目标对学习起到一定的规范作用。所以,为提高大学生自主学习的学习效率,应当根据自身的实际情况制定相应的短期学习目标,减少盲目性,避免干扰因素,有针对性地利用智能手机进行有效的学习。其次,学习动机是促进一个人进行学习的内部动力,动机的产生来源于需要。所以,正确认识智能手机的工具性，即智能手机不仅具有娱乐性也有学习性。改变观念，明确学习动机能增强学生的学习动力，学习过程中不断调整自己的行为，理性权衡“娱乐与学习”，快乐高效地学习。最后，齐默尔曼认为：“自主学习者的学习时间是学习者根据自身情况和学习目标而计划安排的，是定时而有效的。”当前很多学生自制力差，在利用智能手机进行自主学习的过程中把握不好度，把时间花在娱乐消遣上，耽误了学习。所以，大学生要根据自身具体情况在学习过程中合理安排时间，加强自我监管，利用碎片化时间进行学习，提高学习效率并严格执行，学会并养成用手机有效学习的好习惯。

（二）学校层面

在智能手机风靡各地的今天，多样化的功能给大学生带来很多便利，同学们每天手机不离身，由此也引发了很多问题。所以，学校应该对其进行引导。针对课堂上出现许多“低头党”，学校应该通过调查，掌握本校实情，制定管理使用手机的规章制度。对使用手机的具体场合、时段做出明确规定，形成制度条文。其次，正确引导大学生进行有效的自主学习是一个很重要但却没受到重视的问题，对此，学校应该完善规章制度，建立“本科生导师制”，使高校在对本科生实行辅导员制的同时，选聘一些优秀教师担任导师，对学生学习、生活、心理等方面给予一定指导，有效弥补现行高校教学管理模式的弊端。最后，当今社会处于信息化时代，大学生开展自主学习可充分利用网络资源查找信息。良好的网络技术支持是大学生利用智能手机进行自主学习的基础。对此，学校应该完善校园网，优化校园无线网络。

（三）社会层面

手机软件功能特征及其宣传直接影响着大学生对基于智能手机的学习资源的利用。首先，近几年数码产品逐步向高精尖的方向发展，但不可避免地造成了根基不稳定，比如电池不耐用、抗摔能力差等问题。所以，手机设计的供应商要注意手机设备的基础性问题，同时，要想使智能手机备受广大学生的欢迎，就要格外重视手机硬件质量。其次，虽然智能手机能让学生随时随地学习，但由于学习内容往往是片段式“移动”状态，学习者很容易受到外界的影响，学习效果不高。所以，开发商开发出更多满足大学生学习的学习软件，为基于智能手机的自主学习提供良好的平台。最后，作为智能手机销售商可以将手机多样化的学习资源作为宣传亮点，让智能手机集娱乐、学习于一体。

参考文献

[1]靳玉乐.自主学习[M].成都:四川教育出版社,2005(16—19).

[2]刘红,王洪礼.大学生手机成瘾与孤独感、手机使用动机的关系[J].心理科学,2011(06).

[3]张艳琼.智能手机对大学生学习影响的调查研究[J].教育教学坛,2013(05).

[4]庞维国.论学生的自主学习[J].华东师范大学学报(教育科学版),2001(02).

[5]陈婷婷.手机媒体环境下大学生的媒介依赖研究[D].西南大学,2014.

[6]刘宁宁.大学生自主学习策略及其影响因素研究[D].华东师范大学,2009.

[7] Aleksander Dye et al: Mobile Education—A Glance at The Future[EB/OL], http://www.nettskolen.com/forskning/mo—bile_education.Pdf.

[8]Zimmennan, B.J, &D.H.Schunk.Self—Regulated Leaming and Aeadalnlc Achievment. Springer—VerLag.1989.

[9]Zimmerman, B.J, &Martinez — Pons.M.Student Difference in Self—Regulated Leaming: Relating Grade, Sex, and Giftedness to Self—effieacy and Strategy Use. Joumalof Edueational Psychology, 1990(82).

[10]Pintrieh, P.R.& DeGroot, E.V.Motivational and Self—Regulated Liaming ComP0nents Of Classroom Aeademic Performanee.Joumal of Edueational Psychology, 1990(82).

免费师范生学习幸福感的研究

——以西南大学免费师范生为例

作者：申祺[①]

指导教师：刘云艳

一、引言

(一)核心概念的界定

免费师范生是根据《教育部直属师范大学师范生免费教育实施办法(试行)》,在国家规定的教育部直属的师范类大学中实施免费师范生教育所产生的学生群体。

主观幸福感(Subjective Well—Being 简称 SWB)作为心理学专用术语,得到大多数研究者认同的是美国学者迪纳给出的定义,即个体依据自定的标准对其生活质量的整体评价。

学习幸福感(Academic SWB) 是主观幸福感在学习过程这一特殊生活领域中的体现。学生学习主观幸福感就是学生在学习的过程中,依据某一标准对自己学习过程幸福、愉悦与否的评价。也通常指学生在学习前、学习过程中或者学习过程之后所体验到的一种愉悦感、满足感和成就感。

(二)问题研究的背景

自 2007 年我国在教育部直属师范类大学建立免费师范生制度以来,产生了免费师范生这个特殊的群体。国家及社会给予免费师范生极大的信任和期望,建立免费师范生教育的重要意义与价值主要在于:一方面是通过试点,积累经验,建立制度,为培养造就大批优秀中小学教师和教育家奠定基础。其次是要进一步形成尊师重教的浓厚氛围,让教育成为全社会最受尊重的事业,要培

①西南大学教育学部学前教育专业 2012 级免费师范生

养大批优秀的教师，要提倡教育家办学，鼓励更多的优秀青年终身做教育工作者。同时，在当前落实科学发展观、构建社会主义和谐社会的时代背景下，师范生免费教育政策对于落实教育优先发展战略、促进教育公平和社会和谐发展具有重大意义。所以，免费师范生教育之于师范教育的意义，之于我国教育事业的发展以及对国际与社会的发展的重要意义，使免费师范生成为一个现阶段极具研究价值的群体。

然而，现有的以免费师范生作为研究对象的研究，多集中于免费师范生学习现状、学习动机、教育现状、存在问题及免费师范生政策等的研究上。而明显忽略了免费师范生作为独立的个体的主观情感体验，忽视或不重视个体情感维度的教育，显然是不利于个体成长的教育。

另外，在我国，学习幸福感的研究尚处于初步阶段，研究对象单一，多集中于中小学群体，研究对象亟待丰富和充实。

（三）研究意义

1.理论意义

本研究关于学习幸福感这个具体领域的幸福感及其影响因素做了细致的研究，研究对象为前人研究尚未涉及的免费师范生这一特殊群体，有助于丰富主观幸福感的理论，对学习幸福感研究进行一定的补充。

2.实践意义

首先，通过对免费师范生幸福感的了解，对国家的免费师范生政策予以初步的回馈。其次，研究结果可以为六所部属师范院校免费师范生的教育和培养提供一定的借鉴。再次，了解大学教师针对免费师范生这个特殊群体是否能够开展特色教学，免费师范生导师制的落实状况，教学活动中是否存在某些问题，从而给予教师提高教学质量、教学方法等方面一些参考与借鉴。最后，作为免费师范生生个体，是否存在因为缺乏合理学习目标、学习动力等导致自身学习幸福感不足，针对主体本身给予一定可以提高学习幸福感的指导与建议，希望更好地助力免费师范生今后的学习。

（四）研究现状

国内关于学习主观幸福感的大部分研究是针对中学生群体的，且主要研究的是中学生在应试教育背景下的学习主观幸福感,现有的研究结论并不完全一致。造成这种研究结论不一致的可能原因,一方面是不同的研究所抽取的样本不同,而我国不同地域教育及其学生均有其不同的区域特色;另一方面是研究的测量工具尚不统一,测量工具的科学性仍有待于进一步探究。因此,关于学习主观幸福感一般状况的研究还需要得到更多学者的进一步验证。

由前人已有研究不难得出,学习主观幸福感的影响因素繁多且复杂,不同研究者从不同的视角研究与审视,得出的结论也必定各有侧重。总体而言,目前关于学习主观幸福感影响因素的研究较少,研究时间较晚,尚处于起步的阶段,还需进行大量的验证性研究。

如何让学生愿意学习,积极主动地学习,这是每个教师应该关注的问题。部分学者对学生的学习主观幸福感的提升问题进行了分析与讨论。但是目前关于学习主观幸福感的提升问题的研究大多停留在理论层面,还未进入一个较深的研究层次。

二、研究过程与实施

(一)调查对象

开放式调查的对象是随机抽取的西南大学 50 名免费师范生,学院涵盖了教育学部、外国语学院、物理学院、化学化工学院、马克思主义学院等。正式研究对象为西南大学的 200 名免费师范生。发放问卷 200 份,回收问卷 189 份,问卷回收率为 94.5%;有效问卷 182 份,有效问卷率为 91%。调查对象信息如表 1 所示。

表 1　免费师范生学习幸福感研究被试构成表

(单位:人)

性别		学科类型			合计
男	女	文科类	理工类	艺体类	182
31	151	111	67	4	

(二)研究工具

主要通过访谈法与问卷调查法进行研究。首先,研究大量关于主观幸福感与学习幸福感的调查与测量工具,吸收其可借鉴的经验与教训;在研究初期,做了一定量的开放式问卷调查及与不同专业方向的免费师范生的访谈，以此全面地采集可能影响到免费师范生学习幸福感的因素。对回收的数据进行一定的整理与处理，从而确定大维度及子维度之后，制作最初的预问卷。经测试修改后形成了最终的问卷。发放问卷并抽取了30名被试进行了时隔一周的记名重测，用以检测本研究所采用的问卷的结构效度及内外部信度。

正式研究工具为根据访谈法及开放式问卷调查结果，借鉴已有研究中的相关结果，形成的一份拥有4个大维度、32个子维度的免费师范生学习幸福感调查问卷。问卷共35道题目，每道题目随机安排，采用五点计分法，被试根据自己的感受，选择不同的等级，五个等级分别为："1＝完全不符合""2＝比较不符合""3＝一般""4＝比较符合""5＝完全符合"。统计分析采用SPSS 17.0完成。

(三)数据处理和分析

开放式调查研究第一次共发放问卷50份，回收问卷50份，剔除无效问卷3份，有效问卷47份，问卷有效回收率为94%。第二次共发放问卷15份，有效问卷13份，问卷有效回收率为87%。正式问卷发放问卷200份，回收问卷189份，问卷回收率为94.5%，有效问卷182份，有效问卷率为91%。全部数据采用SPSS 17.0进行统计分析。问卷信效度分析后本问卷信度为0.864，问卷信度符合要求，可以作为正式调查的工具。同时，对本问卷的效度进行了重测效度的检验，结果也较为理想。

三、结果与分析

(一)免费师范生学习幸福感总体分析

在对访谈记录与问卷进行统计整理的基础上，对结果进行分类和归类，再结合相关研究的大量阅读，发现影响免费师范生学习幸福感的因素主要分为以下4个维度：一是国家政策因素，二是学校学院管理部门因素，三是教师因素，四是学生自身因素。

四个维度的免费师范生学习幸福感的总分在75～175分之间，平均分为125分。由研究可以发现，免费师范生总体的学习幸福感得分大致呈正态分布，平均值为114.23，标准差为12.66，大部分得分处于100～125分之间。(图1)说明免费师范生学习幸福感总体上处于中等偏下的水平。学习幸福感要高于不幸福感，但是学习幸福感并没有处在一个较高的水平上。说明仍存在一些问题影响着免费师范生的学习幸福感，且学习幸福感仍有一个较大的提升空间。

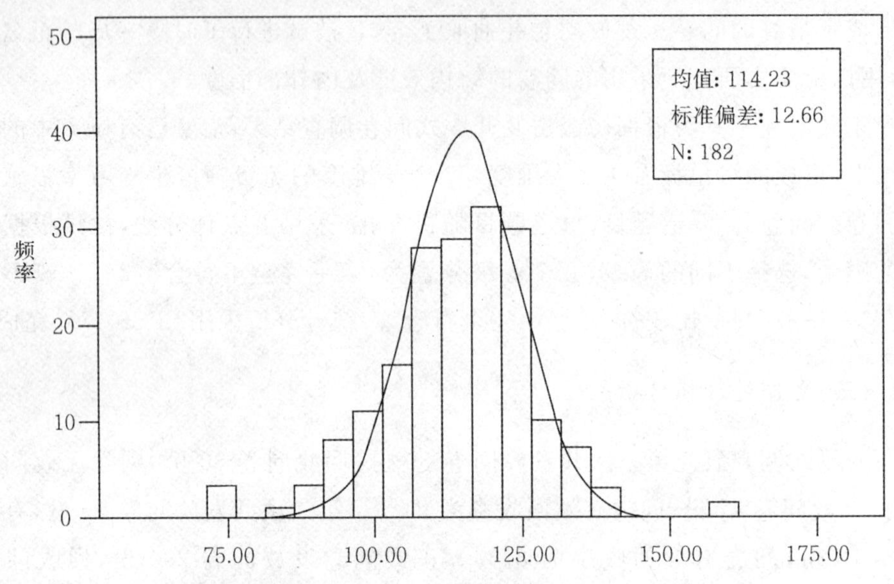

图 1　免费师范生学习幸福感总分统计直方图

(二)免费师范生学习幸福感影响因素分析

1.国家政策影响

以免费师范生学习幸福感平均值 3.2636 为参照，国家政策所带来的学习幸福感平均值要更高一些。经过调查研究并结合表 2 发现，国家针对免费师范生制定的政策中：稳定的就业保障、专业二次等选择、可从事教育管理工作、免除学费与补助生活费、深造读研与社会的期望等是深得免费师范生所接受与认可的，一定程度上都提升了免费师范生的学习幸福感。

尤其值得指出的是免费师范生回生源地工作这一政策，并没有因为限制发展地域而降低其学习幸福感，反而令其因为觉得自己可以促进家乡教育事业的发展而增添了一份责任感，极大地提升了学习幸福感。

但是通过对免费师范生选择免费师范教育的调查发现，有近三成的免费师范生是在及其偶然的情况下了解到了免费师范生政策，从而进行专业的填报，所以免费师范生国家政策的宣传力度有待加强。（表 3）

表 2　国家政策因素下各项子维度统计分析表

		T1	T4	T7	T9	T11	T14	T19	T25
N	有效	182	182	182	182	182	182	182	182
	缺失	0	0	0	0	0	0	0	0
均值		3.14	3.40	3.90	3.26	3.46	3.40	3.37	3.36
均值的标准误		0.073	0.077	0.071	0.072	0.082	0.078	0.074	0.067
中值		3.00	4.00	4.00	3.00	4.00	4.00	3.00	3.00
众数		3	4	4	3	4	4	3	3
标准差		0.985	1.034	0.958	0.977	1.106	1.050	0.993	0.904
极小值		1	1	1	1	1	1	1	1
极大值		5	5	5	5	5	5	5	5
和		571	618	710	593	630	619	614	611

注：1.个别题项设置为反向计分题，在具体分析时已进行正确调整。(下同)2.T1＝稳定的就业保障，T4＝可以进行专业的二次选择，T7＝毕业后回生源地工作，T9＝今后可在学校间流动及从事教育管理工作，T11＝强制从事基础教育工作 10 年，T14＝在校期间免除学费、住宿费与补助生活费，T19＝免试读研深造，T25＝社会期望。该序列号与问卷中的问题相对应

表 3　免费师范生选择免费师范教育缘由统计分析表

选择缘由		频率(人)	百分比(%)	有效百分比(%)	累积百分比(%)
有效	家庭经济原因	57	31.3	31.3	31.3
	就业原因	60	33.0	33.0	64.3
	偶然因素	58	31.9	31.9	96.2
	个人喜好	7	3.8	3.8	100.0
	合计	182	100.0	100.0	—

2.学校管理因素

学校在图书馆与自习室提供与教学设备、奖学金与助学金的设置、学生会及社团活动的开展、人文关怀与人性化管理(中秋福利，延长自习室开放时间等)、免费师范生的专业课程设置等方面都满足了其学习需求，同时也增加了免费师范生的学习幸福感。

综合分析表 4 可知，学校管理因素下降低免费师范生学习幸福感的因素有：第一，通识选修课难以满足免费师范生的学习需求而一定程度上影响了学习幸福感的质量。第二，部分假期社会实践活动趋于形式化，对免费师范生的

专业成长影响较小。第三,学校的学习氛围有所欠缺。第四,学校网络服务故障较多,网络这一学习工具的障碍对免费师范生学习幸福感有一定影响。第五,学校给予学生诉求的反馈较慢,学生的诉求往往得不到学校及时的回复。第六,师范生教师教育课程教学效果不理想,未能使免费师范生掌握应有的知识与技能。这些因素都成为影响免费师范生学习幸福感的负面因素。

表4　学校管理因素下各项子维度统计分析表

		T2	T3	T5	T6	T10	T12	T13	T15	T16	T17	T20	T29	T32
N	有效	182	182	182	182	182	182	182	182	182	182	182	182	182
	缺失	0	0	0	0	0	0	0	0	0	0	0	0	0
均值		3.21	3.05	3.66	2.89	3.58	3.34	3.22	3.48	3.40	3.20	3.57	3.43	3.42
中值		3.00	3.00	4.00	3.00	4.00	3.00	3.00	4.00	3.00	3.00	4.00	3.50	3.00
众数		3	3	4	3	3	3[a]	3	4	4	3	4	4	3
标准差		0.881	1.058	.943	1.024	1.036	0.953	1.054	0.950	0.974	1.005	0.976	0.924	0.992
偏度		−.434	.042	−.629	.441	−.163	−.099	−.079	−.581	−.407	−.341	−.419	−.446	−.026
偏度的标准误		.180	.180	.180	.180	.180	.180	.180	.180	.180	.180	.180	.180	.180
峰度		.009	−.669	.151	−.373	−.766	−.588	−.676	.215	−.115	−.210	−.273	.142	−.639
峰度的标准误		0.358	0.358	0.358	0.358	0.358	0.358	0.358	0.358	0.358	0.358	0.358	0.358	0.358
和		585	555	666	526	651	607	586	633	619	582	650	624	622

注:1.存在多个众数,显示最小值。2.T2＝通识教育选修课,T3＝社会实践活动,T5＝图书馆、自习室,T6＝学习环境,T10＝网络服务,T12＝教学仪器与设备等学习资源,T13＝助学金、贷款和勤工助学,T15＝奖学金,T16＝学生会及社团活动,T17＝学校对学生需求的反馈,T20＝人文关怀,T29＝专业课程设置,T32＝教师教育实践课程

3.教师因素

综合分析表5可知,在教师的影响因素中,教师的教学形式多样,针对免费师范生开展特色教学,教师的学术素养与人格魅力等几个方面,免费师范生的满意度较高,所带来的幸福感较强。

但是由于教师忙于科研或其他原因,对教学的投入与免费师范生的预期有差距。师生间的互动相对较少,免费师范生培养导师制度的落实仍存在一定的

问题，甚至有部分免费师范生认为导师制度形同虚设，这些因素也导致了免费师范生学习幸福感有一定的下降。

表5　教师因素下各项子维度统计分析表

		T8	T21	T22	T24	T26	T34
N	有效	182	182	182	182	182	182
	缺失	0	0	0	0	0	0
均值		3.43	3.46	3.21	2.75	3.57	3.33
中值		3.00	4.00	3.00	3.00	4.00	3.00
众数		3	4	3	2	4	3
标准差		.919	.858	1.114	1.052	.918	1.003
和		625	629	585	500	650	606

注：T8＝教学形式与内容，T21＝特色教学，T22＝导师制度，T24＝教学投入，T26＝学术素养与人格魅力，T34＝师生互动与师生关系

4.免费师范生自身因素

免费师范生学习幸福感的获得还来自通过学习知识的获得、学习上的收获与成就、正确的学习观与求知观的支持、学习伙伴的建立意识、与普通师范生的比较。但实际学习生活中，不少免费师范生仍未找到互相促进的学习伙伴、同学间的不良负面竞争在一定程度上使免费师范生学习幸福感有所降低。综合分析表6可知，更大的问题在于：很多免费师范生由于自身没有明确的人生目标与学业规划而影响到学习的成效，从而对学习产生更多的不幸福感。

另外，不同地域，家庭收入、民族等因素也影响着免费师范生的学习幸福感。调查研究发现：

第一，来自西部省份的免费师范生的学习幸福感显著高于来自中部地区免费师范生的学习幸福感。来自西部省份的免费师范生相比较于来自中部的免费师范生，由于当地教育资源相对薄弱与教育资源的限制，通过与之前受教育的条件与状况的比较，他们对现在免费师范生的学习条件及各方面都表现出更明显的满意倾向，所以学习的幸福感较来自中部地区的免费师范生更高一些。(表7)

表 6　免费师范生自身因素下各项子维度统计分析表

		T18	T23	T27	T28	T30	T31	T33	T35
N	有效	182	182	182	182	182	182	182	182
	缺失	0	0	0	0	0	0	0	0
均值		3.64	2.98	3.72	3.77	3.79	3.26	3.42	3.60
均值的标准误		0.060	0.075	0.066	0.062	0.060	0.071	0.063	0.073
中值		4.00	3.00	4.00	4.00	4.00	3.00	3.00	4.00
众数		4	3	4	4	4	3	3	4
标准差		0.814	1.008	0.894	0.834	0.803	0.956	0.855	0.980
方差		0.662	1.016	0.799	0.695	0.644	0.913	0.732	0.960
和		663	542	677	687	689	594	623	655

注：T18＝知识的获得与成长完善，T23＝人生目标与学业规划，T27＝学习收获与学习成就，T28＝学习观与学习效能感，T30/31＝学习伙伴建立的学习竞争，T33＝同学之间的良性合理竞争，T35＝与普通师范生的比较心理

第二，家庭月收入在1000～2000元与家庭月收入5000元以上对于免费师范生学习幸福感的影响差异显著。（表8）家庭月收入在1000～2000元的免费师范生学习幸福感更高一些。家庭收入低些的免费师范生更满意当前的学习状况与未来的职业发展，所以学习幸福感相比会显著提高。家庭收入状况与个人生活费的多少的研究结果可以得到印证。个人生活费每月小于500元与个人生活费每月大于1000元对于整体免费师范生学习幸福感与个人因素影响下的学习幸福感的影响差异显著。（表9）且个人生活费每月小于500元的免费师范生学习幸福感更高一些，因为学习的各种环境与待遇都更符合他们的要求，所以学习幸福感会更高一些。而家庭较为优越的免费师范生则认为，免费师范生的政策的强制性与束缚性较强，影响到其未来的职业规划与发展，相比较也就学习幸福感低。

第三，通过均值分析我们可以了解到在免费师范生群体中，少数民族学生的总体学习幸福感要高于汉族学生的总体幸福感，但是其学习幸福感差异并不显著。另外，我们可以了解到在免费师范生群体当中，女生的总体学习幸福感要高于男生的总体学习幸福感，但是男女生学习幸福感差异并不显著。

表7 来自不同地域对免费师范生学习幸福感的影响组统计量

影响因素	籍贯所在地区	N	均值	标准差	均值的标准误
学校因素影响下免费师范生学习幸福感平均分	中部	48	3.0128	0.50062	0.07226
	西部	114	3.1613	0.39129	0.03665
政策因素影响下免费师范生学习幸福感平均分	中部	48	3.1615	0.49931	0.07207
	西部	114	3.3542	0.48080	0.04503
教师因素影响下免费师范生学习幸福感平均分	中部	48	3.0764	0.52475	0.07574
	西部	114	3.2500	0.46735	0.04377
学生自我因素影响下免费师范生学习幸福感平均分	中部	48	3.4375	0.48102	0.06943
	西部	114	3.5471	0.48409	0.04534
免费师范生学习幸福感平均分	中部	48	3.1548	0.38796	0.05600
	西部	114	3.3088	0.34829	0.03262

表8 家庭月收入对幸福感的影响组统计量

	家庭收入	N	均值	标准差	均值的标准误
免费师范生学习幸福感平均分	1000～2000	39	3.3480	0.31815	0.05094
	大于5000	33	3.1498	0.41367	0.07201

表9 个人每月生活费对免费师范生学习幸福感的影响组统计量

	个人生活费	N	均值	标准差	均值的标准误
免费师范生学习幸福感平均分	小于500	15	3.3962	0.22981	0.05934
	大于1000	27	3.1598	0.39939	0.07686

四、结论与对策建议

(一)结论

免费师范生学习幸福感总体处于中等偏下水平。虽然整体上他们的学习幸福感要高于不幸福感,但并没有处于一个较高的水平,这说明现今仍然存在一些问题影响着免费师范生的学习幸福感,免费师范生的学习幸福感仍有一个较大的提升空间。

(二)对策建议

1.对于国家

加强免费师范生政策的宣传力度。由于免费师范生招生较晚，部分西部地区由于与外界信息交流不畅而不知道或不了解免费师范生及其政策的现象仍然存在。国家要进一步加强对免费师范生及其政策的宣传力度，让更多的青年学子了解到什么是免费师范生，免费师范生有哪些政策优惠，借此吸引更多优秀的、有志投身于祖国基础教育的青年加入到免费师范生的队伍，为祖国的教育事业添砖加瓦。

2.对于学校

一是学校通识选修课的种类与数量应在现有的基础上进一步的增加。以满足免费师范生不同兴趣、不同爱好的充分发展。同时，应该保证选课学生的数量尽量满足学生需求，减少被课程筛选掉的尴尬局面的发生。同时，针对希望上该课的同学报名后被刷，而已报名同学多次旷课甚至不上课的情形，建议学校可以制定相关的规章制度，多少次旷课的取消其此门课程的学习资格，由其他同学取代其继续完成此门课程的学习。

二是由于身份的限制，假期社会实践往往不能如愿找到与免费师范生今后学习与工作相关联的工作，使得社会实践对免费师范生专业的成长与发展的促进极其有限，望学校在能力范围之内对学生的社会实践活动予以更大、更强有力、更具针对性的支持与帮助。

三是加强与完善学校相关基础设施的建设与服务。首先，校园文化建设。学校可以在校园中建立校园流动图书站，为学生提供一个更为浓厚的学习氛围与环境；举办一系列主题活动，大力倡导正确的学习观，以抵制现有的“读书无用论”“学得好不如嫁得好”等错误思想，以纠正学风。其次，加强学校对教师教学的考核，严格聘请有责任心的教师，使教师的教学真正落到实处，增加免费师范生应具备的教育教学技能，充分发挥该课程应有的价值。

四是建议学校建立与免费师范生直接沟通的渠道与机制，使免费师范生的声音与诉求可以快速、真实地反映到学校相应部门。减少学校与免费师范生间不必要的矛盾与误会，以增加免费师范生的学习幸福感。

3.对于教师

一是要更好地平衡科研与教学的关系，呼吁教师可以在免费师范生教学方面给予更大的投入，更多地加强与免费师范生间的交流与互动，增进师生间的感情，以更好地完成教学任务，提升免费师范生的学习幸福感。

二是导师要给予学生更多的生活上的关心与学习学业上的指导，使免费师范生培养导师制落实到实处。以此助力免费师范生的学习，提升免费师范生的学习幸福感。

4.对于免费师范生个人

一是免费师范生要转变一贯以来的应试学习方法，学会与人交流合作，建立亲密的学习伙伴，正确地看待合理的竞争，适时调整心态，将压力转化为学习的动力，迎难而上，勇往直前。

二是免费师范生要明确个人目标，并依据个人目标制订相应的学业规划，再进一步将学业规划细化为学习计划。有目标的学习才是有动力的学习，有目的的学习才是有方向的学习。才不会对学习、对未来感到迷茫，才能更好地专注于学习，也才能提高个人的学习幸福感。

注：文中包括与“学习幸福感”等一些相似概念的研究，如“学业幸福感”“学习主观幸福感”“学习生活主观幸福感”等，本研究并未对这些概念进行区分。

参考文献

[1] 胡志芬，张驰.我国免费师范生教育现状分析[J].高校研究与评估，2011(02).

[2] 蒋凌琳，冯俊祺，李宇阳.在杭大学生主观幸福感状况的调查研究[J].健康研究，2010(06).

[3] 刘淑霞.女大学生学业幸福感影响因素实证研究[J].淮海工学院学报，2012(14).

[4] 屈静.高师生的学习幸福感：现状及对策[J].课程教育研究，2012(08).

[5] 冉阳.大学生的学习幸福及其实现[J].高校研究与评估，2011(01).

[6] 田澜，王鑫强，陈志强.师范大学生主观幸福感与学业满意度的相关研究[J].精神疾病与精神卫生，2007，7(04).

[7] 王淑燕.国内学习主观幸福感问题研究述评[J].通化师范学院学报，2011(08).

[8] 姜毅超.女性硕士生学业幸福感及提升策略[J].现代教育科学，2010(02).

[9] 马颖，刘电芝.中学生学习主观幸福感及其主要影响因素的初步研究[J].教育研究与实践，2004(04).

[10] 宋灵青，刘儒德，李玉环等.社会支持、学习观和自我效能感对学习主观幸福感的影响[J].心理发展与教育.2010(03).

[11] 马二虎.中学生学习主观幸福感提升刍议[J]. 湘潭师范学院学报(社会科学版). 2009(06).

[12] 黄瑞枫.提高中学生学习主观幸福感的对策[J]. 校园心理. 2009(03) .

[13] 靳瑞彬.六所师范院校免费师范生培养方案比较研究[D].西南大学,2012.

[14] 李雪峰.免费师范生学习动机与学习态度的研究[D].华中师范大学,2009.

[15] 尚明翠.大学生幸福教育:内涵、因素及路径[D].广西师范大学,2009.

新课改背景下高三学生自主学习特点调查研究

——以德阳市某中学为例

作者：王　燕①

指导教师：杨　梅

一、问题的提出

（一）新课改下自主学习的重要性

1.自主学习是新课改对学生的要求。2001 年教育部颁发了《基础教育课程改革纲要（试行）》，正式启动了新一轮课程改革。《纲要》对新课程目标做出规定："改变课程实施过于强调接受学习、死记硬背、机械训练的现状，倡导学生主动参与、乐于探究、勤于动手，培养学生搜集和处理信息的能力、获取新知识的能力、分析和解决问题的能力以及交流与合作的能力"。《纲要》和随之颁布的普通高中各科课程标准都反复强调培养自主学习的重要性，表达了基础教育课程改革对学生自主学习能力的迫切要求。

2.自主学习是知识经济时代发展的需要。21 世纪是以信息技术和自动化为特征的知识经济时代，知识更新周期越来越短，知识和人才成为经济增长和社会进步最主要的决定因素。知识经济背景下，终身教育成为全球潮流，对个体自主学习能力提出更高的要求。"新的教育精神使个人成为他自己文化进步的主人和创造者。自学，尤其是在帮助下的自学，在任何教育体系中，都具有无可替代的价值"。

（二）高三阶段学习的特殊性

高三阶段是学生总结高中学习成果，迎接高考的关键时期，是新课改下素质教育和应试教育的结合体。在新课改背景下，学生经过高一、高二两年的学习，在主动意识、学习方法、过程监控、自我评价等方面养成了一定的自主学习

①西南大学教育学部学前教育专业 2012 级免费师范生

能力,这些能力将被用于紧张的复习备考过程。由于高考的重要性,以及受传统教育体制的影响,应试教育成分在高三阶段显得尤为突出,存在一些阻碍学生自主学习能力提升的不利因素:过分注重知识的传授,强调知识的巩固,忽视学生的参与和能力的提高;采用统一的评价标准,忽视个体差异;强调接受学习,采用机械训练的模式,盛行"题海战术"。

二、研究方法

(一)调查对象

从德阳市某高中三年级文、理科各抽取一个实验班和一个平行班进行问卷调查。共发放问卷230份,回收230份,回收率为100%,其中有效问卷216份,有效回收率为94%,超过75%,可作为研究结论的依据,被调查学生人数分布如表1。

表1　被调查学生人数分布情况

(单位:人)

科别	性别		班级		住校情况		生源地		合计
	男	女	实验班	平行班	住校	不住校	城镇	农村	
文科	30	68	52	46	39	59	65	33	98
理科	67	51	64	54	47	71	76	42	118
总计	97	119	116	100	86	130	141	75	216

(二)调查工具

华东师范大学庞维国教授编制的《中小学学生学习自主性量表》与本次调查对自主学习概念的界定一致,具有较高的信度和效度。修改后量表由71道题组成,采取5级记分制,主要包括学习动机、学习时间、学习内容、学习方法、学习过程、学习环境和学习结果7个维度,它们的内部一致性Cronbach's Alpha系数和Guttman Split－Half系数均达到显著性水平。(表2)

表2　可靠性统计量

信度系数	学习动机	学习时间	学习内容	学习方法	学习过程	学习环境	学习结果	总量表
Cronbach's Alpha	0.857	0.749	0.779	0.908	0.830	0.835	0.788	0.881
Guttman Split－Half	0.827	0.712	0.812	0.929	0.827	0.781	0.723	0.857

三、调查结果

(一)高三学生自主学习的总体情况

根据调查结果对高三学生自主学习的总体情况进行分析。从表3可以看出,高三学生自主学习的总体平均数为2.906分,略低于3分,标准差为0.346分,说明高三学生的自主学习总体处于“有时这样”的中等水平,学生间差异不大。从均值看,高三学生自主学习各个维度的发展比较均衡,都处于3分左右,波动不大。自主学习各维度得分按从高到低的顺序排列依次为:学习内容、学习结果、学习时间、学习动机、学习过程、学习环境、学习方法。

表3 高三学生自主学习总体情况

	学习动机	学习时间	学习内容	学习方法	学习过程	学习环境	学习结果	总体
Mean	2.915	2.919	3.221	2.769	2.822	2.802	2.986	2.906
Std. Deviation	0.447	0.549	0.480	0.443	0.560	0.533	0.469	0.346
Minimum	1.6	1.3	1.6	1.6	1.4	1.6	1.7	2.0
Maximum	4.1	4.4	5.0	3.8	4.1	4.1	4.6	3.9
T	0.305	0.335	9.634**	−4.560**	−2.197*	−2.870**	2.494*	—

注:* 表示在0.05水平(双侧)上差异显著;** 表示在0.01水平(双侧)上差异显著

运用单样本T检验,对各维度与总体自主学习水平进行显著性检验发现:学习内容和学习结果的平均分明显高于总体水平,学习内容的T值为9.634,与总体在0.01水平上差异显著,学习结果的T值为2.494,与总体在0.05水平上差异显著,表明高三学生在目标意识、学习内容选择等方面的自主性很强,在自我检查、自我总结、自我评价、自我强化等方面的自主性较强;学习方法、学习过程和学习环境的平均分明显低于总体水平,学习方法和学习环境的T值分别为−4.560和−2.870,与总体在0.01水平上差异显著,学习过程的T值为−2.197,与总体在0.05水平上差异显著,表明高三学生在预习策略、理解策略、复习策略、组织策略、精加工策略和营造有利于学习的社会性环境和物质环境等方面的自主性很弱,在克服身心障碍和学习过程自我监控等方面的自主性较弱。

(二)自主学习水平差异性分析

1.自主学习水平的性别差异

表4 高三学生自主学习各维度分性别调查结果

性别		学习动机	学习时间	学习内容	学习方法	学习过程	学习环境	学习结果	总体
男	Mean	2.953	2.861	3.234	2.750	2.889	2.993	2.751	2.911
	Std. Deviation	0.472	0.566	0.478	0.465	0.607	0.530	0.558	0.384
女	Mean	2.885	2.966	3.210	2.784	2.768	2.980	2.844	2.902
	Std. Deviation	0.426	0.533	0.484	0.425	0.516	0.416	0.511	0.314
T		1.096	−1.388	0.364	−0.564	1.553	0.196	−1.268	0.199

从表4可以看出,高三学生自主学习各维度在不同性别之间的差异不大,总体水平非常接近,男生略高于女生。男生比女生自主性略高的维度有学习动机、学习内容、学习过程、学习环境,略低的维度有学习时间、学习方法、学习结果。运用独立样本T检验对学生自主学习的性别差异进行显著性检验,在0.05的水平上,男生和女生自主学习总体水平和各维度差异均不显著,因此,不能说明自主学习某一方面男生高于或低于女生。

2.自主学习水平的科别和班级差异

表5 高三学生自主学习各维度分科别和班级调查结果

班级		学习动机	学习时间	学习内容	学习方法	学习过程	学习环境	学习结果	总体
文科实验班	Mean	2.900	3.014	3.265	2.873	2.839	3.012	2.887	2.948
	Std. Deviation	0.420	0.527	0.458	0.399	0.527	0.493	0.553	0.333
理科实验班	Mean	2.833	2.802	3.195	2.628	2.856	2.950	2.666	2.820
	Std. Deviation	0.468	0.645	0.496	0.498	0.625	0.490	0.600	0.366
文科平行班	Mean	3.002	3.011	3.252	2.844	2.804	3.007	2.963	2.976
	Std. Deviation	0.389	0.440	0.499	0.362	0.480	0.393	0.429	0.286
理科平行班	Mean	2.954	2.887	3.182	2.770	2.782	2.985	2.744	2.907
	Std. Deviation	0.486	0.513	0.474	0.445	0.585	0.490	0.470	0.369
F		1.466	2.006	0.392	3.679	0.202	0.204	3.561	2.226
Sig.		0.225	0.114	0.759	0.013*	0.895	0.894	0.015*	0.086

注:* 表示在0.05水平上差异显著

以班级为自变量,自主学习各维度均值和总体均值为因变量进行单因素方差分析，结果如表5所示，自主学习总体均值由高到低的顺序依次是文科平行班学生、文科实验班学生、理科平行班学生、理科实验班学生，但差异并不显著（$F=2.226, p>0.05$）。在学习方法和学习结果维度上，各班呈现出显著性差异（学习方法：$F=3.679, p<0.05$；学习结果：$F=3.561, p<0.05$）。经过多重比较发现，在学习方法的自主性上，理科实验班学生的得分显著低于理科平行班和文科班学生；在学习结果的自主性上，文科两个班学生的得分显著高于理科两个班的学生。

3.自主学习水平在住校学生和不住校学生之间的差异

表6　高三学生自主学习各维度分住校情况调查结果

住校情况		学习动机	学习时间	学习内容	学习方法	学习过程	学习环境	学习结果	总体
住校	Mean	2.961	2.878	3.183	2.759	2.826	2.961	2.837	2.899
	Std. Deviation	0.448	0.594	0.542	0.463	0.524	0.495	0.574	0.354
不住校	Mean	2.885	2.945	3.246	2.775	2.820	3.002	2.779	2.911
	Std. Deviation	0.446	0.518	0.435	0.431	0.585	0.452	0.506	0.342
T		1.208	−0.859	−0.911	−0.244	0.073	−0.629	0.772	−0.246

从表6可以看出，高三学生自主学习各维度在住校学生和不住校学生之间的差异不显著，总体水平比较接近，住校生略低于走读生。住校生比走读生自主性略高的维度有学习动机、学习过程、学习结果，略低的维度有学习时间、学习内容、学习方法、学习环境。运用独立样本T检验对学生自主学习在住校生和走读生之间的差异进行显著性检验，在0.05水平上，住校生和走读生自主学习总体水平和各维度差异均不显著，因此，不能说明自主学习某一方面住校生高于或低于走读生。

4.自主学习水平在城镇学生和农村学生之间的差异

表7　高三学生自主学习各维度分生源地调查结果

生源地		学习动机	学习时间	学习内容	学习方法	学习过程	学习环境	学习结果	总体
城镇	Mean	2.934	2.997	3.245	2.812	2.832	2.993	2.820	2.936
	Std. Deviation	0.450	0.515	0.463	0.411	0.576	0.468	0.518	0.336
农村	Mean	2.880	2.772	3.176	2.687	2.804	2.972	2.768	2.849
	Std. Deviation	0.443	0.585	0.511	0.490	0.533	0.475	0.564	0.360
T		0.849	2.798**	0.971	1.890	0.356	0.310	0.662	1.726

注：** 表示在0.01水平（双侧）上差异显著

从表7可以看出，城镇学生自主学习总体水平和各维度均值均高于农村学生，其中学习时间、学习方法和总体水平高出较多。但通过独立样本T检验对学生自主学习在城镇学生和农村学生之间的差异进行显著性检验，只有学习时间这一维度在0.01水平上差异显著（t=2.798），其他各维度和总体水平在0.05水平上差异均不显著。表明城镇学生在时间计划和时间管理等方面的自主性明显高于农村学生，但并不能说明其他维度和总体水平城镇学生就一定高于农村学生。

四、讨论分析

（一）高三学生自主学习总体处于中等水平

调查结果表明，高三学生自主学习处于中等水平。新课程改革凸显了对学生自主学习的要求。一方面，课改后，教师指导学生形成良好的学习习惯，创设丰富的教学环境，培养学生的兴趣，激发学生的学习动机，建立宽松、支持性的学习环境。另一方面，新课程的评价体系为学生自主学习创造了宽松的氛围，评价主体多元化、评价方式多样化、评价标准层次化，评价内容综合化，更注重多渠道反馈信息，重视知识以外各种能力综合素质的发展，更有利于提高学生学习的积极性、主动性。经过高中阶段前两年的学习，课改后的学生在整体上掌握了更多自主学习的能力，这些能力和习惯被用于高三的复习备考中，反映出高三学生自主学习的水平。

（二）高三学生自主学习各维度发展不均衡

调查结果表明，高三学生自主学习各维度发展并不均衡。总体来看，学生在学习内容维度上的自主性较高，在学习方法维度上的自主性较低。学习动机维度主动意识方面的自主性较低，价值意识和自我效能感方面的自主性较高；学习方法维度预习策略和复习策略方面的自主性较低，理解策略方面的自主性略好，精加工策略方面的自主性较高；学习结果维度自我检查方面的自主性较低，自我评价方面的自主性较高。

新课程改革要求学生通过参与研究性学习、合作学习等多种学习活动，提高学习动机，培养学习兴趣和学习能力，这提高了学生自主学习的水平，自主选择学习内容的倾向性越来越高。但由于自主学习见效相对较慢，高三处于特殊时期，面临高考的压力，学生在学习方法上仍然显得比较传统，上课不太主动回答老师提出的问题，事先没有足够的精力预习第二天要学习的课程，也没能及时对所学的知识进行复习。表现为学习内容方面的自主性较高，在学习方法上的自主性较低。

(三)高三学生自主学习存在学科和班级差异

调查结果表明，高三学生自主学习存在学科和班级差异。文科班学生自主学习总体水平高于理科班学生，各维度均存在差异，其中学习方法和学习结果两个维度的差异非常显著，其形成的原因如下：

第一，理科知识逻辑性强，这在一定程度上限制了理科学生自主学习能力的发挥；高中文科知识逻辑性较弱，因此，文科学生只要有强烈的学习动机，掌握有效的学习方法，学习成绩提高的前景较大。同时，学习结果的及时反馈也在一定程度上提高了文科学生自主学习的积极性。故而文科学生在学习方法和学习结果方面都表现出较高的自主性。

第二，对于学习资料的选择，高考文科考试范围越来越广，题目越来越活，因此文科学生必须扩大视野，从课外汲取更多的营养，这需要他们具备更高的自主学习能力，加强与老师和同学的沟通交流；而高考理科考试范围似乎总是万变不离其宗，因此，理科生往往认为只要掌握好书本上的知识，再加强练习就能满足学习的要求，已有的学习参考资料已经够用，没必要再添加额外的课外书籍，因为“题海战术”似乎更具有实际效果。

五、对策建议

自主学习是新课改对学生的主要要求之一，本文针对调查中发现的高三学生自主学习存在的薄弱环节和差异性，提出以下培养建议，希望为高三学生自主学习的培养提供参考。

(一)加强对学生主动意识的培养

调查结果显示，高三学生在没有外部压力或要求的情况下积极主动投身到学习中的倾向很低，课堂上不喜欢主动举手回答老师的问题。因此，老师在教学活动中需要进一步激发学生的学习动机，培养学习兴趣，加强师生之间的互动交流。

第一，运用“美好的前景”，激发学生的学习动机。理想是学习动力的不竭源泉，教师可运用“美好的前景”的教育方式，培养学生树立远大理想，明确学习活动的价值和意义，从而提高学生学习的自主性，培养学生的主动意识。

第二，加强师生之间的互动交流。课堂上，老师应积极引导学生参与课堂学习，主动回答老师的问题，提高学习效率；课后应积极关心学生，与学生之间建立良好的师生关系，切实帮助每一位学生解决学习和生活中遇到的困难，帮助学生成长成才。

（二）对学生进行学习方法的指导

良好的学习方法，往往能起到事半功倍的效果，对提高高三学生的学业成绩有很大的帮助。调查结果显示，高三学生在学习过程中没有掌握或很少运用具体的学习策略，特别是预习策略和复习策略。而有研究表明，熟练掌握并运用认知策略是自主学习能力发展的重要保障。预习、组织、复习等认知策略可以通过教学活动获得，老师应适时地进行学习方法的指导，帮助学生掌握预习策略、复习策略、组织策略等学习方法，提高学习效率。

第一，指导学生养成良好的预习习惯。预习不仅是学生获取知识的途径，也是学生对课堂教学的准备，更是学生独立学习的尝试，能激发学生的求知欲望，提高课堂学习的针对性。老师应积极指导预习，不能因为复习而忽略了对预习策略的掌握。

第二，指导学生养成良好的复习习惯。复习是巩固提高，把所学内容条理化、系统化的过程，是提高学习效率的重要环节，也是高三学生的核心学习任务。德国心理学家艾宾浩斯的遗忘曲线表明遗忘进程是不均衡的，在复习过程中，老师应指导学生重视“阶段性”学习反馈，让他们自我检查，总结得失，查缺补漏。

第三，指导学生掌握良好的组织策略。指导学生按照“描述—归类—列提纲—成系统”的方法将分散的知识利用一定的关系联系起来，梳理出知识线索，促进所掌握知识的系统化、规律化。

(三)重视教育引导的针对性

调查结果显示,高三学生自主学习存在学科和班级差异,学校和老师需要根据不同学生自主学习的具体特点,采取有针对性的教育培养方式。

理科学生在学习结果上的自主性显著低于文科学生,教师应该针对学生的具体情况,从自我检查、自我总结、自我评价和自我强化四个方面进行教育引导。

第一,指导学生自我检查。学生学习结果自我检查是提高学习效率的重要保证。高三学习任务较重,老师可以直接要求学生在学习过程中对学习结果进行自我检查或同学间互相检查,并给予恰当的指导。

第二,指导学生自我总结。高三阶段,新知识的学习任务较轻,老师可以引导学生总结知识要点,明确知识间的联系,梳理出知识线索,促进知识的系统化、规律化。

第三,指导学生自我评价。调查显示,高三学生在自我评价方面的自主性较高,老师可让学生在每次学习前设立具体的行为目标,给予评价方法方面的指导,增强学生自我评价的能力。

第四,指导学生自我强化。强化是塑造学生行为和习惯的重要手段,学生对学习结果的自我强化有利于培养学生的自主学习能力。老师应引导学生对学习结果做出恰当的自我反应:当学习结果未实现预定目标时,进行适当的自我惩罚;当学习结果达到或超过预定目标时,适当奖赏自己。

(四)引导学生主动与家长交流学习问题

调查结果显示,学生更善于与老师和同学交流,寻求他们的帮助和支持,在“向父母请教学习问题”方面自主性很差。父母为我们的学业提供着物质上的支持,父母拥有更加丰富的社会阅历和生活经验,在知识层面或许并不能给学生提供科学有效的指导,但在学习方法、学习前景、未来生活考虑等方面能提出有用的建议。家长应主动关心高三学生的学业和生活状况;学生也应该主动与家长沟通交流,遇到困难时,主动征求家长的意见,积极争取家长的帮助;学校和老师应加强与家长的联系,向家长反映学生在校学习情况,建立家庭、学校、社会的联动体系,共同促进学生成长。

参考文献

[1]卫建国,杨晓.基础教育课程改革理论与实践[M].北京:北京师范大学出版社,2012.

[2]庞维国.自主学习——学与教的原理和策略[M].上海:华东师范大学出版社,2003.

[3]陈琦,刘儒德.当代教育心理学[M].北京:北京师范大学出版社,2007.

[4]联合国教科文组织,学会生存——教育世界的今天和明天[M].北京:教育科学出版社,1996.

[5]Barry J. Zimmerman 等著,姚梅林等译.自我调节学习[M].北京:中国轻工业出版社,2002.

[6]钟启泉,张华.《基础教育课程改革纲要(试行)》解读[M].上海:华东师范大学出版社,2001.

[7]庞维国.自主学习的测评方法[J].心理科学,2003(26).

[8]庞维国.论学生的自主学习[J].华东师范大学学报(教育科学版).2001(02).

[9]余文森.国家级课程改革实验区教学改革调研报告[J].教育研究,2003(11).

[10]郭晓琴.新课改背景下高中生自主学习特点的调查分析——以襄汾县××中学为例[D].山西师范大学,2012.

[11]黄亚涛.高中生自主学习能力发展研究[D].广西师范大学,2007.

[12]朱永顺.高中学生自主学习情况的调查研究[D].河北师范大学,2008.

[13]陈鸿.高中生自主学习现状及指导策略研究[D].苏州大学,2010.

大学生学习状况调查研究

——以 10 所高校为例

作者:宋佳欣[①]　龙芸[②]　刘月倩[③]　周浩[④]　曾瑜[⑤]

指导教师:王天平

一、概念界定

(一)大学生

广义上的大学生指的是包括本(专)科生、研究生和博士生等在内的高校学生。本研究中所定义的大学生为通过普通高等学校招生全国统一考试进入高等教育专科层次以上的学生,即本科、专科院校的学生。

(二)学习投入

在本研究中,学习投入的概念我们参照 Shaun Harper 的理论,将学习投入分为行为、情感和认知 3 个大的维度,具体定义为学生在学习过程中对学习内容、学习主体(教师、其他学生等)所付出的精力和时间以及学习环境(校园氛围、硬件设施和人际关系等)对学生学习的投入,在实际操作中我们将学习投入分为学业挑战度、校园环境支持度、主动合作学习水平、生师互动水平以及教育经验丰富度 5 个维度。

---

①西南大学教育学部教育学专业(晏阳初创新实验班)2013 级学生

②西南大学教育学部教育学专业(晏阳初创新实验班)2013 级学生

③西南大学教育学部教育学专业(晏阳初创新实验班)2013 级学生

④西南大学教育学部教育学专业(晏阳初创新实验班)2013 级学生

⑤西南大学教育学部教育学专业(晏阳初创新实验班)2013 级学生

二、研究对象和方法

(一)调研对象

我们在重庆、天津、南京、成都、郑州、南充等地的10所高校进行了问卷发放,其中包括2所"985"高校、3所"211"高校、4所一般本科高校(包括二本、三本)以及1所专科学校,发放问卷930份,实际回收926份,回收率99.57%,有效问卷870份,有效回收率93.55%。

(二)研究方法

1.文献法

在开始正式研究之前,我们阅读了国内近年来对于大学生学习状况的研究调查,同时为了更加全面也更具时代性和国际性,我们还查阅了美国等西方国家对大学生学习状况的研究现状,进行了整理摘录。

2.访谈法

在设计完成初测问卷后,进行小范围访谈,主要针对问卷设计中的不足;进行分析之前,采用个别访谈;在分析过程中,将访谈作为数据的补充证明。访谈的方式为当面访谈、电话访谈和随机访谈相结合。

3.问卷法

问卷以NSSE-China问卷为基础,个别题经过改动。经过试测,验证出其具有较高的信度和效度,并进行了发放和回收。主要选用结构型问卷,以五点量表为主体,同时设计了开放性题目。

4.统计分析法

采用SPSS 21.0系统,运用信度分析、效度分析、描述性统计分析等方法对数据进行处理。

三、研究结果及分析

(一)从主动合作学习水平(ACL)角度分析大学生学习投入情况

主动合作学习水平,是指学生投入教育活动中,运用所学知识并通过与他人合作解决问题或处理复杂情况的能力高低水平，问卷中所包含的题项为 C1（在课堂上做口头报告）、C2（课堂上与同学进行讨论与合作）、C3（课下与同学一起讨论作业或实验）、C4（在课业上帮助和辅导其他同学）、C5（课余和他人讨论学习上的观点问题）、C6（课堂上主动提问，表达自己观点）。由图 1 我们明显可以看出各相关题项得分除 C2、C3 题项稍高于一般水平外，其余均低于“3”，即一般水平。

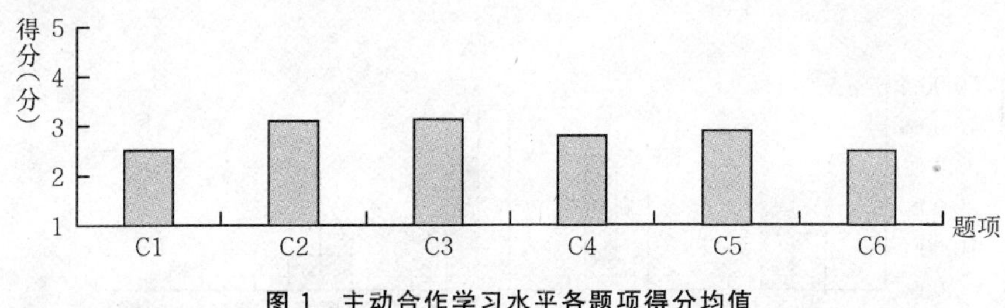

图 1　主动合作学习水平各题项得分均值

在主动合作学习水平（ACL）维度中，除性别变量中有两道题 C2、C3 与 ACL 的差异不显著外，其余各变量与该维度各个题项之间均存在显著差异，即户籍、学校、专业、年级与主动合作学习水平之间均存在相关性。

1.男生较女生在学习中表现得更积极主动

在主动合作学习（ACL）方面，共有 6 道题，其中 4 道题 C1、C4、C5、C6 差异显著（$p<0.05$）。在这 4 道题中，男生多选择“频繁”和“非常频繁”。也就是说，在主动合作学习方面，男生的表现要比女生活跃，以 C1（在课堂上做口头报告）和 C4（在课业上帮助和辅导其他同学）题为例，可以很明显地看出男女生选择的趋势。而对于另外两个题项，所有同学的选项都偏向“频繁”方向，说明大学生的合作学习能力总体较高，但是男生比女生更突出。（图 2，图 3）

表 1　男女生主动合作水平的差异分析

题目	Sig.
C1	0.001
C2	0.664
C3	0.100
C4	0.000
C5	0.016
C6	0.000

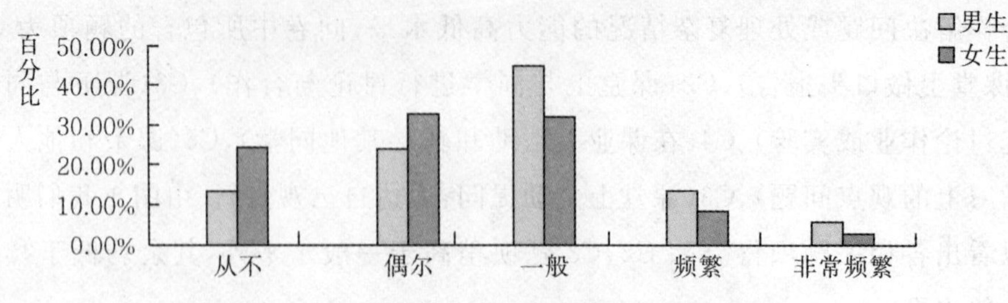

图 2 不同性别学生在课堂上做口头报告的情况

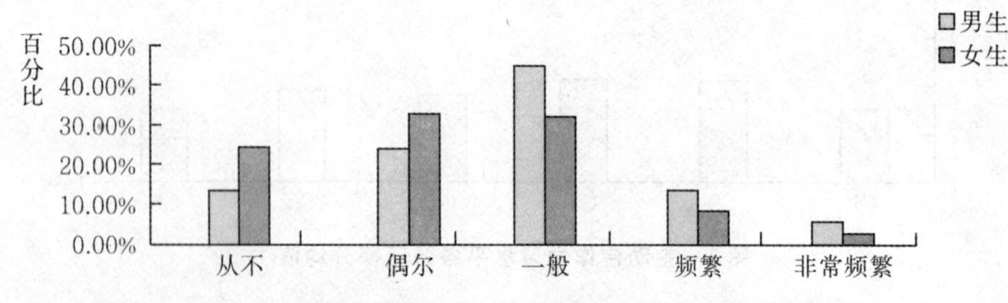

图 3 不同性别学生在课业上帮助和辅导其他同学情况

2.来自城市的大学生在主动合作学习方面做得更频繁

就主动合作学习水平(ACL)而言，共 6 个题项，经卡方检验，每一题都与户籍显著相关，也就是说，来自城镇与农村的学生对待自主合作学习的方式有明显差异。大体而言，来自城市的大学生对待自主学习的态度比农村的学生更积极，更主动。(表 2)大致趋势以 C1(在课堂上做口头报告)为例。(图 4)

表 2 城乡学生主动合作学习水平的差异分析

题项	Sig.
C1	0.000
C2	0.000
C3	0.004
C4	0.005
C5	0.000
C6	0.008

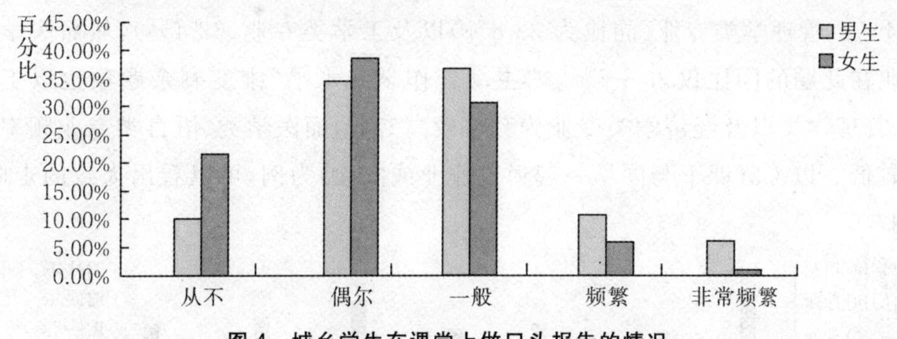

图 4 城乡学生在课堂上做口头报告的情况

3.本科院校的学生较专科院校的学生主动合作学习水平高

在不同层次的学校中，本科院校学生的主动合作学习水平更高，在本科院校中，“985”院校、“211”院校（非“985”院校）、一般院校（非“211”院校的本科院校）之间的水平递减。由表 3 可以看出不同类型院校之间在主动合作学习水平上存在明显差异，所有题项的 Sig.值均为零，表现出非常显著的差异性，整体而言，本科院校的大学生较之专科院校的大学生更倾向于主动合作学习，在 C3（课下与同学一起讨论作业或实验）一题中在“频繁”和“非常频繁”的总比重普通本科院校是 59.8%，而专科院校仅仅是 15.7%，四类学校在这两个题项所占比重依次降低。

表 3 不同学校主动合作学习水平的差异分析

题项	Sig.
C1	0.000
C2	0.000
C3	0.000
C4	0.000
C5	0.000
C6	0.000

4.经济学类学生主动合作学习最频繁

在主动合作学习水平（ACL）方面，专业差异非常显著，6 个题项均表现出显著（$p<0.05$）经济学类、管理学类、工学类专业学生经常进行主动合作学习，而医学类、语言类专业水平较低。在 C2（课堂上与同学进行讨论与合作）题项中，频率较高的是经济学类专业（选择“频繁”和“非常频繁”的学生总占比为

36.1%)、管理学类专业(同比为 33.8%)以及工学类专业(32.4%),然而医学类专业在此题的同比仅占 8.2%。“主动合作学习水平”维度剩余题项也以工学类、管理学类以及经济学类专业为频率较高专业,而医学类、语言类专业频率相对较低。以 C3(课下与同学一起讨论作业或实验)为例,可以看出大致的走向。(图 5)

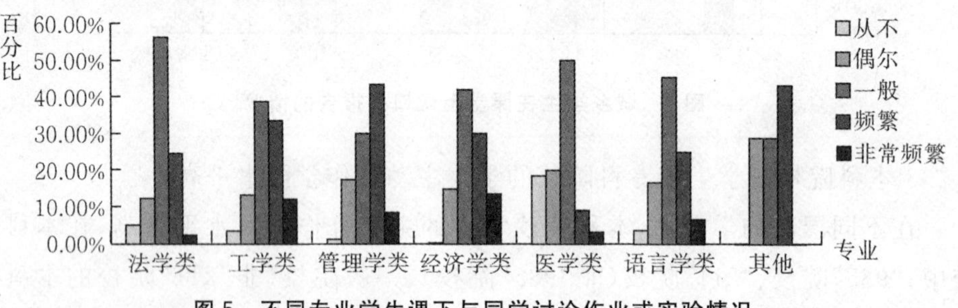

图 5 不同专业学生课下与同学讨论作业或实验情况

(二)从生师互动水平(SFI)角度分析大学生学习投入情况

在问卷里包含 C7(和任课老师讨论自己的分数)、C8(在课外和任课老师讨论课堂和阅读的问题)、C9(和老师讨论自己的职业计划、想法)、C10(和老师讨论人生观和理想问题)、C11(和老师一起参与课程以外的事)、C12(参与老师的课程和项目)6 道题。其含义为教师和学生在教学过程中为了达到一定的目标,相互影响作用、共同推动教学过程,激活、展开、丰富与提升师生彼此认知和能力的有机交互水平。由图 6 可以看出各相关题项得分的均值均远低于“3”,即一般水平,且各题项间得分差别不大。

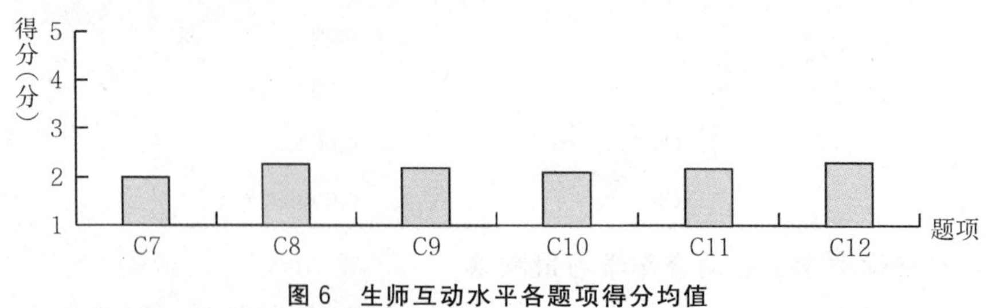

图 6 生师互动水平各题项得分均值

生师互动水平随年级增长呈“高—低—低—高”态势。

在生师互动水平(SFI)方面,年级差异表现得较为显著($p<0.05$)。(表 4)在总体上,学生与老师的互动效果不理想。每一个题项,选择“从不”和“偶尔”

的学生每个年级都超过40%,有的甚至超过70%。在C9(和老师讨论自己的职业计划、想法)、C10(和老师讨论人生观和理想问题)题项中,通过对选项进行赋值,明显能看到随年级的增长,生师互动水平呈"高—低—低—高"态势分布。(图7)

表4 不同年级学生生师互动水平的差异分析

题项	Sig.
C7	0.000
C8	0.003
C9	0.003
C10	0.000
C11	0.000
C12	0.000

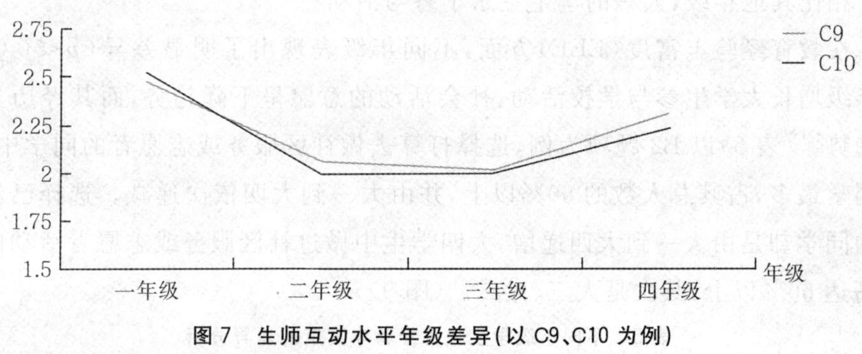

图7 生师互动水平年级差异(以C9、C10为例)

(三)从教育经验丰富度(EEE)角度分析大学生学习投入度

大学生教育经验的丰富度(EEE,即Enriching Educational Experiences),是衡量学生在校期间获取知识多少、综合能力是否提高、校园生活是否充实的重要因素和指标之一。在教育经验丰富度方面,基于数据分析我们发现,大学生在性别、专业、年级上呈现出差异。以下为对上述三个变量做的相关分析。通过数据分析我们发现各相关题项的得分均值基本均高于"3"(一般水平),部分值达到"4"(频繁)。(图8)

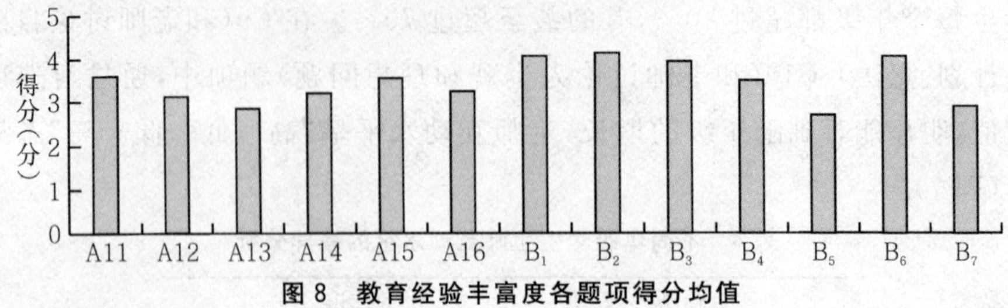

图 8　教育经验丰富度各题项得分均值

注:A11=我能与城乡、民族背景不同的同学深入交谈;A12=我经常参加实习、社会实践或田野调查活动;A13=我积极参加各类学术、专业或设计竞赛;A14=学校强调在学业中使用计算机;A15=学校鼓励城乡、民族、家庭背景不同的同学互相接触;A16=本学年我每周有较多的课外活动时间;B1=使用电子媒介讨论或完成作业;B2=社区服务或志愿者;B3=组织或参与某个学习团体;B4=课程以外的语言学习;B5=海外学习;B6=报考专业资格证书、技能等级证书;B7=选修辅修第二学位

相比其他年级,大一的学生更乐于参与活动。

在教育经验丰富度(EEE)方面,不同年级表现出了明显差异($p<0.05$)。随年级增长大学生参与学校活动、社会活动的意愿呈下降趋势,而其经历呈递增趋势。(表 5)以 B2 题项为例,选择打算去做社区服务或志愿者的同学中,大一同学最多,占其总人数的 60%以上,并由大一到大四依次递减。选择已经做了的同学却是由大一到大四递增,大四学生中做过社区服务或志愿者活动的比例高达 60%以上,其次是大三、大二。(图 9)

表 5　不同年级学生教育经验丰富度的差异分析

题项	Sig.
A11	0.000
A12	0.005
A13	0.000
A14	0.000
A15	0.000
A16	0.000
B1	0.000
B2	0.000
B3	0.010
B4	0.000
B5	0.000
B6	0.000
B7	0.000

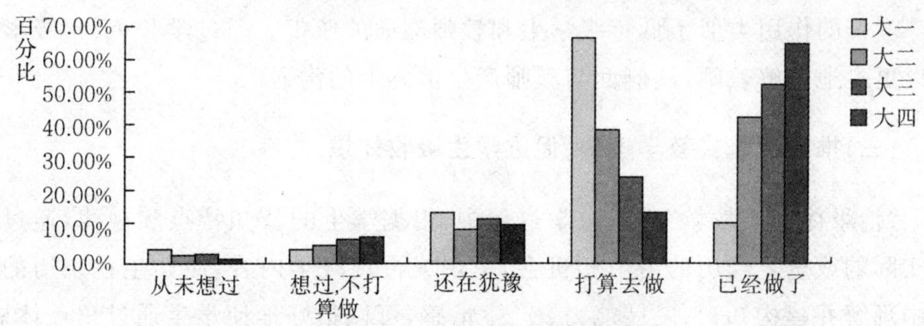

图9 不同年级学生对社区服务或志愿者的比较

四、典型经验

在调查研究中,我们发现国外高校有关改善学生学习状况的成功经验和方法值得我们学习和借鉴。

(一)推行自由选课制度,保证小班讨论课比例,提高学生的学习时间和质量

美国芝加哥大学是世界顶级名校之一,本科教育注重通识教育的培养。学生在大一大二必须修完学校指定的所有核心课程学分。学校不限制选课,实行选课自由制度。但学校对人文学科、社会学科和自然科学的课程都有相应的学分要求。最重要的是,学生所选课程中,小班讨论课必须要达到一定比例。

自由选课制度看似自由,却非常严格地要求了学生的学习时间和质量,相当于从学校层面为学生规定了学习的投入。在这个制度的影响下,芝加哥大学的本科生质量在全美甚至全世界都处于领先地位。

(二)实行学长制,促进师生间的合作交流

“学长制”最初出现于15世纪的英国伊顿公学,随后一直在欧美高校中流行。在我国,香港城市大学于1998年首先试行学长制,现已在香港各大学、中学中广泛实施。

学长制是一种在国际上以及我国港澳台地区普遍推行的大学生自我管理模式,其要点在于通过高年级学生以平等、博爱的精神与新生实现良性互动,帮助他们解决在全新的环境中所必然面临的各种困难,以早日适应正规的大学生活。

学长的作用类似于低年级学生和教师沟通的纽带。通过学长,低年级学生可以更多地了解教师,从侧面与教师产生情感上的沟通。

(三)推行情景式教学模式,促进学生吸收知识

"情景体验式教学"指在教学过程中,根据学生的认知特点和规律,通过创造实际的或重复经历的情境和机会,呈现或再现教学内容,使学生在亲历的过程中理解并建构知识、发展能力、产生情感,可以很好地使学生通过角色体验,来实现知识的吸收和反馈,从而达到知识的融会贯通。

五、问题

通过对调查问卷的分析,我们发现目前我国大学生在主动合作学习、生师互动以及教育经验等方面存在一定的问题。

(一)主动合作学习水平整体偏低

我们所调查的10所高校的学生在主动合作学习维度中,相当一部分学生选择了"从不"和"偶尔"。说明所调查大学生主动合作学习水平偏低,且这种情况在全国范围内也很普遍。

大学阶段的学习是为将来的工作或进一步的深造学习打造坚实基础,而大学的学习几乎是完全放养式的学习,这对大学生主动合作学习能力提出了更高的要求。

(二)城市学生主动性较农村学生的主动性强

农村学生和城市学生在基础上存在一定差距。城市学生的生长环境决定他们会接触到许多农村学生接触不到的事物,农村学生因为所见所闻远不及城市学生,在一些能力方面也略显逊色。从调查结果看,选择"从不"和"偶尔"选项的农村学生比例远高于城市学生,最高达到61.1%,超过城市学生26.2%。另一方面,选择"频繁"和"非常频繁"的城市学生比例最高比选择这两个选项的农村学生高11.3%。这就表明城市学生的主动合作学习水平高于农村学生。

(三)生师互动水平整体较低,学生普遍较少与教师沟通

在调查中我们发现,生师互动水平整体偏低。在"和老师讨论分数"题项中

选择“从不”的学生比例为43.7%，选择“偶尔”的学生比例为23.6%，选择频繁的学生比例仅为7.8%。由此可见，学生与老师之间缺少互动和沟通。这一定程度上反映出中国大学存在重科研、轻教学，重研究投入、轻人才培养的问题。通过简短的访谈、对周围同学的了解以及对自身的思考，我们发现在平时的生活和学习中遇到问题时，大多数同学更愿意与周围的同学以及学长等进行交流。

六、对策建议

（一）改变课堂模式及教学评价体系，积极倡导主动合作学习

为了提高学生的主动合作学习水平，一方面，学校要积极倡导主动合作学习。学校可以通过举办多种形式的活动让学生了解并主动参与合作学习，让学生逐渐接受主动合作学习并改变原有学习方式。例如开展研讨课程，每学期的讨论课均有其特定的研究主题，学生选择研究内容并从事相关研究。要完成研究计划，学生首先必须阅读相关书籍，检索资料并完成书面报告，然后在课堂上就研究成果做口头报告。完成口头报告后，其他同学则根据研究报告提问。

另一方面，学校要进一步深化考试评价体系改革，将考试评价内容形式多样化，并将评价的指标向平时表现倾斜。在考试成绩方面，加大课堂讨论参与、发言等表现所占成绩的比重，让考试评价制度引导学生主动合作学习。

（二）提高教师业务能力，转变教师教学观念，完成教师角色转换

教师是能帮助学生完成学习任务的最大支持者。因此，教师的观念对学生的学习极其重要。面对当前学生主动合作学习水平不高的现实情况，教师应当积极转变教学观念和教学方式。

首先，教师要将课堂变成启发和引导学生进一步深入学习的平台。教师在课堂上提出问题，生生之间、生师之间都可以进行自由讨论和提问。同时，教师在课堂上围绕内容布置相应的阅读任务，帮助学生理解知识以进行下一步的学习。

其次，教师应适当开展研讨课程，在研讨课程中学生是主角，教师负责课程介绍、提供相关阅读书籍、安排讨论计划等。如果学生的研究和讨论有不完整

或不正确的地方，教师会补充相关知识或纠正学生的错误。通过课题研究和课堂讨论，学生对所学内容有较完整的了解。因此，教师的角色不再是常规教学中的我教你学单向灌输，而是要求教师既做引导者，又做合作者；既做指导者，又做批评家。

（三）增加生师互动环节，创新生师互动形式，贯彻落实导师制

生师互动首先强调彼此间交流的相互性。信息交流要双向，不仅要求学生倾听教师，对教师的指示做出积极的反应，也要求教师体验学生的感受，把握学生的思维过程。教师应向学生敞开心扉，而不是以权威者自居，同时还应鼓励学生积极发言，尊重学生人格，尊重学生发表的新观点，而不是将学生作为控制和灌输的对象。且生师互动应是从课上到课下，从学术交流到思想情感交流，从学习期间到毕业以后，需要长期、连续的进行互动交流的过程。

充分利用现代媒介，将网络交流与互动引入到生师互动的教育中势在必行。如可以通过开设专题学习论坛、设置专版和专栏，鼓励教师和学生在论坛上发表自己的学术观点，解答问题，互相学习；鼓励开设教师个人博客或网页，发表对知识的理解和感悟，从而从一定角度来影响和教育学生；还可以设立专题 QQ 群，加强学生与学生、学生与老师的学习交流和情感沟通。

很多本科生的导师未尽其作用。学校管理部门对导师的考核与激励工作不到位。大学生正处在人生成长、成熟的关键期，除了获取知识的需要外，更需要一位“精神导师”给予其指导，帮助他解答及处理思想上的疑难。因此，应高度重视导师制，从制度上对导师制进行规范，倡导每一位教师都要成为长期的学业和精神导师。

参考文献

[1]杨立军，韩晓玲. 大学生学习投入变化趋势及特征——基于校内追踪数据的分析[J]. 复旦教育论坛，2013(05).

[2]汪雅霜. 大学生学习投入度的实证研究——基于2012年“国家大学生学习情况调查”数据分析[J]. 中国高教研究，2013(01).

[3]朱红灿. 大学生学习投入影响因素的研究——基于学习行为投入、情感投入、认知投入维度[J]. 高教论坛，2014(04).

[4]张娜. 国内外学习投入及其学校影响因素研究综述[J]. 心理研究，2012(02).

[5]罗晓燕，陈洁瑜. 以学生学习为中心的高等教育质量评估——美国 NSSE“全国学生学习投入调查”解析[J]. 比较教育研究，2007(10).

[6]盛清，高文武，李增娇等. 美国 NSSE“全国大学生学习投入性调查”的概述及对我国本科教学评估的启示[J]. 科学教育，2012(02).

[7]布占伟. 国内外大学人才培养模式的比较研究[J]. 改革与开放，2009(09).

[8]郑秀英，王陶冶，崔猛. 国外高校大学生学习指导的研究及启示[J]. 北京教育(高教)，2013(11).

[9]杨立军，韩晓玲. 基于 NSSE－CHINA 问卷的大学生学习投入结构研究[J]. 复旦教育论坛，2014(03).

[10]陈琼娥. 我国大学生课堂体验和学习方式年级差异的实证研究[D].厦门大学，2014.

[11]胡慧妮.大学本科生学习性投入研究[D].兰州大学，2013.

在浮躁时代走向深刻

——当代大学生深阅读现状、问题与对策

作者:张艺[①] 王珊珊[②] 杨峰[③] 孟克[④] 官利娟[⑤]

指导教师:阳泽

一、问题的提出

高科技和信息产业的发展所导致的浮躁心态,激烈的竞争与压力,畸形的快餐文化使当前社会进入浮躁时代,社会是浮躁的,思想与文化也是浮躁的。阅读载体的多样化,使得我们步入"快餐时代"和"音像时代"。宁静已成为浮躁时代的最大奢侈品。阅读是大多数人选择的静下心来的方式之一,而如何在阅读时使心态更平稳,进行理性的有深度思考的阅读是现今浮躁社会所推崇的。

深阅读是浮躁社会的一剂良药,对于知识和文明的传承更是有着神圣而沉重的使命。它是一个人的灵魂在一个借文字符号构筑的精神世界里的漫游,是在这漫游中的自我发现和自我成长,因而是一种个人化的精神行为。当前大学生是民族的希望和未来,是社会中易改变的群体,且正处于一个思想活跃、求知欲强、但兴趣不稳定的时期。由于阅读方式的极大变化,可读的内容也更加丰富多彩,有纸本书籍、电子图书、网络文化、多媒体等各种形式。传统的纸质阅读和电子阅读相互并存,各具优势,构成现代阅读形态的两大体系。阅读与个人的发展和成就也是密切相关的,在我校提出的本科生阅读名著可获学分制度试行后,大学生的阅读状况越来越受到关注。近年来,研究者开始集中研究大学生深阅读与浅阅读的现状,并取得相应进展。因此,本文将研究对象确定为大学生这一文化水平相对较高的群体,在分析相关文献的基础上,从多角度来了解大学生深阅读的现状,试图发现大学生深阅读中存在的问题。

---

①西南大学教育学部教育学专业 2011 级免费师范生
②西南大学教育学部教育学专业 2011 级免费师范生
③西南大学教育学部学前教育专业 2011 级免费师范生
④西南大学教育学部教育学专业 2011 级免费师范生
⑤西南大学教育学部教育学专业 2011 级免费师范生

二、研究过程

(一)对深阅读定义、维度的半开放式调查

1.研究对象

西南大学30名本科生,理工专业12人,文史专业12人,艺体专业6人。

2.研究方法

通过半开放式的访谈进行调查,访谈提纲分为三个部分。

第一部分是调查被试大学生的阅读基本信息,包括深阅读的时间、书目、数量、材料的来源、对深阅读概念的理解等。

第二部分是根据我们对“深阅读”划分的四个研究维度,提出四个核心问题——“您进行深阅读的原因有哪些?”“您在深阅读的过程中采取了什么样的阅读方法?”“哪些因素可能会干扰您的正常阅读?”“您认为深阅读的价值是什么?”调查人员分别深入三类专业的学院、学生寝室,随机抽取被试,进行访谈。

(二)通过发放问卷进行调查

本次调查主要面向西南大学、中南林业大学两所学校的学生。共发放问卷300份,回收277份,问卷回收率达92.3%。

根据半开放式访谈结果,对四个一级维度进行了二级维度的划分,并据此编制了《关于大学生深阅读调查问卷》(见附录),共设置了7项个人基本信息(学校类型、城乡等)17道题目。17道题目包括3道填空题,2道单选题和12道不定项选择题,并对多项选择题选项做出了排序要求。在对277份数据做出有效编码后,使用了SPSS 19.0对数据进行了分析。

三、研究结果

(一)半开放式访谈

1.深阅读基本信息的结果分析

30名被试中每周阅读时间为2～15小时不等,每学期阅读书目的数量为“少则两三本”“多则四五十本”;阅读材料的来源主要是如下几类:“从图书馆

借”“从网上淘”“向同学和老师借”“学校发放”。

2.深阅读策略的结果分析

经分析，主要包括“按章节进行，偶尔做读书笔记”“没明确的读书方法，就是随便看看”“默读勾画，僻静处朗读，反复地读，查资料，与他人交流，写读书笔记”“先略读再精读”。

3.深阅读条件的结果分析

经归纳，有以下几方面：一是时间条件，“时间得充足”；二是环境条件，“安静的环境最好”“在陌生的旅途中”；三是心理条件，“心情平静，更可能进入深阅读”“无生活琐事”；四是无条件，“只要有兴趣，随时随地都可以”。

4.深阅读价值的结果分析

从不同的角度可以得出不同的结果，最终得出的分类是按照并不严格由浅入深的角度来划分价值的，包括“收获知识”“提高专注力，使心态更平稳”“深刻思维，变得更理性”“人格的完善”等。

（二）调查问卷

1. 深阅读基本现状的结果分析

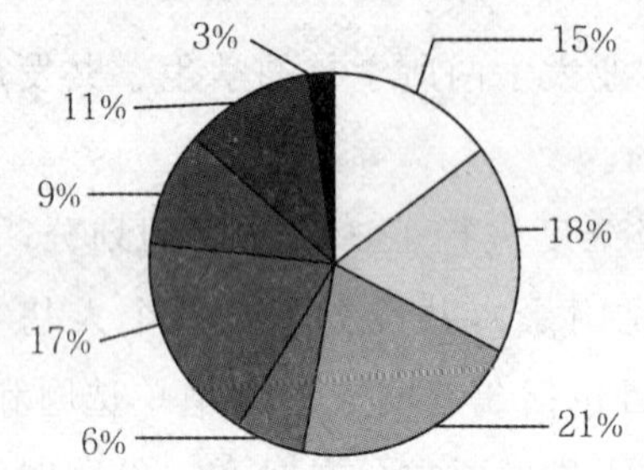

图1 对深阅读定义的理解

表1 对深阅读定义的不同理解及不同基本信息下对“有深入思考的阅读就是深阅读的卡方分析”

	对深阅读定义的理解	对“深阅读就是有深入思考的阅读”的理解				
		民族	城乡	性别	专业	地域
卡方	244.341[a]	153.891[a]	116.982[b]	9.000[e]	107.955[c]	85.345[b]
渐近显著性	.000	.000	.000	.003	.000	.000

经过卡方检验（$p>0.05$），大学生对于深阅读的定义，具有显著性的差异。根据频率统计可知，对深阅读就是“有深入思考的阅读”支持度最高，占所有支

持者的9%，在对该项的卡方检验中，发现年级、专业、性别对该项的理解并不具有显著性差异。（图1，表1）

同时，民族、城乡、性别、专业、地域不同的大学生，卡方检验 p 值都小于0.05，可知除了年级、学校类型之外，其他类型基本信息不同的大学生，对于深阅读就是“有深入思考的阅读”的理解是有显著差异的。

表2　大学生深阅读时间和书目数量一览表

		均值	方差
与专业相关	周深阅读时间（小时）	7.2096	66.172
	学期深阅读数量（本）	4.52	48.765
专业外	周深阅读时间（小时）	5.9597	55.75
	学期深阅读数量（本）	4.78	70.215

从表2可以看出，大学生投入到专业相关书籍上的深阅读时间要高于专业外书籍，但是两者的阅读数量相差不大，说明大学生在深入阅读专业相关书籍时放缓阅读速度，可能会阅读得更加仔细、深入。

另外，对方差的计算显示出，专业外书籍阅读数量的离散趋势要远远高于专业相关书籍，反映出大学生阅读专业外书籍的数量差异较专业相关书籍更为显著。

2.深阅读动机的结果分析

表3　大学生深阅读动机频数统计表

	观察数		
	动机强度	动机持续时间	动机类型
1	70	14	168
2	115	56	134
3	82	117	226
4	4	89	48
5	5	—	75
6	—	—	89
7	—	—	113
8	—	—	44
合计	276	276	897

通过对大学生深阅读动机强度的卡方检验，发现深阅读动机“有些强”显著

高于“有些弱”说明频次最高的两项——“有些强”与“有些弱”之间具有显著性差异。(表 3)

对于深阅读动机持续的时间，在频次上则呈现较大差异。样本中，仅有5%的同学会在阅读开始阶段带有阅读动机；20.1%会持续到阅读材料的一半；有 42.1%的人持续至整个阅读材料的结束；有 32%的人对于阅读动机的持续时间很随意，说不清楚。且渐近显著性小于 0.05，说明一般情况下，大学生阅读动机能持续到阅读材料读完的人数普遍多于阅读动机仅保持在开始阶段的人数。可见，大学生阅读动机持续情况也是令人满意的。

综合深阅读动机的强度和持续时间，我们认为大学生普遍具有较强的深阅读动机。

根据对动机类型的权重研究，“对材料的更好把握”“提高自己的理解能力”“为了留下深刻的印象”排在更为重要的位置。通过交叉表分析，年级、专业、性别这些因素对大学生深阅读动机的影响并不显著。

3.深阅读策略的结果分析

(1)认知策略(包括记忆和理解)

表 4　关于深阅读记忆和理解策略的描述统计

	深阅读记忆策略	深阅读理解策略
反复阅读	70.4%	23.3%
做记录	62.5%	18.0%
写阅读心得	31.0%	10.5%
尝试记忆重要内容/比较阅读	19.1%	16.9%
慢慢读/和他人讨论	58.8%	14.6%
其他/读和阅读材料有关的辅助材料	3.6%	16.8%

由表 4 可知，在记忆策略和理解策略导航上，大学生更偏向于“反复阅读”与“做记录”，而较少采用“尝试记忆重要内容”和“写阅读心得”的方式。在对其重要程度排序的分析中，也最为看重“反复阅读”的方式。

记忆策略集中于“反复阅读”“做记录”以及“慢慢读”，由此可见，大学生的阅读记忆方式较为单一；而理解策略则较为均衡地分布于“反复阅读”“做记录”

“比较阅读”“和他人讨论”等方面，显示出大学生深阅读的理解策略多元化。

表 5 对“反复阅读”和“做记录”的显著性检验

			专业	年级	性别	城乡	地域	民族
记忆策略	反复阅读	卡方值	1.084E2[a]	9.340[b]	3.205[c]	93.031[d]	69.667[e]	132.361[f]
		渐进显著性	.000	.025	.073	.000	.000	.000
	做记录	卡方值	62.000[a]	7.395[b]	17.486[c]	1.254E2[d]	65.768[e]	127.864[f]
		渐进显著性	.000	.060	.000	.000	.000	.000
理解策略	反复阅读	卡方值	91.422[a]	11.179[b]	6.021[c]	1.118E2[b]	80.442[b]	1.197E2[d]
		渐进显著性	.000	.011	.014	.000	.000	.000
	做记录	卡方值	60.097[a]	7.694[b]	13.081[c]	99.381[d]	1.060E2[e]	105.315[f]
		渐进显著性	.000	.053	.000	.000	.000	.000

虽然在整体理解策略上没有显著性差异，但在大学生采用记忆策略和理解策略上认为最重要的“反复阅读”和“做记录”上对专业、城乡、地域、民族等显示出了显著性差异；性别对“做记录”具有显著差异的影响，但是对于“反复阅读”的影响不显著；年级因素对于“反复阅读”和“做记录”的影响都不显著。(表 5)

(2)元认知策略

在对元认知策略进行权重分析后，最受欢迎的元认知策略是“集中阅读与分散阅读相结合”，61.7%的大学生都会采用该策略。并将其视为最重要的元认知策略。“集中阅读和分散阅读相结合”“发现阅读效果不佳时会调整方法”“会随时留意自己阅读效果”是最受重视的三种元认知策略。这说明了大学生的阅读具有较强的反思性。

(3)资源管理策略

阅读一份材料时，大学生更倾向于寻求时间资源、网络资源、自我情绪资源，寻求教师资源的则只占整体人数的不到 1/4，明显低于其他途径。说明大学生在向教师寻求阅读帮助时，仍然面临一些阻碍。

在根据权重对资源管理策略的选项进行排序之后，得出按“会尽量挤出整块时间”“调整好心态”“会利用网络条件解决阅读中的问题”的程度依次降低。由此可见时间对大学生进行深阅读具有至关重要的作用。

(4)深阅读条件的结果分析

表6 深阅读条件的频次、卡方、权重排序分析

选项	时间不足	环境不佳	很难沉下心	缺乏深阅读方法	阅读材料不易获得	阅读时觉得困难	没发现深阅读的价值	思维深入不下去
频次	146	124	210	74	67	80	96	132
得分	1222	908	1646	522	484	590	736	948
渐进显著性	.367	.081	.000	.000	.000	.000	.000	.000

由表6可以看到,在阅读的条件中,大学生普遍关注环境安静、时间充足、心情平静以及遇到喜欢的材料,而比较少关注的是周围的人是否喜欢阅读以及是否有任务和目标。他们关注的四项皆属于个人的问题,而不关注的则是他人的阅读情况以及他人对自己的影响。可以认为大学生是把深阅读当作自己的事情,和身边的同学是否阅读关系不紧密。

而从权重得分中我们可以得到其各个因素的影响度排序。从高到低依次为心情平静、遇到喜欢的阅读材料、环境安静、时间充足、有任务或目标监督、周围的人喜欢阅读以及其他。可以认为心情平静不仅是普适性最高,同时其重要程度也并列第一。这一方面在侧面也支持着从频次中得到的结论,另一方面也提醒老师给学生推荐阅读书目时更多要考虑其阅读兴趣,因为是否是自己喜欢的阅读材料对阅读效果影响很大。

四、建议对策

大学生日常学习和生活的规律性,使其闲暇时间有条件进行时间较长的深阅读,即长时阅读。当然,这个群体的时间安排受到学生工作等的冲击,也具有一定的变动性,短时阅读就是补偿阅读时间不足的一个有效途径。

在日常学习和生活中能够真正做到长时阅读和短时阅读相结合的并不多,两者都需要习惯的培养,以及坚持不懈的毅力。

(一)为深阅读创造环境

环境是生态学上的概念,通常是指围绕某一事物,并对该事物产生影响的周围其他事物。为深阅读创造环境,也包含两方面:第一,是指舒适的硬环境,

从调查中可以知道大学生们更偏爱图书馆、自习室等安静而舒适的环境，这就需要学校能够不断优化这些环境；第二，是指阅读的氛围，宿舍和班级良好的学习氛围会对大学生深阅读产生积极的影响，同时，读书组织的存在既可以弥补阅读氛围不佳的缺陷，还可以以自身的计划性、相对的专业性来引导大学生的阅读。

(二)为深阅读提供充足的阅读材料

上述数据分析已得出，深阅读材料的推荐来源主要是学校教师，实际获得阅读材料则是通过图书馆获得。学生仍从图书馆这一学校重要的书籍存放处获取阅读资料，表明图书馆仍担任着学校学生阅读的使命。图书馆资源丰富，是高校大学生进行深阅读不可缺少的载体和途径。然而，要最大限度地利用其资源，发挥其深层次的作用，图书馆可进行定期的阅读实践活动，例如图书馆读书会、新书推荐活动、专题读书讲座等等。

除了图书馆提供的阅读材料，还可以通过其他组织和途径进行补充。比如，开展“图书漂流活动”，扶植和规范校内二手书市场，设立“流动图书站”等。在对高校的调查中，我们发现这些活动形式多样，次数频繁，但却有相当一部分活动有始无终(比如“流动图书站”无人管理)，在同学们的心目中也是褒贬不一。所以，对于阅读材料的“开源”活动要加强制度建设，加强自身的活力和生命力。

(三)宣扬阅读价值

上述分析可知，大多数人都认可阅读价值的重要性，可阅读行为却往往无疾而终。这不是时下所称的“拖延症”的后果，而是阅读价值未深入人心的结果。笔者认为可将高考语文分数改革和时下央视举办的大型“汉字书写大赛”等与学习型社会理念相关的例子做二次宣传，调动阅读动机，使学生将“深阅读”理念扎根心中。学校方面，可以将名著阅读选修课扩大范围至四个年级；学院方面，可以举办相关活动，调动学生阅读动机。“博闻强识”活动可以与师范生三大赛事结合起来。“书香文化节”，活动内容可包括专题讲座、作品鉴赏、影视评论、征文比赛、书展、问卷调查等，通过开展丰富多彩的活动，引领大学生的阅读方向，从而把大学生的阅读兴趣引导到健康、积极、向上的轨道上来。比如教育学部曾向全体大一新生推荐专业书目,此举可以推广;教师方面,可以向学生推荐阅读书目,向学生传达多读"无用书"的想法。不论什么书,只要进行深入的思考,总会与自身发生联系,就将"无用书"变为"有用书"了。

(四)改良阅读策略

阅读理解监控的概念起源于 Flavell 于 1976 年提出的元认知的概念,Flavell 将元认知定义为个体对思维及思维活动的认识及其控制,他认为元认知至少是由两种不同的认知成分所组成,一种成分是个体对认知技能、认知策略以及认知资源在有效完成认知活动中的作用的认识;个体在认知活动中运用一定的自我调节的机制(如检查、修改等),以保证认知活动顺利进行的能力是元认知的另一个组成成分。因而,理解监控是元认知的一个方面,而且在元认知、认知监控及阅读活动中的理解监控策略之间存在一种等级关系。在上文的数据分析中,可知大学生或多或少存在没有充足的时间进行深阅读的情况。因此,在这里提出阅读监控策略,指导大学生在进行深阅读时重视自身对阅读过程的认知。黄玉鑫认为,"自我提问策略是指阅读主体对自我提问以激活自我的判断,自我对阅读材料的理解和理解能力的策略,也是一种自我体验阅读水平的方式。"还有总结策略,它是将阅读动机、阅读策略和阅读效率相结合的有效方式,更是解决时间少与深度理性思考阅读的最佳助手。

参考文献

[1]《中国大百科全书》[M].北京:中国大百科全书出版社,1985.

[2]王余光.徐雁,中国读书大辞典[M].南京:南京大学出版社.1993.

[3]彭聘龄.语言心理学[M].北京:北京师范大学出版社,1991.

[4]谢锡金.儿童阅读能力进展:香港与国际比较[M].香港:香港大学出版社,2005.

[5]黄希庭.心理学导论[M].北京:人民教育出版社,2007.

[6]覃珍.大学生课外阅读"四步"指导法初探[J].内蒙古科技与经济.2013(01).

[7]葛明贵,赵媛媛.青少年阅读动机的差异分析与培养策略[J].图书馆学研究,2011(04).

重庆市大学生一年级期间参与研究性学习的调查研究

作者:杨赛男① 成钰芳② 毛艳萍③ 彭静④

指导教师:李欢

一、问题的提出

美国国家科学院1996年提出“学校教育要把科学探究作为获取知识和认识世界的一种方法,突出学生主动探究学习在整个教育中的地位和作用”之后,我国教育部2005年颁布的《关于进一步加强高等学校本科教学工作的若干意见》中明确指出:“积极推动研究性教学,提高大学生创新能力。”《国家中长期教育改革和发展规划纲要(2010－2020年)》进一步指出:“高等教育承担着培养高级专门人才、发展科学技术文化、促进现代化建设的重大任务,支持学生参与科学研究,坚持服务国家目标与鼓励自由探索相结合,加强基础研究。”这都标志着研究性学习成为高等教育人才培养的重要实践形式。诸如清华大学推行研究训练计划(Student Research Training,简称STR),浙江大学实行的SRTP计划(Student Research Training Program),中国科技大学开设大学生科研计划,华中科技大学开始推行导师制。本研究综合已有成果,认为研究性学习是学生基于自身兴趣,在教师指导下,从自然、社会和学生自身生活中选择和确定研究主题,主动获取知识、运用知识、解决知识的学习活动。大一年级是实现由灌输式到探究式学习方式转变的关键期。在此阶段对大学生进行研究性学习的训练具有极其重要的意义。

二、研究方法

本研究以重庆市高校为样本进行抽样调查,选取重庆市5所高校共400名

①西南大学教育学部特殊教育专业2012级免费师范生

②西南大学教育学部特殊教育专业2012级免费师范生

③西南大学教育学部特殊教育专业2012级免费师范生

④西南大学教育学部特殊教育专业2012级免费师范生

大学生为研究对象，其中包括2所教育部直属大学，3所地方本科院校。回收有效问卷336份，有效回收率为84%，样本基本信息如表1所示。研究采用了问卷调查和访谈法，使用SPSS 17.0对数据进行处理分析。

表1 样本基本信息

（单位：人）

性别	男	116	师范生	是	266
	女	220		否	70
大学	教育部直属院校	176	来自	农村	174
	地方本科院校	160		城市	162
年级	大一	54	专业	自然科学	149
	大二	134		社会科学	168
	大三	98		艺体	19
	大四	50			

三、大学生在大一阶段的研究性学习调查结果

（一）大学生在大一阶段参与研究性学习的方式

表2 大学生在大一阶段参与研究性学习的方式

	频数(次)	百分比(%)	有效百分比(%)	累积百分比(%)
撰写论文	101	30.1	30.1	30.1
写社会实践报告	125	37.2	37.2	67.3
作品设计	36	10.7	10.7	78
进行实验	74	22	22	100
合计	336	100	100	—

经调查研究，大一阶段学生参加研究性学习的主要方式是撰写社会实践报告，占总体的37.2%，主要原因是重庆市委、市政府下发了《中共重庆市委、重庆市人民政府关于做好大学生社会实践工作的通知》，决定在全市范围内开展大学生社会实践活动，开学后撰写一篇有价值的社会调研报告；还有部分学生将调研成果以社会实践报告的形式呈现。撰写论文占总体的30.1%，很多教师在

授课时会主动要求学生撰写该科目的学术论文,有些大一学生会在导师的指导下参加社会上的学术论文征集。通过实验进行研究性学习的占总体的22%,且更多集中在与自然科学相关的专业,在社会科学中使用较少。通过作品设计进行研究性学习的仅占10.7%。(表2)

(二)大学生在大一阶段参与研究性学习的形式

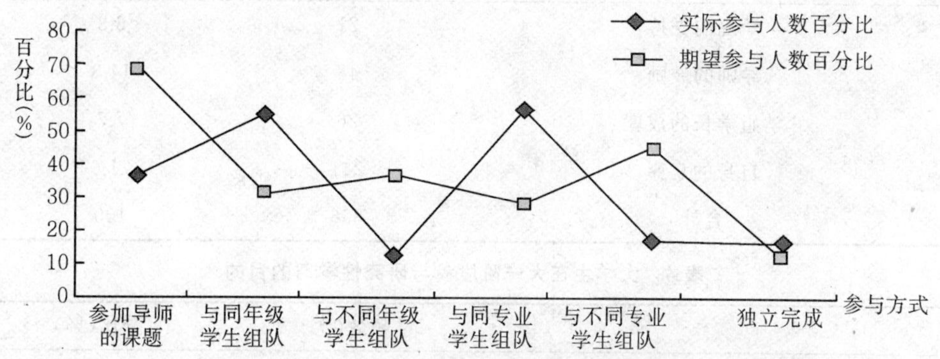

图1　学生实际参与人数与期望参与人数的对比

对大一阶段学生参与研究性学习的实际形式和期望形式进行比较,结果如图1所示。大一学生通过与同专业学生组队参与研究性学习所占的比重为56.3%,与同年级学生组队占55.1%,参加导师的课题占36.3%,与不同专业学生组队占16.7%,独立完成占16.1%,与不同年级学生组队占12.5%。而学生们认为最理想的参与方式是参加导师的课题,占总体的68.8%,其次是与不同专业的学生组队,占总体的44.9%。通过进一步访谈了解到,希望参加导师课题的学生一般是基于以下几点考虑:(1)导师的课题一般都是经过教育部批准的,立意高,有一定的社会意义,研究成果显著;(2)该过程中一般都是导师亲自带领,能学到更多的知识与技能,且思路明确,分工具体,可以少走弯路;(3)导师知识渊博,思想高度、理解深度等都是普遍学生无法比拟的,保证了研究结果的深刻性。但是并不是每一个学生都有机会参加导师的课题。对于与不同专业的学生组队,学生是希望可以专业互补,实现多角度、全方位、深层次的比较分析。大多数学生心目中的理想团队是有数学专业的学生负责数据统计部分,有心理专业的学生负责理论升华部分,有教育学专业的学生提高多角度的分析,还要有两个本专业的学生。事实证明,不同专业的同学合作,的确会在研究成果上取得显著突破，但大一阶段想要做到这一点有一定的难度。这也是在鼓励学生进行研究性学习时应该注重的一方面。

(三)大学生在大一阶段参与研究性学习的意愿

表 3　大学生在大一阶段参与研究性学习的动力

	频数(次)	百分比(%)
学院的支持	21	6.3
导师的鼓励	48	14.3
学姐学长的成就	26	7.7
自身的意愿	241	71.6
合计	336	100

表 4　大学生在大一阶段参与研究性学习的目的

	频数(次)	百分比(%)
取得荣誉、加学分或奖学金	140	41.7
提高自己的沟通交往能力	226	67.3
锻炼自己的问题处理能力	269	80.1
为考研做准备	104	31
将来有份好的工作	186	55.4
合计	925	100

通过表 3 可以发现有 71.6%的学生把自己参与研究性学习的动力归因于自身的意愿，只有 28.3%的学生归因于导师的鼓励、学长学姐的成就和学院的支持。由此发现，大一阶段学生的自主性还是很强的，他们更多地注重自身的意愿。通过进一步对大一阶段学生的参与目的进行调查，发现学生们更多地注重自身能力的提高，而非外界的物质诱惑。具体表现为 80.1%的学生是为了锻炼自己的问题处理能力，67.3%的学生为了提高自己的沟通交往能力，55.4%的学生为了将来有份好的工作，47.1%的学生是为了取得荣誉、加学分或奖学金，31%的学生是为考研做准备。经分析发现，大一阶段的学生参与研究性学习具有很好的初衷，很少与利益挂钩。

(四)大学生在大一阶段参与研究性学习的影响因素

(单位:%)

其他 2.7
图书馆里提供了大量有关科研的书籍 62.8
开设相关课程 42.6
提供相应的经费 27.7
配备专门的导师 40.8
开展学生美术作品竞赛 64
0 10 20 30 40 50 60 70

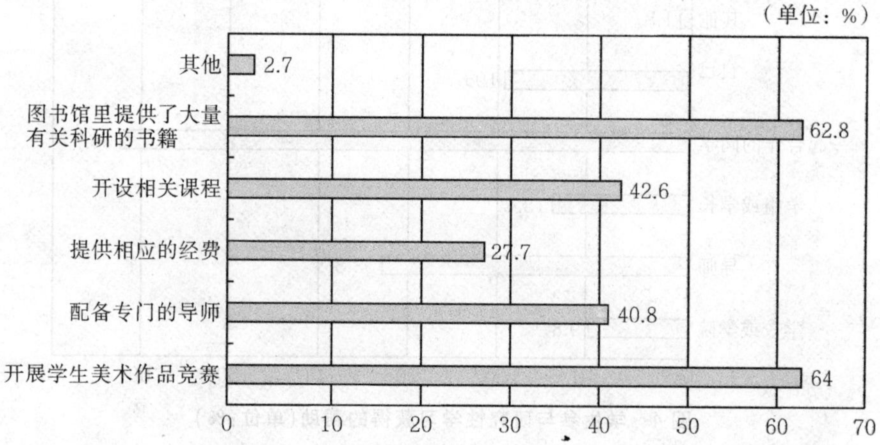

图 2 外界为大学生在大一阶段参与研究性学习提供的平台

在调查影响大一阶段学生参与研究性学习的影响因素之前,笔者首先分析了学校或学院为学生提供的平台。经调查研究发现,学校或学院通过定期开展学生学术作品竞赛为学生提供科研平台和相应经费,图书馆也提供了大量有关科研的书籍供学生查阅,某些学校或学院开设相关课程,配备专门的导师,指导学生进行科研。(图2)

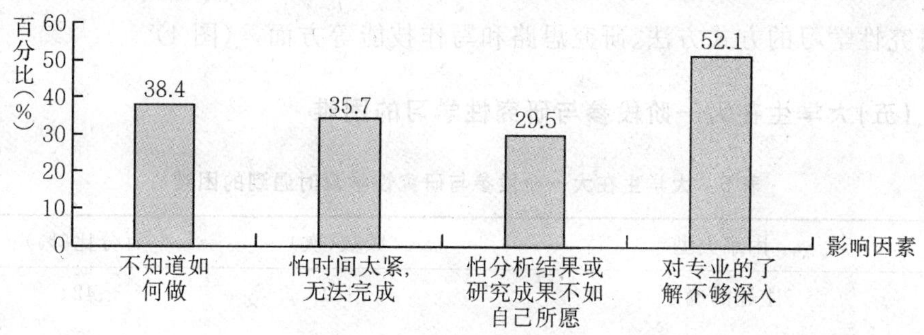

图 3 影响学生参与研究性学习因素

接着笔者对大一阶段学生参与研究性学习的影响因素进行了分析,大多数学生在参与研究性学习时仍有顾虑,具体表现在:52.1%的学生表示对专业的了解不够深入,对问题的分析不深刻影响其参与意愿;38.4%的学生表示不知道如何做科研影响了其参与的意愿;35.7%的学生表示担心时间太紧,无法完

成科研;29.5%的学生则是害怕分析结果或研究成果不如自己所愿。(图 3)

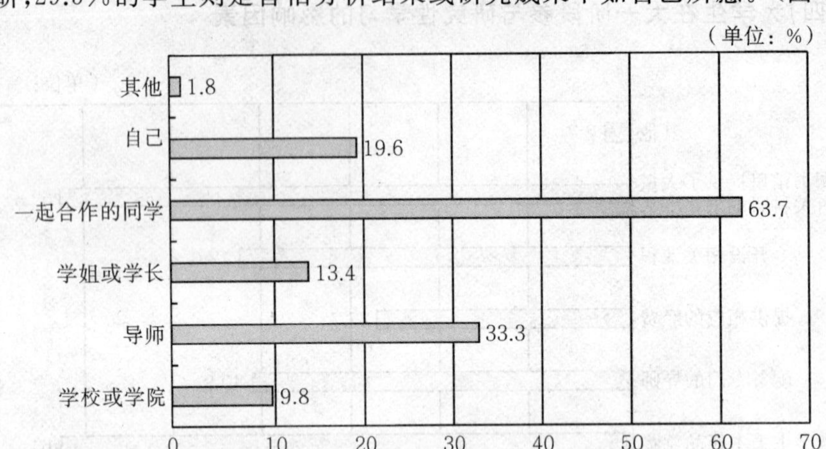

图 4　学生参与研究性学习获得的帮助(单位:%)

对于大一阶段学生处理这些问题的方式,笔者通过访谈和问卷法进行了了解。在研究性学习过程中,63.7%的学生表示对自己帮助最大的是一起合作的同学,33.3%的学生认为是导师,19.6%的学生认为是自己,9.8%的学生认为是学院或学校。由此看出,同学之间的合作在研究性学习的过程中发挥了重要的作用。导师制的辅导帮助也发挥了一定作用。在访谈中笔者了解到,同学之间的帮助大多表现在大家完成研究性学习任务的过程中;而导师的帮助主要体现在研究性学习的方式方法、研究思路和写作技能等方面。(图 4)

(五)大学生在大一阶段参与研究性学习的困难

表 5　大学生在大一阶段参与研究性学习时遇到的困难

困难类型	频数(次)	百分比(%)
主题的确定	141	42
相关技术的掌握	166	49.2
问卷的编制	85	25.3
文献综述的写作或实验报告的呈现	127	37.8
不知道实验的具体操作步骤	122	36.3
如何通过作品表达自己的想法	152	45.2
合计	793	100

经调查研究,大一阶段学生在进行研究性学习的过程中遇到了多方面的困难。例如没有掌握相关技术等。研究发现,虽然学校或学院为推动研究性学习开设了相关课程,但这些课程的实施效果并不理想,教师授课时注重理论轻实践,学生很难真正掌握这门技术。如何通过作品表达自己的想法,这是在实践练习中形成的技能和技巧问题,不能一蹴而就,需要长期积累。研究性学习主题的确定,主要表现在论文选题方面。一些教师表示,一般而言,首先确定的不是题目,而是主题;然后对所选的主题进行大量文献阅读,从中了解到已有研究成果和研究现状,最重要的是发现其中的不足,有针对性地提出问题;最终确定自己的研究题目和研究内容。实验的具体操作步骤,需要自己摸索和教师指导,二者结合才能使研究性学习有效地进行。问卷的编制,是学生们在研究性学习中所遇到困难所占比例最小的一项,但在研究中发现问卷法是学生所用的最主要的研究方法,占总体的38.4%。进一步访谈发现,大多数学生只是在导师的指导下或参考相关问卷来编制自己的问卷,且问卷未经过信效度的检验就发放。因此问卷普遍存在以下问题:题目之间的关联性不强,很少用到相关分析;题目设计不合理,维度划分不清晰;问卷制成后仅能做一些简单的描述统计,无法反映深层次的问题;部分学生存在不知道自己所出题目的目的是什么等等。因此,笔者认为有必要加强这方面的知识学习。

四、大学生在大一阶段参加研究性学习存在的主要问题

(一)相关支持力度不够

没有充足的经费支持,学校开设的有关研究性学习的课程没有真正落实到位,学校或学院给予的帮助不够,学生在参加研究性学习前面临的重重顾虑没有对应的解决措施。

(二)专业指导不足

导师发挥的作用不突出,如确定主题、数据处理技术、研究性学习的步骤等问题未能依靠导师来解决。

(三)学生知识欠缺

学生专业知识不强,知识掌握不牢固,找不到理想的合作伙伴。自己主动

解决问题的意识不强。

五、促进大一阶段大学生开展研究性学习的建议

受应试教育影响，多数大学生缺乏自学能力，进入大学后，无法适应注重于自主研究与探索学习的大学学习生活。大一是实现转变学习方式方法、培养主动学习能力和探究精神的重要时期，这需要学校与师生的共同努力。为此，笔者提出以下建议：

(一)学校搭建平台，创建研究性学习氛围

目前许多高校对本科生科研重视不足，这不利于学生科研能力的培养。因此，宏观上，学校应积极为本科生提供良好的科研氛围、实施探究性教育计划并增设研讨型课程，从而激发学生的科研兴趣、强化科研意识、增加科研机会、提高科研能力。微观上，采取具体措施推动科研性学习的发展。如：开设相关竞赛和创建研究平台、引导学生参与研究性学习等。

(二)导师引导探索，促进研究性学习实施

据调查分析，大一学生对研究性学习懵懂、缺乏自主性，导师对学生学习、科研的引导至关重要。结果显示，33.3%学生认为在研究性学习中导师的帮助最大。导师应多鼓励和指导学生，多与学生联系，适时安排学生参与子课题的研究，以培养学生科研意识和兴趣，提高科研能力。

(三)学生合作研究，成为研究性学习主体

研究性课程的开设，有利于提高学生对研究性学习重要性的认识，从而强化学生自主科研意识、巩固专业知识，为研究性学习奠定基础。一方面，提高自身的知识基础。学生应加强专业知识学习，掌握数据处理方法，树立正确的科研意识；另一方面，强化合作意识。“学生的合作过程和自主学习过程都能发展学生的认知和元认知能力。”为此，建议学生跨专业、跨年级地合作，这既能扩大主题的选择性，又可提高分析问题全面性与深刻性的能力。

杜威曾说：“学校中求知识的真正目的，不在知识本身，而在学得制造知识以应需求的方法。”研究性学习适应时代的需要，在今后的发展中，将进一步对

如何解决这些难题和如何改进研究性学习的学习方式方法、激励大学生主动参与等方面进行调查研究。笔者相信，在不久的将来，研究性学习会受到更多人的重视，得到更好的发展。

参考文献

[1]朱慕菊.走进新课程[M].北京:北京师范大学出版社,2004.

[2]赵祥麟.王承绪编译.杜威教育论著[M].上海:华东师范大学出版社,1981.

[3]胡芳霞.大学生研究性学习实施的问题与对策[J].沙洋师范高等专科学校学报,2008(01).

[4]王加花.文科硕士研究生研究性学习问题论[D].华中师范大学,2009.

[5]丁晓蔚.国外"基于问题的学习"的研究及其对"研究性学习"的启示[D].首都师范大学,2009.

第三篇
体育与心理健康教育

大学生心理资本对专业承诺的影响研究

——基于多元非线性回归优化模型和 Markov 预测模型

作者：朱俊华[①]

指导教师：范 蔚

高等教育是人才培养的主要阵地，大学生通过专业学习成为对应领域的专业人才。而专业承诺体现出大学生对自己所学专业的情感以及愿为之付出努力的态度和行为。因此，大学生专业承诺直接影响到大学生能否顺利完成学业和未来的职业规划，甚至影响到高校学生的身心健康和社会专业对口人才的储备。随着积极心理学运动的兴起，"如何使人达到最佳状态""怎样培养和充分开发人的潜能"已成为新的时代议题。人才竞争优势的进一步开发，使心理资本成为继财力资本、社会资本、人力资本后的第四大资本。投射到高等教育领域，大学生的心理资本与专业承诺的状况如何呢？前人对大学生心理资本与专业承诺关系的关注较少，本研究试图根据有针对性的调查数据，以多元非线性回归模型和 Markov 预测作为分析基础，系统研究两者关系及如何在最有效的时间、最优化条件下提升大学生的心理资本来加强大学生专业承诺。

一、调查设计与实施

(一)问卷编制

1.初始问卷的确立

本研究中初始问卷采用不记名方式，分三个部分(基本信息、心理资本和专业承诺)。其中，为探究时间序列上的心理资本、专业承诺变化及人口学因素对调查结果的差异性影响，基本信息中涉及学校、专业、居住地、性别及年级 5 个题项。同时基于 Luthans 开发，李超平译的"心理资本量表 PCQ－24"形成问卷心理资本部分。在连榕、吴兰花等学者开发的《大学生专业承诺量表》的基础上

①西南大学教育学部教育学专业(晏阳初创新实验班)2012 级学生

形成问卷专业承诺部分。并通过文献查阅、焦点式访谈等方式，结合实际对问卷结构进行优化设计。最终确立包含 8 个维度测量标准，51 个题项的初始问卷。

2.正式问卷的形成

(1)初始问卷的发放

初测校验样本在西南大学随机进行取样，共发放 50 份问卷，回收问卷 47 份，其中有效问卷 46 份，问卷有效回收率为 92%。

(2)心理资本部分的适用性改进

①题项相关性分析

原始量表(PCQ－24)题项难度处于 0.59～0.76 之间，故题项难度适中，直接试用。经初测样本数据计算，删除相关性小于 0.3 的 13，14，20 题以减少问卷繁杂度。

②探索性因子分析

对筛选后的题项进行探索性因子分析，通过 Bartlett's Test of Sphericity 得出 KMO 值为 0.77，满足大于 0.6 的探索性因子分析要求。运用 SPSS 进行正交旋转因子分析，需提取 4 个特征值大于 1 的因子，其 4 个因子累计可解释 59.486% 的总体方差。在进行载荷量计算后发现题项 9 在任意因子上载荷量均小于 0.3，故将其筛选掉。同时为减少题项与非归属项目总分的影响性，删除双重载荷的题项 1，6，7。根据 PCQ－24 量表，筛选后的题项分为四类，并命名为自我效能、希望、韧性、乐观。

(3)专业承诺部分的适用性改进

以连榕、吴兰花等学者开发的《大学生专业承诺量表》中的 27 个问题打乱顺序并加入测谎题作为初始问卷，按照与筛选心理资本题项相同的方法(相关性分析和因子分析)对 27 个问题进行分析和筛选，删除相关系数和载荷量未达标题项，将原量表中的 27 题精简为 17 题，并归类为情感承诺(1，7，13，18，22)，继续承诺(6，11，19)，理想承诺(2，5，9，10，17)，规范承诺(15，16，20，27)。

(4) 信度分析

精简后两个分量表的 Cronbach's α 系数为 0.825 和 0.839，其各部分系数则分别为自我效能 0.81、希望 0.76、韧性 0.84、乐观 0.79、情感承诺 0.75、继续承诺 0.72、理想承诺 0.76、规范承诺 0.80，适用性改进后的总表 α 系数为 0.873。

各部分与其所属分量表的α系数均大于0.70。其信度较高，故本文确立该问卷为最终发放问卷。

3.问卷的发放与回收

本次研究问卷发放的对象为西南地区某211高校大一到大四的400名学生。根据该校专业设置的具体情况，抽取具有代表性的几个类别，按照该校在各大类专业的招生比例确定本问卷在各大类专业的发放人数。同时，在保证各年级人数及男女人数比例均衡的前提下，在各下设小类专业中进行随机抽样。其抽样结果统计如表1所示。

表1　问卷的发放情况一览表

大类	学院	发放频数	发放百分比(%)	回收有效频数
文科	文学院	40	10	38
	外国语学院	40	10	37
	教育学部	40	10	40
理科	数学与统计学院	40	10	38
	物理学院	40	10	35
工科	工程与技术学院	40	10	37
	计算机与信息科学学院	40	10	38
农科	农学与生物科技学院	40	10	36
	园艺园林学院	40	10	37
经管科	经济管理学院	40	10	37
	合计	400	100.00	374

本问卷在年级上的比例恰当，且调查对象中，女生为217人，男生为183人，男女比例相对均衡，可进行年级、性别上的差异比较。本研究共发放问卷400份，回收有效问卷374份，问卷有效回收率为93.5%。

二、研究结果与分析

(一)描述性统计分析

1. 总体数据分析

问卷的第一部分心理资本，按照自我效能、希望、韧性、乐观四维度分类，根据五点评分标准进行学生得分的求和，汇总求得各分类的总分。其总体情况见表2。

表 2 心理资本描述性统计(M±SD)

自我效能	希望	韧性	乐观	心理资本
3.65±0.75	3.48±0.72	3.61±0.66	3.60±0.62	3.58±0.55

同理,将“专业承诺”部分依照同样的方式进行得分求和,其总体情况见表 3。

表 3 专业承诺描述性统计(M±SD)

情感承诺	继续承诺	理想承诺	规范承诺	专业承诺
3.60±0.74	3.23±0.72	3.40±0.76	3.95±0.70	3.55±0.59

由表 2、表 3 可以看出,所测样本的各项指标均大于 3,其均值位于 3.5 左右,处于中上水平,故可认为所测样本的心理资本及专业承诺在总体情况上较好。

2.人口学变量与心理资本、专业承诺 T 检验

经独立样本 T 检验,居住地、性别等人口因素在与心理资本、专业承诺中的显著性概率大于 0.05,结合相关性分析,可认为人口学变量在心理资本、专业承诺的影响上无显著性差异,即心理资本、专业承诺的高低不受居住地及性别的影响。数据分析结果见表 4。

表 4 人口因素与心理资本、专业承诺影响检验

	居住地		性别	
	T	Sig.	T	Sig.
心理资本	−1.41	0.16	−2.28	0.02
专业承诺	−0.08	0.45	−1.11	0.27

注:Sig.>0.05,无显著差异

为判断大学生心理资本、专业承诺是否会随年级的变化而发生变化,本研究采用分类计算的方式对大一到大四的数据分别进行均值方差计算,结合表 5,可判断年级对心理资本、专业承诺几乎无影响。

表 5 不同年级在心理资本、专业承诺总体分析(M±s)

	大一	大二	大三	大四
心理资本	3.58±0.29	3.57±0.31	3.57±0.30	3.57±0.31
专业承诺	3.54±0.34	3.53±0.35	3.53±0.35	3.55±0.34

同时,依照发放问卷的样本分类按照大类分为文科、理科、工科、经济管理学科,农科进行分类计算,其结果如表6所示,其心理资本和专业承诺均处于正常的水平,但工科学生相对于其他大类学科而言心理资本和专业承诺较低,且经管类学生存在心理资本高、专业承诺低的现象。

表6 不同科目类别在心理资本、专业承诺总体分析(M±s)

	文科	理科	工科	经管	农科
心理资本	3.56±0.28	3.53±0.30	3.41±0.30	3.66±0.32	3.58±0.32
专业承诺	3.49±0.31	3.55±0.36	3.46±0.33	3.49±0.40	3.51±0.42

3.心理资本与专业承诺的相关性分析

经相关性分析,其结果如表7。

表7 心理资本与专业承诺的相关分析

	情感承诺	继续承诺	理想承诺	规范承诺	专业承诺
自我效能	0.510**	0.224	0.411**	0.454**	0.494**
希望	0.556**	0.389**	0.468**	0.410**	0.564**
韧性	0.494**	0.295	0.373**	0.462**	0.501**
乐观	0.459**	0.238	0.324**	0.511**	0.471**
心理资本	0.634**	0.360**	0.497**	0.573**	0.637**

注:** 表示在0.01水平上差异显著

问卷中心理资本总体和各维度之间与专业承诺总体和各维度均呈现显著正相关,其中,心理资本四维度与专业承诺之间的相关性位于0.471~0.564,均大于0.3,则可认为自我效能、希望、韧性、乐观与专业承诺各维度之间均存在较强相关性,心理资本对专业承诺的解释率达到63.7%,说明心理资本在专业承诺的影响因素中占主导地位。显然,在大学生的培养教育中,通过合理开发其心理资本可有效提升专业承诺。

(二)多元非线性回归分析

1.多元非线性回归综述

将心理资本的四个维度(自我效能,希望,韧性,乐观)用 x_i,$i=1,2,3,4$ 表示,将专业承诺的四个维度用 y_i,$i=1,2,3,4$ 表示,由于多元线性回归的优度局限性及可能存在的显著性误差,利用拟合程度更高的多元非线性方程对 $y_i=\sum_{j=1}^{4}a_{ij}x_j+\sum_{k=1}^{4}b_{ij}{x_j}^2+c$ 进行依次求解,其中 a_{ij} 表示在第 i 个专业承诺维度中第

j 项心理资本维度的系数。

为保证分析工具的多样性与检验结果的准确性，本研究将同时采用Matlab中regress命令及SPSS非线性回归分析进行模型的求解。

2.心理资本与专业承诺四维度的回归系数

按照上述方法分别求解专业承诺四维度(情感承诺、继续承诺、理想承诺、规范承诺)及专业总承诺关于心理资本的四维度(自我效能感、希望、韧性、乐观)进行多元非线性回归分析，求出关于专业承诺的五个四元二次回归方程，其所得系数结果见表8。

表8　心理资本四维度与专业承诺四维度因子系数

		a_{11}	a_{12}	a_{13}	a_{14}	b_{11}	b_{12}	b_{13}	b_{14}	c_i
情感承诺系数	SPSS	0.018832	0.345846	−1.13564	1.187268	0.034006	−0.01014	0.179569	−0.13863	1.241945
	Matlab	0.0188	0.3458	−1.1356	1.1873	0.034	−0.0101	0.1796	−0.1386	1.2419
继续承诺系数	SPSS	−0.16436	0.459273	−0.11602	1.207518	0.022683	−0.01998	0.022597	−0.15787	0.044918
	Matlab	−0.1647	0.458	−0.1148	1.209	0.0228	−0.0198	0.0224	−0.158	0.043
理想承诺系数	SPSS	0.100446	0.03403	−1.08974	1.298642	0.017681	0.042701	0.160882	−0.1706	1.497303
	Matlab	0.1004	0.032	−1.0897	1.2986	0.0177	0.0427	0.1609	−0.1706	1.4973
规范承诺系数	SPSS	0.47268	−0.17246	−0.65656	0.611575	−0.04133	0.033571	0.120856	−0.03748	2.020277
	Matlab	0.4727	−0.1725	−0.6566	0.6116	−0.1413	0.0336	0.1209	−0.0375	2.0203
专业总承诺系数	SPSS	0.106	0.166	−0.749	1.076	0.008	0.011	0.121	−0.126	1.20
	Matlab	0.107	0.166	−0.75	1.076	0.008	0.012	0.122	−0.125	1.20

(三)专业承诺的收效优化

1.专业总承诺的收效优化

由多元非线性回归可得方程

$$Y=0.008\times x_1^2+0.106\times x_1+0.011\times x_2^2+0.166\times x_2+0.121\times x_3^2-0.749\times x_3-0.126\times x_4^2+1.076\times x_4+1.201$$

假定 n 为培养学生的心理资本维度所需投入成本对应提升的得分数，在仅存在约束条件 $\sum_{i=1}^{4}x_i\leqslant n, x_i\geqslant 0$ 的条件下，利用Matlab计算其最优化结果，其结果部分如表9。

表9　低约束条件优化结果

n	x_1	x_2	x_3	x_4	Y	n	x_1	x_2	x_3	x_4	Y
1	0.00	0.00	0.00	1.00	2.15	6	0.00	2.62	0.00	3.38	3.91
2	0.00	0.00	0.00	2.00	2.85	7	0.00	3.71	0.00	3.29	4.14
3	0.00	0.00	0.00	3.00	3.30	8	0.00	4.81	0.00	3.19	4.40
4	0.00	0.43	0.00	3.57	3.51	9	0.00	5.90	0.00	3.10	4.69
5	0.00	1.52	0.00	3.48	3.70	10	0.00	7.00	0.00	3.00	5.00

由表9可知，在以上约束下，乐观和希望占整个专业承诺的决定性因素，与前面所得结果一致，但显然，该约束条件过于简单，不符合实际结果。

因其 x_i 为五分制表，则设其取值范围为[1,5]，且心理资本维度之间不应相差过大，设置其各项之间相差不高于1，即 $|x_i-x_j|\leqslant 1$，同时取 $n=5k,k=1,2,3,4$，其结果如表10。

表10　约束强化后的优化结果

n	x_1	x_2	x_3	x_4	Y
5	1.00	1.00	1.00	2.00	2.51
10	2.75	2.75	1.75	2.75	3.16
15	4.10	4.10	3.10	3.70	3.73
20	5.00	5.00	5.00	4.27	4.61

由表10可知，优先提升希望和乐观会显著提升专业承诺，且在投入初期效果显著，值得注意的是，在乐观达到4.27是达到最优效果，这也与前文中所叙述的乐观极值为4.27吻合，同时，韧性在计算中表现出极高的速率变化，即在高于3.095后每多投入一分所带来的收益高于除乐观外其他维度带来的收益，可明显看出在韧性达到3.1后，所带来的增益速率显著增大。

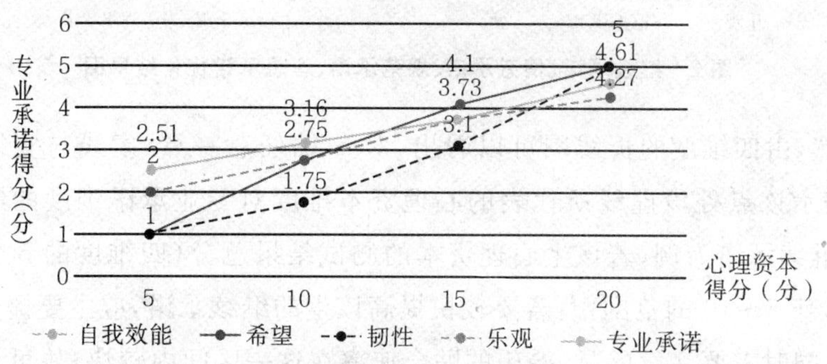

图1　专业总承诺关于心理资本的拟合优化图

结合图 1,可判断乐观因子在拟合过程中依旧占据绝对的权重,但在专业学生的提升上并不占优势,具体表现在学生总分大于 15 时乐观拟合线偏离专业承诺拟合线;韧性在专业承诺中所占的权重值最小,特别是对于缺乏专业承诺的学生而言,韧性的提高对于其专业承诺的提高影响远小于其他三项心理资本,但对于提高专业承诺学生而言,在其他三项心理资本趋近饱和的情况下,韧性反而是有效提高专业承诺的重要途径,自我效能与希望在学生的整个学业过程中一直扮演着重要的协同角色,无论学生的专业承诺高低与否,自我效能与希望都是影响专业承诺的重要影响因素。

2.各维度专业承诺的收敛优化

同理,专业承诺各维度与心理资本四维度的优化,其四维度优化结果的直观趋势变化如图 2。

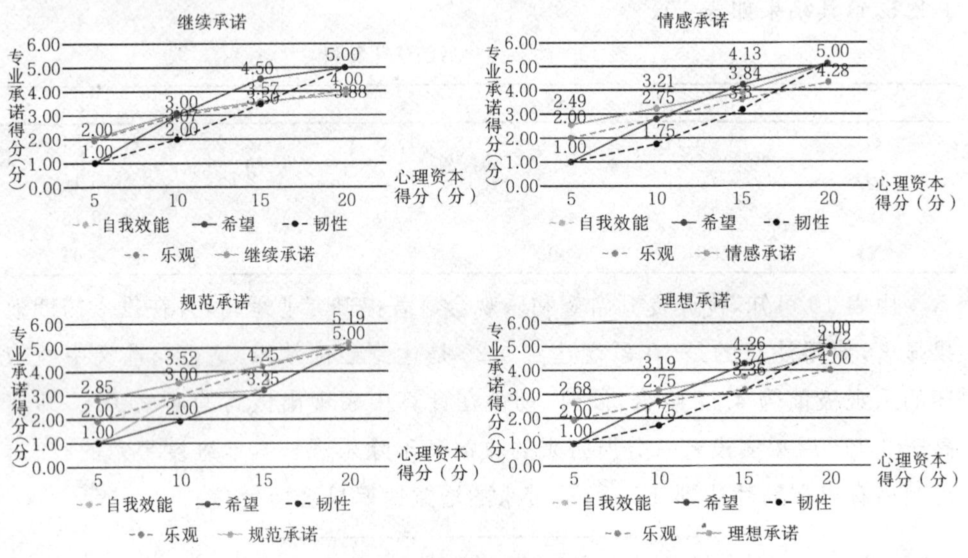

图 2 继续承诺、情感承诺、规范承诺、理想承诺优化结果图

显然,由四维度的折线图可以看出,对 x 轴任意一点,虚线与实线距离越近,则表示该点处该虚线所代表的心理资本维度对专业承诺维度的影响力越大。以继续承诺为例,若该生心理资本的测试结果总分(四维度的 5 分量表总计 20)位于 5～10 的范围中,若要较快提高该生的继续承诺,应主要提升乐观这一维度,同时需要注意的是,希望的贴合速率在这一区间内较快,故可认为在该区间范围内希望的改进可以最大化地影响继续承诺的上升。同理,在 5～10 的

区间中，乐观依旧是最大比重，但此时自我效能的贴合速率最快，同时希望已经高出继续承诺线，所以希望的提升效果已经不再明显，甚至会造成反效果。如果心理资本总分在15～20区间内，只有乐观在发挥最大的影响因素。

(四)关于心理资本与专业承诺的Markov链及其应用

1.Markov链简介及其意义

Markov链，是数学中具有Markov性(无后效性)的离散事件随机过程。即要确定其将来的状态，仅知现在的状态即可，过去(即当前以前的历史状态)对于预测将来(即当前以后的未来状态)无关，一般来说，其可分为离散时间的Markov链和连续时间的Markov链。在本研究中，针对大学生在未来可能出现的专业承诺问题，利用Markov预测模型能够在时间序列上有效地检查出可能存在问题的学生，对其在大学期间进行心理资本干预开发，依据多元非线性模型中的影响因子量，在有限的资源投入下最大化地提升学生的专业承诺。

2.专业承诺的预测模型

其心理资本各维度相互影响，且对专业承诺各维度相互影响，同时专业承诺中各维度也相互影响，其影响力按照相关性进行表示，如图3。

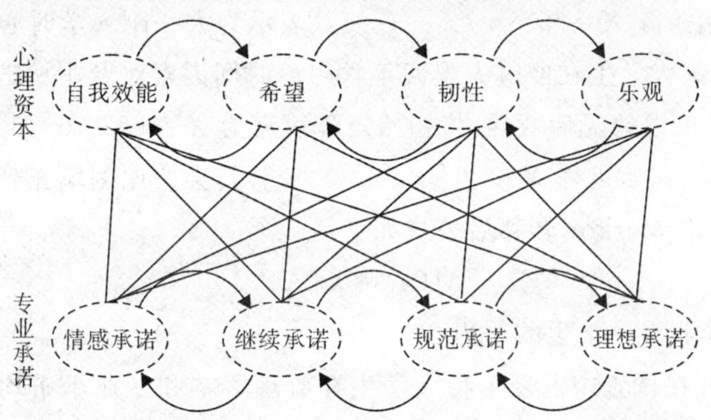

图3　心理资本对专业承诺影响下的Markov预测模型逻辑图

自我效能、希望、韧性、乐观的转移方向数量为7，其在横向、竖向上均有转移的可能性，情感承诺、继续承诺、规范承诺、理想承诺的转移方向数量为3，其只在横向上进行转移。其转移概率计算方式如下：

$$P(a_i \rightarrow a_j)=\frac{C(a_i \rightarrow a_j)}{\sum_{j=1}^{4} C(a_i \rightarrow b_j)+\sum_{i=1}^{4} C(a_i \rightarrow a_j)-C(a_i \rightarrow a_i)}$$

$$P(a_i \to b_j)=\frac{C(a_i - b_j)}{\sum_{j=1}^{4} C(a_i \to b_j)+\sum_{i=1}^{4} C(a_i \to a_j)-C(a_i \to a_i)}$$

$$P(b_i \to b_j)=\frac{C(b_i \to b_j)}{\sum_{j=1}^{4} C(b_i \to b_j)-C(b_i \to b_j)}$$

建立转移矩阵

$$A, A=\begin{bmatrix} 0 & 0.18 & 0.16 & 0.15 & 0.16 & 0.07 & 0.13 & 0.15 \\ 0.16 & 0 & 0.16 & 0.13 & 0.16 & 0.11 & 0.13 & 0.12 \\ 0.15 & 0.2 & 0 & 0.15 & 0.15 & 0.09 & 0.11 & 0.14 \\ 0.16 & 0.15 & 0.16 & 0 & 0.16 & 0.08 & 0.11 & 0.18 \\ 0 & 0 & 0 & 0 & 0 & 0.25 & 0.4 & 0.35 \\ 0 & 0 & 0 & 0 & 0.37 & 0 & 0.41 & 0.22 \\ 0 & 0 & 0 & 0 & 0.43 & 0.3 & 0 & 0.27 \\ 0 & 0 & 0 & 0 & 0.47 & 0.2 & 0.34 & 0 \end{bmatrix}$$

设立初始矩阵 $X=[a \quad b \quad c \quad d]$使其表示为大一刚入学时心理资本各维度得分,为测试大学生在经过大学四年学习后时间因素对专业承诺的影响。

由 Markov 链的无后效性,将初始矩阵填充为 $X=[X \quad 0 \quad 0 \quad 0 \quad 0]$经若干次转移以后,初始矩阵 X 变为$[0 \quad 0 \quad 0 \quad 0]$,其会按比例填充到专业承诺四维度中,其 n 次 Markov 转移后公式如下:

$$M(n)=X(A)^n$$

3.工科专业大一学生的预测

因本研究在调查中发现工科大学生在心理资本和专业承诺均低于其他科目,在此选用工科大一学生作为个案进行预测,观察其可能出现的问题。利用 Matlab 进行虚拟计算,在第 16 次转移后初始矩阵归零,Markov 链趋于稳定,此时专业承诺四维度关于心理资本的计算结果分别为:

$b_1=0.3068a+0.3067b+0.3041c+0.3069d$,

$b_2=0.2078a+0.2077b+0.2059c+0.2078d$,

$b_3=0.2853a+0.2852b+0.2828c+0.2854d$,

$b_4=0.2294a+0.2295b+0.2276c+0.2297d$,

根据回收的问卷，对工科大一学生的数据进行计算，建立初始矩阵 $X=[3.54\quad 3.37\quad 3.64\quad 3.52]$，经 Markov 计算，在第 16 次趋于稳定，其结果为：

$M_{16}=[0\quad 0\quad 0\quad 0\quad 4.3067\quad 2.9165\quad 4.0054\quad 3.2233]$。显然，工科学生在继续承诺和规范承诺上稍微欠缺，仅为 2.9165 和 3.2233，远低于情感承诺和理想承诺的 4.3067 和 4.0054。即 Markov 预测模型结果显示，该群体在大一时的心理资本情况在非干预的情况下，会导致其在将来出现专业承诺问题。即通过模型预见其未来可能出现的继续承诺、规范承诺问题，根据已得出的继续承诺和规范承诺的最优化模型，在该可能出现问题的新生群体对其进行有效的心理资本开发，如培养学生的乐观心态、进行提升希望的活动，再结合心理资本干预 PCI 模型采取合理的干预方式。

三、研究思考与建议

(一)专业承诺与心理资本、职业承诺的关系思考

心理资本对专业承诺的影响呈现显著相关，这与管理学研究中，针对企业员工心理资本与组织承诺关系的研究有相似之处，即心理资本及其各维度与员工的旷工率呈负相关，与员工的组织承诺、工作满意度及工作绩效呈显著的正相关。可见，心理资本是人力资源可持续开发的原生动力，其通过影响大学生专业承诺、员工的职业承诺分别影响其学习效果和工作绩效。专业承诺的概念来自于职业承诺，专业承诺的状态即是职业承诺的准备状态。诸多研究表明，大学生的规范承诺和职业选择有显著性相关，专业承诺水平的提高在一定程度上会扩大职业选择的范围，同时专业承诺与职业决策自我效能感存在显著正相关。并且，专业承诺水平影响职业决策自我效能与职业生涯定向，因此，提高大学生专业承诺，对大学生择业、职业决策以及职业生涯定向都有着正向的积极作用。

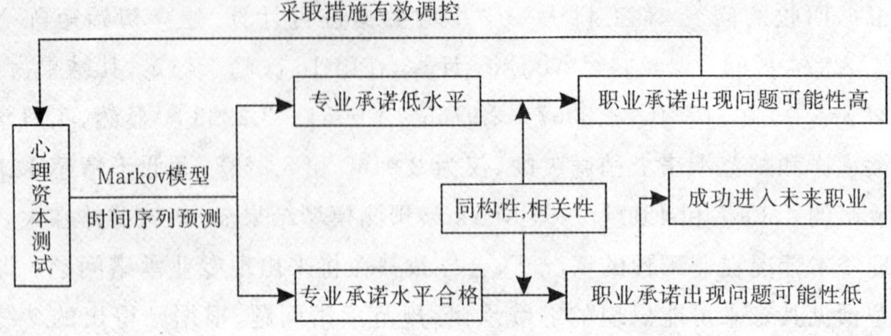

图4 心理资本、专业承诺、职业承诺的开发预测流程图

在本研究中,以大学生心理资本与专业承诺的相关关系为基础,引入Markov模型进行时间序列上的预测,可以根据现在的状态预测将来的状态,从而以现在的状态为出发点和落脚点,提前采取措施进行有效调控。这一探究思路可以迁移至对职业承诺的预测调控,根据专业承诺与职业承诺的同构性和相关性,以大学生专业承诺的预测探究在理想时间序列变化后的职业承诺状况,以期根据其在专业学习中的状态提前预知大学生在进入人才市场后可能出现的职业承诺问题,并在进入未来职业前进行有效调控。在人才培养的目标模式下,以心理资本的合理开发来有效提升专业承诺,并以提升专业承诺作为提升职业承诺的中介过程,从起点、过程和结果上为高等教育培养人才提供可实施、可预测的借鉴范式,切实促进高等教育人才培养使命的完成。

(二)最优化提升专业承诺的操作化建议

1.大学生心理资本干预模型的构建

Luthans等学者于2006年开发出心理资本干预(PCI)模型,即通过影响心理资本中的每一状态以及整体的心理资本水平来最终影响绩效。通过PCI模型形成适合大学生心理资本的有效干预机制,根据研究显示的强相关性,最终提升大学生的专业承诺。

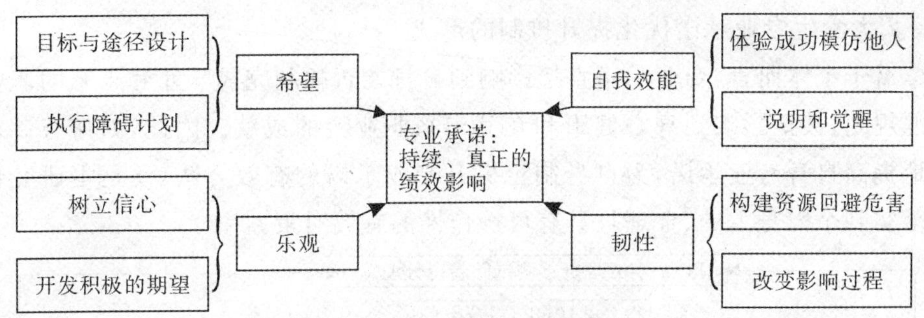

图5　心理资本干预 PCI 模型图

根据已有的心理资本干预(PCI)模型，借鉴管理学中企业家心理资本开发的 E-PCI-S 模型①，在对原有 PCI 模型的微观性、被动性和时空上的局限性等缺陷的思考下，构建大学生心理资本的干预模型：外部干预—心理资本干预—替代干预。所谓外部干预，即通过外部环境的优化来开发大学生的心理资本。所谓替代干预，即通过大学生资本中其他资本(心理资本除外)的投资开发间接或迂回地开发大学生的心理资本。三个子模型中，外部干预属于宏观层面，广泛适用于大学生群体。心理资本干预(PCI)模型属于微观层面，适用于那部分易于集中且愿意接受外部治疗式开发方法的大学生。替代干预也属于微观层面，适用于那部分独立性和自主性强、自我效能水平高，不易集中(如大四实习学生)且不愿意接受外部治疗式开发方法的大学生。微观层面的“心理资本干预”与“替代干预”是替代关系，三模型是互补关系，外部干预模型从宏观层面覆盖了所有大学生群体，心理资本干预模型和替代干预模型则从微观层面兼顾了特殊的大学生群体，并强化外部干预模型宏观层面的开发效果。

表11　大学生“外部干预—心理资本干预—替代干预”模型

开发层次	名称	开发主体	开发对象(大学生)
宏观	外部干预	外部环境承载者	全体
微观	心理资本干预	大学生自身	易于集中愿意接受心理资本干预开发
	替代干预	大学生自身	独立自主，不易集中自我效能高

①E-PCI-S：以心理资本干预(PCI)模型为基础开发的，兼具宏观开发与微观开发、直接开发与间接开发、主动开发与被动开发企业家心理资本的拓展模型。

2.大学生专业承诺优化提升机制的形成

对于个体而言,专业承诺直接影响到自身能否顺利完成学业和未来的职业生涯规划,甚至影响到身心健康和在其未来职业上的成就。因此,如何有针对性地提高自身专业承诺,为自身制定提升专业承诺的有效方法,便是本研究切实落实到个人身上的、合理且具有可操作性的有效对策。

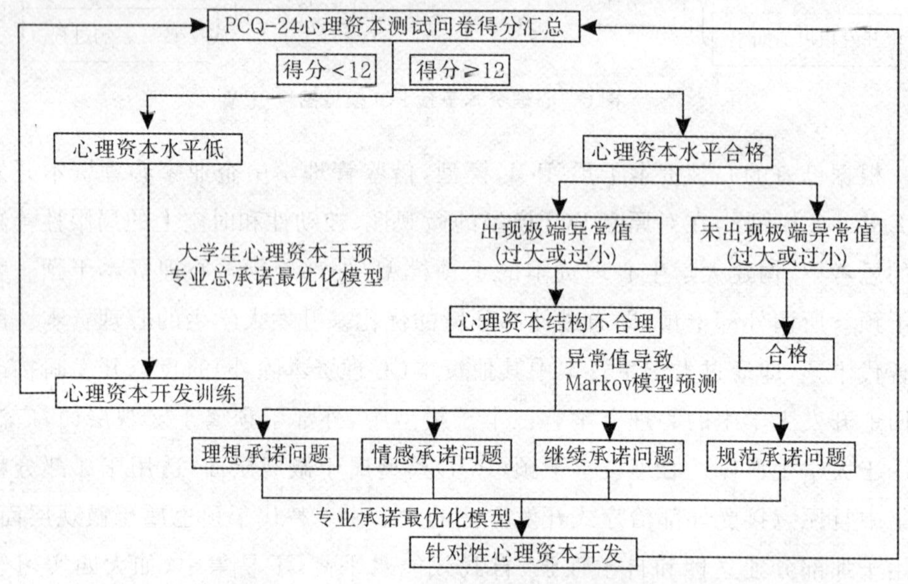

图6　提升个体专业承诺流程图

首先,应在具体的预测、优化及实施中形成可重复检测的良性运作机制。高校在新生入校时统一通过 PCQ 心理资本量表进行现阶段心理资本测试,掌握心理资本的基本状况。以得分 12 分(自我效能感 3 分、希望 3 分、韧性 3 分、乐观 3 分)为标准线,得分少于 12 分则说明心理资本整体处于低水平,则利用专业总承诺最优化模型,结合大学生“外部干预—心理资本干预—替代干预”模型进行心理资本的开发训练,以整体心理资本的提高来提升其专业承诺。若总分高于 12 分但出现极端异常值(过于高或过于低),则说明心理资本出现结构性不合理状况,则通过 Markov 预测模型进行测算,推测出异常值可能导致其在未来出现的专业承诺四维度上的问题(情感承诺、继续承诺、规范承诺、理想承诺问题),通过各维度的专业承诺最优化模型,参照具体的心理资本干预策略进行有针对性的心理资本开发,再进行复测,在最优化范围内尽可能避免专业承诺出现的问题,以教育资源的合理配置和最大化利用来促进个人专业学习及职业成就的达成。

参考文献

[1] 张波等.应用随机过程.[M].清华大学出版社.2004.

[2] 李义安,王一楠.应用心理学本科生的专业承诺与成就目标、学习观的关系[J].中国健康心理学,2009(17).

[3] 周菲,高英,袁少锋.心理资本与知识型员工组织承诺的关系探讨[J].科技与管理,2009,(07).

[4] 姚琼,黄卫明,马庆玲.大学生核心自我评价与专业承诺、学生满意度的关系研究[J].安徽理工大学学报(社会科学版),2010(12).

[5] 秦曙.当代大学生专业承诺、职业决策自我效能感和职业选择的关系研究[D].扬州大学,2010.

[6] 黄卫明,姚琼.高职生专业承诺、职业决策自我效能与生涯定向之间的关系研究[A].中国心理学会.增强心理学服务社会的意识和功能——中国心理学会成立90周年纪念大会暨第十四届全国心理学学术会议论文摘要集[C].中国心理学会,2011(02).

[7] Luthans,F.,Avey,B.J.,Avolio,B.J,Norman,S.M.,&Combs,G.j(2006).Psychological Capital Development:Toward a micro—intervention. Journal of Organizational Behaviour,2007.

大学生恋爱对心理健康的影响

作者:王佳佳[①] 刘雅琪[②] 刘明璨[③]

指导教师:阳泽

一、引言

近几年人学生恋爱已成为越来越普遍的现象,然而,恋爱问题恰恰也是大学生最感困扰的问题之一。恋爱问题处理得好,恋爱双方可以通过恋爱促进双方的发展,让双方变得更加自信,生活更加美好。

目前国内外对大学生恋爱的研究较多,都揭示了大学生恋爱的现状以及存在的问题,大多都从学校、家庭、社会等角度提出了相应的解决措施,但现有的研究主要集中在对恋爱观、恋爱动机等现状的描述上,揭示的问题和对策深度不够,本研究将大学生恋爱自编问卷和部分SCL－90症状自评量表结合起来,从恋爱情况,恋爱动机,恋爱时社会认知、情绪情感、行为方式的变化这五大方面进行了实证研究。

二、研究过程

(一)编制问卷

经过前期访谈和后期反复修改最终将问卷确定为自编在校大学生恋爱状况的调查问卷和部分SCL－90症状自评量表相结合的形式,问卷中大学生的基本个人信息包含6个项目,即性别、年龄、民族、居住地类型、专业以及家庭结构。恋爱的状况包括恋爱基本情况与恋爱引起的心理、行为变化两大部分,恋爱基本状况由恋爱情况以及恋爱动机组成,恋爱引起的心理和行为的变化由社会认知、情绪情感和行为方式这三大板块组成。其中社会认知有4项内容的调查;情绪情感有5项内容的调查;行为方式有5项内容的调查。在SCL－90

①西南大学教育学部学前教育专业2013级免费师范生

②西南大学教育学部学前教育专业2013级免费师范生

③西南大学含弘学院吴宓班2013级学生

症状自评量表中,我们选取了人际关系敏感、抑郁、焦虑、敌对、恐怖以及偏执这6个因子对大学生的心理健康水平进行测量。

(二)问卷调查

1.调查对象

我们的调查对象是全国个别高校有恋爱经历或正在恋爱的在校大学生,共发放450份问卷,有效回收问卷438份,有效回收率97.3%。其中男生146人,女生292人;少数民族49人,汉族389人;17～20岁281人,21～25岁151人,26～30岁6人;居住地在城市的247人,居住地在农村的189人;理工科144人,文科261人,艺术类27人;传统家庭381人,单亲家庭27人,重组家庭29人。

2.调查工具

调查工具为自编的大学生恋爱状况问卷和部分SCL－90症状自评量表。除了个人基本信息部分,大学生恋爱状况的问卷包括14个项目,每个项目都是单选题,按照选择的频次计分。我们从SCL－90症状自评量表中选取了“人际关系敏感”“抑郁”“焦虑”“敌对”“恐怖”以及“偏执”这6个因子,根据“表示没有”“表示很轻”“表示中等”“表示偏重”“表示严重”5级回答计分。

3.调查过程

采取随机抽样的方法,在全国个别高校选取调查对象,发放纸制和电子版问卷450份。全部数据采用SPSS 21.0统计软件进行频率分析,卡方分析或单因素方差分析。

三、结果分析

(一)恋爱情况

我们调查的大学生中,以有过恋爱经历现在单身的和正在恋爱的为主,暗恋的所占比例少,说明现在大学生大胆追求爱情已是普遍的现象。这也正符合艾里克森提出的成年早期(18～25岁)是亲密对孤独的冲突阶段,如果这一年龄段的青年不能获得亲密感将会获得孤独感。马斯洛需要层次理论也提出人有低级需要和高级需要,所以大学生勇于追求爱情符合他们生理和心理发展的规律,但也有少数同学处于暗恋阶段。(图1)

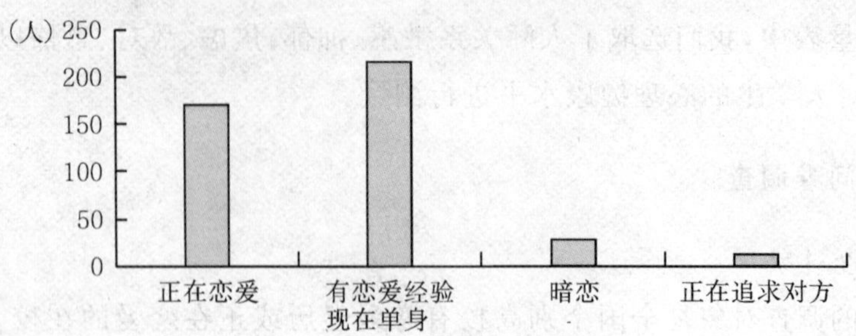

图1 大学生恋爱总体情况

(二)恋爱动机

调查发现大学生恋爱主要是为了爱而爱,没有特别的原因。大多数的大学生恋爱动机都是正确的,他们经过小学、初中、高中的教育,随着科学文化修养和思想道德修养不断提高,对爱情的理解也不断深入。但也有部分大学生带有"为了把握机会"等较功利的动机,应引起我们的注意。(图2)

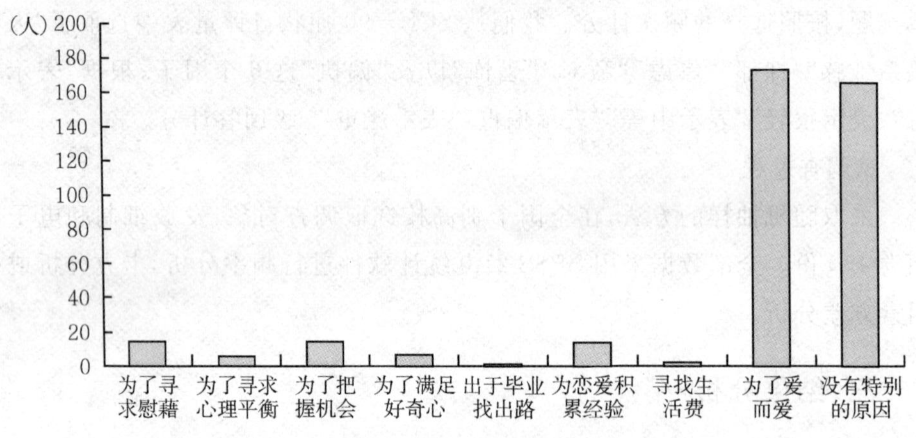

图2 大学生恋爱动机

(三)恋爱后心理和行为的变化

1.社会认知的变化

结果分析显示,$p<0.01$,说明大学生恋爱时社会认知变化的四大主要方面每方面差异极为显著;在四大主要方面中没多大变化的比例均超过了50%,其次是正面变化的比例大,说明恋爱对社会认知的影响不大,有影响部分以正面变化为主,大学生生理和心理的成熟,已基本形成了自己的人生观、世界观、价

值观,不过社会认知的负面变化也要引起关注。(表1)

表1　大学生恋爱后社会认知的变化情况及卡方分析

	看法	频数	百分比	X^2	p
恋爱后对异性的看法	比以前想象的好	106	24.40%		
	没多大变化	252	57.90%	121.338²	$p=0.00, p<0.01$
	比以前想象的差	77	17.70%		
恋爱后对同性的看法	比以前想象的好	51	11.70%		
	没多大变化	361	83.00%	485.352²	$p=0.00, p<0.01$
	比以前想象的差	23	5.30%		
恋爱后对周边事物的看法	比以前更积极了	192	44.10%		
	没多大变化	209	48.00%	128.455²	$p=0.00, p<0.01$
	比以前更消极了	34	7.80%		
恋爱后对大学生恋爱的看法	比以前支持	163	37.30%		
	没多大变化	243	55.60%	157.364²	$p=0.00, p<0.01$
	比以前反对	31	7.10%		

2.情绪情感变化

结果分析显示,$p<0.01$ 说明大学生恋爱时情绪情感变化的五大主要方面每方面差异极为显著;另外在"对恋爱的情感投入""恋爱后的情绪变化"和"对对方的情感依赖"以及"感受别人的情绪或情感变化" 方面数据差异较大,说明恋爱中大学生情绪情感的变化很大。(表2)

表2　大学生恋爱后情绪情感的变化情况及卡方分析

	看法	频数	百分比	X^2	p
现在的情绪状态	各种情绪都有	178	40.70%		
	异常兴奋或异常沮丧	27	6.20%	155.016²	$p=0.00, p<0.01$
	情绪平和	232	53.10%		
对恋爱的情感投入	全情投入	275	63.10%		
	半心半意	138	31.70%	219.032²	$p=0.00, p<0.01$
	没有投入	23	5.30%		
恋爱后的情绪变化	情绪变得更稳定	32	7.40%		
	没有情绪变化	122	28.00%	219.269²	$p=0.00, p<0.01$
	情绪变化很大	281	64.60%		

续表

	看法	频数	百分比	X^2	p
对对方的情感依赖	依赖很深	283	64.90%		
	依赖很浅	125	28.70%	227.977^2	$p=0.00, p<0.01$
	几乎没有依赖	28	6.40%		
感受别人的情绪或	比以前敏锐	249	57.00%		
情感变化	没多大变化	168	38.40%	185.140^2	$p=0.00, p<0.01$
	比以前迟钝	20	4.60%		

3.行为方式变化

结果分析显示，$p<0.01$，说明恋爱时行为方式变化的六大主要方面中每个方面的差异性极显著；73.6%的大学生没有与对方发生性关系，50%左右恋爱后社交、学习跟以前相比没多大变化。可知大学生恋爱后行为方式发生的变化不大，但少数群体有极端变化的倾向。

表3　大学生恋爱后行为方式的变化情况及卡方分析

	看法	频数	百分比	X^2	p
与对方发生	多次	50	11.50%		
性关系的频率	很少	65	14.90%	319.271^2	$p=0.00, p<0.01$
	没有	321	73.60%		
吵架或闹分手的频率	经常	51	11.70%		
	偶尔	231	53.00%	107.683^2	$p=0.00, p<0.01$
	没有	154	35.30%		
恋爱后与其他	变谨慎了	183	42.10%		
异性的交往	没多大变化	208	47.80%	301.340^2	$p=0.00, p<0.01$
	变开放了	44	10.10%		
恋爱后参与社会	次数明显增多	65	14.90%		
活动的次数	次数没多大变化	254	58.40%	250.269^2	$p=0.00, p<0.01$
	次数有所减少	106	24.40%		
	不再参加社会活动	10	2.30%		
恋爱后学习	学习更努力	123	28.30%		
投入程度	没什么变化	233	53.60%	250.269^2	$p=0.00, p<0.01$
	学习有所放松	71	16.30%		
	不再管学习了	8	1.80%		

(四)个人特征变量对个人恋爱心理、行为的相关性分析

结果分析显示,个人特征中性别与恋爱情况、恋爱后对周边事物的看法、恋爱后的情绪变化和对方发生性关系差异极显著;年龄与社会认知中的对周边事物的看法差异显著,与情绪情感中的情感投入和行为方式中的与对方发生性关系差异极显著;居住地类型与大学生社会认知中在恋爱后对异性,对周边事物和对大学生恋爱的看法差异性极显著,与大学生情绪情感的变化中情感投入差异显著;专业与行为方式中的参与社会活动的次数和学习投入程度差异显著;家庭结构与社会认知变化中的恋爱动机和对同性的看法方面差异显著。(表 4)

表 4　个人特征变量对个人恋爱心理、行为的相关性分析

	1	2	3	4	5	6	7	8	9	10	11	12	13	14	15	16
性别	25.57 **	8.83	6.41 *	0.09	9.68 *	1.36	0.71	5.98 *	17.60 **	7.38 *	2.89	29.53 **	0.19	8.07 *	7.13	2.25
民族	3.05	5.57	1.19	4.23	0.04	2.23	1.90	3.87	2.05	6.67 *	1.69	6.53 *	0.40	1.19	0.55	9.38 *
年龄	36.31	78.93	16.63	12.77	37.35 *	31.944	44.22 **	41.46 **	45.45 **	19.44	23.81	28.07	28.29	43.80 **	54.44 *	71.8 **
居住地类型	6.60	10.23	10.10 **	1.15	9.73 *	9.59 **	7.18 *	7.08 *	0.41	0.53	3.65	4.74	3.41	8.79	5.81	3.17
专业	4.02	13.33	5.76	2.45	6.75	5.53	9.14	1.66	5.59	8.20 **	1.07	3.20	4.41	4.40	18.21 **	22.25 **
家庭结构	3.36	59.38 **	6.47	11.22 *	4.17	1.53	5.38	2.91	6.06	8.89	6.05	7.51	3.63	4.08	11.82 *	14.76 *

注:* 表示在 0.05 水平上差异性显著;** 表示在 0.01 水平上差异性显著。下同

1.现在恋爱情况;2.恋爱动机;3.恋爱后对异性的看法;4.恋爱后对同性的看法;5.恋爱后对周边事物的看法;6.恋爱后对大学生恋爱的看法;7.现在的情绪状态;8.对恋爱的情感投入;9.恋爱后的情绪变化;10.对对方的感情依赖;11.感受别人的情绪或情感的变化;12.与对方发生性关系的频率;13.吵架或闹分手的频率;14.恋爱后与其他异性的交往;15.恋爱后参与社会活动的次数;16.恋爱后学习投入程度

(五)恋爱因素对心理健康的影响

1.恋爱情况对心理健康的影响

研究发现恋爱情况与“人际关系敏感”差异极显著,与“焦虑”“偏执”差异显著。正在恋爱的大学生在“人际关系敏感”“抑郁”“焦虑”“敌对”“偏执”方面的

均值低于有恋爱经历现在单身和正在追求对方的人群,远低于暗恋的人群,表明正在恋爱的大学生心理健康水平更高,暗恋的大学生更易出现心理疾病,尤其是女生要引起注意。(表5)

表5 恋爱情况对心理健康的影响

	人际关系敏感	抑郁	焦虑	敌对	恐怖	偏执
正在恋爱	1.80±0.69	1.74±0.63	1.62±0.61	1.63±0.62	1.57±0.57	1.64±0.63
有恋爱经验现在单身	1.94±0.80	1.84±0.72	1.72±0.70	1.67±0.68	1.60±0.68	1.72±0.71
暗恋	2.58±0.77	2.10±0.76	2.04±0.60	1.94±0.73	1.80±0.65	2.09±0.62
正在追求对方	1.94±0.79	1.83±0.70	1.66±0.72	1.67±0.74	1.56±0.72	1.77±0.86
F	7.834**	2.323	3.097*	1.638	0.996	3.278*

2.恋爱动机对心理健康的影响

研究发现,选择“为了爱而爱”“没有特别的原因”的大学生在下述六大因子中均值普遍偏低,而“出于为毕业找出路”“寻找生活费”的在下述六大因子中均值偏高,心理健康状况偏差。说明树立正确的恋爱动机对心理健康有积极的影响,树立功利的恋爱动机则会有心理疾病的隐患。(表6)

表6 恋爱动机对心理健康的影响

	人际关系敏感	抑郁	焦虑	敌对	恐怖	偏执
为了寻求慰藉	2.34±1.00	2.14±0.92	2.16±1.08	2.08±1.04	1.82±0.95	2.37±1.17
为了寻求心理平衡	1.82±0.20	1.80±0.25	1.56±0.55	1.87±0.38	1.49±0.16	1.40±0.15
为了把握机会	2.29±0.70	2.19±0.65	1.94±0.67	2.10±0.73	1.84±0.67	2.07±0.68
为了满足好奇心	2.33±0.83	1.97±0.78	1.99±0.65	2.00±0.83	1.80±0.74	2.13±0.71
出于毕业找出路	2.89±2.67	2.46±2.07	2.20±1.70	2.08±1.53	2.14±1.62	2.58±2.24
为恋爱积累经验	2.56±0.75	2.29±0.57	1.98±0.51	1.89±0.66	1.89±0.64	2.07±0.52
寻找生活费	2.22±1.22	2.33±1.27	2.30±1.46	2.50±1.36	2.29±1.22	2.78±1.68

（续表）

	人际关系敏感	抑郁	焦虑	敌对	恐怖	偏执
为了爱而爱	1.93±0.79	1.81±0.69	1.70±0.68	1.68±0.67	1.60±0.65	1.69±0.66
没有特别的原因	1.78±0.67	1.71±0.62	1.60±0.57	1.53±0.56	1.52±0.57	1.59±0.58
F	3.649**	2.784**	2.634**	3.680**	1.884	5.415**

3.恋爱时心理、行为的变化对心理健康的影响

(1)社会认知的变化对心理健康的影响

研究结果显示，在社会认知方面保持积极心态的大学生在下述因子的均值偏低，其中以居住地类型在农村的大学生为主。有负面变化的大学生均值偏低，尤其是“恋爱后对异性和同性的看法比以前想象的差”“恋爱后对周边事情的态度比以前更消极”“现在对大学生恋爱的看法比以前反对”的群体心理健康水平较低。（表7）

表7　社会认知的变化对心理健康的影响

	看法	人际关系敏感	抑郁	焦虑	敌对	恐怖	偏执
恋爱后对异性的看法	比以前想象的好	1.80±0.72	1.68±0.61	1.60±0.59	1.56±0.62	1.52±0.53	1.63±0.61
	没多大变化	1.85±0.73	1.77±0.68	1.65±0.64	1.63±0.64	1.57±0.62	1.65±0.65
	比以前想象的差	2.31±0.86	2.12±0.74	1.97±0.76	1.91±0.76	1.79±0.78	2.01±0.81
	F	12.290**	10.279**	8.426**	6.695**	4.676*	8.974
恋爱后对同性的看法	比以前想象的好	2.19±0.91	2.02±0.75	1.93±0.89	1.95±0.87	1.70±0.75	1.98±0.88
	没多大变化	1.84±0.73	1.75±0.66	1.64±0.60	1.60±0.62	1.56±0.60	1.64±0.63
	比以前想象的差	2.53±0.76	2.31±0.74	2.07±0.78	1.98±0.66	1.99±0.78	2.18±0.78
	F	12.624**	10.478**	8.175**	9.139**	6.035**	11.402**

（续表）

	看法	人际关系敏感	抑郁	焦虑	敌对	恐怖	偏执
恋爱后对周边事情的态度	比以前更积极	1.92±0.75	1.77±0.64	1.69±0.64	1.64±0.61	1.57±0.59	1.72±0.62
	没多大变化	1.81±0.73	1.76±0.68	1.62±0.61	1.60±0.64	1.56±0.64	1.62±0.66
	比以前更消极	2.56±0.86	2.37±0.78	2.16±0.90	2.18±0.91	1.97±0.79	2.22±0.98
	F	14.077**	12.735**	9.864**	11.748**	6.509**	11.690**
现在对大学生恋爱的看法	比以前支持	1.87±0.72	1.77±0.62	1.66±0.62	1.64±0.65	1.57±0.60	1.68±0.62
	没多大变化	1.88±0.77	1.77±0.70	1.65±0.65	1.62±0.63	1.56±0.63	1.66±0.65
	比以前反对	2.49±0.84	2.33±0.74	2.22±0.78	2.14±0.88	1.99±0.76	2.26±0.99
	F	9.472**	10.130**	11.156**	8.919**	6.474**	11.353**

(2)情绪情感变化对心理健康的影响

研究显示，情绪情感变化中对恋爱的投入与心理健康的差异性不显著，但其他方面与心理健康的差异性显著。其中“现在的情绪状态异常兴奋或沮丧”“恋爱后的情绪变化很大”“几乎没有情感依赖”“感受别人情绪情感变化灵敏度比以前迟钝”的群体在下述均值偏高，心理健康指数整体偏低，尤以女生最为明显。（表8）

表8　情绪情感变化对心理健康的影响

	看法	人际关系敏感	抑郁	焦虑	敌对	恐怖	偏执
现在的情绪状态	各种情绪都有	1.98±0.76	1.87±0.64	1.77±0.66	1.73±0.66	1.64±0.63	1.75±0.67
	异常兴奋或沮丧	2.82±0.93	2.59±0.82	2.51±0.90	2.22±0.97	2.17±0.91	2.48±0.99
	情绪平和	1.76±0.68	1.67±0.63	1.54±0.54	1.55±0.59	1.49±0.57	1.59±0.59
	F	26.593**	25.428**	32.261**	14.550**	15.578**	22.685**
对恋爱的情感投入	全情投入	1.91±0.77	1.77±0.68	1.66±0.65	1.64±.64	1.59±0.64	1.70±0.67
	半心半意	1.94±0.75	1.88±0.69	1.74±0.64	1.70±0.66	1.62±0.62	1.73±0.65
	没有投入	1.92±0.93	1.86±0.79	1.82±0.90	1.70±0.97	1.56±0.76	1.80±1.03
	F	0.059	1.140	0.975	0.456	0.134	0.321

（续表）

	看法	人际关系敏感	抑郁	焦虑	敌对	恐怖	偏执
恋爱后的情绪变化	情绪变得更稳定	1.79±0.62	1.71±0.51	1.61±0.47	1.53±0.49	1.42±0.42	1.61±0.58
	没有情绪变化	1.72±0.64	1.67±0.61	1.55±0.54	1.60±0.67	1.51±0.61	1.61±0.59
	情绪变化很大	2.02±0.82	1.89±0.72	1.77±0.72	1.71±0.68	1.65±0.67	1.77±0.73
	F	6.929**	4.651	5.020**	1.836	3.583*	2.590
情感依赖程度	情感依赖很深	2.01±0.78	1.87±0.69	1.75±0.67	1.73±0.66	1.65±0.65	1.75±0.67
	情感依赖很浅	1.73±0.70	1.66±0.61	1.54±0.52	1.52±0.60	1.46±0.52	1.59±0.62
	几乎没有依赖	1.89±0.85	1.91±0.87	1.81±0.98	1.67±0.91	1.71±0.87	1.82±1.03
	F	5.815**	4.445*	4.871**	4.017*	4.423*	2.744
感受别人情绪情感变化灵敏度	比以前敏锐	2.04±0.81	1.88±0.68	1.77±0.68	1.73±0.67	1.68±0.66	1.79±0.70
	没多大变化	1.71±0.65	1.67±0.64	1.56±0.56	1.54±0.59	1.44±0.53	1.55±0.57
	比以前迟钝	2.04±0.93	2.08±0.86	1.90±1.02	1.87±1.01	1.86±0.88	2.09±1.10
	F	9.704**	6.933**	5.838**	5.367**	8.989**	9.297**

(3)行为方式对大学生心理健康的影响

研究显示“经常吵架或闹分手”“不再参加社会活动”以及“不再管学习和对学习有所放松”的群体在下述均值偏高，心理健康水平整体偏低。(表 9)

表 9 行为方式对大学生心理健康的影响

	看法	人际关系敏感	抑郁	焦虑	敌对	恐怖	偏执
与对方发生性关系的频率	多次	1.88±0.83	1.81±0.69	1.64±0.73	1.75±0.80	1.51±0.57	1.82±0.84
	很少	1.95±0.75	1.87±0.69	1.77±0.65	1.74±0.65	1.69±0.65	1.76±0.63
	没有	1.92±0.77	1.80±0.69	1.69±0.65	1.64±0.65	1.59±0.64	1.68±0.67
	F	0.124	0.255	0.575	1.071	1.096	1.132
吵架或闹分手的频率	经常	2.34±0.83	2.16±0.78	2.01±0.83	2.08±0.86	1.91±0.79	2.03±0.88
	偶尔	1.91±0.74	1.81±0.67	1.69±0.63	1.67±0.63	1.58±0.60	1.69±0.64
	没有	1.79±0.76	1.70±0.64	1.60±0.62	1.52±0.58	1.52±0.60	1.64±0.66
	F	10.070**	8.839**	7.499**	14.534**	7.787**	6.586*

（续表）

	看法	人际关系敏感	抑郁	焦虑	敌对	恐怖	偏执
恋爱后与其他异性的交往	变谨慎了	1.99±0.80	1.86±0.69	1.74±0.68	1.67±0.65	1.65±0.65	1.74±0.67
	没多大变化	1.81±0.69	1.74±0.64	1.62±0.59	1.62±0.62	1.52±0.57	1.64±0.62
	变开放了	2.13±0.96	1.98±0.84	1.86±0.87	1.85±0.92	1.73±0.82	1.97±0.97
	F	4.703*	2.908	3.204*	2.281	2.911	4.395*
恋爱后参与社会活动的次数	次数明显增多	2.01±0.81	1.81±0.64	1.75±0.64	1.69±0.68	1.61±0.63	1.83±0.80
	次数没多大变化	1.81±0.73	1.74±0.67	1.63±0.65	1.59±0.62	1.54±0.61	1.60±0.61
	次数有所减少	2.09±0.77	1.93±0.70	1.78±0.64	1.75±0.67	1.66±0.63	1.87±0.68
	不再参加社会活动	2.37±1.09	2.29±0.98	2.15±1.09	2.47±1.12	2.24±1.08	2.18±1.27
	F	4.983**	3.612*	3.299	6.808**	4.501**	6.775**
恋爱后学习投入程度	学习更加努力	1.86±0.82	1.73±0.69	1.67±0.66	1.60±0.65	1.53±0.63	1.70±0.68
	没什么变化	1.83±0.69	1.75±0.63	1.60±0.56	1.59±0.59	1.55±0.57	1.62±0.60
	学习有所放松	2.19±0.81	2.06±0.73	1.94±0.78	1.89±0.72	1.73±0.70	1.92±0.73
	不再管学习了	2.94±0.85	2.73±0.89	2.68±1.16	2.79±1.24	2.71±0.86	2.81±1.38
	F	9.196**	9.636**	11.273**	12.676**	10.805**	11.212**

四、建议

（一）摆正恋爱在生活中的位置，倡导为爱而爱的恋爱观

功利的恋爱动机会增加恋爱的未果性，并且危害自身的心理健康，为爱而爱的恋爱观顺应了人类生存发展的规律。要想做到为爱而爱，第一要弄清楚爱情的真正内涵。爱情是两个人基于一定的物质条件和共同的人生理想，在各自内心形成的对对方的最真挚的仰慕，并渴望对方成为自己终身伴侣的最强烈、最稳定、最专一的感情，这是一种心与心的交流。第二要正确摆放恋爱在自己生活中的地位。恋爱虽是大学时代很美好的事情，但不是大学生活的全部，不要相信“出了校园之后就不会有真爱”等说法，在还没有遇见对的人之前要学会独处，不能因为外在的因素而恋爱，例如不要因为看到身边同学恋爱，自己给自己造成一定的心理压力，为了恋爱而恋爱，而不是真正地追求内心所渴望的爱

情。尤其要值得注意的是家长要创造良好的家庭环境，特别是经济条件不好的家庭以及单亲、重组家庭的家长要加强对子女恋爱动机的正面教育，引导他们不要因为家庭条件不太好而功利性地恋爱，也不要因为身边人的情感问题而失去自己对爱情的信心，帮助他们树立为爱而爱的恋爱观。

(二)善于把握机会，勇敢地表达自己

暗恋容易引发心理疾病。大学生遇到自己心仪的对象时要善于把握机会，敢于追求自己的爱情，尤其是女生要抛弃“女孩不能主动追求爱”的老观念。在如何表达爱的方面，大学生首先可通过自我心理暗示，告诉自己“我可以”；其次要本着对恋爱负责的态度去追求对方；最后选择合适的情境甚至是创造情境增加表白的成功率。要正确对待最终的结果，尽自己最大的努力勇敢地追求一次。无论成功与否，大学生都要用积极的心态去面对，学会珍惜，也要学会释怀。

(三)进行正确归因与推断，警惕恋爱时社会认知的负面变化

虽然大学生恋爱对社会认知方面的影响不是普遍性的，但要特别警惕社会认知的负面变化。刘阳、梁贞巧提出“以偏概全、角色认知偏差、过分理想化、自我中心等导致的认知偏差在恋爱的过程中较为常见”。第一要扩大自己注意的范围，不仅要关注某一个人还要关注其他的人和周边的事物。第二要掌握正确的归因方法，归因时要将内外部归因结合起来，做出恰当的推理，避免以偏概全，走向极端。第三要区分开内部推理与外部资料，不要把自己的推断当作一种客观事实。除此之外自己有困惑时可与同学、朋友多交流，不私自下结论，尤其是居住地在城市的大学生遇到恋爱中的摩擦时，要正确看待恋爱时遇到的问题，保持积极的心态。

(四)调节自身情绪，保持良好的情绪状态

培根指出，“爱情一旦干扰情绪，就会阻碍人坚定地奔向既定的目标”。研究也表明异常兴奋或沮丧、情绪波动大、对对方情感依赖等都是不良的情绪情感状态，将危害心理健康。要想减少恋爱时不良情绪的产生，大学生首先要认识到自己的情绪弱点；其次不要给予对方过大的压力，对对方的期望值要控制在实际范围内，以免过大的反差冲击自身的情绪状态；再有要学会正确对待矛盾，学会换位思考，考虑对方的感受，恰当处理好双方的矛盾，互相理解，互相宽容。不良情绪产生时利用自己的理智对不良情绪进行冷静的具体分析，也可运用运动法、自我鼓励法、语言暗示法、倾诉法等适合自己的发泄方式将情绪控制在一定范围之内。情感依赖方面，恋爱是一种亲密的关系，所以要有适度的情感依赖，完全没有依赖也是极为不正常的现象，但要学会把情感依赖控制在一定范围之内，恋爱中两人融合的同时也要保留自己的个性，女生在上述方面要尤其注意，避免完全把自己交给对方。

(五)合理安排时间与精力，恰当处理恋爱与人际交往、学业的关系

恋爱时要正确处理好人际交往以及学业的关系，其中要特别注意恋爱时间的安排和精力的投放，恋爱不是大学生活的全部。所以大学生在恋爱的同时也要投入适当的时间和精力到人际交往与学业中来。恋爱中互相学习，不断完善，使双方不断成长。

参考文献

[1] 石林.社会心理学[M].北京：华文出版社，2005.

[2] 永毅，晓华.世界名家情爱论[M].长沙：湖南文艺出版社，1988.

[3]刘锦屏.当前大学生恋爱动机的误区及引导[J].曲靖师范学院学报，2009(02).

[4]刘阳，梁贞巧.大学生恋爱误区的心理分析[J].教书育人，2008(27).

[5]李承宗，甘雄.大学生恋爱动机的心理学分析[J].中国电力教育，2008(15).

[6]刘彦华，李鑫，曾宪翠.新时期大学生恋爱观的调查与思考[J].教育科学，2007(14).

[7]李伟雄，林传军，吴雯娟.近年来大学生恋爱心理研究综述[J].经济研究导刊，2010(24).

[8]马宇春，章芳芳.90后大学生恋爱问题分析[J].家教世界，2013(12).

[9]霍建勋，杨翠英.大学生恋爱对人格塑造的影响[J].中国学校卫生，2005(12).

[10]王希华，张瑞.失恋对大学生恋爱态度和心理健康的影响[J].中国健康心理学杂志，2011(05).

[11]张建英，侯大寅.大学生恋爱与心理健康关系的调查研究[J]. 中国健康心理学杂志，2010(10).

[12]张云喜.恋爱经历对大学新生自我概念及人生观的影响[J].四川理工学院学报(社会科学版)，2013(05).

[13]郑长波，李晓毅.大学生恋爱动机调查与分析[J].沈阳师范大学学报(自然科学版)，2004(03).

[14]陈献军.论大学生的恋爱动因及利弊[J].宿州学院学报,2004(03).
[15]严筱菁.武汉地区女大学生恋爱观调查与分析[D].中南民族大学,2012.
[16]谌冬梅.大学生的恋爱观研究——以石河子大学为例[D].石河子大学,2013.
[17]周海涛.大学生恋爱态度及其与性心理健康的相关研究[D].西南大学,2007.
[18]安晓斌. 大学生恋爱观及其与人格类型的相关研究[D].西南大学,2009.

云贵渝初中学生体质影响因素调查及对策探讨

作者：雷雅琦[①] 阮丽[②] 陈箫韵[③] 杨冬利[④]

指导教师：唐智松

一、引言

随着我国经济的迅速发展，人们对自身体质的关注程度也越来越高，国家对青少年的健康素质也越来越重视。我国曾先后颁布《中共中央国务院关于深化教育改革，全面推进素质教育的决定》和《面向21世纪教育振兴行动计划》等文件，明确提出了提高学生的健康水平，树立"健康第一"的指导思想。十六大报告中把全民族的健康素质明显提高作为全面建设小康社会的奋斗目标之一，表明了党和政府对保护和增进人民健康的高度重视。

初中生处于青少年时期的关键阶段。他们的健康是一个民族健康发展的基础，关系到千家万户的幸福，关系到民族的未来和国家的竞争力。本研究旨在对初中生体质健康状况进行研究，掌握初中生的体质现状，分析影响其体质健康的因素，同时为决策部门制定相关政策提供依据。

二、研究过程

本研究采用文献法、问卷调查法，拟采用编制的包含学生自身体质健康意识、家庭影响、学校工作和社会因素的问卷，采取随机抽样的方法，进行正式的施测，由施测结果得出相应结论。

①西南大学教育学部教育学专业（晏阳初创新实验班）2011级学生

②西南大学教育学部教育学专业（晏阳初创新实验班）2011级学生

③西南大学教育学部教育学专业（晏阳初创新实验班）2011级学生

④西南大学教育学部教育学专业（晏阳初创新实验班）2011级学生

(一)问卷调查

1.被试

被试为重庆、云南、贵州三省随机抽样的三所初中的722名初中学生,其中初一191人,初二343人,初三188人;城镇269人,农村453人;重庆282人,云南166人,贵州274人;男生410人,女生312人。

2.调查工具

调查工具为初中生体质现状调查问卷。问卷共有28个项目,其中包括4道多选题,1道饮食成分频次题,为表格形式;其余单选题选项皆按反映学生体质状况由差到好的程度排列。问卷中包含年级、性别、年龄、家庭所在地(城市、农村)等基本信息。

3.调查过程

采用随机抽样的方法,在重庆市某中学、贵州某中学、云南某中学选取调查对象(调查均以纸质问卷进行),并考虑到性别、城乡的调查人数与比例。在调查中,对研究对象说明研究目的、填写量表方法与注意事项,要求被试认真作答,以保证问卷作答质量。共发放800份问卷,有效回收问卷722份,有效回收率为90.25%。全部数据采用SPSS 19.0统计软件进行统计处理。

4.结果与分析

(1)问卷分析

①项目分析

对学生体质现状研究调查问卷的24个项目(除去多选题第2个项目、第6个项目、第13个项目、第28个项目)的鉴别力进行分析,选取总分前的27%构成高分组和后27%构成低分组,就每个项目比较其差异。结果项目20差异不显著被删除。

②因素分析

对学生体质现状研究调查问卷的18个项目进行因素分析。*KMO*取样适切性系数很高(0.737),巴特莱球形检验指标理想($Chi-square=1843.240$,$df=153$,sig.=0.000),表明适合做因素分析。采取主成分抽取法,进行正交旋转。结果抽取因素特征值大于1、至少包含2个项目的因素5个,可解释总方差的49.462%。

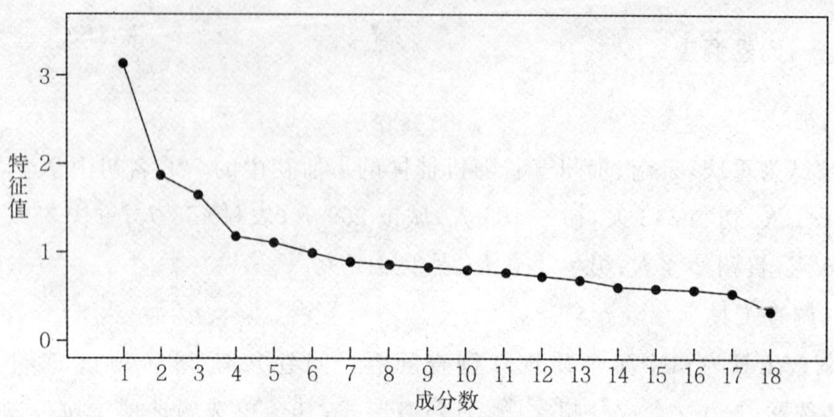

图 1　因素分析碎石图

表 1　因子分析表

项目	1	2	3	4	5	共同度
T9	0.800					0.662
T7	0.786					0.625
T6	0.695					0.544
T8	0.653					0.506
T2		0.691				0.534
T15		0.636				0.46
T16		0.603				0.402
T17		0.538				0.432
T11		0.417				0.357
T14			0.680			0.488
T12			0.589			0.504
T10			0.500			0.382
T4				0.748		0.585
T5				0.525		0.390
T18					0.590	0.419
T19					0.586	0.560
T13					0.506	0.629
T3					0.389	0.425
特征值	3.123	1.863	1.640	1.175	1.102	
贡献值	17.35	10.35	9.112	6.527	6.122	49.462

根据因素项目内容对因素进行命名。因素一命名为运动设施充足性因素，可解释为家庭或社区体育设施是否充足，能否满足学生的运动需要，包含有项

目6,7,8,9,对学生体质状况的贡献值为17.35%;因素二命名为个人运动计划及落实状况,可解释为学生个人的运动计划和运动时间,包含有项目2,11,15,16,17,对学生体质的贡献值为10.35%;因素三命名为学校体育重视程度因素,可解释为学校对学生体质的重视程度及组织体育活动情况,包含有项目10,12,14,对学生体质的贡献值为9.112%;因素四命名为家长的运动态度及行动性因素,可解释为家长运动情况对学生的影响、家长对学生运动的支持度,包含项目4,5,对学生体质的贡献值为6.527%;因素五命名为学生个人运动意愿,可解释为对学生用于体育运动的时间、休闲时间与锻炼时间的协调状况、个人做操认真程度,包含有项目3,13,18,19,对学生体质的贡献值为6.122%;总共解释总方差的49.462%。

③信度分析

对问卷及因素进行内部一致性信度检验,总体信度为0.630,因素信度为0.452。

④效度分析

因素分析抽取5个因素,每个因素的内涵明确,与结构假设也比较吻合;各因素之间的相关水平在0.018～0.253之间;各因素与总体的相关水平在0.462～0.697之间,因子间相关系数均小于因素及总分相关值。

(二)学生体质影响因素和体质现状分析

1.学生体质影响因素的总体状况(表2)

表2　学生体质影响因素的总体状况

	因素一	因素二	因素三	因素四	因素五
均值	9.5166	14.5263	10.7368	6.3158	12.7355
标准差	3.67703	3.0283	1.84112	1.89019	2.55548
极小值	4	7	5	2	5
极大值	20	25	15	10	20

2.学生体质影响因素在人口学变量上的差异(表 3)

表 3 学生体质影响因素在人口学变量上的差异

变量	所在地区	年级	性别
因素一	177.965**	6.801**	0.380
因素二	7.665**	8.519**	28.503**
因素三	21.268**	43.003**	9.503**
因素四	3.844*	0.174	6.011*
因素五	0.621	13.560**	1.416

注:** 在 0.01 水平上差异显著;* 在 0.05 水平上差异显著。下同

人口学中的因素均属分类变量,故采用方差分析。以所在地区(城市、农村)、性别(男、女)、年级(七年级、八年级、九年级)为自变量,因素一、因素二、因素三、因素四在所在地区这个变量上呈现显著性差异($p=0.000$,$p=0.006$,$p=0$,$p=0.05$),因素一、因素二、因素三、因素五在年级这个变量上呈现显著性差异($p=0.001$,$p=0$,$p=0$,$p=0$),因素二、因素三、因素四在性别这个变量上呈现显著性差异($p=0$,$p=0.002$,$p=0.014$),因素一在所在地区和年级这两个自变量上呈现显著性差异($p=0$,$p=0.001$)。多重比较发现,城市学生周边运动设施充足情况明显高于农村学生;因素二在所在地区、年级和性别这三个变量上呈现显著性差异($p=0.006$,$p=0$,$p=0$),农村学生的运动计划实施状况优于城市学生,男生优于女生,低年级优于高年级;因素三在所在地区、年级和性别这三个变量上呈现显著性差异($p=0$,$p=0$,$p=0.002$),城市学校更重视体育活动的开展,男生和低年级学生对学校举办的体育活动更感兴趣;因素四在所在地区和性别上呈显著性差异($p=0.05$,$p=0.014$),城市家长比农村家长更关注也更支持孩子的身体锻炼,男生家长更加支持学生的锻炼;因素五在年级这个自变量上呈现显著性差异($p=0$),随着年级的升高,学生的运动意愿呈现下降趋势。(表 3)

3.学生体质状况在各影响因素上的差异

学生体质状况在因素一上存在显著性差异($p=0$),经过多重比较得出,运动设施充足的地方学生体质状况好,学生体质状况在因素二上也存在显著性差异($p=0$),经多重比较发现,运动计划及落实情况好的学生身体状况更好。体质状况还在因素三上存在显著性差异($p=0$),经多重比较发现,学生所在学校

对体育重视程度越高,学生身体状况越好。(表 4)

表 4　学生体质状况在各因素上的差异

	因素一	因素二	因素三	因素四	因素五
身体状况	110.133**	9.642**	15.788**	2.764	2.068

4.学生体质影响因素对学生身体状况的影响

(1)学生体质影响因素与学生身体状况的相关性

通过对学生体质 5 个影响因素与学生身体状况进行相关性分析,发现学生体质的 4 个影响因素与学生身体状况有显著的相关性,相关性水平在 0.091～0.262。(表 5)

表 5　学生体质影响因素与学生身体状况的相关性

	因素一	因素二	因素三	因素四	因素五
身体状况	0.156**	0.262**	0.091*	0.053	0.189**

(2)学生体质影响因素、人口学变量对学生身体状况的回归分析(表 6)

表 6　学生体质影响因素、人口学变量对学生身体状况的回归分析

被预测变量	预测变量	*R*	*R*^2	*F*	*B*	常量	T
因素一	方程模型	.445a	0.198	177.965**	—	—	—
	所在地区	—	—	—	−3.383	15.023	−13.34**
	方程模型	.156a	0.024	17.908**	—	—	—
	身体状况	—	—	—	0.04	3.47	4.232**
因素二	方程模型	.140a	0.02	14.368**	—	—	—
	年级	—	—	—	−0.584	19.198	−3.791**
	方程模型	.195a	0.038	28.503**	—	—	—
	性别	—	—	—	−1.192	15.041	−5.339**
	方程模型	.103a	0.011	7.665**	—	—	—
	所在地区	—	—	—	−0.642	15.572	−2.769**
	方程模型	.262a	0.069	53.141**	—	—	—
	身体状况	—	—	—	0.082	2.66	7.29**
因素三	方程模型	.148a	0.022	16.206**	—	—	—
	年级	—	—	—	−0.377	13.749	−4.026**
	方程模型	.114a	0.013	9.503**	—	—	—
	性别	—	—	—	0.424	10.554	3.083**
	方程模型	.169a	0.029	21.268**	—	—	—
	所在地区	—	—	—	−0.645	11.786	−4.612**
	方程模型	.091a	0.008	6.054**	—	—	—
	身体状况	—	—	—	0.047	3.347	2.461*

根据回归分析结果绘制影响学生体质各因素及人口学变量对学生自身身体状况的作用路径图。(图 2)

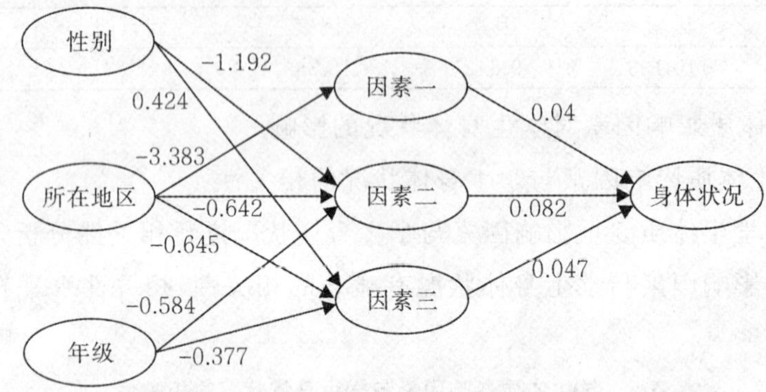

图 2　影响学生体质各因素及人口学变量对学生自身身体状况的作用路径图

三、针对问卷调查结果的讨论

(一)运动设施充足性方面

在运动设施充足性方面,城市学生的情况优于农村学生。城市经济状况比农村好,城市住宅区旁一般都有运动场所,比如体育馆、少年宫等,城市家庭配备的运动器材也相对充足。从统计结果看,选择家庭可供体育锻炼活动的设施很少和比较少的城市学生为 58.8%,农村学生为 82.3%。家庭中可供锻炼的体育用品的匮乏,很大程度上影响了农村学生的体育锻炼兴趣和进行体育锻炼的行为 。(表 7)

表 7　可供进行体育活动的器材情况

		1	2	3	4	5	合计
年级	七	37.70%	26.70%	6.30%	25.10%	4.20%	100.00%
	八	35.60%	42.90%	6.70%	11.10%	3.80%	100.00%
	九	36.70%	37.20%	8.00%	15.40%	2.70%	100.00%
所在地区	城市	19.00%	39.80%	8.20%	26.40%	6.70%	100.00%
	农村	46.80%	35.50%	6.20%	9.70%	1.80%	100.00%

注:卡方检验年级 $p=0.001$,所在地区 $p=0$;从 1～5 反映出体质状况由差到好。下同

随着年级的升高,学生对运动器材的需求降低。年级越高,面临的升学压

力越大，学生把更多的时间和精力投入到学习中去，对体育锻炼的需求下降，对运动器材的需求也随之下降。(表 8)

表 8　运动器材能否满足你锻炼的需要

		1	2	3	4	5	合计
年级	七	24.60%	24.60%	21.50%	22.00%	7.30%	100.00%
	八	23.60%	37.00%	20.10%	14.00%	5.20%	100.00%
	九	20.20%	27.10%	28.20%	18.60%	5.90%	100.00%
所在地区	城市	13.80%	21.90%	27.10%	27.10%	10.00%	100.00%
	农村	28.50%	36.60%	19.90%	11.50%	3.50%	100.00%

注：卡方检验年级 $p=0.001$，所在地区 $p=0$

(二)学生个人运动计划及落实情况方面

随着年级升高，学生运动欲望呈现下降趋势。七年级有 58.6%的学生表示几天不锻炼就会产生运动的欲望，而九年级只有 42.5%的学生赞同这一看法。年级升高，学生的课业负担和学习压力都在增加，投入运动的时间减少。16.6%的农村学生和 17.1%的城市学生在几天不运动会产生运动欲望的问题上都选择了非常赞成。但总体来看，农村学生比城市学生的运动欲望更强烈。(表 9)

表 9　产生运动的欲望

		1	2	3	4	5	合计
年级	七	8.40%	12.00%	20.90%	35.60%	23.00%	100.00%
	八	9.30%	10.80%	24.50%	38.80%	16.60%	100.00%
	九	13.30%	9.60%	34.60%	31.90%	10.60%	100.00%
所在地区	城市	10.80%	10.00%	32.30%	29.70%	17.10%	100.00%
	农村	9.70%	11.30%	22.50%	40.00%	16.60%	100.00%
性别	男	8.80%	7.60%	24.10%	38.00%	21.50%	100.00%
	女	11.90%	15.10%	28.80%	33.70%	10.60%	100.00%

注：卡方检验年级 $p=0.007$，所在地区 $p=0.021$，性别 $p=0$

随着年级的升高，学生对学校组织的体育活动不满意的人数比重增多。这是因为一方面高年级学生面临升学的压力，不愿意投入过多的时间在运动上；另外一方面，高年级学生的主观判断力更强，他们更有自己的想法和主见，对学校组织的活动也有自己的意见。有 34.9%的女生对学校组织的活动不满意，比

男生多出8.1%。(表10)

表10　对学校组织的体育活动喜爱情况

		1	2	3	4	5	合计
年级	七	6.80%	17.80%	37.70%	27.20%	10.50%	100.00%
	八	7.60%	27.10%	36.20%	21.30%	7.90%	100.00%
	九	8.00%	20.20%	48.90%	18.10%	4.80%	100.00%
性别	男	8.50%	18.30%	42.40%	22.90%	7.80%	100.00%
	女	6.10%	28.80%	36.50%	20.80%	7.70%	100.00%

注:卡方检验年级 $p=0.017$,性别 $p=0.018$

(三)学校体育重视程度方面

85.9%的七年级学生表示体育课和课外体育活动时间常被占用,这一比例在八年级和九年级分别是60.1%、75.5%。6.3%的城市学生和6%的农村学生都选择了从不占用这一项,这说明城市学生的体育锻炼时间更能得到保证。(表11)

表11　体育课或者课外体育活动被占用的情况

		1	2	3	4	5	合计
年级	七	3.70%	3.70%	6.80%	28.30%	57.60%	100.00%
	八	8.50%	9.00%	22.40%	42.30%	17.80%	100.00%
	九	4.30%	4.30%	16.00%	48.40%	27.10%	100.00%
所在地区	城市	6.30%	8.90%	11.90%	33.80%	39.00%	100.00%
	农村	6.00%	4.90%	19.40%	43.90%	25.80%	100.00%
性别	男	8.00%	6.80%	18.80%	40.20%	26.10%	100.00%
	女	3.50%	5.80%	13.80%	40.10%	36.90%	100.00%

注:卡方检验年级 $p=0$,所在地区 $p=0$,性别 $p=0.004$

七、八、九年级学生认为学校组织各种类型的体育活动丰富的人数占比为32.5%、20.7%、27.2%。(表12)七年级学生的学习压力小,体育活动较多。在访谈中,一位城市学校的体育老师介绍,自己所在的学校每学期都会组织特色排球赛,学生的竞争意识促使其运动积极性提高,平时不怎么参与运动的学生也因为观看排球比赛而提高了对运动的兴趣,班级荣誉感的驱使使他们纷纷选择积极参与到比赛中去。学校应意识到组织高质量的体育活动的重要性。

表 12　学校组织各种类型的体育活动数量

		1	2	3	4	5	合计
年级	七	4.20%	38.20%	25.10%	26.70%	5.80%	100.00%
	八	6.40%	54.80%	18.10%	18.70%	2.00%	100.00%
	九	2.70%	51.60%	18.60%	24.50%	2.70%	100.00%
所在地区	城市	5.20%	32.30%	28.60%	29.70%	4.10%	100.00%
	农村	4.60%	59.80%	15.00%	17.90%	2.60%	100.00%

注:卡方检验年级 $p=0.003$,所在地区 $p=0$

四、影响学生身体素质的因素

(一)学校和学生对体育锻炼重视程度不够

目前的初中教育仍然摆脱不了应试教育的“怪圈”。中学生学习压力大,没有充足的时间参加体育活动,归根结底还是由素质教育与应试教育的矛盾引发出来的。此外,学生对体育锻炼的认识严重不足。对学生不参加体育锻炼的原因调查表明:居于首位的是没有养成参加体育锻炼的习惯(24%);其次是作业太多(21%);第三、第四分别是怕累,怕受伤(13%)和没有喜欢的体育运动(12%)。(图 3)由此可见,学习负担重,没有养成参加体育锻炼习惯是学生不能参加体育锻炼的主要原因。周末学生活动安排占前三项的是学习、做作业(29%),看电视、玩电脑、游戏(25%),看课外书籍(19%),都是室内活动,室外体育运动少。(图 4,图 5)

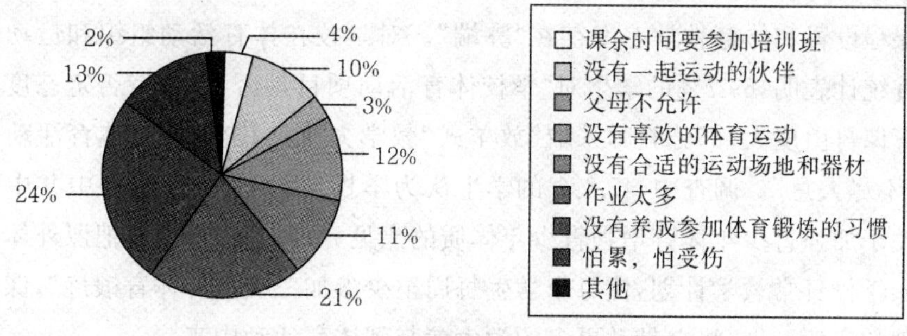

图 3　不参加体育运动的原因

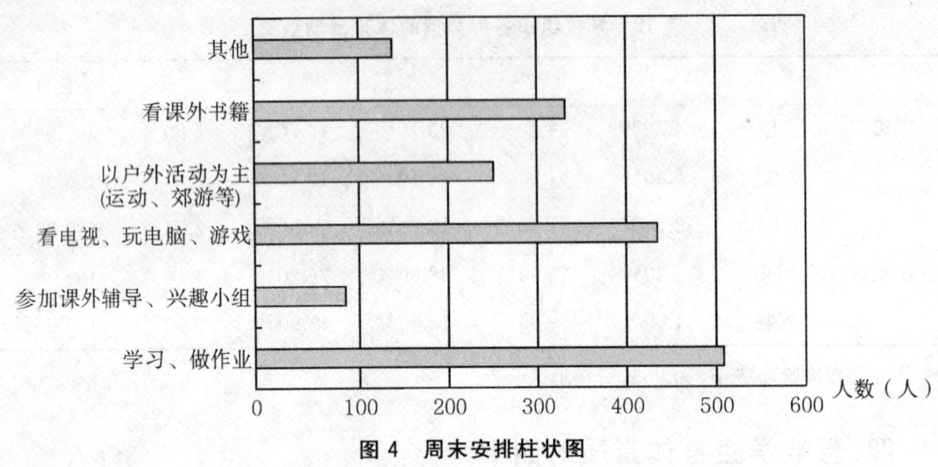

图 4　周末安排柱状图

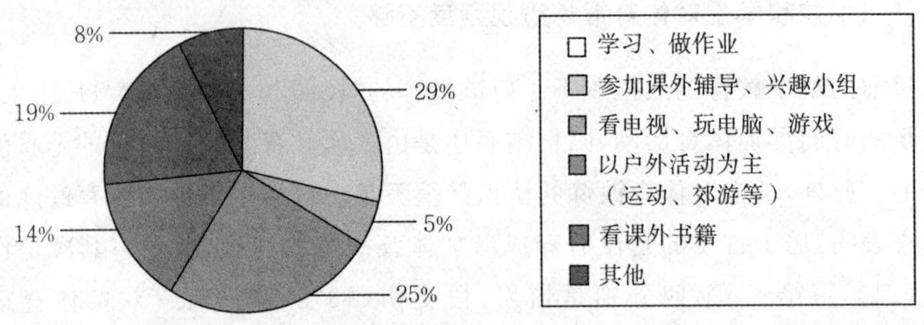

图 5　周末安排饼状图

(二)学校体育课程和活动开展存在问题

学校的宏观导向一定程度上影响了学生参加体育锻炼的主动性。首先学校体育课程设置和体育教学态度存在“弊端”。对学校在体育活动组织和运动方面的调查统计表明,69.7%的学生对“学校体育活动项目是否喜欢”持否定态度。并且体育课自由度大,部分教师采取“放羊式”教学方式。其次,课外体育活动开展情况“不尽人意”。调查中,47.6% 的学生认为学校组织活动太少。《中共中央国务院关于加强青少年体育增强青少年体质的意见》中明确指出,“要把课外体育活动纳入学校日常教学计划,使每个学生每周至少参加三次课外体育锻炼”,课外体育活动的广泛开展,将会带动更多的学生参与到体育活动中来。

(三)学生缺乏经常性的体育锻炼

对学生每周参加30分钟以上的体育锻炼次数统计结果表明(图5):学生每周锻炼1～2次的人数比例占52%,每周锻炼3～4次的学生占26%,每天都锻炼的学生只有5%。(图6)

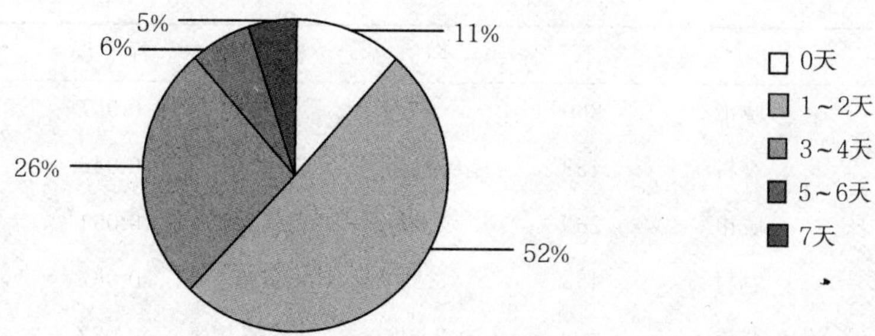

图6　每周参加30分钟以上体育锻炼的次数

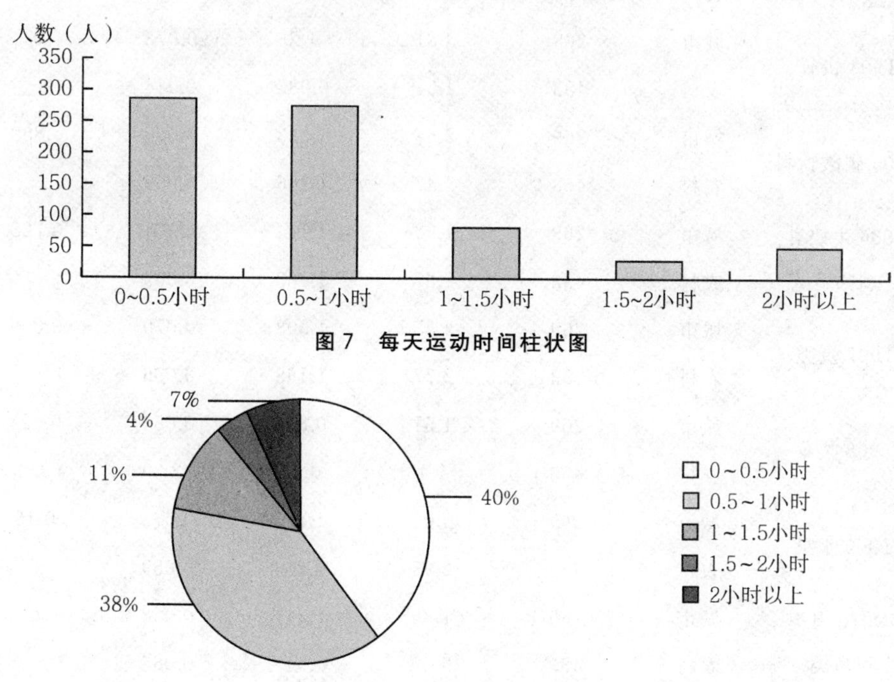

图7　每天运动时间柱状图

图8　每天运动时间饼状图

从锻炼时间上看,学生每次锻炼时间在0～1小时的学生比例为78%。由此可见,进行经常性体育锻炼的学生比例不高,这是导致学生身体机能和身体素质下降的重要原因。(图7,图8)

(四)学生没有形成良好的饮食习惯

调查显示,部分学生没有形成良好的饮食习惯,影响了自身的健康。29.14%的学生就餐无规律,零食、垃圾食品、快餐差不多2～3天吃一次。(表13)

表13 学生饮食情况

		N	均值	标准差	标准误	显著性
T901早餐	城市	269	1.7	1.104	0.067	0.059
	农村	453	1.62	0.977	0.046	—
T902夜宵	城市	269	2.99	1.538	0.094	0.064
	农村	453	3.24	1.418	0.067	—
T903零食	城市	269	2.44	1.35	0.082	0.153
	农村	453	2.71	1.292	0.061	—
T904快餐	城市	269	3.81	1.2	0.073	0
	农村	453	4.54	0.932	0.044	—
T905碳酸饮料	城市	269	2.67	1.283	0.078	0.852
	农村	453	3.47	1.266	0.059	—
T906牛奶乳制品	城市	269	1.99	1.144	0.07	0.728
	农村	453	2.87	1.163	0.055	—
T907蛋类	城市	269	2.55	1.303	0.079	0.009
	农村	453	2.77	1.188	0.056	—
T908蔬菜	城市	269	1.51	0.888	0.054	0.021
	农村	453	1.4	0.83	0.039	—
T909水果	城市	269	2.02	1.176	0.072	0.16
	农村	453	2.95	1.263	0.059	—
T9010肉类和鱼类	城市	269	1.86	1.111	0.068	0
	农村	453	2.29	1.311	0.062	—

(五)家庭对学生参加体育锻炼的影响

我国目前家庭的典型模式是仅由父母、子女两代人组成的三口之家。子女在家庭中受父母的影响是直接而深远的。随着我国市场经济的迅速发展,人才竞争的日益激烈，很多家长都希望子女把更多的时间放在读书、考试、升学上，为生存做好准备，这势必压制了子女对体质健康的关注和兴趣。另外，家庭生活环境的改变和父母对安全的考虑也是影响学生参加体育活动的因素。

五、基于研究结论的对策建议

(一)改善农村体育师资和硬件设施条件

城乡体育教育在体育硬件设施和软件配备上相差甚远。首先，农村学校师资严重不足，基本没有专职体育教师。其次，场地器材缺乏。即便配备器材，不懂专业体育知识的兼职教师也不知如何使用。因此，国家应给予农村学校更多的资金支持，提供更多的专业体育器材；农村政府部门应在当地建设可供体育锻炼的公共场所；平衡城乡师资水平，可以通过流动授课、支教等方式向农村引进更多的专业体育老师，让农村体育教育专业化、规范化。

(二)促进城市周边体育资源的免费开放

在调研过程中，某些城市学生和教师反映：虽然现在很多社区有配套的运动设施，但很多体育器材和设施年久失修，已经不能使用。体育馆、少年宫以及周边大学的运动场馆都收费，限制了很多学生的体育锻炼。政府应在经费允许的条件下，加大对体育设施的建设力度，完善社区和学校的运动文化功能；体育场馆应降低收费或者免费为学生提供运动的场所和环境，各方合力保障学生的运动时间和空间。

(三)减轻课业以保障学生体育运动时间

在应试教育的背景下，课业的负担严重影响了学生的体育锻炼时间，并且给学生带来很大的精神压力，许多学生在学习时间和运动时间的取舍中，纷纷选择放弃运动。因此，有关部门和学校要将减负工作落到实处，减轻学生的课业压力，还给孩子们足够的运动时间。

(四)学校以多种方式促健康

学校首先要加强对学生进行卫生知识宣传工作，开展健康教育，利用课堂、广播、专刊、专栏宣传体育健康知识;应向家长发健康教育宣传信,要求家长以身作则,在体育健康行为方面为孩子树立榜样;学校应建立学生健康卡和国家体育锻炼标准卡,每学期复测一次;可组织学生开展"讲卫生红十字"活动,一学期评选一次体育先进个人;各班设体育委员和课外锻炼监督岗,开展相关监督活动;对体育锻炼习惯差或经常逃体育课的学生定时在班级会议上提出警告和教育。

(五)找到安全意识与体育间的平衡位置

随着安全意识的深入人心,安全问题也开始成为学校、老师鼓励学生进行体育锻炼的顾虑。当地教育部门应定期对学校体育教师进行培训,指导教师如何在保证安全的情况下正确地进行体育教学,在体育教学和安全意识上找到平衡点,使学生的体育活动在安全的前提下得到最大限度的开展。

(六)改善方法以调动学生的积极性

首先,体育教师要清楚地了解学生的体质与学生的心理特征。学校应常对学生进行系统调查研究,掌握他们的身体现状、特点、差异与发展规律。其次,要发挥学生的主体性和全面性。在施教过程中,要以教师为主导,落实学生的主体地位,尊重并唤起学生的主体意识,充分调动和发挥学生的主动性、积极性和创造性,使他们真正成为运动的主人。

(七)父母科学地引导孩子

许多家长都是口头上支持孩子运动,自己并没有陪伴或监督孩子。家长最好能亲自参与孩子的体育锻炼活动,这不仅能促进孩子的身体健康,也能帮助家长增强体魄。同时,这也有助于促进学生与家长的沟通。因此,建议广大家长增添家中体育用品,监督与促进孩子的身体健康,从亲自参与做起。

(八)改善村校饮食条件以保证充足营养

要保证学生的身体健康,就要以饮食作为基础,在一日三餐上做到营养搭配均衡。现在国家给农村学校学生免费发放牛奶,在一定程度上满足了农村学生的乳制品需求。改善农村学生的饮食需要各方面的努力,包括对学生家庭的关心，对学校食堂的监督，对学生的营养教育，这样才能从根本上消除饮食差异带来的体质差异。

参考文献

[1]陈明达.实用体质学[M].北京：北京医科大学、中国协和医科大学联合出版社，1993.

[2]毛振明.体育教学改革新视野[M].北京：北京体育大学出版社，2004.

[3]曲宗湖.学校体育测评理论与方法[M]，北京：人民体育出版社，2002.

[4]陈明达，刑文华等.国内外体质研究的简况及我国 2000 年体质研究工作设想[J].辽宁体育科技，1985(07).

[5]陈玮君.青少年学生体质健康水平下降的原因探析[J].体育科技，2009(02).

[6]倪建银.浅谈学生体质现状与提高学生体质的对策[J].体育师友，2013(01).

[7]万有善，王晓宇.中学生体质下降因素分析与对策研究[J].哈尔滨体育学院学报，2008(03).

[8]魏丕勇，董月兰.从体育价值方面谈学校体育与健康的关系[J].山东体育科技，2001(04).

[9]温志勤.中、日两国学生体质健康测量指标改革的比较研究[J].吉林体育学院学报，2004(03).

[10]于可红，母顺碧.中国、美国、日本体质研究比较[J].体育科学，2004(07).

[11]张天成，白晋湘.1985－2005 年西南地区少数民族学生身体形态发育状况的动态分析[J].成都体育学院学报，2008(03).

[12]赵世美.学生体质现状与提高学生体质对策的研究[J].当代体育科技，2012(22).

[13]么广会.我国西南地区城乡中学生体育价值观差异性研究[D].重庆：西南大学，2012.

[14]张旭光.学生体质状况不容乐观[N].中国体育报，2001-10-26.

[15]中新.中国青少年体质近 20 年持续下降[N].信息时报，2006-8-20.

[16]Han C.G. Kemper and Willem Van Mechelen.*Physical Fitness Testing of Children*：*A European Perspective*[J].Pediatric Exercise Science，1996(8).

[17]Kirk J. Curetona，Gordon L. Warrenb. Criterion－Referenced Standards for Youth Health－Related Fitness Tests：A Tutorial[J].Research Quarterly for Exercise and Sport，1990(1).

影响大学生体育锻炼因素的研究

——以西南大学学生为例

作者：董文婧[①] 陆煜锌[②]

指导教师：彭泽平

一、前言

(一)选题依据

改革开放以来，伴随着中国各方面事业的大发展、大繁荣，中国学校的体育工作也在不断地进步发展，党和国家也始终高度重视和关心青少年学生身体健康。在推动学校体育工作方面，实行《体育与健康课程标准》《国家学生体质健康标准》等来保证坚持依法治教，不断完善和加强相关的法规、制度建设。另一方面，全社会对青少年体质健康的高度重视也给努力增强青少年学生体质健康这一目标带来了动力。

2007年5月7日颁布的《中共中央国务院关于加强青少年体育增强青少年体质的意见》(中发〔2007〕7号)，大力倡导“全国亿万学生阳光体育运动”，全面实施《国家学生体质健康标准》，吸引和促进更多学生积极参加体育锻炼已经成为增强学生体质健康的突破口。

而面对种种期待，却时常出现大学生因体育锻炼出现的意外事故。所以增强学生体育健康锻炼是一件非常重要的事情，大学生作为祖国发展的接班人，必须具有健康的体魄去建设祖国，所以这个群体的健康问题势必会受到高校、相关教育部门，乃至全社会的关注。

(二)研究目的和意义

当今世界无疑是充满竞争的时代，增强青少年体质，促进青少年健康成长，

①西南大学教育学部教育学专业(晏阳初创新实验班)2013级学生

②西南大学数学与统计学院统计学专业2013级学生

是关系国家和民族未来的大事，健康的下一代就代表着祖国的发展有坚强的后盾，所以提高大学生健康水平是学校体育教育极其重要的任务。对影响西南大学大学生体育健康的因素进行研究，并能够更深入、更全面地分析如何才能够进一步提高大学生体育健康程度，是一个值得研究探讨的课题。

本研究以西南大学在校大学生为研究对象，试图通过详细的调查和资料收集，以求准确把握影响西南大学大学生体育健康因素的原因，进而探寻切实可行的办法去促进大学生加强体育健康锻炼，也可为相关的全国性的课题提供案例支持。

二、研究对象和方法

(一)研究对象

本次研究问卷调查对象中，通过采集样本 562 个，全部为西南大学学生，男女分别占 42%和 58%。

表 1 男女分布表

		百分比(%)	有效百分比(%)	累积百分比(%)
有效	男	42.0	42.0	42.0
	女	58.0	58.0	100.0
	合计	100.0	100.0	—

(二)研究方法

1.文献资料法

通过中国学术期刊网、西南大学图书馆、优秀硕博论文库等进行文献收集和检索工作。根据论文需要查阅了《中共中央国务院关于深化教育改革全面推进素质教育的决定》《中共中央国务院关于加强青少年体育增强青少年体质的意见》(中发〔2007〕7 号)《教育部、国家体育总局、共青团中央关于开展全国亿万学生阳光体育运动的通知》《国家学生体质锻炼标准》等文件以及查阅了相关论文 20 多篇。

2.访谈法

(1)对专家和教师的访谈

与学校从事体育教学方面的教师以及管理体育教学的领导面谈。尽可能多地去寻找可能影响大学生体育健康的影响因素，并将访谈资料进行及时的归纳整理，以便后期需要时可以及时提取。

(2)对学生的访谈

在进行问卷调查中，随机对一些学生进行访谈，针对个案具体了解影响学生体育健康素质的因素，听取其内心最真实的想法，并且可以将学生的想法用以归纳日后的统计结果，也可起到一定的检验效果。

3.问卷调查法

(1)问卷的设计

在对相关文献进行分析并结合周边同学想法的基础上，设计了《大学生体育锻炼影响调查问卷》。本问卷采用5级李克特量表调查影响大学生参与体育运动的影响因素。问卷编成后，选取部分同学发放30份问卷。根据不同人群提出的建议意见对问卷进行修订，再一次随机发放30份问卷做预调查(测信度样本容量不少于30份)，进行信度测试，克朗巴哈值为0.804>0.6，达到了很好的程度，最后确定了关于21个影响因素的调查问卷。

(2)问卷的项目分析

在问卷调查的时候，可以用多个项目来反映被调查者的真实想法。问卷中各题项的显著性水平均小于0.01，说明各题项的高分组和低分组之间存在显著性差异，因此能够有效地鉴别出不同被调查者的反应程度，在调查中均有意义。

(3)问卷的信度分析

本研究中量表的Cronbach's Alpha系数为0.806，表明此量表的信度很好。(表2)

表2 可靠性统计量

Cronbach's Alpha	基于标准化项的Cronbachs Alpha	项数
.806	.811	21

在调查问卷中还可采用折半信度法，经测量本量表的斯皮尔曼分半系数为0.760>0.7，属于合适范围。说明该量表内部一致性良好。(表3)

表 3 Guttman Split－Half 系数表

可靠性统计量			
Cronbach's Alpha	部分 1	值	.694
		项数	11
	部分 2	值	.684
		项数	10
	总项数		21
表格之间的相关性			.618
Spearman－Brown 系数	等长		.764
	不等长		.764
Guttman Split－Half 系数			.760

(4)效度测试

本研究采用因子分析方法,从相关矩阵出发,对 21 道量表题进行因子分析。在因子分析过程中,还需进行 KMO 和 Bartlett's 检验。根据学者凯塞(Kaiser)观点 HJ,本研究中的 KMO 为 0.848＞0.7,适合进行因子分析。(表 4)

表 4 KMO 和 Bartlett 的检验表

KMO 和 Bartlett 的检验		
取样足够度的 Kaiser－Meyer－Olkin 度量		.848
Bartlett 的球形度检验	近似卡方	1739.688
	df	210
	Sig.	.000

(5)抽样

本次调研由于时间限制,采用随机抽样的方法,确定样本范围及人数后,在全校南北两区自习室随机发放,也通过通讯录随机网络发放,共计发放问卷 600 份,回收 562 份,有效率为 93.6%。

(6)数理统计法

运用 SPSS 19.0 对数据进行描述性统计、信度测试以及因子分析、聚类分析、判别分析,用 R 语言产生随机矩阵为 SPSS 无法进行的功能进行补充,用 AMOS 17.0 对构造的模型进行拟合。

三、研究结论、建议与局限性

(一)结论

1.五个因子

表5 旋转成分矩阵

	成分					
	1	2	3	4	5	
体育社团活动	.772					氛围带动
现场观看比赛	.696					
媒体、同学热议某运动	.663					
学校活动	.604					
同学陪伴	.473					
场地		.792				条件制约
金钱		.555				
时间		.541				
规则知识		.467				
体育考试			.758			专项引导
老师鼓励			.582			
专人指导			.531			
体育课兴趣				.686		个人态度
家庭影响				.664		
受伤				.620		
学校对体育的重视程度				.502		
追求身材					.672	个人目的
结交朋友					.580	
懒惰					.507	
个人兴趣爱好					.501	

通过表5的旋转成分矩阵,我们可以将20个因子聚类为以下5个大因子,分别为:

(1)氛围带动因子

周围同学的影响、媒体评论的带动、校园体育活动的浓郁氛围等是大学生体育锻炼的关键因素,由统计可知其贡献率为23.362%,是最高的因子。大学生体育锻炼受到周围同学、老师、身边媒体评论的影响较大。

(2)条件制约因子

大学生往往会因为场地受限、经济因素或者自己时间受限等条件制约而忽视自己平时的运动状况,在本研究中条件因子贡献率高达12.485%,是排位第二高因子,其中载荷较高的有四个因素,分别是场地限制、是否花钱、自己时间太忙、不熟悉项目的规则知识。其中场地限制所占比重较大。

(3)专项引导因子

由表中数据可知,体育专项知识的引导这一因子的贡献率是6.166%,排第三。也就是说为了取得较好的考试成绩,大部分学生会坚持进行体育锻炼。其中老师鼓励和获得专人指导两个因子也占了相当的比重。

(4)个人态度因子

大学生会因为自身兴趣而对体育锻炼持有不同的态度,故个人态度因子的贡献率为5.535%。大学生对于体育锻炼感兴趣的程度会影响其对体育活动付诸实践的效果。

(5)个人目的因子

该因子贡献率为5.475%,排第五。这一因子中载荷较高的因素有两个,分别是追求身材、结交朋友。

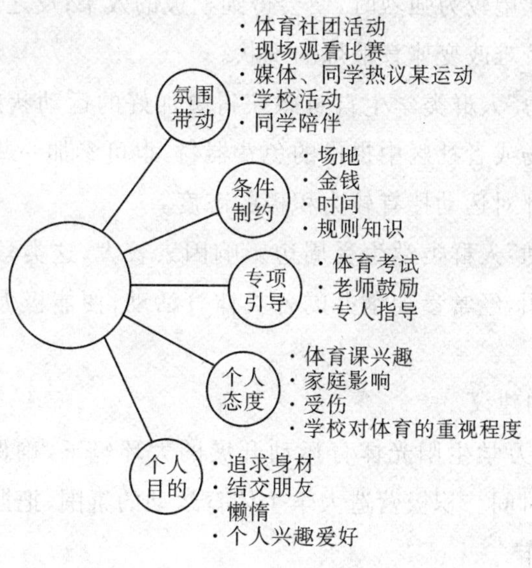

图1 5大因子分类图

2.三类人群

表6　最终聚类中心

	聚类		
	1	2	3
氛围带动	−.59024	.07977	.80321
条件制约	−.13710	.44626	−.76715
专项引导	.54339	−.06414	−.76019
个人态度	.64481	−.69772	.48396
个人目的	.20941	−.01356	−.31783

总体来讲，所有同学可大致分为三类，分别为“特立独行”人群占34%，“条件压力”人群占45.6%，“氛围易动”人群占20.4%。可见第二类同学占多数。

(二)建议

1.针对学生中不同人群的结论与建议

(1)“特立独行”人群类学生受专项引导、个人态度这两个因子的影响较大，应鼓励此类同学多和老师交流，以便他们可以更直接地获得老师的指导；另外此类学生可能对待体育锻炼会呈现出两级分化的状态，当他们受到较好的专项引导或自身锻炼欲望较为强烈时，便会得到积极的效果；反之，则会因为自身主观因素太强烈而较难改变体育锻炼的现状。

(2)“条件压力”人群类学生自身想获得更加好的运动状态，可以尝试去使用学校里的运动场或者社区中提供的免费器材，也可参加一些民众性的运动活动。此类同学大都对运动持有较为积极的态度。

(3)“氛围易动”人群类学生受周边影响因素较大，这类学生可以选择多参加一些相关的社团，经常参加举办的各类体育活动，便能极大地调动此类同学的运动积极性。

2.针对学校的建议

(1)在全国亿万学生阳光体育运动开展的大环境下，确保学生每天有1小时的体育活动的时间。积极营造大学生体育运动的氛围，把握和落实学生每天锻炼1小时的工作。

(2)高校体育教学必须转变观念，培训教师时应明确教学中应以学生为本，挖掘学生锻炼兴趣，还应开设更多符合大学生身心特点的体育选修课。

(3)加大学校体育经费的投入,学校一些陈旧或已损坏的体育设施应尽快得到更新或维护。

(4)支持相关学生体育小组、体育社团的建立,给学生更多体育锻炼的平台,找到志同道合的朋友。营造良好的体育锻炼氛围,引导学生形成良好的习惯。

(5)高校体育要与全民健身接轨。高校体育教育的改革,关系学生未来体育生活化和体育终身化实现的关键。

3.针对西南大学的建议

(1)学校要做到体育锻炼与安全并举,基于学校运动场所过多的现状,建议学校合理规划各个场所的开放时间,不要让想锻炼的学生无处可去。

(2)通过访谈了解到,学生下午的下课时间段集中于下午五点到六点的时间段,目的是想让学生们走出教室、走出寝室、走进操场进行体育锻炼活动。故建议学校在这一段时间内增强体育运动氛围,如在操场播放一些音乐等。

(3)据统计,西南大学的体育社团较少且不全面,故建议学校一方面鼓励更多体育社团成立,另一方面出台管理好这些社团的规章制度。

(4)学校要起到总领作用,要规范各个学院开展相关的体育趣味活动等。

(三)研究的局限性

1.由于物力、财力所限,本研究选取的样本量较少,所以可能带来些许偏差。

2.由于调研时间有限,所以访谈到的对象较少,不能更深入地全面了解真实情况。

3.调查对象选择的科学性有待提高,如调查范围集中于北区,调查对象男女比例不能达到完全的平衡,不能全面反映整体情况。

参考文献

[1]宋尽贤,廖文科.中国学校体育30年[M].北京:高等教育出版社,2010.

[2]陈洁,宋文利.体育教育学[M].北京:北京师范大学出版社,2012.

[3]刘昕.现代国外教学思想与我国体育教学[M].北京:教育科学出版社,2011.

[4]席玉宝.体育锻炼概念及其方法系统的研究[J].北京体育大学学报,2004(01).

[5]肖丰,金力,唐画琴.我国体育改革与发展的几点思考[J].上海体育学院学报,2004(04).

[6]刘海元,袁国英.关于开展阳光体育运动若干问题的探讨[J].体育学刊,2007(08).

[7]郑汉山,大学生体育价值观与阳光体育运动的和谐发展[J].体育学刊,2013(03).

[8]曹萌.美国鼓励学生参加体育锻炼案例介绍分析——以制定课外活动计划为例[J],天津体育学院,2013(03).

[9]常生,吴健.影响大学生体育锻炼行为的家庭因素调查与分析[J].体育学刊,2008(03).

[10]曹阳.大学生体育兴趣、体育认知与其体育行为的相关分析[J].南京体育学院学报(社会科学版),2005(02).

[11]刘一民,孙庆祝,孙月霞.我国大学生体育锻炼态度和体育行为的研究调查[J].中国体育科技,2001(01).

[12]刘龙柱.培养高校学生对体育锻炼兴趣的方法研究[J].体育学刊,2000(06).

[13]李焕玉.大学生体育价值观与体育锻炼行为之间关系的研究[J].吉林体育学院学报,2009(06).

[14]陈开梅,董磊,杨剑.大学生身体锻炼行为态度与体育价值观的关系[J].中国学校卫生,2012(03).

[15]常生,陈及治.大学生体育锻炼行为研究现状分析[J].北京体育大学学报,2004(10).

哈尔滨市中小学生体质与体育锻炼情况调查研究

——以哈尔滨市三所中小学校为例

作者：孙帅 ①

指导教师：苏贵民

此次调研于2013年暑假期间展开，由于时处放假期间，在校学生少，被试数量不足，所以一直延续至开学后。调研期间共走访一所小学，两所初中，被调查学生年龄集中在10～14岁。由于条件限制，三所学校全部位于哈尔滨市区，为三所城市学校，因此本次调研呈现结果主要限于哈尔滨地区城市中小学。调研主要以发放问卷、访谈和实地观察的形式进行。

一、问题的提出

自1985年以来由教育部、国家体育总局、卫生部、国家民族事务委员会、科学技术部、财政部共同组织了6次全国多民族大规模的学生体质与健康调研，这些调查研究基本显示了学生体质大概情况和存在问题，也表现出体质问题的重要性和国家对中小学生体质问题的重视。今天处于学习阶段的学生，未来会在社会上从事各个领域的工作，担负起社会经济建设的责任，没有强健的体魄，无法胜任未来的工作和生活。因此，学生体质不仅仅关系学生自身的健康，也关系未来国家社会的建设和发展。

随着经济的发展和人们生活水平的提高，青少年的生活方式发生了很大的变化。加上基础教育阶段应试教育的现状，青少年人群的体质健康状况、学校对学生体质情况的关注和体育课程与活动的设置都发生了一些变化。中小学生的身体状况对其日后长久的发展有极其重要的作用，而学校和家长又是否对这些问题给予了足够的关注？学校体育课程与活动的设置是否能真正帮助中小学生提高体质？学校在对学生的体育与健康教育中是否存在一些不可避免

①西南大学教育学部学前教育专业2011级免费师范生

的阻力？这些问题对于了解中小学学生体质存在问题及其原因至关重要。对于这些问题，不同地区有不同的情况，不同的学校也有不同的经验，在此前提下进行了此次调研。

二、国内相关研究

（一）中小学体质情况的研究

教育部、体育部等多个部门共同组织了六次全国中小学学生的体制与健康调研，最近的两次分别进行于 2005 年与 2010 年。

2005 年调研结果显示，学生形态发育水平继续提高，营养状况继续改善，低血红蛋白等常见病检出率继续下降，体质与健康存在的主要问题有肺活量水平继续呈现下降趋势；速度、爆发力、力量耐力、耐力素质水平进一步下降，不同指标下降幅度呈现不同特点。7～18 岁城市男女生 50 米跑分别平均下降 0.1 秒，乡村男女生分别平均下降 0.1 秒、0.2 秒；7～18 岁城市男生、城市女生、乡村男生、乡村女生立定跳远成绩分别平均下降了 3.7 厘米、3.9 厘米、3.2厘米、4.1 厘米。肥胖检出率继续上升，视力不良检出率居高不下。

2010 年调研结果显示，学生体质与健康状况总体改善，形态发育水平持续提高，肺活量水平出现上升拐点，营养状况得到改善、中小学生身体素质下滑趋势开始得到遏制。主要问题有视力不良检出率继续上升，并出现低龄化倾向、肥胖检出率继续增加、龋齿患病率出现反弹。

（二）对中小学生体质下降原因的研究

未成年人的身体发育在生长的过程中会受到很多因素的影响，这些影响包括主观和客观多个方面。学校、家庭、社会都是重要的影响因素。我国对中小学生体质下降原因的研究涉及多个方面。包括制度政策、体育教师素质、校长对体育的态度、应试教育制度、体育锻炼标准、体育场地等方面，也包括生活方式、营养和学生自身习惯等方面。

政策法规方面，王书彦的“学校体育政策执行力及其评价指标体系实证研究”阐述了学校体育政策执行不力对落实体育政策的影响。新中国成立以来，从增强学生体质的目的出发，在不同时期先后制定了《国家体育锻炼标准》《大学生体育合格标准》《中学生体育合格标准》《小学生体育合格标准》和《学生体质健康标准》等一系列体育制度，对促进学校体育工作，增强学生体质发挥了重要作用。但是从《国家体育锻炼标准》多次修订测试指标评价得分的变化趋势上来看，从 1982 年以来均是降低标准。

在学校体育方面，"中央 7 号文件"指出，导致学生体质健康水平下降的原因有两个方面："一方面由于片面追求升学率的影响，社会和学校存在重智育、轻体育的倾向，学生课业负担过重，休息和锻炼时间严重不足；另一方面由于体育设施和条件不足，学生体育课和体育活动难以保证。"学校体育必须承担学生体质下降的责任。

社会、生活及家庭环境方面研究显示，社会生活方式的变化、生活习惯的变迁都对学生有一定的影响。饮食卫生和食物营养存在一定隐患、社会公共体育场所和设备不足，家庭教育上父母亲的溺爱，怕孩子受苦受累、轻视体育运动等现象普遍。学生自身方面也存在一定的惰性，没有体育锻炼的习惯，沉溺网络、怕苦怕累等现象出现较多。

三、研究内容

(一)调查过程

1.调查对象

表 1　学生问卷被试基本情况

性别		家庭所在地区	
男	女	城市	农村
56.4%	43.6%	98.7%	1.3%

表 2　教师(包括体育教师)问卷被试基本情况

性别		学校地区	
男	女	城市	农村
28.6%	71.4%	100%	0

此次调查的被试为哈尔滨市汽轮机小学 4～5 年级学生、哈尔滨市第三十中学的学生和哈尔滨市第八十四中学 6～8 年级学生与教师以及部分学生家长。

这三所学校均处在城市地区，我们的所有被试绝大部分为城市居民，且三所学校分别处于城市郊区和市中心区，基本可以代表哈尔滨市城市地区的学生以及学校概况。

2.研究方法

(1)问卷调查

此次调查共发放学生问卷、普通教师问卷、体育教师问卷三种，问卷调查了不同群体对学生体质问题的看法和学校体育活动、体育设施以及学生日常的体育锻炼情况。此次问卷调查使用《中国义务教育发展报告》调研组统一派发的问卷，共发放问卷214份，回收205份，其中有效问卷189份，有效回收率88.3%。

调研期间共发放学生问卷170份，回收问卷161份，其中有效问卷154份，有效回收率为90.6%。问卷主要调查内容包括以下几个方面：学生的身体情况及身体素质统计、学生放学后锻炼情况统计、学生参与学校组织的体育活动情况统计、体育器材场地情况统计。

另外还发放了普通教师问卷和体育教师问卷，普通教师问卷主要从学生体质情况、学校体育活动及课程的设置、学校体育场地及器材情况、影响学校体育活动的因素几个方面进行调查。体育教师问卷主要从学校体育课基本情况、学校体育活动的基本情况、影响学校开展体育活动的因素等几个方面进行调查。

两种教师问卷中都设置了问答题，了解教师对学生体质下降的归因和建议。

(2)访谈调查

此次访谈对象为三名在校学生、两名学生家长、两名体育老师。共有9段访谈记录。笔者分别对9段录音进行整理。

(3)实地观察

在调研过程中，我们走访了被调查学校，注意观察了学校的体育设施和场馆，也在学校周边的居民区进行了观察，留意了周边社区的体育设施和场地情况。

(二)结果呈现

1.对学生身体基本情况的统计结果

(1)学生和教师对学生体质状况评价普遍乐观

在学生问卷中，认为自己身体状况“非常好”和“比较好”的学生分别占

40.3%和41.6%，共占总人数的81.9%；认为自己体质“比较差”和“很不好”的学生仅占6.4%。

在教师问卷中，认为学生体质“优”“良”“一般”的分别占20%、40%、40%，没有教师认为学生体质“不良”和“很糟糕”。

家长访谈中，家长们多数表示孩子“体质很好”“还行”，没有家长认为孩子“体质很差”。

(2)学生近视比重

表3　学生近视情况统计

	频数(人)	总量(人)	频率
四年级	5	35	14.29%
五年级	15	39	38.46%
六七年级	17	44	38.63%
八年级	21	36	58.33%
合计	58	154	37.67%

数据显示，在被试学生中近视学生占37.67%。近视度数在75°～450°之间。随年级的升高，近视比重逐渐增大。

2.对学生体质情况下降的归因

在我们的问卷和访谈中，分别对学生、教师、家长设置了“影响学生体质的因素”或“学生体质下降的原因”等问题来收集相关人群对这一问题的看法。通过数据的分析统计、问卷问答题以及访谈记录，在“学生体质下降原因”这一问题上得出以下几点结论。

(1)学生课余体育锻炼缺乏，没有养成体育锻炼的习惯

调查显示，学生体育锻炼缺乏，原因受体育锻炼的时间、课余时间主要放松方式、家庭体育锻炼习惯、环境几个方面的影响。

在学生问卷中，“你认为造成自己或同学身体不好的原因有”这一问题的数据显示，认为自己“体育锻炼不够”的学生占66.2%。在“课余时间利用”上41.2%的学生选择了选项一“学习、做作业”；31.4%的学生选择了选项二“参加课外辅导、兴趣小组”。大多数的学生课余时间用在和学习相关的事务上，选择“以体育锻炼为主”的学生只有21.4%。学生的课余时间基本被学习占满，即便有进行体育锻炼的想法和欲望，也难以展开活动。

在教师问卷问答题和教师访谈中，一些教师认为学生看电视、玩电脑的时间过长，不利于学生体质健康。在学生问卷中也有相关问题的调查，由上面给出的数据可看出，在学生问卷第13题中，53.2%的学生选择了选项三“看电视、玩电脑、游戏”。这种更安逸更舒适的放松方式无疑比外出活动更加吸引学生。

对学生问卷中“你平均每天放学后用在体育锻炼的时间”这一问题的回答，数据统计结果如下：

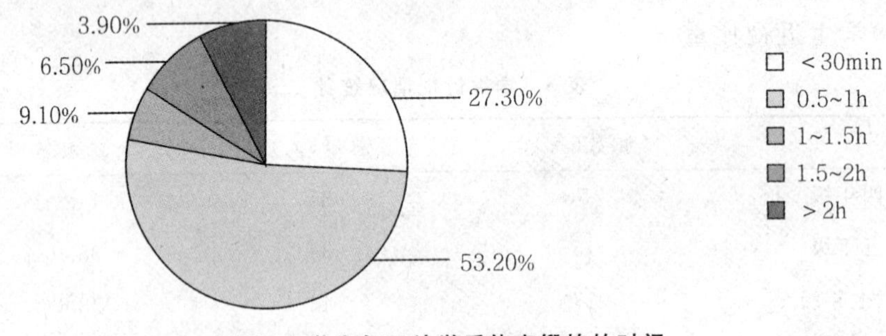

图1　学生每天放学后体育锻炼的时间

这组数据可以看出每天放学后体育活动达到1小时以上的学生只有19.5%。在学生问卷中还对学生“是否有自己的锻炼计划”进行了调查，结果表明有计划并坚持遵守的学生只占33.8%。认为自己体质不好的原因是“体育锻炼不足”的学生占66.2%。这些数据表明学生在日常的学习生活中确实没有良好的运动习惯，愿意运动的学生并不占大多数。

(2)学生学习压力大，负担重

学生近视率居高不下是学生体质存在的一个重大问题，除了电子科技产品的普及，我们不得不说这个问题和学生学习负担之间也存在着必然的联系。学习负担的加重使学生休息时间和活动时间减少，也必然影响学生的心理状态，进而影响学生的体质健康。在本次调研中，很多教师在回答“学生体质下降的原因”时提到，学业压力过重影响了学生的体质健康。在家长访谈时，也有家长指出“学习压力太重，影响孩子的身体健康”。

(3)学校体育课程与活动规范性和有效性不足，不能有效帮助学生增强体质

通过学生、普通教师、体育教师问卷调查及访谈，在关于学校体育课程及体育活动的相关问题上我们总结出了以下几点突出问题。

第一，学生在校体育活动时可能出现的安全问题及其权责问题影响学校组

织活动的积极性。

在教师问卷问答题中,有教师表示由于体育活动期间产生的身体伤害学校要承担全部或部分责任,所以学校根本不敢进行体育活动。在体育教师问卷中,认为影响学生进行体育锻炼的学校因素的问题上,40%的教师选择了安全因素。教师关心学生的安全是必然的,但是责任和赔偿问题也令学校头痛。学校举办体育活动时考虑的因素过多,引起的后果就是减少了体育活动的数量和质量,从而减少了学生在校期间通过体育活动进行身体锻炼的机会。长此以往,就有可能影响学生的体质健康。

第二,学校举办的各项体育活动效果有限,难以真正起到锻炼身体的作用。

首先,学校的体育课缺少规范性。访谈显示,学校的体育课虽然进行多样的体育活动教学,但大部分课程内容和形式以及管理上并不规范,体育教师大多数管理并不严格,不喜爱运动或不喜爱体育课的同学,在体育课上并不认真,甚至不参加体育活动,教师并没有进行有效的规范和管理。访谈中提到的几种教学内容都只是在某一学期进行过几次,大多数情况就如学生说的"集合、列队、解散"这样一种流程随意进行。教师教授内容有时不符合学生需要,导致学生兴趣不足,学习效果欠佳,更不能培养学生体育锻炼的习惯。

其次,课间操和运动会的锻炼效果不明显。课间操活动是唯一每天都要进行的体育活动。这项运动时长共 20 分钟左右,但是大多数学生认为自己在进行完这一项运动之后并没有感到心跳加速、出汗等。在学生问卷中,认为造成自己做操不认真的原因是"单调、机械重复,没有兴趣"的学生占半数以上。运动会是学校开设的各项体育活动中最激烈的一种。但是运动会具有短时性、个别化的特征。运动会每年召开一次,全程比赛时间不过三五天,所有比赛项目自愿报名,以竞赛的形式展开。参赛同学总是体育技能较强的几名同学,而且相应的训练也只是在运动会开始前的几天里进行。运动会得到较大锻炼的是个别人,锻炼现象只持续短短几天或一到两个星期。大多数同学作为观众参加,情绪被调动然而身体并未得到锻炼。

第三,学校体育场地和器材不够,不能满足学生活动的需要。

在教师问卷问答题中,有一些教师指出学校体育活动的场地和器材不足,不能满足学生的活动需要。有 70%的体育教师认为"器材设施不够"是开展体育教学的最大困难。在教师访谈中,对"贵校基本配备的体育场地和设备有哪些？是否对学生完全开放，利用率如何?”这一问题的回答，接受访谈的教师说“学校的体育活动设备还是很好的，我们学校有室内的体育馆和器材室，学生可以在任何课余时间借用器材室里的活动器材，只是体育馆一般除了上课需要不会对学生开放”。

(4)家庭与社区在体育锻炼器材设施配备不足

在学生问卷中第16题，“家里是否有可供进行体育活动的器材”和第18题“在你家周边(社区)是否有可供进行体育活动的场地和设施”中，数据统计结果显示47.4%的学生表示家里的体育器材比较少或非常少，42.8%的学生认为社区的体育器材比较少或非常少；第17和19题的另一组数据则显示20.8%的学生认为家里的器材不能满足需要，29.8%的学生认为社区的设施不能满足需要。这样就发现家庭和社区的客观条件并不利于学生进行活动。认为家庭和社区体育器材少的学生都将近半数，但是只有很少的学生认为设施不能满足需要。这一对比可看出学生没有养成运动的习惯，也反映出体育器材的不足，降低了学生运动的需求。

四、思考与建议

(一)明确学生在校期间由于体育活动造成的身体伤害的权责问题

学校和家长应该达成协议，解决学校的后顾之忧。通过问卷调查，我们发现大多数教师认为学校不开展较大规模和较激烈的体育活动，很大一部分原因是学校往往需要为学生的人身安全承担很大的风险。学校的资金和名誉等很多方面会在安全事件中受到消极的影响。一旦发生意外，学校的努力和心思就一下被全盘否定，这样也不利于学校工作积极性的正常发挥，学校每走一步路，都有强烈的后顾之忧，因而不敢开展预期中更为有效的体育活动，对于举办活动“心有余而力不足”。

因此，学校和家长应该针对这一问题达成一致，在尽力保证学生人身安全的基础上，保证学校开展活动的自主权，尽量保证学校承担的风险在自己应该承担的范围之内。例如家长和学校进行书面协议，明确学生有可能发生的种种意外伤害的状况，在哪些情况下学校要承担明确责任，协议内容由家长和校方共同制定，在得到绝大多数家长的认定之后实施。一旦学生发生意外伤害，依据相关内容权责分明。以此促使学校敢于开展受学生欢迎的并能更好地提高学生身体状况的体育活动。当然这种协议不可能解决所有问题,这就需要家长和学校双方的相互理解和让步,积极沟通,达成一致。

(二)学校与家长都应该致力于加强学生体育健康教育,双方应达成一致,相互合作

在问卷中我们发现,很多教师认为学生体质下降的原因在于家长的意识不够,在家长访谈中,一些家长则把相同问题归因于学生学业压力较重,学校不重视体育锻炼等。学校和家长若不能针对一个问题达成一致,没有共同的目标,就难以合作互补地对学生进行体育健康教育。家庭和学校的教育对学生同等重要,在关于体质与健康的问题上家庭尤其起着学校所不能替代的作用。学校和家长只有达成一致,确定一个共同努力的方向和目标,才能利于学生身体素质的提高。

(三)学校应该开展更多有效的体育活动,促进学生的体育锻炼

经过了解,大多数学校都开展了课间操和秋季运动会等体育活动,同学们的参与度良好,但是开展度并不广,比如秋季运动会每年举办一次,只是对同学们的体育水平做一个测试,但并不能起到锻炼学生体质的目的。为了培养学生们的锻炼习惯,学校应想办法开展更多有效的活动。可以适当增加体育活动的频率,以考核制度对同学们的体育锻炼情况加以统计与评价,形成同学们之间的竞争意识。

(四)学校体育课程应该向着更规范的方向改进

经过调查,我们了解到大多数学校的体育课程并不是很规范。有的体育老师进行体育教学时并不按照教学进度,甚至把体育课改为自由活动课。作为体育教师,应该更加重视学生体质的锻炼,教授一些有趣的体育活动,比如乒乓球、羽毛球、篮球等。引导学生重视体育锻炼,重视个人的身体健康问题。在体育活动的进行中,为同学们讲解各项活动的注意事项,保证同学们的安全。课程期间,体育教师应对学生的学习情况做统计与考核,一方面可以督促同学们进行体育锻炼,一方面也可以对同学们的整体情况做一个详细的统计,为今后的体育教育发展与改革做准备。

(五)社区应增设符合青少年需要的体育活动器材和场地

通过在学校周围的社区进行观察发现,大多数居民区、社区里都安置有体育活动器材,但平时使用这些器材最多的是中老年人。社区里的器材运动量小,种类虽多但形式单调,并不符合中小学学生的身心发展特点,不能满足他们的需要。另外社区里的空地多数为停车场,很少有大面积的空地适合用于体育活动。社区周边的广场面积虽大但是多数时间拥挤,尤其到了傍晚大批居民聚集进行广场舞等健身活动,不利于青少年健身。

如果社区等组织能举办一些社区街道的体育活动,这不仅可以促进居民进行体育锻炼,也是增进邻里关系和亲子关系的一个方法。因此,社区应该尝试着举办一些创新的活动,促进居民尤其是学生体育锻炼的积极性。

参考文献

[1]王洪妮. 义务教育阶段学生体育锻炼习惯培养研究 [J].南京体育学院学报(社会科学版),2008(04).

[2]李春荣,董欣.学生体质状况的客观影响因素分析 [J].边疆经济与文化,2013(06).

[3]李月红.中小学生体质下降原因及对策研究 [J].考试周刊,2010(44).

[4]吴菲. 黑龙江省中小学体育教育的现状调查与对策 [J].哈尔滨体育学院学报,2005(06).

[5] 刘励,吴汉荣.广州、武汉、湘潭、哈尔滨四地中小学生体质健康研究[J].中国社会医学杂志,2010(03).

[6]张春芳.论我国的中小学生的体质健康现状与学校体育教育改革[J].西安体育学院学报,2004(06).

[7]张子龙,马军,付连国等.中国 2010 年中小学生体质健康现状分析[J].中国学校卫生,2013(02).

[8]秦香娟,吴爱军.中小学生体质健康问题的社会学分析与对策——基于常州市《国家学生体质健康标准》的调查数据[J].运动,2011(15).

[9]王琴.中小学生体质下降问题及其解决[J].教学与管理,2011(04).

[10]常璐艳.我国中小学体育教学内容体系构建研究 [D].河南:河南大学,2012.

[11]原鹏程.中俄中小学体育教学发展比较 [D].北京:北京体育大学,2009.

[12]王海思.洛阳市初中学生体质健康状况的相关因素分析——以洛阳市某中学为例[D].上海:上海体育学院,2011.

[13]马思远.我国中小学生体质下降及其社会成因研究[D].北京.北京体育大学,2012.

[14]姚小燕.黑龙江省中小学生体质健康评测现状分析及对策研究[D].哈尔滨:哈尔滨体育学院,2011.

[15] 中共中央,国务院.关于加强青少年体育增强青少年体质的意见[R]. 2007-05-07.

父母教养方式与初中生情绪智力的关系研究

——以重庆市北碚区为例

作者：张玉玲[1]　唐玉春[2]　罗尧[3]

指导教师：陈本友

一、问题的提出

人的生理发展与心理发展是密切联系、相辅相成的。在人一生的大部分时间里，生理发展与心理发展的速度是相互协调的，只有这样才能使个体的身心处于一种平衡和谐的状态。心理学理论研究表明，初中阶段是人类个体生命全程中的一个极为特殊的阶段，初中生的生理发育十分迅速，在2～3年内就能完成身体各方面的生长发育任务并达到成熟水平，但其心理发展的速度则相对缓慢，心理水平尚处于从幼稚向成熟发展的时期，因此身心发展失衡，加之性意识萌发，产生了与性相联系的一些新的情绪情感体验，极易产生各种心理问题。在这一时期，初中生的生理迅速发展，情绪发生改变，不仅面临着适应新环境和升学的压力，还需调整与同龄人、老师、父母的关系，生活中的各种挑战相继而来，对于初中生来说，这一阶段极易产生情绪问题。

但是在这一阶段，无论是父母还是老师，把重心都放在了学生的学业成绩即智商上，忽视了他的人际交往、表达控制情绪等心理方面的培养，忽视了学生情绪智力的发展，而随着社会的发展与社会对人各方面能力要求的增多，情绪智力越来越受到人们的关注和认可，并被视为现代个人是否成功的重要标志。

家庭是初中生学习生活的重要场所，对其成长有着深远稳固的影响，张效贞等在《初中生心理问题产生的主要原因及对策》中指出，家庭环境因素是导致初中生心理问题的主要因素，而家庭环境因素中容易引发的心理问题是抑郁、精神病、人际关系不适、偏执，这些都与情绪智力有关。父母教养方式对个体发展起着重

①西南大学教育学部教育学专业（晏阳初创新实验班）2012级学生

②西南大学教育学部教育学专业（晏阳初创新实验班）2012级学生

③西南大学教育学部教育学专业（晏阳初创新实验班）2012级学生

要的作用，已有研究表明，父母教养方式对学生的心理人格发展有一定的影响，良好的家庭环境以及科学合理的积极的教养方式都会对学生的心理产生积极的影响。那么，父母的教养方式对初中生这一特殊群体究竟有怎样的影响呢？在已有的文献中未发现有对父母教养方式与初中生情绪智力的关系进行探讨的。

本研究运用符合中国国情的量表调查了父母教养方式与初中生情绪智力的关系，致力于了解该群体的情绪智力与其父母教养方式之间内在的联系，以此提出教育建议，帮助父母探寻合理的教养方式。

二、研究方法

(一)研究对象

本研究采取整群抽样与随机抽样相结合的方法，调查了重庆市北碚区的6所不同层次的学校，在6所学校的每个年级(包括初一、初二、初三)中随机抽取一个班，每个班随机发放30份问卷，共发放问卷540份，回收有效问卷491份。另外，取样时我们选取的6所中学尽量保证学校层次、所处地域、学生性别之间的均衡。

(二)研究工具

1.巴昂情绪智力量表(青少年版)中文修订版

我们采用了由以色列心理学家巴昂编制，西南大学心理学部张进辅教授等修订的“巴昂情绪智力量表(青少年版)中文修订版”。其中将情绪智力划分为4个维度，包括个体内部调节能力、人际交往能力、环境适应能力、压力管理能力。问卷具有良好的信度和效度。

2.父母教养方式量表

本次调查，采用由西南大学心理学部黄希庭教授指导、龚艺华编制的父母教养方式量表。量表经过多次检验，有非常好的信度和效度。

在原量表的基础上，我们对维度划分稍做调整。鉴于原量表中的信任鼓励型父母教养方式和情感温暖型父母教养方式同属于民主型父母教养方式，并且龚艺华研究发现父亲更加偏向于信任鼓励型教养方式，母亲则更倾向于情感温暖型教养方式，所以将民主型分为这两个维度，但是同属一个问卷的其他教养方式则没有将父母分开，依然按照大众较公认的专制型、溺爱型、忽视型划分。

本研究将父母教养方式量表维度修订为:专制型父母教养方式、民主型父母教养方式、溺爱型父母教养方式、忽视型父母教养方式。

三、研究结果

(一)初中生父母教养方式、情绪智力的基本情况

1.初中生父母教养方式基本情况

初中生在父母教养方式四个维度上的平均分在1.98～4.07,标准差在0.63～0.76。初中生父母教养方式的4个维度中按均值排序由大到小前三位分别是:民主型教养方式维度(4.07±1.08),溺爱型教养方式维度(2.48±2.40),专制型教养方式维度(2.45±1.31)。各维度平均值差距较大,其中民主型教养方式维度均值最大,标准差最高,说明中学生在民主型教养方式维度的体验感较强,但是该维度相对于其他三个维度稳定性较差;忽视型教养方式维度均值最低,标准差较高,可知中学生在此维度的体验较弱,且相对其他维度稳定性也稍差。(表1)

表1　父母教养方式基本情况

	N	极小值	极大值	均值	标准差
专制型教养方式	491	1.14	4.43	2.4482	0.62898
溺爱型教养方式	491	1.00	5.00	2.4751	0.69167
民主型教养方式	491	1.00	5.00	4.0743	0.75610
忽视型教养方式	491	1.00	4.75	1.9717	0.74176
有效的N(列表状态)	491	—	—	—	—

2.初中生情绪智力基本情况

初中生在情绪智力5个维度上的平均分在2.64～3.28之间,标准差在0.37～0.56之间。初中生情绪智力的5个维度中按均值排序由大到小前三位分别是:人际交往因素维度(3.28±0.96),压力管理因素维度(2.98±2.40),环境适应性因素维度(2.79±1.31)。各维度平均值差距较小,其中人际交往因素维度均值最大,标准差较低,说明中学生在人际交往因素维度的能力较强,且该维度相对于其他两个维度稳定性较高;个体内部调节因素维度均值最低,标准差较高,可知中学生在此维度的能力较弱,且相对其他维度稳定性也稍差。(表2)

表2　初中生情绪智力的基本情况

	N	极小值	极大值	均值	标准差
压力管理因素	491	1.00	4.00	2.9779	.56134
人际交往因素	491	1.42	4.00	3.2777	.43143
环境适应性因素	491	1.20	4.00	2.7909	.55222
个体内部调节因素	491	1.00	4.00	2.6415	.56259
总体情绪智力	491	1.80	4.00	2.9234	.36933
有效的 N（列表状态）	491	—	—	—	—

(二)初中生情绪智力的差异分析

1.父母婚姻状况在情绪智力各维度的差异

父母是否离婚与初中生环境适应性 Sig.（双侧）＝0.04，说明二者有一定关系，分析可知，父母婚姻状况越好，初中生对环境的适应能力越高。（表3）

表3　父母婚姻状况与情绪智力 t 检验

		方差方程的 Levene 检验		均值方程的 t 检验		
		F	Sig.	T	Df	Sig.（双侧）
压力管理因素	假设方差相等	.927	.336	.234	485	.815
	假设方差不相等	—	—	.207	115.837	.837
人际交往因素	假设方差相等	1.606	.206	−.333	485	.739
	假设方差不相等	—	—	−.323	126.398	.747
环境适应性因素	假设方差相等	.170	.681	2.922	485	.004
	假设方差不相等	—	—	2.834	126.198	.005
个体内部调节因素	假设方差相等	.542	.462	−.735	485	.463
	假设方差不相等	—	—	−.712	126.204	.478
总体情绪智力	假设方差相等	3.212	.074	.799	485	.425
	假设方差不相等	—	—	.717	117.515	.475

2.父母学历在情绪智力各维度的差异

父母学历状况与压力管理因素显著性系数为0.001，与人际交往因素显著性系数为0.004，与环境适应性因素为0.034，与个体内部调节因素显著性系数为0.036，都呈显著性相关，而父母学历与总体情绪智力显著性系数为0.000，说明二者相关性较高。总体来说，父母学历越高，初中生总体情绪智力越高。（表4）

表 4　父母学历与情绪智力 ANOVA

		平方和	Df	均方	F	显著性
压力管理因素	组间	5.399	3	1.800	5.433	.001
	组内	159.658	482	.331	—	—
	总数	165.057	485	—	—	—
人际交往因素	组间	2.420	3	.807	4.570	.004
	组内	85.064	482	.176	—	—
	总数	87.484	485	—	—	—
环境适应性因素	组间	2.629	3	.876	2.920	.034
	组内	144.628	482	.300	—	—
	总数	147.257	485	—	—	—
个体内部调节因素	组间	2.690	3	.897	2.877	.036
	组内	150.210	482	.312	—	—
	总数	152.900	485	—	—	—
总体情绪智力	组间	2.615	3	.872	6.633	.000
	组内	63.353	482	.131	—	—
	总数	65.968	485	—	—	—

(三)父母教养方式与中学生情绪智力的相关性研究

1.专制型教养方式与情绪智力的关系研究

专制型教养方式总体上与情绪智力呈现显著的负相关关系。专制型教养方式与压力管理因素维度、环境适应性因素维度、个体内部调节因素维度都呈现显著的负相关关系；与人际交往因素维度则没有显著的相关关系。总体来说，专制型教养方式都会阻碍情绪智力的发展。

2.溺爱型教养方式与情绪智力的关系研究

溺爱型教养方式与情绪智力总体上存在显著的负相关关系。溺爱型教养方式与压力管理因素维度、人际交往因素维度、环境适应性因素维度、个体内部调节因素维度都呈现显著的负相关关系。说明溺爱型教养方式对于初中生情绪智力的发展具有负面的影响。

3.忽视型教养方式与情绪智力的关系研究

忽视型教养方式总体上与情绪智力呈现显著的负相关关系。忽视型教养方式与压力管理因素维度、人际交往因素维度、环境适应性因素维度和个体内部调节维度都呈现显著的负相关性。说明忽视型教养方式对中学生的情绪智力具有极大的负面影响。

4.民主型教养方式与情绪智力的关系研究

民主型教养方式与情绪智力总体上存在显著的正相关关系。民主型教养方式与压力管理因素维度、人际交往因素维度、环境适应性因素维度和个体内部调节因素维度都呈现显著的正相关关系。说明民主型教养方式对于初中生情绪智力的发展具有积极的影响。

表5　父母教养方式与情绪智力的关系

		压力管理因素	人际交往因素	环境适应性因素	个体内部调节因素	总体情绪智力
专制型教养方式	Pearson 相关性	−.155**	−.010	−.222**	−.130**	−.196**
	显著性(双侧)	.001	.824	.000	.004	.000
	N	491	491	491	491	491
溺爱型教养方式	Pearson 相关性	.106*	.097*	−.038	.080	.086
	显著性(双侧)	.019	.033	.397	.075	.056
	N	491	491	491	491	491
忽视型教养方式	Pearson 相关性	−.361**	−.210**	−.258**	−.290**	−.411**
	显著性(双侧)	.000	.000	.000	.000	.000
	N	491	491	491	491	491
民主型教养方式	Pearson 相关性	.309**	.340**	.115*	.310**	.383**
	显著性(双侧)	.000	.000	.010	.000	.000
	N	491	491	491	491	491

注：* 表示 0.05 水平(双侧)上显著相关，** 表示在 0.01 水平(双侧)上显著相关

(四)父母教养方式与中学生情绪智力的回归分析

为了进一步检验父母教养方式与初中生情绪智力的关系，本研究选择回归分析，针对每一类别中找出的存在显著线性相关关系的变量，进一步检验父母教养方式与情绪智力的关系，以父母教养方式的四个维度为自变量，情绪智力的五个维度为因变量，采用进入法进行多元线性回归分析和一元线性回归分析，结合两种回归分析进行归因。

一元线性回归分析结果发现，父母教养方式各个维度分别作为自变量与情

绪智力的回归系数非常显著，说明父母教养方式是影响情绪智力的重要因素。

多元线性回归分析结果发现，父母教养方式各个维度分别作为自变量与情绪智力的回归系数非常显著，但是专制型教养方式的回归系数呈现不显著状态，溺爱型教养方式正好相反，没有因为多个自变量有明显的改变。说明父母教养方式是影响情绪智力的重要因素，其中专制型教养方式极易受其他父母教养方式的影响，溺爱型教养方式则与之相反。

四、讨论

(一)父母教养方式对初中生情绪智力的影响

1.专制型教养方式

专制型教养方式与初中生情绪智力的压力管理因素维度、环境适应性因素维度、个体内部调节因素维度以及总体情绪智力呈现显著的负相关关系，对于初中生情绪智力的发展具有极大的负面影响。在将父母教养方式的四个维度作为自变量，将情绪智力的各维度作为因变量的回归分析中发现，专制型教养方式与其他教养方式同时作为自变量时极易受到其他自变量的影响。回归分析中发现专制型教养方式在多个自变量的综合作用下，在情绪智力的各个维度以及总体情绪智力上，对于初中生的情绪智力的负面影响都有不同程度的减小或者消除。

2.忽视型教养方式

忽视型教养方式与初中生情绪智力的各个方面以及总体情绪智力呈现显著的负相关关系，对初中生整个情绪智力有着非常大的负面影响。

3.溺爱型教养方式

研究发现，溺爱型教养方式并非对情绪智力有着极其显著的负面影响，相关系数和回归系数都显示，溺爱型教养方式与情绪智力的环境适应性和个体内部调节因素以及与总体情绪智力，都没有显著的相关性，但是在压力管理因素以及人际交往因素上对情绪智力具有显著的正面影响。

龚艺华针对大学生教养方式与成就动机的研究证明当他们在遇到各种困难时往往不会花力气去尝试解决，而是选择求助于父母，所以他们表现出来的更多是避免失败。由此推断，溺爱型教养方式下成长的“小皇帝”或者“小公主”,他们在面对困难时也不会有太大的压力,因为父母帮他们承担了几乎所有的压力。

溺爱型教养方式对人际交往的正面影响也可以得到解释。人际交往上的正面影响主要体现在:第一,初中生人际关系的冲突主要就是许多较小的利益冲突,溺爱型教养方式下成长的孩子,他们的父母对他们有求必应,所以人际利益冲突在这部分初中生身上就不会有太大的体现;第二,初中生的不良情绪会影响到人际间的交往,溺爱型教养方式下成长的孩子相对而言受到父母的关爱比较多,在初中阶段相对于忽视型和专制型的教养方式,负面情绪较少,所以在初始阶段的人际关系上稍显优势。

4.民主型教养方式

民主型教养方式对初中生的总体情绪智力都有着显著的正面影响。以孩子的身心健全发展为中心,对孩子监督但不过分限制、给予指导和帮助,对孩子的要求做适当反应,相信孩子、尊重孩子的意愿,亲子间进行平等的交流,倾听吸收孩子的观点、鼓励孩子自立。Baurnrind 的父母教养方式类型理论,权威型(与民主型的内在含义相同)的父母对孩子虽严厉却不失温暖,他们对孩子的需要能及时做出反应,并给予孩子合理的控制,这种教养方式易使孩子形成较强的独立性、有较高的社会成熟度和自控能力、表现为喜欢与人交往、对人友好热情的性格特点。民主型教养方式不仅是对情绪智力,而且对初中生整个身心发展都有极大的积极影响。

(二)对策与建议

根据本次调查研究的结果,结合实际操作,我们从比较微观且较容易实施的角度给父母和学校提出以下的建议。

1.给父母的建议

(1)避免忽视型教养方式,增加“社会支持”

从我们与学生的交流中了解到,忽视型教养方式的成因,一般来说有三种情况:第一,留守儿童;第二,父母工作太忙;第三,父母离异,家庭不完整。对于容易存在忽视型教养方式的三类家庭,我们有如下建议。

第一类,留守儿童的父母。这类型父母对孩子的关注是非常少的,能够给孩子实实在在的关爱也是非常有限的。所以对留守儿童我们建议其他亲人(尤其是监护人)和学校应该给予孩子更多的社会支持,最大限度地给孩子弥补缺少的那一部分来自父母的支持。

第二类,工作繁忙的父母。父母双方如果工作特别繁忙,那么只能说一个家庭总要有人牺牲,一般来说是母亲应该更多地照顾家庭,所以建议母亲尽可能选择一个可以兼顾孩子的工作。如果不行,可以争取最多地与孩子进行有效的沟通或是在特殊的时段放下工作,陪在孩子身边。总之,尽量对孩子的重大事件或是情绪改变做出及时的反应,对孩子的行为也要提出合理的要求,对孩子的要求也要有必要的回应。

第三类,离异的父母(父母双方不在一起生活,或是重新建立了家庭会忽视对孩子的教养)。夫妻离异之后,获得孩子抚养权的一方往往会告诉孩子另一方的不是,而另一方则会大大减少对孩子的关爱。建议离异夫妻中孩子的监护人,在给孩子足够关爱的同时,也能够客观地评价前任,不要否定前任对于孩子的感情,让孩子对于他的父亲或母亲有正确的认识;没有获得孩子监护权的一方,也应多向孩子表达关爱和关注,表示还在孩子身边,关心着孩子。

(2)改善专制型教养方式,做到"宽严相济"

第一,父母在严格管理中增加一份温情,在过分保护中多给一份自由,让正处于青春期的初中生既感受到温暖,又知道分寸。在家庭角色扮演中,父母刚柔并济(父母一个唱红脸,一个唱白脸)的教养方式沿用至今,并非无理。父母在教养孩子时,不能专制独裁,要有慈母般的关怀和严父般的要求,给予孩子多一些自由与温情。

第二,父母引导其发展,适度控制其行为。初中生处在叛逆期,但又并非完全是对父母不再依赖,这个阶段的依赖更多的是希望从父母那里得到精神上的支持、理解和保护。父母应该给予孩子的应该是精神上的引导和行为上的适度控制,成为孩子心目中的权威。

(3)削弱溺爱型教养方式,制订"游戏规则"

中国有句古话叫作"惯子如杀子",父母对于孩子的溺爱可能会导致孩子一生崩溃。所以,需要给这场"教养游戏"制订一个规则,在规则范围内宠爱孩子。在规则之内表达对孩子的关爱,满足他们合理的要求,既要孩子知道父母非常爱他,又要让他知道在规则范围之外的事情是不可以做的,要求是不能够被满足的。在这一点上,让初中生知道分寸、知道进退、知道自己并非不可一世、知道自己必须承担责任，然后去和谐地与他人相处，去面对自己应该面对的压力，去走自己的路，适应社会环境。

2. 给学校的建议

(1)开展家校合作，促进信息交换

家校合作统一了青少年社会化的两大主要环境——家庭和学校，使家庭和学校既能充分发挥各自的教育优势，又能相互取长补短，弥补各自教育的局限性，从而成为青少年情绪智力良性发展和社会化的有效途径。父母和教师全面地去了解学生，确保对学生引导方向的一致性，使学生情绪智力良性发展，利于初中生的社会化。

(2)举办父母教育培训，增加父母教养知识

父母的教育知识和教育能力是极其有限的，尤其是学历较低的父母。学校的教师既懂得教育教学知识，又有着丰富的教育教学经验，更加知道学生在学校的学习和人际状况以及班级的氛围，所以能够更加有针对性比对家长进行教育知识和技能培训，帮助家长找到适合自己孩子的教养方式。

(3)组织亲子活动，增进亲子了解

开展父母与孩子之间相互了解的心理亲子活动，让父母与孩子相互了解，培养初中生合作交流等能力，建立初中生对父母的信任感，才能真正让父母知道如何应对孩子波动的情绪，知道如何引导孩子的情绪智力良性发展。

参考文献

[1]郭德俊，赵丽琴. 情绪智力探析[J]. 首都师范大学学报(社会科学版)，1998(01).

[2]龚艺华.父母教养方式问卷的初步编制[D].西南师范大学，2005.

[3]张闻.巴昂情绪智力量表(青少年版)的修订及试用[D].西南大学，2007.

[4] Bar—On，R.The development of an operational concept of Psychological well－being.Unpublished doctoral dissertation，Rodes University，South Africa.1988. [8]Saarni C. ， Mumme D.L.

[5]Frances F.Prevatt.(2003).The contribution of parenting practices in a risk and resiliency model of children's adjustment.The British Joumal of Developmental Psychology；Nov，21.

[6]GolemanD.EmotionalIntelligenee.NewYourk：BantamBooks，1995.

[7]Bar－On，R.Emotional and soeial intelligence：Insight from the emotional quotient inventory.InR.Bar－on and J.D.A.Parker(Eds.)，Handbook of Emotional Intelligence.SanFraneiseo：Jossey－Bass.2000.

第四篇
基础教育改革

义务教育阶段教师信息化教学能力的多维测度研究

作者：杨磊[1]　杨赛男[2]　袁珊珊[3]　肖桐[4]

指导教师：易连云

一、问题提出

《国家中长期教育改革和发展规划纲要（2010—2020年）》描绘了未来十年我国教育发展的蓝图。"加快教育信息化进程"作为其中单独的一章，体现了国家对教育信息化的重视。面对教育信息化发展的时代趋向，教育的思想观念、教学内容、教学方法等都发生了变革，信息化社会对教师的知识体系和能力素质提出了挑战。教师是教育信息化的推广者和实践者，在实现教育信息化的进程中扮演着最重要、最基础的实践主体的角色。教师的信息化教学技能关系到教育信息化的实际落实和贯彻，关系到教育主体学生的培养。因此教师信息化教学能力的发展是教师不可回避的时代趋向和价值选择。基于此，本研究将从义务教育阶段教师信息化教学能力的多维测度来进行研究，分别通过义务教育阶段教师信息化教学能力的现状测度、差异测度、影响因子相关性测度、影响因子权重测度进行全方位、多角度的研究。以数据为依据，以科学的分析方法为手段，得出合理、科学、具有代表性的建议，以推动义务教育阶段教师信息化教学能力的发展。

二、研究设计

本研究将采用定性研究与定量研究两种方式相结合的研究思路进行，根据研究阶段的任务与研究对象的不同，综合采用文献研究法、问卷调查法、非结构式观察法、半结构式访谈法、比较研究法进行研究。

①西南大学教育学部教育学专业（晏阳初创新实验班）2012级学生

②西南大学教育学部特殊教育专业2012级免费师范生

③西南大学教育学部教育学专业（晏阳初创新实验班）2013级学生

④西南大学教育学部教育学专业（晏阳初创新实验班）2012级学生

《义务教育阶段教师信息化教学能力多维测度问卷》由三个部分15个题项组成。第一部分为引导语和基本信息，第二部分为教师信息化教学能力，第三部分为影响教师信息化教学能力的因素。其中，引导语部分，向被试者交代了本次调查的目的、答题方式、问卷回收方式，并对被试者表达了感谢。

教师信息化教学能力部分借鉴了NETS.T(2000版)对教师信息化教学能力评价的划分。分别考察了信息技术的操作和概念、创设学习环境和学习体验的能力、信息技术的方法策略与课程计划相融合的能力、利用信息技术促进有效的教学评价的能力。

影响教师信息化教学能力的因素部分，借鉴了Rebekah Fulton Hanks等人的研究。将影响教师信息化教学能力的因素分为内部因素与外部因素。其中内部因素有性别、教龄、学历、课程、年级、认知水平与使用频次；外部因素有设备、组织氛围、技术支持、阻碍因素、外部压力。

美国学者Spencer基于McClelland的研究，将内隐的潜在的认知分为三个方面，提出了著名的冰山模型。因此本研究将认知水平因素分解为运用动机认知、效果评价认知、障碍认知三个方面，如图1所示 。设备因素由信息化教学基础设施、远程同步教学设施、远程同步培训设备三个方面组成。

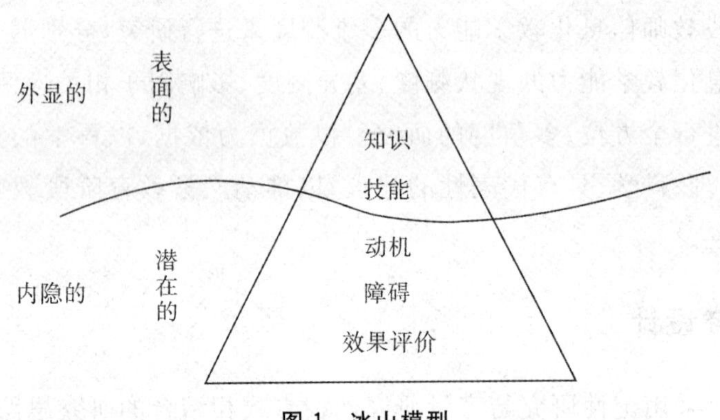

图1 冰山模型

本研究的调查问卷数据资料采用SPSS 20.0统计软件进行处理。本问卷总体Cronbach's Alpha系数为0.744，表明问卷具有较高的信度。

在样本学校与老师的配合下，学校变革型领导行为效能的调查进展顺利。本次调查共发放问卷450份，回收问卷433份，其中，有效问卷414份，有效回收率为92%。

表 1　被试样本信息

变量		有效样本数(人)	有效百分比	缺失值
教师性别	男	180	44.60%	29
	女	224	55.40%	
教师学历	高中及以下	12	2.80%	3
	大专	91	21%	
	本科	323	75.10%	
	硕士及以上	4	0.90%	
教师教龄	5 年及以下	58	13.40%	9
	6～10 年	92	21070%	
	11～15 年	86	20.30%	
	15 年及以上	188	40.30%	
学校类型	优质学校	128	30.90%	19
	普通学校	286	69.10%	
学校位置	乡镇	163	38.40%	8
	市区	262	61.60%	
所学年级	4 年级	65	15.70%	21
	5 年级	17	4.10%	
	6 年级	32	7.80%	
	7 年级	77	18.70%	
	8 年级	70	17.00%	
	9 年级	151	36.70%	
所教科目	文科	244	58.50%	16
	理科	173	41.5	

在对问卷和数据进行必要核对之后，把所得到的数据进行编码、整理并保存。数据分析主要用 SPSS 20.0 统计软件包执行。主要分析有四种(1)描述性统计：用算术平均数、标准偏差反映义务教育阶段教师信息化教学能力的总体水平；(2)差异分析：用 T 检验(T－test)或单因素方差分析(One－Way ANOVA)考验不同变量背景下教师信息化教学能力的差异情形；(3)相关分析：用皮尔逊积差相关(Pearson's Product－moment Correlation)测量内、外部影响因素对教师信息化教学能力的相关情形；(4)AHP 层次分析法测量不同影响因素对教师信息化教学能力影响的权重。

三、义务教育阶段教师信息化教学能力的现状分析

要深入考量义务教育阶段教师信息化教学能力的多维测度，就必须明确当

前教师信息化教学能力的现状和差异，对数据进行深加工。分别使用描述性统计、差异性分析等分析方法，透析当前义务教育阶段教师信息化教学能力的现状和差异特征。

(一)教师信息化教学能力的描述性统计

教师信息化教学能力由四个维度组成，如表2所示。

表2 教师信息化教学能力调查数据描述统计

教师信息化教学能力	N	Mean	Std.Deviation	Sum
信息技术的操作和概念	431	2.87	1.099	3718
创设学习环境和学习体验	431	2.27	1.147	2689
信息技术的方法策略与课程计划相融合	431	2.53	1.431	3022
利用信息技术促进有效的教学评价	431	3.38	1.579	2831
总能力	431	2.80	1.588	12260

教师信息化教学能力总水平为12260，标准差1.588。能力的平均水平为2.80，低于整体平均水平3，这说明义务教育阶段教师信息化教学能力相对较低。

1.信息技术的操作和概念能力现状

如图2所示，义务教育阶段教师信息技术的操作和概念能力维度的总水平为3718，平均水平为2.87。

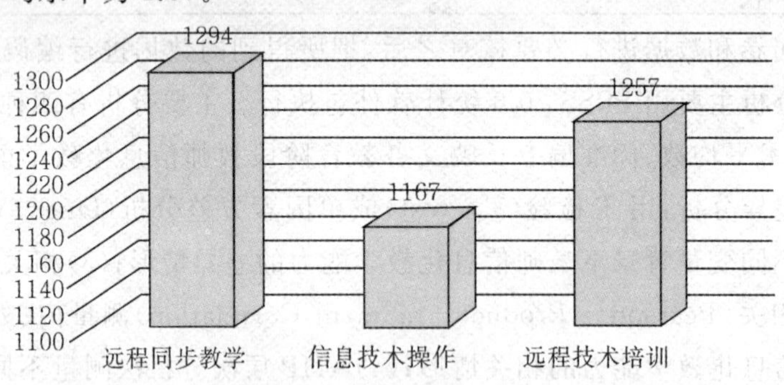

图2 教师信息技术的操作和概念能力统计

2.创设学习环境和学习体验的能力现状

如图3所示，义务教育阶段教师创设学习环境和学习体验的能力维度总水平为2689，平均水平为2.27。

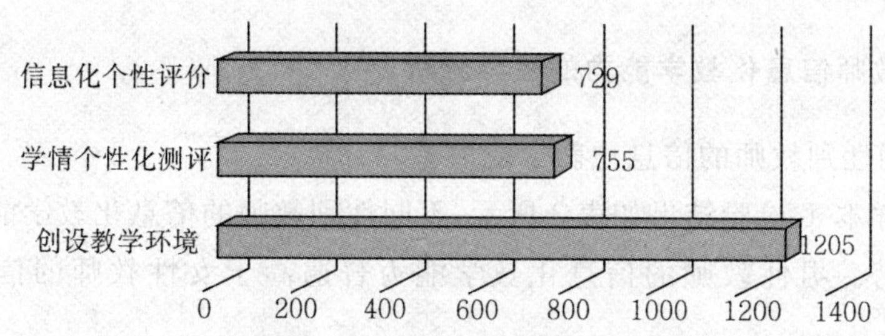

图3　教师创设学习环境和学习体验能力统计

3.信息技术的方法策略与课程计划相融合能力现状

如图4所示，义务教育阶段教师信息技术的方法策略与课程计划相融合能力维度的总水平为3022，平均水平为2.53。

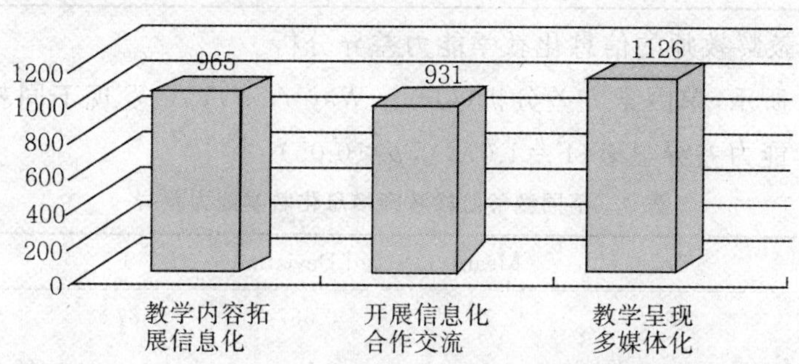

图4　教师信息技术的方法策略与课程计划相融合能力统计

4.利用信息技术促进有效的教学评价的能力现状

如图5所示，义务教育阶段教师利用信息技术促进有效的教学评价能力维度的总水平为2831，平均水平为3.38。

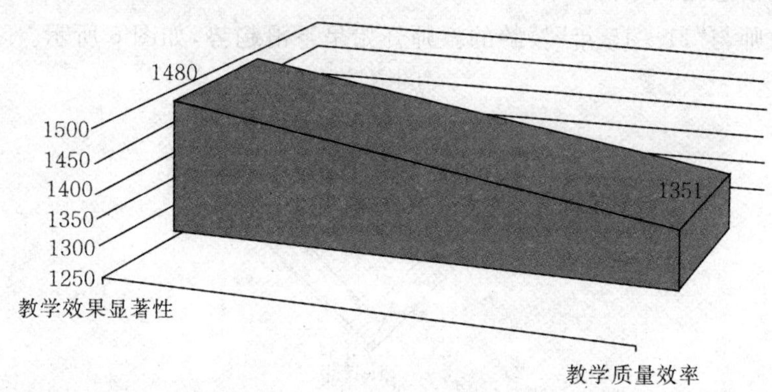

图5　教师利用信息技术促进有效的教学评价能力统计

(二)教师信息化教学能力的差异分析

1.不同性别教师的信息化教学能力差异分析

独立样本T检验结果如表3所示,不同性别教师的信息化教学能力总水平差异不显著。男性教师的信息化教学能力普遍高于女性教师的信息化教学能力。

表3　不同性别教师信息化教学能力差异

级别	N	Mean	Std.Deviation	T	Compere
男	180	2.80	0.605	0.562	—
女	224	2.77	0.588	—	1>2

2.不同教龄教师的信息化教学能力差异分析

如表4所示,单因素方差分析(One－Way ANOVA)发现不同教龄教师的信息化教学能力差异显著($F=1.672^{*}$,$p<0.05$)。

表4　不同教龄阶段教师信息化教学能力差异

组别	N	Mean	Std.Deviation	F	Compere
5年及以下	58	2.75	0.667	1.672*	2>1
6～10年	92	2.85	0.763	—	—
11～15年	86	2.84	0.748	—	2>3
15年及以上	188	2.77	0.781	—	2>4

注:* 表示 $p<0.05$,** 表示 $p<0.01$,sum:2>3>4>1

教师信息化教学能力在“6～10年”教龄的教师达到峰值,在“5年及以下”教龄的教师与“11～15年”教龄的教师开始呈下滑趋势,如图6所示。

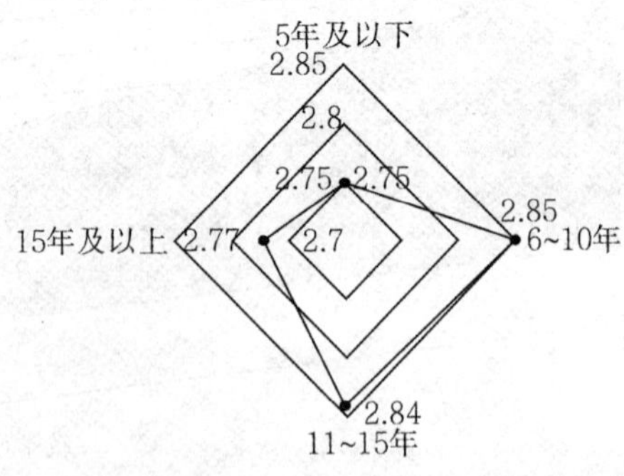

图6　不同教龄阶段教师信息化教学能力差异雷达图

3.不同学历教师的信息化教学能力差异分析

如表 5 所示，单因素方差分析（One－Way ANOVA）显示不同学历教师的信息化教学能力呈显著差异（F＝3.937*，$p<0.05$）。

表 5　不同学历教师信息化教学能力差异

组别	N	Mean	Std.Deviation	F	Compere
高中及以下	12	2.55	0.373	3.937*	3＞1
大专	91	2.64	0.548	—	3＞2
本科	323	2.85	0.596	—	—
硕士	4	2.74	0.688	—	3＞4

注：* 表示在 $p<0.05$ 水平上差异显著，** 表示在 $p<0.01$ 水平上差异显著，sum:3＞4＞2＞1

如图 7 所示，教师信息化教学能力在本科学历的教师达到峰值，随后向硕士学历的教师与大专学历的教师下滑。

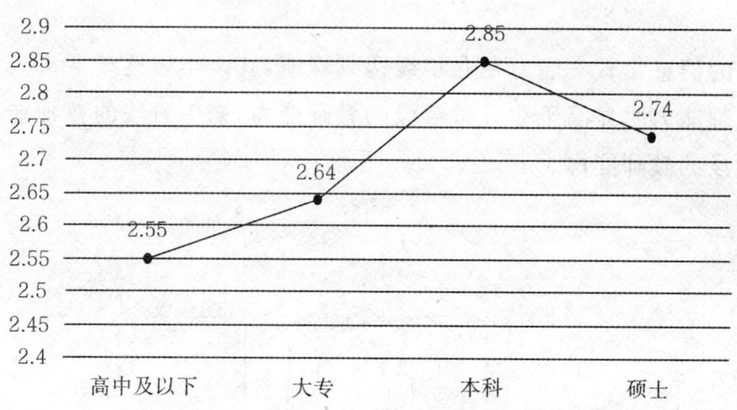

图 7　不同学历教师信息化教学能力差异折线图

4.不同学科教师的信息化教学能力差异分析

独立样本 T 检验结果如表 6 所示，不同学科教师的信息化教学能力总水平差异显著（t＝－1.904*，$p<0.05$）。

表 6　不同学科教师信息化教学能力差异

组别	N	Mean	Std.Deviation	T	Compere
社会科学	242	2.86	0.576	－1.904*	—
自然科学	173	2.75	0.597	—	1＞2

注：* 表示在 $p<0.05$ 水平上差异显著，** 表示在 $p<0.01$ 水平上差异显著，sum:3＞4＞2＞1

5.不同年级教师的信息化教学能力差异分析

如表 7 所示,单因素方差分析(One－Way ANOVA)分析发现不同年级的教师信息化教学能力差异显著($F=5.621^{**}$,$p<0.01$)。

表 7　不同年级教师信息化教学能力差异

维度	组别	N	Mean	Std.Deviation	F	Compere
小学	四年级	62	2.55	0.488	5.621**	3＞1
	五年级	17	2.62	0.634	—	3＞2
	六年级	32	2.63	0.431	—	—
初中	七年级	77	2.84	0.597	—	6＞4
	八年级	71	2.87	0.547	—	6＞5
	九年级	151	2.90	0.597	—	—

注:* 表示在 $p<0.05$ 水平上差异显著,** 表示在 $p<0.01$ 水平上差异显著,sum:6＞5＞4＞3＞2＞1

教师的信息化教学能力在九年级达到峰值,其余年级逐渐下滑。其中升学年级的教师能力明显高于非升学年级的教师能力;初中阶段的教师能力明显高于小学阶段的教师能力。

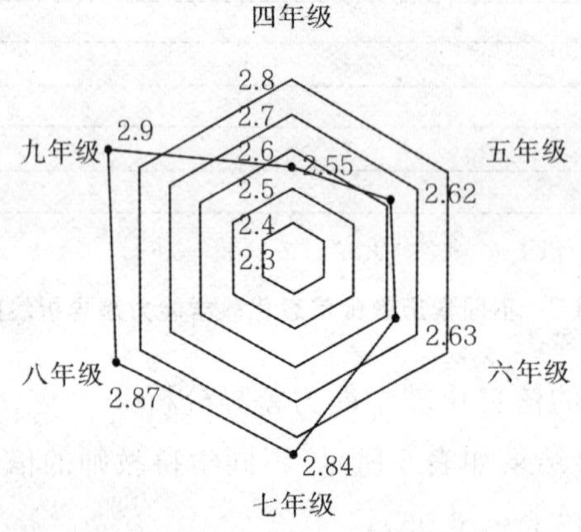

图 8　不同年级教师信息化教学能力差异雷达图

四、义务教育阶段教师信息化教学能力的影响因素层次分析

影响义务教育阶段教师信息化教学能力的因素具有多维度、多层次的特点,运用层次分析法(AHP)能够有效地对教师信息化教学能力的影响因素进

行定量化的评价，具有较高的操作性和实用性。

（一）影响教师信息化教学能力的内外部因素相关性分析

1.内部因素相关性分析

影响教师信息化教学能力的内部因素有性别、教龄、学历、学科课程、年级、认知水平、使用频次七个因素。借助 Pearson's 积差相关分析，探讨各因素与教师信息化教学能力的相关性，结果如下表所示。

表 8 教师信息化教学能力与内部因素相关分析

维度		性别	教龄	学历	学科	年级	认知水平	使用频次
总分	Pearson Correlation	−.028*	−.013*	.155**	.093	.212**	.438**	.526**
	Sig. (2−tatiled)	.000	.005	.001	.058	.000	.000	.000

注：* 表示在 0.05 水平上差异显著，** 表示在 0.01 水平上差异显著

可以发现，教师信息化教学能力总水平与各行为之间相关性较为显著。然而，内部因素间的相关性则并不一致。借助 Pearson's 积差相关分析，如表 9 所示。

表 9 教师信息化教学能力内部影响因素间的相关分析

维度		性别	教龄	学历	学科	年级	认知水平	使用频次
性别	Pearson Correlation	1	−.318**	.109*	−.187**	−.037	−.070	.062
	Sig. (2−tatiled)		.000	.029	.000	.462	.162	.217
教龄	Pearson Correlation	−.318**	1	−.187**	.089	.069	.166**	.040
	Sig. (2−tatiled)	.000		.000	.073	.166	.001	.415
最后学历	Pearson Correlation	.109*	−.187**	1	.059	.362**	.026	.140**
	Sig. (2−tatiled)	.029	.000		.233	.000	.585	.004
学科	Pearson Correlation	−.187**	.089	.059	1	.067	−.053	.029
	Sig. (2−tatiled)	.000	.073	.233		.175	.277	.550
所教年级	Pearson Correlation	−.037	.069	.362**	.067	1	.137**	.192**
	Sig. (2−tatiled)	.462	.166	.000	.175		.005	.000

（续表）

维度		性别	教龄	学历	学科	年级	认知水平	使用频次
认知水平	Pearson Correlation	−.070	.166**	.026	−.053	.137**	1	.319**
	Sig. (2−tatiled)	.162	.001	.585	.277	.005		.000
使用频次	Pearson Correlation	.062	.040	.140**	.029	.192**	.319**	1
	Sig. (2−tatiled)	.217	.415	.004	.550	.000	.000	

注：* 表示在 0.05 水平上差异显著，** 表示在 0.01 水平上差异显著

内部因素相关性分析，教师教龄与教师学历呈显著负相关（R＝−.187，$p<0.01$）。教师教龄与教师认知水平，教师学历与所教年级、使用频次，教师所教年级与使用频次呈显著正相关。

2.外部因素相关性分析

影响教师信息化教学能力的外部因素有设备、组织氛围、技术支持、阻碍、外部压力五个因素。借助 Pearson's 积差相关分析，探讨各因素与教师信息化教学能力的相关性，结果如表 10 所示。

表 10 教师信息化教学能力与外部因素相关分析

维度		设备	组织氛围	技术支持	阻碍	外部压力
总分	Pearson Correlation	.619**	.538**	.521**	.021*	.554**
	Sig. (2−tatiled)	.000	.000	.000	.002	.000

注：* 表示在 0.05 水平上差异显著，** 表示在 0.01 水平上差异显著

教师信息化教学能力总水平与各行为之间相关性较为显著。然而，外部因素间的相关性则并不一致。借助 Pearson's 积差相关分析，如表 11 所示。

表 11 教师信息化教学能力外部影响因素间的相关分析

维度		设备	组织氛围	技术支持	阻碍	外部压力
设备	Pearson Correlation	1	.425**	.412**	−.019	.418**
	Sig.(2−tatiled)		.000	.000	.701	.000
组织氛围	Pearson Correlation	.425**	1	.411**	−.084	.311**
	Sig.(2−tatiled)	.000		.000	.083	.000
技术支持	Pearson Correlation	.412**	.411**	1	−.114*	.287**
	Sig.(2−tatiled)	.000	.000		.018	.000

(续表)

维度		设备	组织氛围	技术支持	阻碍	外部压力
阻碍	Pearson Correlation	−.019	−.084	−.114*	1	−.077
	Sig.(2−tatiled)	.701	.083	.018		.111
管理者重视	Pearson Correlation	.418**	.331**	.287**	−.077	1
	Sig.(2−tatiled)	.000	.000	.000	.111	

注：* 表示在 0.05 水平上差异显著，** 表示在 0.01 水平上差异显著

外部因素相关性分析，技术支持与阻碍因素呈显著负相关（R＝−.114，$p<0.05$）。设备与组织氛围、技术支持、外部压力，组织氛围与技术支持、外部压力，技术支持与外部压力呈显著正相关。

(二)体系构建与指标确立

1.应用 AHP 估算权重

根据前一部分的相关分析，选择 12 项显著性相关的因素，最终将影响教师信息化教学能力的因素划分为三个层次。目标层(A)，即教师信息化教学能力；因素层(B)，包括内部因素(B1)和外部因素(B2)两个方面；指标层(C)，包括教龄(C1)、学历(C2)、学科课程(C3)、年级(C4)、认知水平(C5)、使用频次(C6)、设备(C7)、组织氛围(C8)、技术支持(C9)、阻碍(C10)、外部压力(C11)，共 11 项具体指标，依次建立如图 9 所示的层次结构。

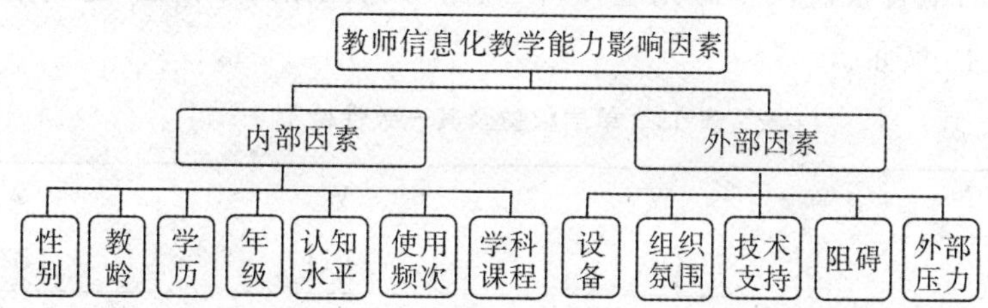

图 9 影响教师信息化教学能力的各因素的层次结构

2.构造判断矩阵

为得出科学、合理的判断，本研究邀请 6 位相关专业专家根据准则对各因素的相对重要程度做出比较，并按 1～9 比例标度对任意 2 个因素关于某一准则的相对重要性程度定量赋值。过程中专家要反复回答问题：针对准则 b，两个元素 c_i 与 c_j 哪一个更重要，重要多少，由于矩阵具有互反性的特点，每位专家

只需做出 n(n －1)/2 次判断即可。如表 12 所示。

表 12　重要性标度含义表

重要性标度	含义
1	表示两个元素相比，具有同等重要性
3	表示两个元素相比，前者比后者稍重要
5	表示两个元素相比，前者比后者明显
7	表示两个元素相比，前者比后者强烈重要
9	表示两个元素相比，前者比后者极端重要
2,4,6,8	表示上述判断的中间值

在评判过程中，由于受到知识结构、评判水平和自身偏好等众多因素的影响，所以采用权重向量之间的差异来确定专家的权重。

(三)权重计算及一致性检验

1.单层权重计算

建立判断矩阵后就进行各因素的层次单排序的计算(即各因素相对于上一层次的某一因素而言的相对重要性权值)和各判断矩阵的一致性的检验。但是要求判断矩阵有大体的一致性，即需要进行一致性检验。最后，根据各层次单排序的数据进行层次总排序，最终得出的总排序结果就是影响教师信息化教学能力因素的组合权重。本研究选择科学、简易、实用的“方根法”进行计算，检验结果如表 13 所示。

表 13　单层权重及其一致性检验

单层指标	W (B)	W (B1)	W (B2)
单层权重	0.8944	0.1055	0.2644
	0.4472	0.2409	0.2393
		0.3463	0.4419
		0.3011	0.6312
		0.7934	0.5283
		0.2946	
		2.0634	
单层一致性检验		0.0710<0.1	0.07629<0.1

2.组合权重计算

为了求出最底层所有因素相对于总目标的权重，需要进行多层次的组合计算。第 k 层的组合权重 V^k 由本层的相对权重 w^k 与上一层（设有 m 个因素）组合权重 V^{k-1}（当 k =1 时，V^{k-1} 就是第 1 准则层对应总目标的相对权重）相乘求得，即 $V^k = w^k V^{k-1}$，如此自上而下逐层叠加即可计算出所有层次相对总目标的总层组合权重值，如表 14 所示。

表 14　组合权重判断矩阵

C	B		组合权重(V)
	B_1	B_2	
	0.8944	0.4472	
C_1	0.1055	0	0.094359
C_2	0.2409	0	0.215461
C_3	0.3463	0	0.309731
C_4	0.3011	0	0.269304
C_5	0.7934	0	0.709617
C_6	0.2946	0	0.26349
C_7	0.0634	0	0.056705
C_8	0	0.2644	0.11824
C_9	0	0.2393	0.107015
C_{10}	0	0.4419	0.197618
C_{11}	0	0.6312	0.282273
C_{12}	0	0.5283	0.236256

五、教师信息化教学能力多维测度研究的特征归结

1.教师信息化教学能力相对较低，但特定教师变量能力与特定子能力相对较高

调查显示，教师信息化教学能力的平均水平为 2.80，低于整体平均水平 3，说明义务教育阶段教师信息化教学能力相对较低。其中，“信息技术的操作和概念”低于平均水平 0.13；“创设学习环境和学习体验”低于平均水平 0.73；“信息技术的方法策略与课程计划相融合”低于平均水平 0.47；“利用信息技术促进有效的教学评价”超出平均水平 0.38。各项比较比例如表 15 所示。故教师信息化教学能力相对较低，但子能力“信息技术的操作和概念”相对较高。

表 15　教师信息化教学子能力与标准水平比较

教师信息化教学能力	信息技术的操作和概念	创设学习环境和学习体验	信息技术的方法策略与课程计划相融合	利用信息技术促进有效的教学评价
比较比例	4.3%	24.3%	↘15.6%	↗12.7%

基于特定的教师变量，研究发现男性教师的信息化教学能力普遍高于女性教师；"6～10 年"教龄的教师明显高于其他阶段教师；本科学历的教师信息化教学能力高于其他学历的教师；社会科学学科教师的信息化教学能力高于自然科学学科教师；九年级的教师信息化教学能力显著高于其他年级的教师，且初中教师显著高于小学教师。故教师信息化教学能力相对较低，但特定变量的教师信息化教学能力相对较高。

2.教师信息化教学能力外部因素相关性相对较强，内部因素相关性相对较弱

义务教育阶段教师信息化教学能力与内、外部影响因素相关。在内部因素中，除最后学历、所教年级、认知水平、使用频次四个因素 p 值小于 0.01 外，其余三项学科、性别、教龄 p 值均小于 0.05。外部因素中，除阻碍因素 p 值小于 0.05 外，其余 4 项设备、组织氛围、技术支持、外部压力 p 值均小于 0.01，呈现更为显著的相关性，如表 16 所示。

表 16　教师信息化教学能力内外部因素的显著性比较

维度	外部因素	内部因素
显著比($p<0.01$)	57.1%	80.0%

3.影响教师信息化教学能力发展的内部因素权重相对较高，外部因素权重相对较低

通过 AHP 层次分析法发现影响教师的信息化教学能力内部因素与外部因素权重存在差异。其中内部因素的权重显著高于外部因素的权重，如表 17 所示。

表 17　教师信息化教学能力内外部因素的权重比较

维度	内部因素	外部因素
权重	0.8944	0.4472

各题项的具体维度呈现出：内部因素为主，外部因素为辅。对教师信息化

教学能力的影响中，内部因素的影响是占前六位，外部因素的影响占后六位影响因素的50%。

六、义务教育阶段教师信息化教学能力现状的原因探析

1.宏观审视：政治、历史、文化的多因交融

从政治与历史的视角来说，我国义务教育阶段教育信息化的发展正处于关注课堂教学的时期，国家对于义务教育阶段教育信息化建设的投入相对不足，影响了教师信息化教学能力的发展。区域间的经济差别扩展至教育领域，使教育呈现出区域差异。

从文化与历史的视角来说，中国自古以来的教学方式多为教师口述，重思辨轻操作，尤其是自然科学，教师偏重于将步骤推算与学生思维结合。选择黑板式教学有利于教师根据学情调整教学，而选择信息化教学方式，如多媒体，则可能使教师异化为多媒体的“工具人”。

2.中观勘察：教师教育、培训、外部压力的痼疾再现

高等教育阶段的教师教育对教师专业发展与成长具有基础性的作用。不同学历教师间信息化教学能力存在显著差异。

入职后的教师面临教师技能第二个发展机遇——职后培训。当前关于教师信息化教学能力的培训大多采用“一刀切，一口端”的模式，培训以技术作为立足而不是以课堂作为立足。教师信息化教学能力与教学内容相脱节，教师难以将已有的信息技术与课程有机整合，创设优质课堂。

外部压力是学校对教师进行的一系列评价考核机制。研究发现，外部压力具有正向推动作用。缺乏外部压力，会使教师在专业发展中迷失方向。目前，关于教师信息化教学能力的考核评价机制稀缺，教师信息化教学能力发展既没有标准与方向，也没有得到足够的重视。

3.微观检讨：教师发展——内部激励与外部监控的中空地带

从内外因的角度看，教师内部能动性对其信息化教学能力的发展起着重要的作用。教师通过提高学历、认知水平和信息化设备的使用频次实现信息化教学能力的发展。但一旦失去能动性，教师的信息化教学能力将无法得到保障。

研究发现外部因素与教师信息化教学能力的相关性高于内部因素。继而调查教师人口变量，发现教龄在15年以上的教师占到整个调查比例的40.3%。

根据费斯勒的教师生涯发展理论(The Teacher Career Cycle),多数教师已经进入到生涯挫折阶段和生涯低落阶段。此时,教师开始逐渐对职业产生倦怠感,教学能力发展动力低下,内部因素的失调则需要外部因素的调控支配,但外部因素没有能够起到应有的作用。因此,这一教师群体便进入了内部激励与外部监控的中空地带。

七、对策建议

(一)建立长效多元的培训机制

1.职前培养与在职培训相结合

职前教师培训主要是高等师范院校通过开设教师基础课程的学习使师范生能够通过所学知识达到信息化教学的模仿阶段,建立新型的教师观念。紧接着开展职前教学实习,将模仿时期所学信息化教学知识与技术应用到真实的教育情景当中,最终使学生能够独立地开展信息化教学。

在职教师主要以知识、技能在新情境中的动态应用实践为主,当然也包括一些技术知识、技能的学习,但要以教师信息化教学的应用实践为主。学校可以鼓励,甚至是有计划地安排教师参与相关的信息技术能力发展培训项目,或专门针对学科教师的实际情况,积极组织教师参与本校培训。

2.多学科教学沙龙与探究式的小组学习方法相结合

创新培训方式在教学内容上要考虑到教师群体的特点,将培训知识分板块,并借鉴高校优秀国培课程,真正做到对症下药。针对各学科所掌握信息化教学技巧单一的现状,在培训上让不同学科教师参与教学沙龙,研究教法,共享资源,进行课堂情景再现,小组合作创作、互评,在这样一种自主型、合作型、探究型的学习过程中发现问题并解决问题,增强教师学习动力,提高培训的效果。

(二)信息技术与教师教育互融机制

1.从“外部”进行信息技术与教师教育的融合

努力构建资源共享平台,教师所需资源主要分为两个方面:一是以自我发展为基础的学习型资源,二是以教学支持为基础的教学型资源。为此,学校可以以教学资源为出发点整合和划分校园网现有资源;分类储存教学资源,可以按照资源类型或者资源主题进行分类以方便教师查找;进行资源更新与维护,通过专门机构或者动员老师参与到资源建设中来,共建共享教育资源。

2.从“内部”方面分析信息技术与教师教育的融合

美国心理学家柯尔伯(David Kolb)提出的“成人经验培训圈”理论对教师信息技术教育的方式有很好的启迪作用。将信息技术技能应用于学习过程,结合教师的学科教学和教学实践经验、背景来理解、吸收这些方法与技能,从而形成教师本人对这些技能与方法的重新理解与建构,并能应用到自己的教学实践中,从而提升和发展教师自身的信息化教学能力。

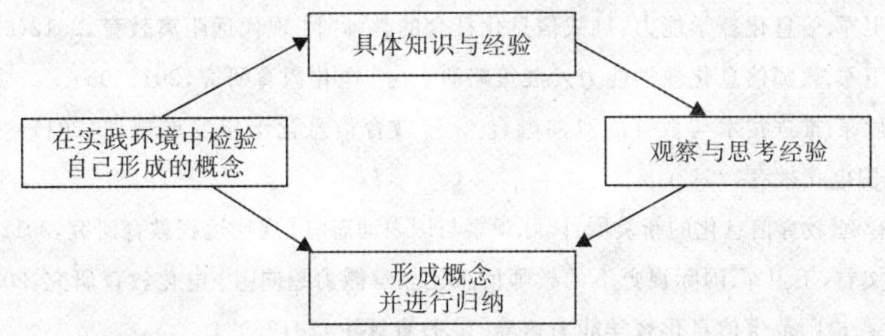

图 10　柯尔伯成人经验培训圈理论中的四阶段

(三)适当增加外部压力,完善信息化教学能力的评价与考核机制

1.注意信息化教学能力评价的多角度与多元化

(1)学生评价:美国和新加坡教师信息技术能力培训标准的价值取向变化,强调了教师信息化教学能力发展的目的是要促进学生信息化学习能力的发展。教师的信息化教学能力的高低直接影响学生的学习效果,因此学生对其评价是最为直观的。(2)相同学科教师评价:同行交流是最好的学习途径,同阶段教师间相互评价最有利于发现自己的不足;经验丰富的教师给出的评价与建议有利于年轻教师的快速成长。(3)自我评价:自我评价就是进行教学反思,学生或是同学科教师的评价都是外在的,只有教师对自己信息化教学能力有客观的评价,才能真正地达到“内化于心,外显于行”的效果。

2.从物化形态的技术与智能形态的技术分别对教师进行考核

尹俊华将“教育中的技术”分为有形(物化形态)和无形(智能形态)两大类。借鉴尹俊华的思路,将信息化教学能力也分为有形的物化形态即教师的信息化技术能力和无形的智能形态即运用信息化技术与教学整合的能力。教师信息化教学能力属于教师绩效考核当中教育教学的内容，学校在对教师绩效考核时要重视对信息化教学能力的考核。在教师信息化教学能力考核的过程当中应该分别从物化形态的教师信息化技术能力与智能形态的运用信息化技术与教学整合能力进行考核。同时在考核中实施奖惩机制，对于考核情况进行严格记录。对于信息化教学能力不达标的教师适当给予相应提醒与警告，督促其学习的提升。对考核成绩优异教师进行奖励。

参考文献

[1]王卫军.信息化教学能力：挑战信息化社会的教师[J].现代远距离教育，2012(02).

[2]王卫军.教师信息化教学能力发展策略研究[J].电化教育研究，2012(05).

[3]余胜泉.推进技术与教育的双向融合——《教育信息化十年发展规划(2011－2020 年)》解读[J].中国电化教育，2012(05).

[4]祝智庭.教育信息化的新发展：国际观察与国内动态[J].现代远程教育研究，2012(03).

[5]王文君，王卫军.国际视野下的教师信息化教学能力趋向[J].电化教育研究，2012(06).

[6]林雯.论师范生信息化教学能力培养[J].教育评论，2012(03).

[7]Punya Mishra.Matthew J · Koehler Technological Pedagogical Content Knowledge：Confronting the Wicked Problems of Teaching with Technology，2007.

[8] Punya Mishra. Matthew J. Koehler Technological Pedagogical Content Knowledge：a framework for teacher knowledge，2006(6).

[9]Shulman L S.Knowledge and teaching：foundations of the new reform. Harvard Educational Review，1987.

[10]Tsui，A.B.M.Understanding Expertise in Teaching：Case studies of ESL teachers [M]. Cambridge：Cambridge University Press. 2003.

农村民办园幼儿身心发展水平调查研究

——基于成渝两地农村幼儿监护人的调研

作者：杜雨[①]　田蕊[②]　熊宇玲[③]　王静波[④]　李姝仪[⑤]

指导教师：王天平

一、问题提出

《国家中长期教育改革和发展纲要(2010—2020)》中明确将“基本普及学前教育，重点发展农村学前教育”放在发展任务的第一步。研究幼儿身心发展水平对于改善幼儿园在发展过程中出现的一系列问题，提高教师保育水平，发展农村学前教育具有建设性的作用。经过文献查阅后发现国内外对幼儿身心发展水平尤其是农村民办园的研究较少涉及。国内主要是从幼儿和教师视角进行研究，较少立足于监护人层面；国外则从政府宏观政策对幼儿身心发展水平影响层面入手。幼儿的发展是指在一定阶段内的变化过程，既有渐次的量的变化，又有质的变化。幼儿的身心发展包括生理、心理的发展。针对当前农村民办园诸如幼儿卫生习惯、用语习惯等方面存在的问题，也为了使调研问题能够让幼儿监护人普遍认识理解、便于操作，办真正让家长满意的教育。本研究着重从运动技能等四个维度，以幼儿为本，为促进农村民办园幼儿身心和谐发展提供有效建议。

二、研究设计

(一)研究工具及方法

1.问卷法

所采用的《农村民办园幼儿身心发展水平调查问卷》分为两个部分：第一部

①西南大学教育学部学前教育专业 2013 级免费师范生
②西南大学教育学部学前教育专业 2013 级免费师范生
③西南大学教育学部学前教育专业 2013 级免费师范生
④西南大学教育学部学前教育专业 2013 级免费师范生
⑤西南大学教育学部学前教育专业 2013 级免费师范生

分主要涵盖性别、年龄等基本信息;第二部分是关于身心发展水平的调查题项。在参阅相关文献和结合实际情况的基础上,将其划分为运动技能、行为习惯、能力水平、认知水平四个维度。问卷共64道题项,均采用李克特五点量表正向计分法,以五分制代表其符合程度。

2.数据处理与分析的方法

采用Excel和SPSS 19.0软件对数据进行处理分析。

3.信效度检验

在借鉴前人的基础上,联系研究问题本身及现实情况,经过多次讨论修改,基本上保证问卷有较好的内容效度。结构信度检验采用Cronbach's Alpha内部一致性系数,总题项的内部一致性系数为0.941>0.85,各维度的系数在0.796~0.899之间(见表1),问卷的折半信度为0.885>0.85,表明该问卷的一致性较高。效度检验通过因子分析判断其结构效度,其KMO值为0.786>0.70,Bartlett球形检验结果达到了显著性水平($p=0.000$),提取公因子后总体解释率为72.011%>45%;各维度之间的相关系数在0.376~0.554之间,呈中偏低相关,说明各维度之间具有一定的独立性;各维度与总问卷之间的相关系数在0.540~0.785之间,达到了中高度相关,说明各维度能较好地反映所测量的内容;检验结构表明调研工具具有较好的结构效度(见表2)。

表1　问卷信度分析统计结果

问卷结构	运动技能	行为习惯	能力水平	认知水平	总题项
Alpha系数	0.829	0.899	0.796	0.812	0.941

表2　问卷结构效度统计结果

	运动技能	行为习惯	能力水平	认知水平	总题项
运动技能	1.000	.503**	.503**	.417**	.682**
行为习惯	.503**	1.000	.554**	.425**	.785**
能力水平	.503**	.554**	1.000	.376**	.664**
认知水平	.417**	.425**	.376**	1.000	.540**
总题项	.682**	.785**	.664**	.540**	1.000

注:* 表示在0.05水平上差异显著,** 表示在0.01水平上差异显著,*** 表示在0.001水平上差异显著。下同

(二)研究对象

在成渝随机抽样部分农村民办园幼儿的监护人作为调查对象,共发放问卷200份,回收问卷190份,有效问卷152份,回收率和有效率分别为95%和

80%。就有效问卷而言,男性、女性幼儿的监护人问卷数分别为82份和70份,占总问卷数的比例分别为53.9%,46.1%;3~4岁、4~5岁、5~6岁幼儿的监护人问卷数分别为70份、42份、40份,占总问卷数的比例分别为46.1%,27.6%,26.3%;独生子女、非独生子女幼儿的监护人问卷数分别为99份,53份,占总问卷数的比例分别为65.1%,34.9%;幼儿父母外出务工与没有外出务工的监护人问卷数分别为54份,98份,占总问卷数的比例分别为35.5%,64.5%。

三、研究结果与分析

(一)农村民办园幼儿身心发展水平的总体状况

将每位调研对象评分的64道题项相加求取平均分,得到该调研对象对农村民办园幼儿身心发展水平的综合指数。统计结果发现,所有综合指数的均值M=3.84,标准差SD=0.55。接着将综合指数(X)进行可视化分段,从高到低划分为四个等级,即"'优秀'(X≥4.5)、'良好'(4.5>X≥4.0)、'一般'(4.0>X≥3.5)和'不足'(3.5>X)"。统计结果发现,10.6%的调研对象认为"优秀",33.1%的调研对象认为"良好",32.5%的调研对象认为"一般",25.8%的调研对象认为"不足"。这表明现实中农村民办园幼儿身心发展水平总体上一般。从各个维度来看,评分由高到低依次为:能力水平、行为习惯、认知水平和运动技能。这表明现实中农村民办园幼儿身心发展水平在结构上有一定差异,农村民办园更加重视对能力水平培养和行为习惯养成,而对认知水平和运动技能方面则较少涉及。各二级维度与一级维度在总体上表现一致。

(二)农村民办园幼儿身心发展水平的差异状况

表3　不同背景变量下的方差分析(M±SD)

背景变量		人数	运动技能	行为习惯	能力水平	认知水平	综合指数
幼儿性别	男	82	3.76±0.72	3.86±0.61	3.97±0.52	3.79±0.84	3.85±0.57
	女	70	3.72±0.58	3.89±0.65	3.90±0.59	3.72±0.76	3.83±0.53
	F值		3.757*	6.702**	1.543	2.94	4.206*
幼儿年龄	3~4岁	70	3.82±0.67	3.86±0.62	3.99±0.53	3.92±0.73	3.88±0.56
	4~5岁	42	3.51±0.71	4.00±0.47	3.91±0.51	3.39±0.91	3.78±0.48
	5~6岁	40	3.83±0.52	3.76±0.76	3.87±0.64	3.85±0.67	3.83±0.60
	F值		3.732*	1.565	0.611	6.621**	0.429

(续表)

背景变量		人数	运动技能	行为习惯	能力水平	认知水平	综合指数
独生与否	是	99	3.69±0.64	3.83±0.62	3.89±0.56	3.74±0.82	3.80±0.54
	否	33	3.75±0.64	3.86±0.61	3.97±0.50	3.77±0.71	3.84±0.52
	F值		0.015	0.187	0.351	1.549	0.285
外出务工与否	是	54	3.84±0.51	3.97±0.51	3.96±0.49	3.93±0.60	3.93±0.41
	否	98	3.65±0.69	3.77±0.66	3.90±0.56	3.65±0.86	3.75±0.58
	F值		4.843	4.218*	1.427	7.687*	9.570*

1.性别上的差异状况

总体上看,男性与女性幼儿身心发展水平之间有一定差异。具体来看,综合指数方面,男性低于女性,两者差异显著($p<0.05$);运动技能方面,男性高于女性,两者差异显著($p<0.05$);行为习惯方面,女性高于男性,两者差异显著($p<0.05$);能力水平方面,男性高于女性,两者差异不显著($p>0.05$);认知水平方面,男性略高于女性,两者差异不显著($p>0.05$)。幼儿的性别教育一直有相关的研究,不仅要研究男女幼儿具有的共同的身心发展规律,也要研究各自特有的身心发展规律,通过科学的性别教育优化幼儿的发展,促进其身心全面健康发展(见图1)。

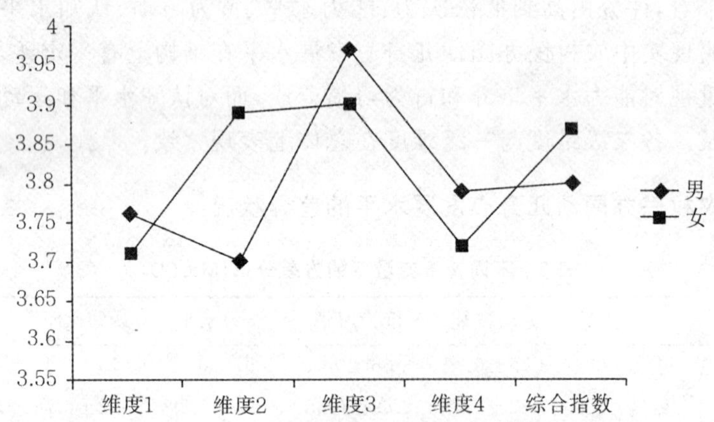

图1 不同性别背景下的农村民办园幼儿身心发展水平均值比较统计图

注:维度1=运动技能;维度2=行为习惯;维度3=能力水平;维度4=认知水平;综合指数=总题项。下同

2.年龄阶段上的差异状况

统计结果表明,农村民办园幼儿身心发展水平在年龄阶段上有一定差异,

运动技能($p<0.05$)与认知水平($p<0.05$)因年龄的不同有差异,运动技能、认知水平与年龄差异显著。综合指数方面,三者之间差异不显著($p>0.05$),其中3～4岁高于5～6岁,两者差异不显著($p>0.05$);5～6岁高于4～5岁,两者差异不显著($p>0.05$);3～4岁高于4～5岁,两者差异不显著($p>0.05$)。运动技能方面,三者之间差异显著($p<0.05$),其中5～6岁略高于3～4岁,两者差异不显著($p>0.05$);3～4岁高于4～5岁,两者差异显著($p<0.05$);5～6岁高于4～5岁,两者差异显著($p<0.05$);3～4岁与5～6岁都高于4～5岁,差异显著。行为习惯方面,三者之间差异不显著($p>0.05$),其中4～5岁高于3～4岁,两者差异不显著($p>0.05$);3～4岁高于5～6岁,两者差异不显著($p>0.05$);4～5岁高于5～6岁,两者差异不显著($p>0.05$)。能力水平方面,三者之间差异不显著($p>0.05$),其中3～4岁高于4～5岁,两者差异不显著($p>0.05$);4～5岁高于5～6岁,两者差异不显著($p>0.05$);3～4岁高于5～6岁,两者差异不显著($p>0.05$)。认知水平方面,三者之间差异显著($p<0.05$),其中3～4岁高于5～6岁,两者差异不显著($p>0.05$);5～6岁高于4～5岁,两者差异显著($p<0.05$);3～4岁高于4～5岁,两者差异显著($p<0.05$)。(图2)

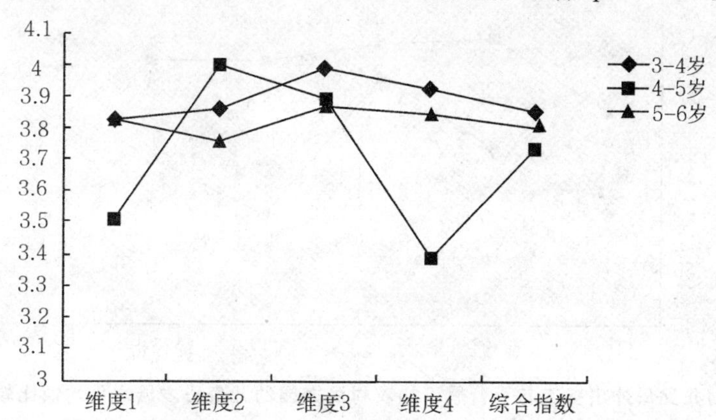

图2 不同年龄背景下的农村民办园幼儿身心发展水平均值比较统计图

3.独生子女与否上的差异状况

总体上看,农村民办园独生子女与非独生子女幼儿身心发展水平差异不大。具体来看,综合指数、运动技能、行为习惯、能力水平、认知水平方面,非独生子女高于独生子女,两者差异不显著($p>0.05$)、($p>0.05$)、($p>0.05$)、($p>0.05$)、($p>0.05$)。(图3)

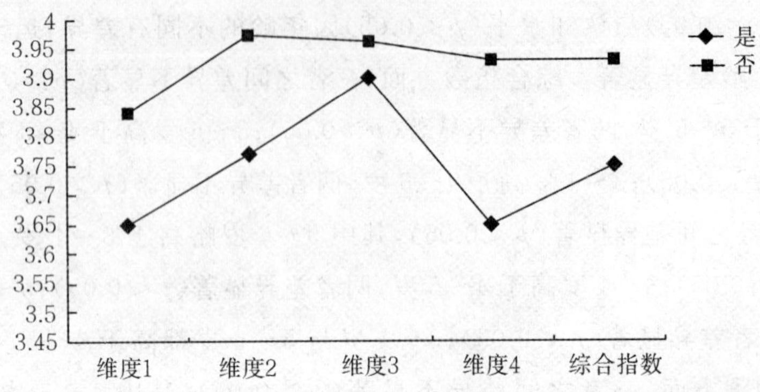

图3　幼儿独生子女与否背景下的农村民办园幼儿身心发展水平均值比较统计图

4.幼儿父母外出务工与否上的差异状况

总体上看，农村民办园幼儿身心发展水平在幼儿家长外出务工与否有一定差异。具体来看，综合指数、行为习惯、认知水平方面，父母没有外出务工高于父母外出务工，两者差异显著($p<0.05$)、($p\leq 0.05$)、($p<0.05$)；运动技能、能力水平方面，父母没有外出务工高于父母外出务工，两者差异不显著($p>0.05$)、($p>0.05$)(见图4)。

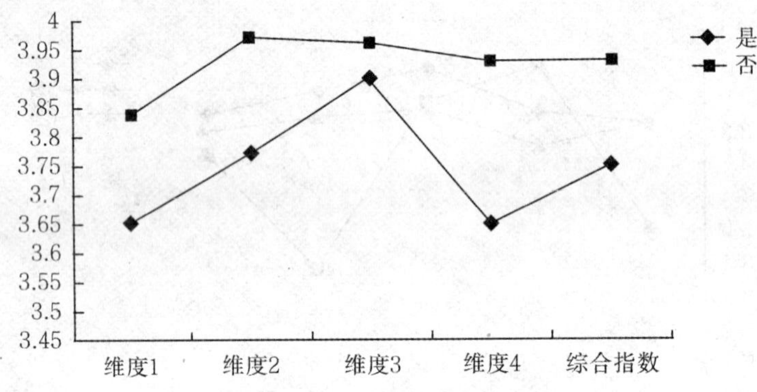

图4　幼儿父母外出务工与否背景下的农村民办园幼儿身心发展水平均值比较统计图

四、原因分析

(一)办学条件不好、教师水平不高导致农村民办园幼儿身心发展总体水平一般

由于缺乏国家、政府的帮扶以及自身原因，农村民办园在经费、软硬件设

施、师资水平等方面存在漏洞,办园条件不佳,加强师资培训对提升教师的整体水平以及教师对幼儿的身心健康发展起到积极作用。

(二)重知识轻能力、小学化倾向、忽视运动锻炼导致农村民办园幼儿身心发展水平存在结构不均衡的问题

随着社会竞争的日益激烈,家长普遍存在着“不输在起跑线上”的非平常心态,越来越多的幼儿园为迎合这一趋势逐渐将“小学教学管理方式”“知识目标”等引进课堂,以提高自己的入园率。片面强调和追求幼儿在某一方面和几个方面的发展,不注重教育的整体性。

(三)教育观念的不科学导致农村民办园幼儿身心发展在性别、年龄等上存在一定差异

1.当前农村民办园大多数教师受教育水平低,所坚持的仍然是老一套的儿童教育发展观,不注重儿童在性别、年龄等方面的差异性,一把“尺子”衡量所有幼儿。

2.家长对幼儿的身心发展起着直接作用,错误、不科学、落后的教育观念都不利于幼儿身心发展,家长在为孩子提供优越的物质生活条件的同时,还应关注幼儿的身心健康,多与孩子交流沟通,多关注孩子精神层面的需要。

五、对策建议

(一)加大对农村民办园的扶持力度,为幼儿身心发展创造良好条件

1.适当扩大国培计划范围,提高教师专业能力。国培计划范围仍然有限,大部分农村民办园教师仍然没有得到专业培训,所以国家要加大国培计划的力度,扩大培训对象的范围。

2.地方政府贯彻落实国培计划,发扬地方特色。根据自身特色,创造性地制订适合本地区教师的培训方案,大力开发生成性资源,强调时效性和实用性。借鉴其他地域的成功经验,改进培训过程中的不足。

3.幼儿园创新培训模式,共同协作,落实国培计划。针对师资匮乏的现状以及全脱产培训模式,我们提出以下建议:优先培养一小批优秀师资力量,先优

带动后优；在职培训和脱产培训灵活结合；促进有效课程研发，有效利用信息技术以及对教师进行考评。

(二)注重幼儿个体差异，“因材施教”开展保育工作

1.尊重性别差异，实施科学的性别教育。不仅要研究男女幼儿具有的共同的身心发展规律，也要研究各自特有的身心发展规律，注重个体差异性，通过科学的性别教育优化其发展。在性别教育中，优化环境、树立正确的性别观；在了解中正视个体的性别差异，因材施教，根据性别差异投放游戏材料，鼓励不分性别地参与各种游戏。

2.尊重年龄差异，科学有效地实施保育工作。现代的儿童观，是根据年龄特点采取不同措施为幼儿提供生活护理和帮助；幼儿园工作要融入一日常规工作中，幼儿生长发育特点决定了幼儿园保育工作必须是全面的、多元的、与日常工作相融合的，必须与教育相互渗透、有机融合，做到保教合一。

(三)树立全面发展理念，促进幼儿身心和谐发展

1.语言与音乐教育整合。尤其是表演游戏的开展，通过引导幼儿多听、多想、多表现，增强情感体验。

2.运动可促进幼儿的身心健康发展。体育教学中要贯彻落实“健康第一”的指导思想，注意运动强度、时间、教学内容、教法、组织措施以及学生的个别差异，锻炼幼儿身体。

3.在日常的教育活动中注重培养幼儿的合群合作意识，让幼儿在合作中形成良好的心态。

4.利用农村自然环境优势，提高幼儿户外适应能力。

(四)加强家园沟通合作，共筑幼儿发展机制

1.双方共同协商，建立相对稳定的合作制度。幼儿园应将家教与园教结合，采取合理的保育方式，开展教师与家长交流活动，从家长那里了解孩子多方面的情况，同时也可让家长评估教学，家长根据孩子情况对老师教学活动中出现的问题提出可行性建议，从而使老师在营养餐搭配、运动活动安排等涉及保育方面的情况进行调整；也可以为家长普及科学的保育知识，规范家庭教育。

2.增加独生子女与同伴的交往。要尽可能多地创造与同伴交往的机会,组织形式多样的同伴互动游戏,如提倡混龄教育。父母应该多鼓励孩子与同伴玩耍,发展同伴关系。

3.重视父母对幼儿身心发展的影响。当地政府应提供更多的就业、创业机会让幼儿父母返乡,共同的生活可以带来亲情的回归,增加交流;健全学校教育管理机制:学校积极贯彻政府政策,积极与家长建立联系,让学校教育与家庭教育相统一;家长树立正确的教育观,认识到家庭教育环境对幼儿成长的影响,给予幼儿应有的关心和关注。

六、研究的新意及不足

(一)新意

1.研究视角的新意(从幼儿监护人的角度评判)。其他研究主要从幼儿和教师的视角进行,较少从监护人层面出发,而监护人对幼儿的身心发展有较客观的了解与评价。

2.幼儿身心发展水平包含很多因素,针对当前农村民办园幼儿存在的问题,以及为了使调研问题得到农村幼儿监护人的普遍认识理解,并且便于操作,办好真正让家长满意的教育,本研究着重从运动技能、行为习惯、能力水平、认知水平四个维度研究幼儿的身心发展状况,有重点地进行调研。

(二)不足

1.本研究主要着重于幼儿的运动技能、行为习惯、能力水平和认知水平,其他影响因素有待以后进一步深入研究。

2.由于本组成员知识水平有限,限制了对该研究的深入探讨。

参考文献

[1]余君智.依法促进民办幼儿园健康持续发展[J]. 湖北教育(时政新闻),2006(07) .

[2]杜传喜,郭西平,王淑梅.对幼儿基本体操增强幼儿体质的探讨[J].河北体育学院学报,2003(02).

[3]丁金霞，欧新明.当前我国农村幼儿园存在的安全隐患、原因分析及对策思考[J].学前教育研究，2009(01).

[4]赵德成，宋洪鹏.义务教育学校校长教学领导力调查分析[J].中国教育学刊，2014(03).

[5]向咏.国培计划实施效果调查研究[J].四川教育学院学报，2012(08).

[6]崔锐.试论“国培”计划实施中的创新、不足与改进策略[J].陕西教育学院学报，2011(02).

[7]武建芬.幼儿同伴交往对其心理理论发展的影响[J].学前教育研究，2007(04).

[8]赵苗苗，李慧，李军，李林贵，王翠丽，Stephen Nicholas，孟庆跃.父母外出务工对农村留守儿童心理健康的影响研究[J].中国卫生事业管理，2012(01).

[9]李少梅.政府主导下的我国农村学前教育发展研究[D].陕西师范大学，2013.

[10]冀晨.北京市家庭式小规模民办幼儿园办园质量的调查和干预——基于 FCCERS－R 的研究[D].首都师范大学，2014.

民族民间文化融入中小学艺术教育的策略研究

——以苗族刺绣为例

作者：潘士美[①]

指导教师：李玲　刘茜

党的十八届三中全会《中共中央关于全面深化改革若干重大问题的决定》中明确指出“全面贯彻党的教育方针，坚持立德树人，加强社会主义核心价值体系教育，完善中华优秀传统文化教育”。教育部出台的《关于推进艺术教育发展的若干意见》同时指出，艺术教育对于立德树人具有独特而重要的作用，鼓励各级各类学校开发具有民族、地域特色的地方艺术课程。党的方针和教育部的意见为民族民间文化借助艺术教育深入传承指明了方向。

苗族刺绣（以下简称“苗绣”）技艺作为一系列优秀民族民间文化的代表，其在学生道德情操的熏陶、艺术素质的提升和创新能力的培养方面具有不可替代的重要价值，同时也是维系当地民族心理认同、生存发展的文化支柱。但伴随着现代化的冲击，苗绣面临失传的危机。部分中小学校已开设的苗绣艺术教育课程也面临重重阻力。因此，及时处理苗绣教育实践中的突出问题，推动以民族优秀传统文化为形式的艺术教育的有效实施不仅契合民族学生心理认知、情感需要和发展要求，而且契合当地民族文化保护和经济发展要义。

一、研究设计

（一）问卷的编制与信度、效度

在参考相关文献的基础上，编制了“苗绣融入艺术教育的调查（学生/教师）”两类非结构性问卷。问卷分为基本信息和问题两部分，基本信息包含学校、班级、性别、民族等内容，正式问题分为认知状况、情感倾向、支持意志、育人

①西南大学教育学部教育学专业（晏阳初创新实验班）2012级学生

价值和实施方式五个维度,正式教师问卷 20 道题目,学生问卷 19 道题目,请师生在由“完全不符合(1)”到“完全符合(5)”组成的 5 点量表上作答。正式问卷的信度和效度都达到了较高水平,其中教师卷信度 Cronbach's Alpha 均值达到 0.892,学生卷为 0.76。

(二)问卷的发放、回收与处理

本研究选取贵州苗族自治县 A 的中小学师生进行问卷发放,共发放问卷 361 份,教师有效问卷 64 份,回收率 92.6%;学生有效问卷 291,回收率 99.6%。通过对回收问卷进行编码和数据录入,使用 SPSS 20.0 进行了均值分析和方差分析等处理,形成了相关统计分析表格。

(三)其他研究方法的补充

运用访谈法对教师、学生、家长、苗绣艺人、企业负责人和政府相关行政人员进行深度访谈;运用文献法对国内外艺术校本课程的理论与实践研究进行系统梳理,借鉴其优秀理论成果和实践经验;运用系统分析法全面系统地把握苗绣教育发展的内部与外部矛盾。这些方法的使用为研究结果的科学性和应用性奠定了基础。

二、问题分析

(一)学生的性别和民族影响学习意愿

苗绣长期作为女性教育的重要手段,男性在其中一直扮演着次要角色。调查表明,男女生在对苗绣的知、情、意上存在显著差异;从进一步的“学习意愿”层面上对学生进行考量发现,女生比男生表现出更加积极的学习意愿,女生的平均得分比男生高出 47.7%。在多元文化背景下,不同民族在对苗绣的知、情、意上也存在显著差异;在对其中“学习意愿”层面做了具体探究后发现,不同民族学生间学习意愿差异显著(见表 1),其中苗族学生和侗族学生的学习意愿强于汉族和土家族学生;通过 LSD 多重比较分析发现,汉族与苗族学生的差异大于土家族与苗族学生的差异,而侗族与其他民族学生间学习意愿没有显著差异,从中可以看出,侗族学生对苗绣文化的接受程度比汉族和土家族学生都要高。

表1　不同性别、民族学生的学习意愿差异比较

项目	性别/民族	M.	S.D.	F	Sig.
学习意愿	男	2.60	1.336	57.313	.000**
	女	3.84	1.260		
	汉族	3.06	1.425	3.696	.012*
	苗族	3.55	1.396		
	侗族	3.14	1.345		
	土家族	2.29	1.380		

注：** 表示在 0.01 水平上差异显著，* 表示在 0.05 水平上差异显著。下同

(二)课业冲突和教学忧虑折射课程管理断层

在对学生所做的“苗绣教学态度”调查中发现，学生对开展苗绣教学虽然心生憧憬，但是也存在着“浪费时间，用处不大(M.：2.34，下同)”“影响文化知识的学习(2.83)”等诸多忧虑。教师在可能会“增加学生学业负担(2.81)”和“扰乱教学秩序(2.49)”上表现出不同程度的担心，对可能“增加学生学业负担”的担心得分更高；在对教师的访谈中也发现，面对中考和高考的压力，学校教师对于持续开展苗绣教学表现出信心不足。综合来看，师生的忧虑主要表现在课业负担方面，担心由于苗绣课程的开设会影响学生文化知识的学习和升学考试。

(三)苗绣课程资源缺乏，课程体系不完善

第一，苗绣课程还处于探索阶段，课程资源的缺乏主要体现在地方校本教材的开发尚未成熟，地方苗绣教材存在着开发主体乱、教师参与少、教材内容单一和科学性、艺术性欠缺等问题；校外课程资源的挖掘与整合也十分有限，尚未形成内外课程资源互补的良好局面；在师资配置方面，苗绣艺术课程专业老师相当缺乏，临时外调教师居多。在对教师做的“苗绣课程没有有效实施”的归因均值比较中，课程资源缺乏成为诸多教师认为的重要原因，其中师资力量的缺乏是原因中重要的一部分。(表2)内外课程资源的缺乏在很大程度上妨碍了苗绣艺术课程的顺利实施和目标的有效实现。

第二，苗绣艺术课程体系的不完善主要体现在各级艺术课程缺乏目标设置、片面理解艺术课程目标和移植其他课程目标的问题，而出现与学生实际审美需要相背离的情况；同时各级课程内容单一，学习内容主要为简单针法，缺乏相关审美理论的学习，导致了艺术教育非艺术化、重技能轻艺术的实践倾向；内

部课程管理与评价方面也尚未形成固定机制，课程一般按照学校安排每周一节左右，但也是断断续续，课程成绩与学生学业成绩严格分开，并不参加班级总体考核；外部指导评价机制的缺乏也使得苗绣艺术课程成为一些学校的装潢和点缀。总之，零散、无序是对苗绣艺术课程的现实写照。

表 2　教师对“苗绣课程没有有效实施”的归因均值比较

项目	N	M.	S.D.
课程设置	52	3.23	1.182
课程管理	53	3.26	1.303
课程评价	53	3.40	1.276
课程资源	55	3.76	1.186
师资	57	3.88	1.103
升学压力	54	3.74	1.291
领导意识水平	52	3.27	1.223

(四)地方政府与学校缺乏共识，苗绣艺术教育分歧大

地方政府和学校不同的利益出发点决定了苗绣融入艺术教育是一场艰难的博弈。地方政府一般对学校苗绣艺术教育支持有限，苗绣教育的开展只停留在了中等职业院校中，但是收效甚微。二者分歧的主要根源在于与苗绣教育不相适应的外部考核制度——学校将苗绣纳入艺术教学却得不到上级部门绩效考核的承认，从而也缺乏经费的支持和相关政策的保障，使得苗绣艺术教育只成为学校的“一厢情愿”，导致发展合力不足。有教师表示，一面是上级政府要求的考核目标，一面是校长或教师素质教育的理想，苗绣教学的开展有时候也只是摆个门面，零零散散，难以为继，行政过度干预时，苗绣教学就会被暂停，被要求外出参赛或者有客来访时就重新拿出来粉饰门面。虽然这些老师的反映不一定完全符合现状，但从这两股力量的相互博弈中也可见一斑——要让苗绣艺术教学走入正轨，的确还是任重而道远。

(五)校企合作困境致使苗绣人才、产业发展受限

在市场自发配置资源的机制下，当地校企之间存在的利益纠纷不断升级，导致教材编撰停滞、教师培训中断、职校学生就业无果等难题，这些问题的出现

对正常教学秩序造成一定程度的冲击，使学生利益也难以保障。另外，地方高校和苗绣企业之间的合作还十分有限，合作机制建立困难，产研模式也尚未形成，这些因素直接阻碍了苗绣人才的合作培养和苗绣产业的进一步发展。此种困境直接造成了学生发展、人才培养和苗绣产业推广的受阻受限，并降低了社会认同度和吸引力，影响苗绣招生工作的进一步开展。

(六)地方高校艺术专业与中学苗绣教育不衔接，学生教育过程间断

地方高校以服务区域经济社会发展为目标，发挥着培养地方高素质人才的重要功能。然而调查中发现，苗族聚居地区地方高校艺术类专业设置与当地民族文化相脱节，课程设置狭窄单一，致使苗绣学生深造困难。当地苗绣教师的培养主要采取师徒传授、企业培训或者到北京高校培训的方式进行，专业优秀师资数量严重不足，与苗绣经济的迅速发展壮大不相适应。教师素质是衡量一个专业竞争力强弱的重要指标，学生教育过程间断不仅意味着学生专业发展受阻，也意味着苗绣专业教师的培养失去了源头活水。这些因素直接造成了苗绣人才培养路径的阻断，也加剧了中小学学生学习苗绣的前途忧虑。

三、策略建议

结合对实际情况的系统分析，我们形成了将苗绣融入中小学艺术教育的综合策略，试图构筑发展合力以有效扭转苗绣艺术教育的不利局面。

(一)建立政府主导下的校企合作机制和专家指导机制

1.政府主导搭建校企合作平台

普通中小学校与企业之间可以通过指派艺人定期到学校指导、学生参观苗绣产业馆等方式丰富学生艺术生活，提升学生审美素养，培养苗绣基础人才；校企可相互合作，共同对教师进行培训，提升教师民族文化素质和教学技能，发挥教师在开展苗绣艺术教育的关键作用；中等职业院校要积极创新校企合作运行模式，通过校企股份制合作、资源整合和产学结合等方式让师生参与合作企业的研发、设计和生产等环节，在提升学生实践技能的同时也为企业提供人才和技术服务，充分发挥校企协同育人的功能；地方高校要积极与企业建立产研合作关系，通过技术转让、委托研究、联合攻关、共建基地和实体等多种形式发挥

各自优势，培养苗绣专业人才，发展民族文化产业。

2.建立专家指导机制，推动苗绣整体发展

由地方政府主导，与学校、企业、有关产业经济专家和课程专家共同组成苗绣统管小组，在专家指导下首先为苗绣制订战略发展目标，在战略目标下为学校的苗绣教育规划课程目标，并服务于更高一级的战略方针，形成“市场——学校”良性对接的苗绣发展机制；同时，各方还要紧密合作，结合当地实际，挖掘整合一批优质特色的苗绣教育资源，将其纳入课程资源，并加紧编制规范统一、内容丰富，艺术性、趣味性和科学性并重的苗绣教材；校企之间要在专家指导下确定普通中小学和中等职业学校学生的培养计划和科学评价体系，助力学生的持续发展。

(二)加强校校合作，构建苗绣艺术人才培养和发展体系

1.加强普通中学、中等职业学校与地方高校之间的专业衔接

苗绣通识艺术教育与职业、专业艺术教育的有效衔接不仅可以为学生多样化发展、多途径成才搭建立交桥，而且可以提升苗绣职业教育的吸引力，解决中小学苗绣师资匮乏的窘境。为此，地方政府可以牵头与地方高校合作申请增设苗绣艺术专业，使普通中学和职业中学的优秀苗绣学生可以向上流动深造，为优秀苗绣教师的培养提供专业训练平台，建立完善的普通中小学、职业技术学校和地方高校垂直联合培养苗绣人才体系，解决学生深造问题和师资培养问题。

2.正确处理苗绣艺术教育不同层次之间的关系

小学的苗绣艺术教育应坚持兴趣导向，培养学生对苗绣艺术的认同和情感，通过苗绣艺术实践让学生参与艺术的鉴赏、表现和创造，使学生在综合审美体验中养成对生活、艺术和民族的热爱；普通中学艺术教育可适当向艺术基础知识和艺术技能倾斜，训练苗绣初级技能以发展学生特长，同时兼顾艺术审美，使学生在技能实践中提升自身艺术素养，发展合作能力和创新能力；职业学校应该侧重培养职前岗位技能，同时加强文化基础教育，将艺术素养、人文精神贯穿于培养全过程，促进学生的可持续发展。高校苗绣艺术教育应侧重专业技能的培养，培养兼具理论素养、实践能力和创新能力的高素质人才，作为苗绣产业人才储备和苗绣师资储备。

(三)树立开放性课程观念,开发苗绣艺术教育校本课程

苗绣艺术教育校本课程开发应该以学生为本,在前期充分分析苗绣艺术教育实施的内外因素的基础上,充分发挥政府主导和监督、专家和行业指导、校长领导、师生参与的作用。首先,在专家指导下科学合理设置苗绣各层次课程目标,正确处理社会、学科和学生发展之间的关系,苗绣理论和技能之间的关系,学生专业发展和全面发展的关系;另外,在课程内容的选择上,遵循艺术性与技术性相统一、多元与一体相统一的原则,在组织课程内容时要注重苗绣艺术鉴赏内容的添加,避免内容晦涩而导致学生学习兴趣下降的情况出现,也要注重开放性内容的呈现,给师生留下想象和创造的空间,更要在保持苗族文化特性的同时兼顾社会核心价值的显扬;再者,在课程评价体系上,坚持过程性与结果性的统一,注重构建发展性评价与多元性评价体系,使评价紧密围绕课程目标,有效改进教学现状,促进学生潜能的发展。

(四)尊重学生个体差异,提供多样化课程选择

1.关注学生个体差异,避免文化冲突

苗绣艺术课程既要关注女性群体又要关注男性群体,既要关注苗族群体又要关注非苗族群体,因性别施教、因民族施教。基于不同性别和民族学生对苗绣在知、情、意层面表现出的显著差异,苗绣课程在具体实施时也应切实注意这些差异可能对学生造成的不良影响,分析学生的特殊需要、准备和期望,分类指导,在不影响课程总体正常实施的前提下,尊重学生的自主选择,并积极探索合作学习的方式;同时,要给非苗绣学习群体提供学习其他艺术课程的机会,更加关注他们的心理发展和综合素质的提升,体现以人为本的育人理念。

2.设置多样化课程,营造艺术育人环境

苗绣课程的实施方式可以以课堂知识讲授或结合社会服务、艺术展示等综合实践活动方式灵活开展,并辅之以校园文化的营造、课外兴趣扩展等,提升学生兴趣,陶冶学生情操,加强学生理解,使民族传统艺术在课堂学习中、在活动和探究中潜移默化地融入学生的生活和血液。在“苗绣课程实施方式”的调查中,师生选择选修课程和综合实践活动课程占了很大的比例(其中,选修课程:教师66.7%,学生58.8%;综合实践活动课程:教师54.9%,学生54.5%),学生

对于参观苗绣绣品和工艺展览进行学习的热情也很高(74%)。因此,课程实施的方式可以灵活多样,显性与隐性相结合,课堂学习与课外实践相结合,以此构建艺术育人的综合环境,以满足不同学生、不同阶段的具体需求,发展学生的综合能力。

苗族刺绣以外的一大批优秀民族民间文化在与艺术课程接轨中同样可能会面临此类矛盾和发展困境,这些宏观外部决策、中观运作发展、微观协调平衡层面的策略及其机制有望给其他民族民间文化融入艺术教育提供借鉴,以有效突破阻碍民族民间文化和产业发展的瓶颈。

参考文献

[1]靳玉乐等.多元文化课程的理论与实践[M].重庆:重庆出版社,2006.

[2]夏晓春.黔东南苗绣艺术非理性符号象征[J].民族艺术研究,2008(05).

[3]郭声健.我国中小学艺术教育的现状和艺术课程改革的思路[J].中国教育学刊,2000(12).

[4]李卫英.中小学传承民族传统文化的现状及反思——以贵州省民族中小学为例[J].贵阳学院学报(社会科学版),2013(02).

[5]徐瑞.后现代课程观的理论创新与不足[J].教育发展研究,2010(18).

[6]杨学志.试论中国职业教育中的艺术教育[J].教育与职业,2009(05).

少数民族地区学前教育发展的困境与出路调查报告

——以部分县为例

作者：马祖英[①]　谢成红[②]　姬晴雪[③]　祖丽比亚·塔勒哈提别克[④]

指导教师：伍叶琴

一、研究的缘起

《国家中长期教育发展规划纲要(2010—2020年)》第二部分发展任务第三章中明确提出10年内学前教育的发展目标和发展任务，这对于贫穷、落后、发展不平衡的少数民族地区的学前教育而言是雪中送炭。教育公平的起点就是学前教育，只有起点公平，才能保证整个教育公平。所以，要想体现教育的公平性，发展好少数民族地区学前教育至关重要。优质的学前教育不仅对幼儿及其家庭有利，更具有重要的社会经济价值，更有利于降低犯罪率和改善公民的健康状况和生活质量，从而节约公共行政、司法、医疗和福利开支，是一种高回报的人力资本投入。有学者认为，除了能体现促进社会政治、经济、文化、人才等方面发展的宏观价值，学前教育还能体现幼儿认知、培养道德、陶冶情操、保育身体等个体发展以及在园实践中幼儿个体的社会化、主体化、个性化三个方面的微观价值。因此，了解少数民族地区学前教育的发展现状和困境，对于制定正确的少数民族学前教育发展策略具有重要意义。

由于受到自然、历史、文化和经济等因素的制约，少数民族地区学前教育发展滞后，存在很多亟待解决的问题。要改变这一现状，就要进行进一步的调查研究，再通过社会各界的大力支持解决出现的问题，以促进少数民族地区学前教育事业的健康持续发展。

---

①西南大学教育学部学前教育专业2013级免费师范生

②西南大学教育学部学前教育专业2013级免费师范生

③西南大学教育学部学前教育专业2013级免费师范生

④西南大学教育学部学前教育专业2013级免费师范生

二、研究对象和研究方法

(一)研究对象

本课题的调查对象分布于四个少数民族地区,它们分别是:甘肃省临夏回族自治州某县,新疆维吾尔自治区哈萨克族自治州某县,重庆市某土家族苗族自治县及山西省某县。我们对这四个地区的以下三类人群进行了调查,当地居民、当地入园小朋友家长及教师与管理者。调查对象分布范围较广,数量较多,有利于得到真实可靠的信息。

(二)研究方法

1.文献研究法。

通过查阅大量的文献资料,确立了研究课题;同时,通过查找被调查地的文献档案,对研究对象有了一定的认识,这为之后的调查和访问提供了很大的帮助。

2.问卷调查法。

在设计问卷时,根据调查对象的宽泛性,设计了关于三种人群的调查问卷,同时也考虑了调查的保密性和全面性原则。

3.访谈调查法。

为了更加深入地了解调查对象关于所研究问题的认识,我们采用了访谈法。遵循访谈法的基本原则,考虑到问卷调查法的不足,以此来弥补问卷调查法的缺陷。

三、调查结果与分析

本调查共发放问卷250份,收回有效问卷223份,有效回收率为89.2%>70%,因此可得出研究结论,调查结果有效。其中居民问卷111份,家长问卷68份,教师与管理者问卷44份,在发放问卷过程中分别对3位居民,2位家长,1位幼儿教师及1位学前教育管理者进行了20分钟的访谈。

(一)学前教育相关政策存在的问题

相关政策的落实程度和落实效果存在较为显著的问题。

根据我们对所调查地区三类人群的问卷统计分析发现：扶持政策在当地的落实情况存在最明显的问题(如对贫困家庭幼儿的生活补助和优惠政策)，同时教师少编缺编现象严重。(图 1)

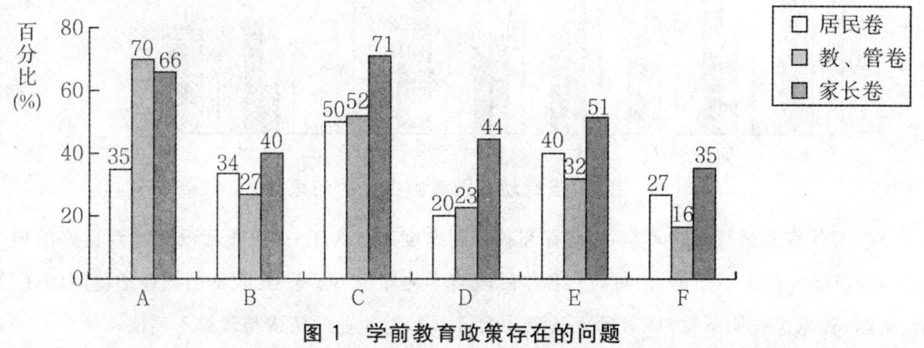

图 1　学前教育政策存在的问题

注：A.教师的编制问题；B.没有与当地经济发展水平相结合；C.扶持政策的落实；D.国家对优秀幼儿园的激励；E.有关的监督不完善；F.没有与当地的民族文化相结合

(二)学前教育师资存在的问题

幼儿教师学历低，专业知识和专业能力不足，教师的自我认同感和职业归属感弱且人员流动大。

本次调查发现，少数民族地区幼儿园教师的学历绝大部分都在专科及其以下，其中专科还包括大量的中专毕业生。(图 2)调查中发现，有的幼儿园除了园长外，再没有一个具有学前教育教师资格证的教师。0～6 岁是孩子身心发展的关键时期，专业素质低下的教师不仅没有掌握幼儿身心发展的客观规律，而且极容易因为固有的价值观和儿童观而忽视自身言行及周围环境对孩子的影响，从而使幼儿的发展受阻。

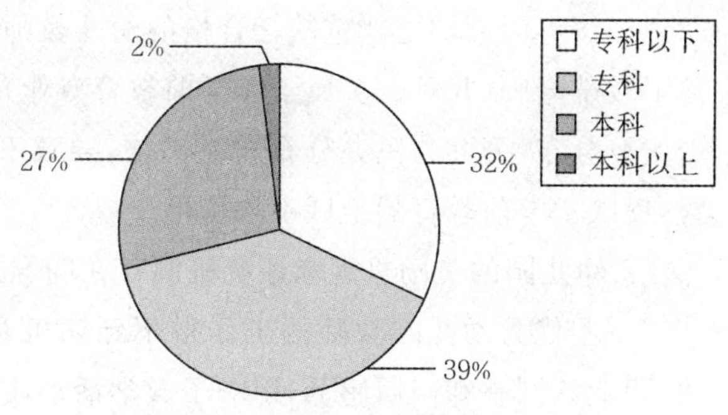

图 2　幼儿教师的学历结构

幼儿园教师保育和教育知识不足，科学文化知识不够，教师职业道德存在问题三个选项所占百分比分别为57%、50%和61%，这说明教师的学历和受教育的程度问题突出，教师队伍建设刻不容缓。(图3)

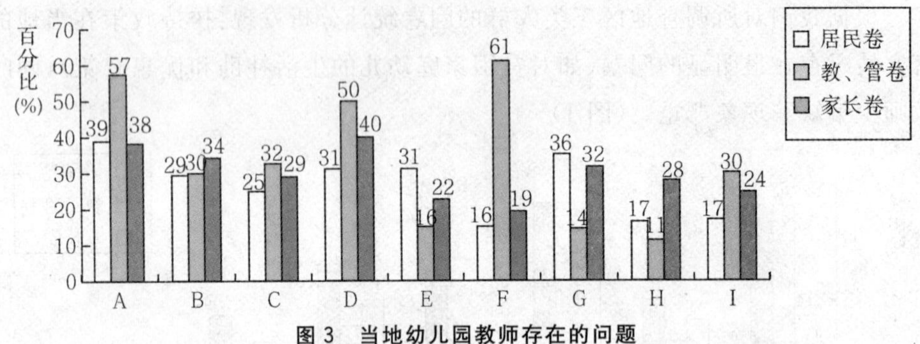

图3　当地幼儿园教师存在的问题

注：A.保育和教育知识不足；B.保育和教育的态度和行为不好；C.教师没有起到良好的模范作用；D.科学文化知识不够；E.对幼儿各年龄段需学的知识不了解；F.教师的职业道德问题；G.舞蹈、画画、音乐等技能不够；H.教师人员流动大；I.教师对职业的认识与理解不到位

(三)幼儿园管理存在的问题

1.幼儿园教师的分配与其他非少数民族地区和经济发展水平高的地区相比问题突出。

分配问题既包括地区分配，公办园与民办园之间的分配，也包括幼儿园内部管理人员与教师、保育教师与任课教师之间的分配。民族地区幼儿园由于考虑到经济等因素加之严重缺乏合格的幼儿教师，因此大多数幼儿园每个班只配备了教学老师(并且大多属于非学前教育专业)没有配备保育教师；另外幼儿师资城乡分布、公办与民办分布严重不均，导致不同地区幼儿接受不同水平的教育，反映了学前教育的地区不均衡性。

2.幼儿园的奖励机制和评价机制存在问题。

一些优秀幼儿园教师的工作得不到认可和奖励，使得他们缺乏工作积极性，职业认同感和归属感低，影响了教学活动质量的提升。(图4)

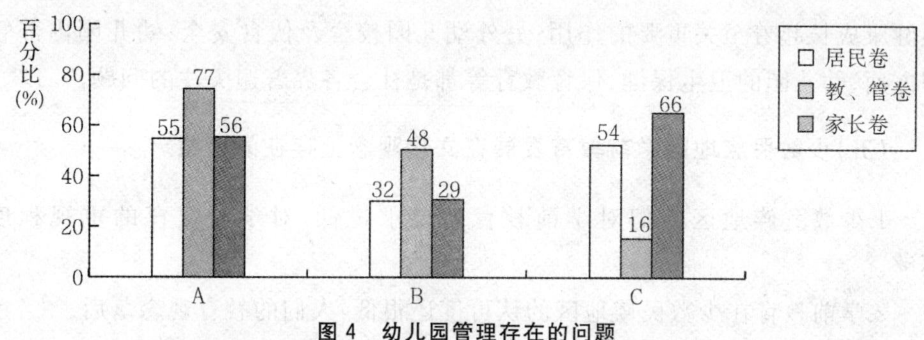

图4 幼儿园管理存在的问题

注:A.教师分配存在问题;B.有关优秀教师的奖励;C.收费

3.幼儿园收费存在问题。

少数民族地区幼儿园的收费标准多是依据办园人员自己的标准或对比参照其他幼儿园的收费标准确定的,所以差异较大,且乱收费、收费高的情况较为明显。尽管多数教师与管理者认为当地的收费标准是合理的,但是,有54%的居民和66%的家长都认为现在幼儿园的收费标准不合理。

(四)幼儿园建设存在问题

少数民族地区幼儿园数量较少,通过访谈得知"除了县城之外,很多乡镇并没有幼儿园,村办幼儿园奇缺,农村儿童上幼儿园困难",难以满足学龄前幼儿的入学需求,多数民办幼儿园都属于私人办园,他们都是在自己的家中或者租来的房子中组织教学,有家长反映"幼儿园班额过大,很拥挤"。幼儿园的硬件条件差。教室不够宽敞,几乎没有特定的游戏活动区域及体育设施和场所,教学用具也十分缺乏,导致难以开展相应的体育活动和社会活动。幼儿园布置过于简单随意,而且长时间不改动,环境也没有与幼儿互动,难以发挥幼儿园环境在幼儿教育中的积极作用。

调查发现分别有47%和43.5%的研究对象认为,国家和当地政府对幼儿园教学资源的投入及对贫困幼儿的补助较少,导致幼儿园教学活动形式单一,无法满足幼儿在艺术、语言、健康、科学、社会这五大领域的求知需求,民族地区贫困幼儿由于缺乏国家补助的支持而上不起幼儿园。

通过统计得出有50.7%的研究对象认为幼儿园工作人员在日常行为上缺乏规范,我们还在访谈中得知很多家长建议"幼儿教师及幼儿园工作人员应注意自己平时的言行,以身作则,以培养幼儿的良好习惯和行为",这对幼儿的身心健康成长起着至关重要的作用；另外幼儿园校舍及伙食安全、幼儿园内部管理方面、幼儿园的卫生保健、保育教育等都是社会各界普遍关注的问题。

(五)少数民族地区学前教育发展在文化观念上存在的问题

1.少数民族地区人们对学前教育的要求过低，对学前教育的重视程度不够。

2.学前教育在少数民族地区的认可度还很低，人们的教育观念落后。

在所有接受调查的人群中，有 4% 的家长都认为孩子没必要上幼儿园。(图 5)同时绝大部分家长认为将孩子交给幼儿园后就没有自己的事了，只要孩子能每天安全地回家，能吃饱，不惹麻烦就够了，他们没有关注孩子究竟在幼儿园学到了什么，有什么进步的意识。

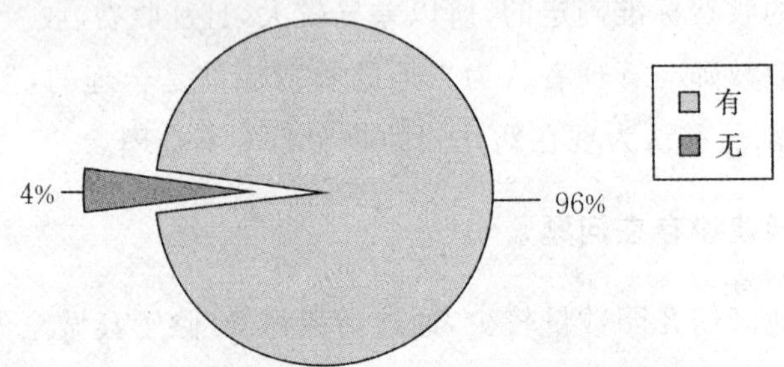

图 5　有无上幼儿园的必要

从我们的调查结果可以看出，包括教师和管理者在内，少数民族地区人们的受教育程度普遍较低，大部分都是专科及其以下的学历。(图 6)这就导致他们接受新思想、新观念较慢，而且很难看到学前教育在人一生的发展中所起到的奠基式的作用，错过孩子发展的关键期将影响他们一生的发展高度。

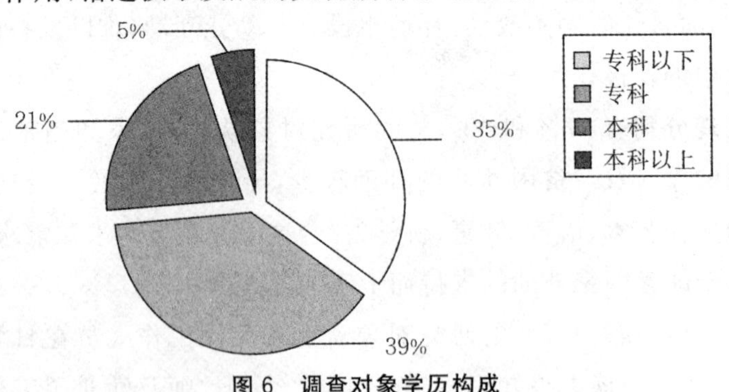

图 6　调查对象学历构成

3.学前教育教学没有与本土文化相结合，方言使用较多，普通话水平低

当地少数民族的娱乐活动和文化没有在幼儿园课程设置和环境布置中得到体现，幼儿园普遍采用非少数民族地区使用的教材，园本课程缺乏。幼儿教师在进行教学活动时多采用本地方言，即使使用普通话也是不标准的普通话，幼儿正处于语言发展的重要时期，这样不利于他们交流能力的发展。

四、结论及对策建议

（一）政府应成为少数民族地区学前教育发展的主体

1.政府应为合格的幼儿教师提供充足的编制，让合格的幼儿教师有编有岗；应全国各大高校及职业培训机构扩大学前教育专业的招生数量给予政策支持，特别鼓励男生报考学前教育专业。

2.政府在制定少数民族地区学前教育发展的相关政策时应进行实地考察和调查分析，切实考虑少数民族地区经济发展水平、传统文化及各群体利益等现实问题，制定出适用于少数民族地区的相关政策规定。

3.政府应建立和完善少数民族地区幼儿园激励和监督机制。

对于不符合办园标准的幼儿园应进行严肃处理，对优秀幼儿园进行表扬奖励，作为行业榜样来激励其他幼儿园的发展。

4.政府应着力解决少数民族地区幼儿师资方面存在的问题。

（1）政府应加大对民办幼儿园的审核力度，提高幼儿教师入园门槛，避免低学历非专业幼儿教师入园。

（2）政府应着力改善幼儿教师的工资待遇及福利条件，解决幼儿教师的后顾之忧及优秀幼儿教师的流动问题。重视对幼儿教师的培训，提高幼儿教师的专业素质与思想道德素质，坚定从事幼儿教师的职业信念。

5.政府应着力解决幼儿园管理方面存在的问题。

（1）政府应制定和完善幼儿教师分配问题的相关政策文件，分配幼儿教师时结合幼儿园实际情况，合理分配优秀幼儿教师。

（2）政府应建立和完善幼儿教师的奖惩和评价机制，奖励优秀幼儿教师，及时处理滥竽充数的不合格幼儿教师。

（3）政府应根据少数民族地区实际情况合理控制幼儿园收费标准，监管幼

儿园乱收费问题,使幼儿享受到公平的学前教育。

6.政府应着力解决少数民族地区发展学前教育时文化观念上存在的问题。

(1)政府应加大宣传学前教育相关政策,提高民众对学前教育的重视度与关注度,让人们了解学前教育的重要性,从观念上改变对学前教育的忽视。

(2)政府应关注少数民族地区经济发展,投资少数民族地区产业,加大财政补贴,改变其贫困现状,坚持义务教育,提高民众文化程度,重视教育。

7.政府应着力解决幼儿园建设方面存在的问题。

(1)政府应加大对幼儿园建设的经费投入,兴办幼儿园,提高幼儿园数量,配备现代化教学设备等硬件设施,促进少数民族地区幼儿园高水平发展。

(2)政府应提高对幼儿园安全问题的重视,加大安全审核,配备安全设施,做好相应安全防护,促进少数民族地区幼儿园及幼儿的安全健康发展。

(二)幼儿园应成为少数民族地区学前教育发展的良好基础

1.幼儿园在招聘幼儿教师时应着重考虑幼儿教师的学历、专业及思想道德素质,招聘优秀幼儿教师,同时重视幼儿教师的福利待遇,尽可能提供良好的工作生活环境,减少优秀幼儿教师的流失。为在职幼儿教师提供定期的专业培训,加强幼儿教师的不断学习和发展,改进教学方法,更新教学理念,为幼儿提供更科学、更合理的学前教育。

2.幼儿园在管理方面应考虑幼儿教师、幼儿家长等各方面的意见,争取符合各个群体的利益。尽量减少幼儿园建设的成本,在收费方面考虑幼儿家长的支付能力,尽可能提供一个合理公平的收费标准。

3.幼儿园应加大与幼儿家长的沟通交流,宣传学前教育的相关政策规定,提高幼儿家长对学前教育的认可度,为他们提供有关家庭教育的知识,让家庭教育与学前教育更好地结合起来,促进幼儿身心健康全面发展。

4.幼儿园应加大对幼儿园的基础设施建设,改善校舍环境,购置现代化教学设备等硬件设施。重视幼儿园文化建设,动员幼儿教师和幼儿参与幼儿园文化建设工作,为幼儿教师和幼儿提供展示才华和能力的平台。同时重视安全防患意识和幼儿园安全预防工作,定期检查更换安全设备,防止安全事故发生。定期对幼儿教师和幼儿宣传安全问题知识,为全园工作人员和幼儿提供舒适安全的工作和学习环境。

(三)社会舆论应成为少数民族地区学前教育发展的重要支持力量

1.树立正确的学前教育观念,正确认识学前教育的重要作用。

我国1993年颁布的《中华人民共和国教育法》明确规定:"国家实行学前教育、初等教育、中等教育、高等教育的学校教育制度。"2003年出台的《关于幼儿教育改革与发展的指导意见》更是强调:幼儿教育是基础教育的重要组成部分,发展幼儿教育对促进儿童身心健康发展,普及义务教育,实现全面建设小康社会的奋斗目标具有重要意义。《中国儿童发展纲要(2001－2020年)》中指出:"推进社会主义现代化建设,实现经济和社会的全面进步,必须把提高国民素质、开发人力资源作为战略任务;必须从儿童早期着手,培养、造就适应新世纪需要的高素质人才队伍。"党的十七大明确提出"重视学前教育"的要求,这标志着学前教育不再是仅仅关系儿童自身和家庭的事,还是消除贫困,保障社会稳定的有效措施,每个人都有责任和义务为学前教育的发展贡献力量。"掌握学前教育的相关动态,了解学前教育的相关知识"应该成为大家的共识。只有对学前教育的相关知识有一定的了解,才能对它有一个较为客观的认识,才能转变观念,树立正确的幼儿观和学前教育观。

2.关注并积极响应政府的相关政策。

(1)当地人民应改变那种学前教育只是给别人看看孩子的错误观念,鼓励周围的学生报考学前教育专业,接受专业学习并返乡促进当地学前教育的发展。

(2)发达地区的优秀幼儿园和一些有能力的人、企业应该主动对少数民族地区的幼教事业进行扶持。如非少数民族地区的优秀幼儿园与少数民族地区的幼儿园结对子,让他们能够了解先进的办学理念,学习到更科学的教学方法;有能力的个人或企业家则可以给予他们资金上的支持,帮助他们完善幼儿园设施,增加幼儿园教具。

(四)家长应成为少数民族地区学前教育发展的首要响应者

1.父母应该自己监护孩子。

少数民族地区大部分幼儿的监护人都是其爷爷奶奶或者外公外婆,基本都属于隔代教育。爷爷奶奶辈的人由于其接受的教育有限、接受新事物的能力较弱、观念比较守旧也会影响学前教育工作的开展。父母一辈的家长文化水平更高,受外来思想的冲击,对教育的重视程度更高。孩子的健康发展也需要父母的陪伴与关爱。

2.家长积极与幼儿园进行沟通交流。

对于离家较远的孩子,父母应在规定的时间内到幼儿园看望,周末将孩子接回家团聚;对于留守儿童,应鼓励父母常回家看看,周末也可让监护人或孩子的爷爷奶奶把孩子带回去,享受亲情之乐。家长应配合幼儿园工作,参加幼儿园组织的讲座、家长会,并对幼儿园工作提出合理的要求和建议;多参加孩子的学习和游戏,学习科学的育儿技巧。

3.家长应参与对幼儿园的监督。

少数民族地区的家长对幼儿园的理解不到位,要求也过低,导致家长缺乏对幼儿园的监督意识。只有家长切实关心孩子在幼儿园的发展,加强对幼儿园的监督,才能督促幼儿园提高办学质量。

参考文献

[1]李丹.凉山民族地区学前教育的问题与对策[J].科教文汇,2011(08).

[2]赵敏,姜枫.少数民族地区农村学前教育的困境与出路[J].当代教育论坛,2011(05).

[3]尖措吉.少数民族地区学前教育整合本土文化的思考 ——以互助土族地区为例[J].学前教育研究,2013(03).

[4]陈红,何丽亚.民族地区学前教育师资存在的主要问题及发展对策[J].潍坊教育学院学报,2012(04).

[5]阎晗.西部农村地区学前教育经费短缺原因及对策[J].地方财政研究,2008(11).

[6]黄文芬.少数民族地区学前教育现状分析与对策[J].黔南民族师范学院学报,2012(05).

[7]李慧灵.民族地区农村学前教育问题与对策研究——以重庆市某民族自治县为例[J].兰州教育学院学报,2011(02).

不该被遗忘的童年

——四川省凉山彝族自治州适龄未入园幼儿生活状态研究

作者：唐一山[①]　余可心[②]　张志慧[③]　任佳瑶[④]　李笑语[⑤]

指导教师：阳泽

一、引言

（一）问题的提出

我国"十二五"时期教育改革发展的总体目标是：全面提高教育服务现代化建设和人的全面发展能力，到 2020 年基本实现教育现代化。其中，基本普及学前一年教育，农村学前一年毛入园率达到 80%左右，基本解决"入园难"问题。就凉山彝族自治州民族状况而言，该州位于四川省西南部川滇交界处，境内有汉、彝、藏、蒙古、纳西等 10 多个民族，是全国最大的彝族聚居区和四川省民族类别最多、少数民族人口最多的地区。彝族教育起源于生产生活，随着生产力的发展不断丰富。历史上彝族教育主要以传统的家庭教育和毕摩[⑥]教文化教育为主，无正规的学校教育。当前，彝族的现代教育十分滞后，问题重重。

在学前教育高调发展的背景下，该州适龄幼儿未入园现象引发我们对未入园幼儿真实生活状态及其教育问题的关注和思考。凉山彝自治州族适龄幼儿未入园的具体状况是什么？未入园原因是什么，有什么特点？未入园幼儿怎么度过学前期？他们在家接受什么教育内容？未入园会对幼儿产生怎样的影响？凉山彝区普遍存在小学入学率高、辍学率更高的现象，未入园幼儿入小学适应

---

①西南大学教育学部教育学专业（晏阳初创新实验班）2012 级学生

②西南大学教育学部教育学专业（晏阳初创新实验班）2012 级学生

③西南大学教育学部教育学专业（晏阳初创新实验班）2012 级学生

④西南大学教育学部教育学专业（晏阳初创新实验班）2012 级学生

⑤西南大学教育学部教育学专业（晏阳初创新实验班）2012 级学生

⑥毕摩：毕摩是彝族世袭的祭司和巫师，只限于男子担任，他们掌握文化知识，精通彝文经典，熟知关于天文、历法、谱读、伦理、史诗、神话等传统典籍，凡彝族生死、婚嫁、吉凶祸福、午节等都少不了毕摩作法，毕摩是沟通人世与神灵世界的人，因此受到人们的尊敬，享有很高的威望。

又面临着哪些困难？通过对这些问题的分析，我们试图从少数民族独特的文化与教育中，找到合适的学前教育范式。

（二）研究路线

本研究的主题是四川省凉山彝族自治州适龄未入园幼儿的生活状态，实质是儿童的存在、存在形式及发展问题。理论基础是存在主义理论、自然主义教育理论和社会－文化发展理论以及多元智能理论。研究路线为剥离式，在存在主义视野下，从环境中心视角出发，将环境分为自然环境和人文环境。一是关注彝族原生态的自然环境和纯朴的自然本性对彝族幼儿教育所发挥的作用，二是看到文化冲突与文化认同下彝族幼儿接受的文化教育状况对彝族幼儿产生的影响，三是在自然环境中抽离出“儿童中心”视角，涉及儿童发展中智能的单一与多元、社会性发展的自主与合作、独立性与集体性。通过分析在冲突和对立中找到契合点——儿童在不利境遇下的发展，并做出对策分析。

（三）研究价值

实践价值：本研究通过走进四川省凉山彝族自治州进行实地调研，在还原偏远地区少数民族3～6岁儿童的真实生活状态的同时，希望能引发社会各界对当地适龄未入园幼儿的关注。

理论价值：基于存在主义视角、环境中心与儿童中心、主流文化与边缘文化、单一智能与多元智能，层层推进分析凉山彝族自治州适龄未入园幼儿生活状态。

（四）研究目的

了解凉山彝族自治州适龄未入园幼儿的生活状态，找寻适合少数民族幼儿的学前教育范式；引起社会对少数民族幼儿生活和发展，及少数民族地区农村学前教育发展的关注。

（五）核心概念界定

1.适龄未入园幼儿的生活状态

本研究将幼儿的生活状态定义为儿童生命发展过程中各种活动的总和，包含物质和精神层面，是动静的结合，是现存和未来的统一。本文中的生活状态是指 3～6 岁彝族适龄未入园幼儿在营养卫生、活动方式、语言发展、同伴关系、人际交往、家庭教育情况等方面表现出来的形态。

2.多维视角

本研究中的多维视角是指：人的存在（儿童的存在）、“环境中心”和“儿童中心”理论、文化融合和多元智能理论的多维角度。

二、研究设计

（一）实地考察过程

1.研究手段

研究工具有相机、录音设备、电脑、笔记本；使用的资料包括访谈报告、观察日志；使用的研究方法主要是质的研究①方法，具体表现为田野作业形式。

2.研究对象

本次田野作业的研究对象主要是四川省凉山彝族自治州普格县特尔果乡特尔果村（两次）、四川省凉山彝族自治州喜德县光明镇沙洛村、四川省凉山彝族自治州喜德县东河村、四川省凉山彝族自治州冕宁县漫水湾镇泽远乡麻叶林村、四川省凉山彝族自治州喜德县李子乡史觉村、四川省凉山彝族自治州西昌市洛古坡乡杆a孙村 6 个村的部分居民。其中有 4 个为国家级贫困县的下属村，且有 4 个靠近城镇，2 个远离城镇。

3.研究过程

研究过程分前、中、后期和两个阶段：

前期，与当地适龄未入园幼儿初步建立熟络关系；中期，与当地适龄未入园幼儿家长取得联系和初步访谈；后期，深入观察适龄未入园幼儿日常活动，并访谈周边村民。

（1）夏季阶段

2013 年 8 月 22 日至 2013 年 8 月 28 日，在四川省凉山彝族自治州西昌市洛古坡乡杆孙村、四川省凉山彝族自治州普格县特尔果乡特尔果村、四川省凉

①质的研究：是以研究者本人作为研究工具、在自然情境下采用多种资料收集方法对社会现象进行整体性探究、使用归纳法分析资料和形成理论、通过与研究对象互动对其行为和意义建构获得解释性理解的一种活动。

山彝族自治州喜德县光明镇沙洛村进行调研。课题组5位成员,一人负责采访,两人负责文字记录,一人负责录音,一人负责影像采集。

(2)冬季阶段

2014年2月6日至2014年2月15日,在四川省凉山彝族自治州普格县特尔果乡特尔果村、四川省凉山彝族自治州冕宁县漫水湾镇泽远乡麻叶林村、四川省凉山彝族自治州西昌市洛古坡乡杆弥村、四川省凉山彝族自治州喜德县东河村、四川省喜德县李子乡史觉村进行调研。课题组中1位家住四川省凉山彝族自治州的成员进行深入调查。

(二)开放式调查过程

向接触过未入园和入园彝族幼儿的县市级幼儿园老师发放100份开放式调查问卷。

三、调查结果

(一)入园的基本情况及未入园原因

1.入园的基本情况

由表1可知,50%以上的人认为,凉山彝族适龄未入园幼儿的比例为70%左右,而城镇的彝族适龄幼儿未入园率相对较低,约占20%。

表1　彝族适龄幼儿未入园比例和男女分布情况

<table>
<tr><td>未入园比例
(单位:%)</td><td>0～10</td><td>10～20</td><td>20～30</td><td>30～40</td><td>40～50</td><td>50～60</td><td>60～70</td><td>70～80</td><td>80～90</td><td>90～100</td></tr>
<tr><td>人数(N=98)</td><td>1</td><td>14</td><td>15</td><td>16</td><td>5</td><td>3</td><td>10</td><td>20</td><td>6</td><td>1</td></tr>
<tr><td>未入园男女
分布情况</td><td colspan="3">男生人数小于女生人数</td><td colspan="4">男生人数约等于女生人数</td><td colspan="3">男生人数大于女生人数</td></tr>
<tr><td>人数(n=85)</td><td colspan="3">52</td><td colspan="4">24</td><td colspan="3">9</td></tr>
</table>

注:N=98为未入园比例的被试人数;n=85为未入园男女分布被试

2.未入园的原因

未入园的原因有多个方面,经过对开放式调查问卷的处理,得出图1结论。

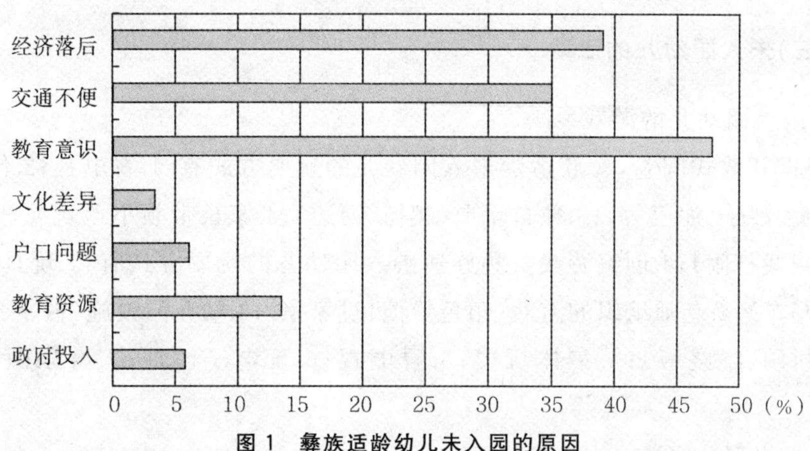

图1　彝族适龄幼儿未入园的原因

通过对未入园原因进行调查发现，适龄幼儿未入园的原因集中在经济条件和户籍制度的限制这两方面。

(二)未入园幼儿的营养及卫生状况

1.未入园幼儿的营养

调查显示，在描述彝族未入园适龄幼儿时，用到“很黑、很瘦、矮、营养不均衡”等词，认为其营养状况较差的被试者占48.86%。综合两种调查，70%的人认为彝族未入园适龄幼儿营养状况较差。(表2)

表2　彝族适龄未入园幼儿的营养状况调查

	适龄未入园幼儿	适龄入园幼儿
幼儿的营养状况如何	良好:(6) 较好:(0) 一般:(14) 较差:(43) 差:(25) 不详:(3)	良好:(39) 较好:(21) 一般:(20) 较差:(3) 差:(0) 不详:(8)

注:表中括号内数字为开放式调查中对彝族适龄幼儿做出营养状况评判的频次

2.未入园幼儿的卫生

综合开放式调查和访谈观察结果，彝族适龄未入园幼儿的衣服换洗周期普遍在两周以上，卫生状况较差。

(三)未入园幼儿的活动

1.未入园幼儿的游戏

根据开放式问卷,彝族适龄未入园幼儿的玩耍方式有:1.看电视;2.传统游戏(石头、沙子、泥巴等);3.独自玩耍(爬树、河边);4.家长带领小孩玩耍;5.集体玩耍(嬉戏打闹);6.创编游戏。彝族适龄入园幼儿的玩耍方式有:1.玩具(海洋球、摇马车);2.老师组织的游戏(角色扮演:过家家);3.幼儿园设施(秋千、滑梯、积木、拼图、跷跷板);4.集体玩耍;5.看电视;6.玩电子游戏;7.游乐园、公园玩耍。

2.承担部分家务

开放式调查显示,彝族适龄未入园幼儿除玩耍外,日常生活中还需要帮家里承担部分家务。寒假调研中,笔者发现幼儿帮忙做家务的情况尤为明显。由于新年刚过,多数家庭忙于搭盖新房和牲畜房,而家里的青壮年大多在年后返城务工。这时,幼儿能为家庭出上一份力也尤为关键。在四川省冕宁县漫水湾泽远乡麻叶林村和四川省普格县特尔果村都普遍存在这样的情况。

(四)未入园幼儿的人际交往

访谈村具体情况各有不同:

四川省凉山彝族自治州普格县特尔果乡特尔果村、四川省凉山彝族自治州喜德县东河村、四川省凉山彝族自治州喜德县李子乡史觉村受地域限制,彝族未入园幼儿的社交圈仅限于父母和亲属。

四川省凉山彝族自治州喜德县光明镇沙洛村、四川省凉山彝族自治州冕宁县漫水湾镇泽远乡麻叶林村、四川省凉山彝族自治州西昌市洛古坡乡杆孙村地处县城近郊,彝族未入园幼儿在人际交往水平上比四川省凉山彝族自治州普格县要好些。其未入园幼儿会少数汉语,且更为活泼开朗。

下面将从未入园的同伴类型、固定同伴个数、语言发展三方面,呈现其人际交往水平。

1.同伴类型

综合两种调查得出,彝族适龄未入园幼儿的同伴有:家长、兄弟姐妹、同龄未入园幼儿(邻居、亲戚)及家畜。入园幼儿同伴主要是其同学。(表3)

表3　彝族未入园幼儿同伴类型情况

问题	未入园幼儿	已入园幼儿
与幼儿一起玩耍的伙伴有哪些	1.家长:(14) 2.兄弟姐妹:(23) 3.同龄未入园幼儿(包括亲戚和邻居):(30) 4.独自:(2) 5.家畜:(3)	1.家长:(3) 2.老师:(3) 3.邻居:(12) 4.亲戚:(3) 5.同学:(85)

注:括号内数据表示彝族幼儿玩耍伙伴类型的频次

2.固定同伴个数

在同伴关系上,彝族适龄未入园幼儿与入园幼儿的差别很大。不同的同伴,决定其不同的活动方式。

3.语言发展

开放式调查中大部分被试者都指出彝族适龄未入园幼儿汉语水平低,胆子小,交往能力差,语言发展慢,不愿意与人主动交往;而彝族适龄入园幼儿,相对于入园的汉族幼儿虽稍差,但整体进步较大,学习后提高较快,善于与人相处。

(五)未入园幼儿的家庭教育

调查显示,彝族适龄未入园幼儿家庭教育情况在较差及以下的占总被试人数的69.23%,彝族适龄入园幼儿家庭情况良好的占总被试人数的81.32%。(表4)

表4　彝族适龄幼儿家庭教育情况调查

	彝族适龄未入园幼儿	彝族适龄入园幼儿
家庭教育情况	良好:(0) 一般:(18) 较差:(24) 差:(34) 很差:(5) 不详:(10)	良好:(54) 一般:(20) 较差:(7) 差:(0) 很差:(0) 不详:(10)

注:表中数字为开放式调查中对彝族适龄幼儿做出家庭教育情况评判的频次

四、结果讨论与分析

(一)四川省凉山彝族自治州适龄未入园幼儿生活形态的存在主义分析

笔者将从“独立人格的存在、情感的存在、天性的存在”三个方面来体现凉山彝族适龄未入园幼儿的生活形态。

1.独立人格的存在

“独立人格”是指人的独立性、自主性、创造性。从凉山彝族适龄未入园幼儿的活动来看,其以一种独立人格的形式存在。由于未入园幼儿处于一种相对自由、随和的场域中(家庭环境和自然环境),所以其独立自主性相对较高。

2.情感的存在

“情感”是人对客观事物是否满足自己的需要而产生的态度体验。笔者认为,彝族适龄未入园幼儿以“情感”的存在形式在极大程度上受本族传统文化的影响。在调研村的未入园幼儿中,许多幼儿有自己固定的人际圈,这个圈子是靠彝族的血缘、家支观念得以固定和扩大的。“家支”作为血缘组织,是以严格的婚姻传统和清晰的父子连名谱系,通过强有力的习惯法保障而世代传续的。

3.天性的存在

“天性”是指一个人出生就定下来的秉性,一个外界无法改变的习惯或喜好。根据调查显示,一方面,彝族适龄未入园幼儿由于其活动的可控性和场所的特点,使其有更多与大自然接触的机会,获得了许多“解放天性”的机会。另一方面,由于受到一些少数民族传统文化的消极影响,适龄未入园幼儿的发展也在一定程度上受到了束缚。比如女童教育中普遍存在的“重男轻女”“早婚早育”等现象。

(二)基于“环境中心”与“儿童中心”理论分析凉山彝族适龄未入园幼儿的生活形态

“环境中心”的基本观点是,强调“环境”(人文环境与自然环境)是影响儿童发展的重要因素,对儿童的发展起着决定性作用。根据调研发现,家长对适龄未入园幼儿采取的是一种“放养式”教育,其主要精力放在家中的农务和家支活动上,笔者认为,自然环境下的自由生长是其主要原因。一方面是由于彝族传统饮食以当地粗粮和肉食为主,纯天然食品为未入园幼儿身体健康奠定了基础;另一方面凉山彝族聚居地多四面环山,未受到现代工业污染,空气清新;幼儿因长期在自然环境进行户外运动,体质增强;频繁的节日活动和家庭劳作一定程度上锻炼了他们的身体。

“儿童中心”强调的是将儿童视为起点、中心,在教学活动中,注重儿童的个性特点。在城里,适龄入园幼儿的家长多数有“不能让孩子输在起跑线上”的初衷。现代社会对人才的高要求使育儿模式变得越发功利,因此抹杀了孩子的天性,“儿童中心”成了空口号。19 世纪末 20 世纪初,帕克运用赫尔巴特学派“集中”的概念较早地明确提出了儿童是学校中心的观点;霍尔提出了“儿童中心”的学校理想,而杜威则将“儿童中心”作为新教育的基本特征。笔者认为,凉山彝族适龄未入园幼儿的自然生长模式对当下学前的课程设置在一定程度上有借鉴意义。但我们也需从科学的角度意识到当地少数民族适龄未入园幼儿的营养状况较差,意味着我国少数民族贫困地区的幼儿营养卫生保障政策还待进一步的完善。

(三)文化融合视角下的凉山彝族适龄未入园幼儿生活形态

“主流文化”是指“在一个社会群体中占主导地位,对社会和群体总的经济政治文化的发展方向起决定作用的文化。它确定一个社会的基本文化特征和主要的风俗习惯,决定其他文化的地位和影响。”学者们对主流文化的概念内涵表述中存在两点本质上的共识:首先,主流文化在社会群体中占主导地位;其次,主流文化以官方形式出现。非主流文化是相对主流文化而言的,由多种文化构成,现代社会里,少数民族的传统文化形式,就被看作非主流文化。

凉山彝族适龄未入园幼儿在一种非主流的、边缘的文化中成长起来。将其与处于主流文化中的入园幼儿进行对比更彰显边缘性。彝族传统文化在未入园幼儿的家庭教育中占非常重要的地位。维果茨基的“文化”是一个范围广泛,内容丰富的概念,但决不抽象,重视文化必然是对现实具体文化的关注。彝族主要受本土文化毕摩宗教文化影响,反映在其生活的方方面面,这种社会文化对幼儿的社会性交往也会产生重要影响。比如彝族看重“诚实”,父辈就会讲很多有关诚实的故事传说,并以身作则,且本族内也会有相关族规。家支的血缘传续性、地缘聚居性、传统权威性和相对封闭性都影响着未入园幼儿的人际关系和社会化发展。

(四)基于多元智能理论分析凉山彝族适龄未入园幼儿的生活形态

在早期对智力理论的研究中,单因素论为主要研究内容。智力单因素论者认为,人的智力有高低,但只有一种,智力指一种总的能力。多元智能理论由霍华德·加德纳(Howard Gardner)1983 年在《智能的结构》中提出,早期分为七种智能:语言智能、音乐智能、逻辑数学智能、内省智能、空间智能、肢体动觉智能、人际智能。1998 年加德纳发现了第八种智能:自然观察智能。在调研过程中,我们发现未入园幼儿在自然智能方面的优势。如更喜欢与大自然亲近,对植物、动物更富有爱心。埃里克森将发展归因于内在本能和外在社会环境的相互作用,认为 3～6 岁幼儿心理特征表现为会主动探索环境。通过调研,笔者发现,在家族性的集会中(重要节日、婚葬仪式),一般会有富有民族特色的表演。如火把节的歌舞表演(对唱情歌、跳达体舞、摔跤、选美)等有民族特色的艺术活动。此外,他们还继承了彝族能歌善舞的特性,在肢体动觉智能和音乐智能方面表现良好。现在教学评价过于单一,特别对少数民族学生来说,他们的闪光点可能不仅停留在文化知识,强项可能在艺体类课程。

五、建议

(一)开设"双语学前班",为彝族适龄未入园幼儿提供汉语语言学习环境

在各小学增设为期一至两年的双语学前班,双语教学以汉语为主,彝语为辅,课程设置上不开设算术科学类课程,仅围绕汉语和彝族文化这一主题开设拼音识字、阅读、讲故事等有助于提高未入园幼儿汉语入学准备水平的课程。

(二)开启"帮扶"模式,与当地职业教育合作,缓解"双语学前班"师资问题

县级小学同凉山州当地职业教育学校和师范类院校合作结成"一带一"的帮扶模式,政府和相关部门牵线搭桥,缓解了双语学前班的师资问题。另外,村民们可以民主推荐有一定文化素养的,出外谋过生,有一定汉语能力的彝语同胞,在双语学前班特聘为兼职老师。

(三)利用节日等集会,开展双向“文化巡演”,在学校增设艺术课程

组织乡县民族艺术团定期在各村进行巡演,有助于民众民族文化素养的充分发展及对于本民族文化情感态度价值观的培养。在初等教育、中等教育课程内容上,除我国所有民族所共享的普遍文化,如各类自然科学与社会科学知识等外,还要有反映出彝族文化的特殊性和精华的内容存在,如艺术课程的设置等。

(四)重视中小学民族学生文化思考的个性

培养学生的文化批判意识、文化探究意识,以及提高学生的动手能力、实践能力。学校应重视少数民族学生在文化、语言、宗教信仰等不同于汉族学生的差异,使少数民族学生也能通过调查、观察、感受、体验、探究,了解和参与合作学习。

(五)改变彝区中小学传统评价标准,增设艺术体育考核专项

在阶段综合考评中加入艺术成绩、体育成绩,让有特长的彝族孩子看到自己的优点,激发学习热情,增强学习信心,了解本民族的艺术,以考核为导向把课程多元化设置落到实处。

参考文献

[1]费孝通,乡土中国[M],北京:北京出版社,2011(02).

[2]林崇德,发展心理学[M],北京:人名教育出版社,2009(03).

[3]冯维,现代教育心理学[M],重庆:西南师范大学出版社,2007(09).

[4]卢梭,爱弥儿[M],北京:商务印书馆出版社,2011(10).

[5]易连云,德育原理[M],武汉:武汉大学出版社,2010.

[6]曹能秀. 关于民族地区学前教育发展的若干思考[J]. 中国民族教育,2013(06).

[7]程敏.非正规学前教育研究概述[J].学前教育研究,2006(11).

[8]阎晗.西部农村地区学前教育经费短缺的原因及对策分析[J].当代教育论坛,2008(11).

[9]赵敏,姜枫.少数民族地区农村学前教育的困境与出路[J].当代教育论坛,2011(05).

[10]李玲.学前教育师资存在的问题与对策——以遵义仡佬族地区为例[J].社会科学家,2012(12).

[11]蔡茂华. 西部少数民族教育的区域失衡与发展策略[J].教育发展研究,2005(07).

[12]尖措吉.少数民族地区学前教育整合本土文化的思考——以互助土族地区为例[J].学前教育研究,2013(03).

[13]王先民.在新的教育发展起点上促进教育公平[J].当代教育科学,2008(15).

[14]石中英.教育公平的主要内涵与社会意义[J].中国教育学刊,2008(03).

[15]史大胜.教育公平视角下的少数民族幼儿教育[J].中央民族大学学报(哲学社会科学版),2010(04).

[16]“城乡儿童入学准备状况比较研究”课题组.起点上的差距:城乡幼儿入学准备水平的对比研究[J].学前教育研究,2008(07).

[17]刘焱.入学准备在美国:不仅仅是入学准备[J].比较教育研究,2006(11).

[18]陈会昌.儿童社会性发展量表的编制与常模制定[J].心理发展与教育,1994(04).

[19]关颖,刘春芬.家庭教育方式儿童的社会性发展[J].心理发展与教育,1994(04).

[20]范方.欠发达地区的亲子教育缺失与问题行为[J].教育评论,2001(05).

[21]高春玲,李雪竹.迪庆藏族风俗习惯对其儿童社会化的影响[J].儿童发展与教育.2006(7—8).

[22]周琴,苟顺明.法国学前教育均衡发展的保障措施及启示[J]比较教育研究.2012(05).

[23]吉古五呷.凉山彝族地区农村学前教育存在的问题及对策分析[J].教育天地,2012(21).

[24]刘俊哲,凉山彝族传统文化及其现代化[J],西南民族学院学报(哲学社会科学版),2000(S3).

[25]张春玲,留守儿童的学校关怀[J],教育评论,2005(02).

[26]马多秀,心灵关怀:农村留守儿童德育的诉求[J],中国教育学刊,2011(01).

[27]徐浙宁,中国与欧美儿童健康指标体系比较,中国青年研究[J],2008(09).

[28]赵尉.隔代抚养模式对农村留守儿童社会化的影响研究——以南岳区南岳镇为例[D].湖南:湖南师范大学.2011(05).

[29]张新立.教育人类学视野下的彝族儿童民间游戏研究[D].重庆:西南大学.2006(04).

[30]毛琼.国际视野下凉山彝族双语教育[D].上海:华东师范大学,2012(05).

[31]贾婷婷.农村幼儿发展问题及对策——以青海省为例[D].山东:中国海洋大学,2011(01).

[32]沈蕙.西北少数民族女童学前教育存在的问题与解决对策[G].学前教育研究,2010(04).

社会排斥理论视角下的幼儿园男教师生存与发展研究

作者：徐朝康[①]　丁梦丽[②]　任来[③]　肖云芳[④]

指导教师：杨晓萍

一、问题的提出

（一）选择幼儿园男教师生存与发展现状进行研究的缘由

近代以来，随着外国思潮的不断涌入，一大批爱国教育人士开始关注幼儿早期教育，张宗麟是我国近代第一位到幼儿园任教的男教师。后来，虽然我国的幼儿教育不断向前发展，但受人们传统观念的影响，几乎没有男教师到幼儿园任教。改革开放以来，人们的思想不断解放，但到幼儿园任教男教师人数非常少，幼儿园男教师队伍发展缓慢，据不完全统计 2014 年从事幼儿园专职教师的幼儿园男教师仅有 5000 人左右。20 世纪末，随着我国经济体制的不断改革和社会就业压力的不断增大，人们对幼儿教育的性别职业观也开始发生变化，一大批男性开始加入到幼儿教育中来。但同时，我们也发现了一个较为普遍的现象，幼儿园男教师流动非常大。这引起我们对幼儿园男教师生存与发展的关注。

（二）学前教育改革引发了对幼儿教师的生存与发展的关注

学前教育位于教育体系的底端，是整个教育的基础，也是一个国家的奠基性事业。作为基础和起点，学前教育理当得到应有的重视。在 20 世纪 20 年代，陶行知先生就指出："小学教育是建国之根本，幼稚教育尤为根本之根本。"但是在过去相当长一段时间内，我国的义务教育和高等教育受到特殊关注，对

---

①西南大学教育学部学前教育专业 2013 级免费师范生
②西南大学教育学部学前教育专业 2013 级免费师范生
③西南大学教育学部学前教育专业 2013 级免费师范生
④西南大学教育学部学前教育专业 2013 级免费师范生

学前教育的关注却远远不够。1986 年《中华人民共和国义务教育法》颁布以来,特别是 20 世纪 90 年代以来,义务教育的发展取得了实质性的突破。到 2007 年底,全国 98.5%的县(市、区)接受了“两基”验收,“两基”人口覆盖率达 99%,到 2008 年,城乡义务教育全部免费。在高等教育方面,2007 年高等教育毛入学率达到 23%,步入了高等教育大众化阶段。当这两个阶段的教育任务取得突破性成就后,将目光转到过去相对重视不够的学前教育,成了我国教育事业科学发展的必然。2010 年《国家中长期教育改革和发展规划纲要(2010—2020)》(以下简称《纲要》)、《国务院关于当前发展学前教育的若干意见》等重大文件的颁发和项目的实施,提出要建设一支师德高尚、业务精良的幼儿园教师队伍;《纲要》明确提出“积极发展学前教育”“提高幼儿教师队伍整体素质,依法落实幼儿教师地位和待遇”。2012 年《3～6 岁儿童发展指南(试行)》《幼儿园教师专业标准(试行)》的实施更加加强了幼儿园教师的专业化发展。一时间,学前教育的质量问题,幼儿教师的生存与发展问题等有关学前教育的话题成为社会关注的焦点,因此引起了我们的关注。

(三)从社会排斥的视角关注幼儿园男教师

随着我国幼儿教育改革的不断发展,人们越来越认识到教师是幼儿园教育教学质量的保证,是幼儿园可持续发展的强大力量。以人为本,以师为本,越来越成为各个幼儿园工作的重要组成。在现实生活中幼儿教师并未享受与中小学教师同等待遇,幼儿教师工资待遇低、社会地位低,有的媒体在宣传幼儿园男教师时方法不当,幼儿园管理缺失,幼儿园男教师自身价值取向偏差等社会现象的出现,引起了我们从社会排斥的视角来关注幼儿园男教师的生存与发展。

二、幼儿园男教师相关研究的综述

国内关于幼儿园男教师的研究始于 20 世纪 90 年代,一直至今,主要围绕“男教师是否适合幼儿教育”“幼儿园男教师流失的原因及对策”“幼儿园男教师的专业发展”“幼儿园男教师生存状态”这四个问题进行。期间具有代表性的:(1)关于“男教师是否适合幼儿教育”,李小燕提出“男教师在幼儿园的工作需要辩证地看待”;刘智成、梁艳、章红、王永峰等系列文章均支持男教师应介入幼儿教育,并且在如何保证男教师介入方面提出了一些共同的观点。(2)关于“幼儿园男教师流失的原因及对策”的研究，以下观点是大家普遍予以认同的：第一，传统文化的影响是幼儿园男教师流失的根本原因；第二，男教师经济待遇低，无法承担起未来家庭生活的沉重开支是男教师流失的现实原因；第三，工作环境的不适应是幼儿园男教师流失的诱因。郝萍瑞、岳瑞芝等人指出传统文化的影响以及经济待遇低、社会地位低、园所环境不适应、工作负担重、业余生活单一等问题的存在，是幼儿园男教师流失的原因。(3)关于“幼儿园男教师的专业发展”，王芳、刘宣、刘剑眉、李姗泽、史晓波、王善安等人纷纷就此进行了研究。(4)关于“幼儿园男教师的生存状态”，范勇从幼儿园男教师的婚恋状况、居住条件及收入待遇、职业认同感、教师压力、人际关系、专业发展几个方面分析；李婷、卢清描述了幼儿园男教师人少、比例太低、存在职业年龄短、流失率高、职业认同度低等生存问题。并对其因素进行了分析：社会地位偏低、大中专院校对男教师的培养机制不够完善、男教师自身的知识与能力结构的限制。

综上所述，研究者们都看到了社会中幼儿园男教师面临的问题，但是没有研究者从理论的视角去看待幼儿园男教师的生存与发展。

三、概念的界定

(一)本研究对社会排斥理论维度的界定

有专家认为，社会排斥提供了思考社会关系中权力与控制的框架、边缘化和排斥的过程，以及这些因素复杂、多维度的运作方式。综合已有的社会排斥研究文献，社会排斥的维度主要有：经济维度、社会维度、政治维度、文化维度、关系维度、制度维度、空间维度、个人维度、群体维度、邻里维度。因此本研究从社会排斥的视角中选取了与现在幼儿园男教师生存与发展现状相关的五个维度，即经济维度、文化维度、关系维度、制度维度、个人维度。

(二)幼儿园男教师

幼儿园男教师指的是在幼儿园从事与教育教学工作有直接关系的男性教育群体，包括幼儿园的男性管理者、带班男教师、专职男教师三种教师类型，这里的幼儿园既包含公办幼儿园，也含民办幼儿园。

(三)生存与发展

本研究中幼儿园男教师的生存与发展是指幼儿园男教师群体所处的物质和精神状态。不仅包括收入消费、福利待遇、婚恋状况、专业成长等外在的物质环境,同时也指向工作压力、职业认同、人际关系、自我认知等方面。

四、研究过程与方法

(一)样本选择

根据2012年中国教育年鉴统计,我国学前教育专职教师共有147.9万人,根据不完全统计全国共有幼儿园男教师30000多人,其中专职幼儿园男教师仅有5000人左右。由于幼儿园男教师的特殊性,所以在样本选择上具有很大的困难。我们主要是通过网络“一枝秀——中国幼儿园男教师联盟”的帮助,最终选择了107位来自全国17个省市的幼儿园男教师,形成我们的研究对象。

(二)问卷法

1.问卷的编制与形成

通过与4位幼儿园男教师进行面对面的深度访谈,与30位幼儿园男教师进行网络访谈,查阅大量关于幼儿园男教师的研究文献和对社会排斥理论文献进行梳理之后,本研究最终确定经济维度、文化维度、关系维度、制度维度和个人维度这5个社会排斥下的维度,下有20个小维度,共计58个选题,包括单选、填空和排序题,由于样本数量稀少,我们没有对问卷的信度和效度进行检验,而是请指导老师对我们的问卷进行指导,形成了问卷。

2.问卷的发放与回收

问卷从编制到发出再到回收共计83天,由于幼儿园男教师较少且分散,因此我们问卷的发放是从2014年的10月10号到10月20号,由于刚刚开始的时候没有几个老师回应,因此我们就采取“和每一位幼儿园男教师聊”的方法,最后共收回有效问卷107份。

3.问卷的编码与数据的录入

自编录入模版,主要通过SPSS 21.0和Excel进行处理。

(三)访谈

通过与4位幼儿园男教师进行面对面的深度访谈,与30位幼儿园男教师进行网络访谈,初步掌握并确定问卷维度;然后再与5位幼儿园男教师进行电话访谈,和原来的30位幼儿园男教师进行网络访谈,掌握了相关的资料。

五、研究结论

(一)经济维度

社会排斥不可以完全归结为经济要素,但经济面向显然是其重要的一个因素,吉登斯认为社会排斥包括经济层面的排斥,包括生产和消费的排斥,Rodgers认为,被排斥出物品和服务就是被排斥出消费,而这是和购买力不足连在一起的。在调查的对象中有66位幼儿园男教师的每月工资主要集中在2000～4000元,约占总人数的61.68%,工资在2000元以下的有14人,约占总人数的13.08%,工资在4000～6000元的共有17人,约占总人数的15.89%,工资在6000元以上的仅有10人,约占总人数的9.35%。由此可见,幼儿园男教师的收入差距很大,幼儿园男教师的住房情况也可以在一定程度上体现出他们的经济状况。在调查中与父母同住的有24.3%,自己买房子的有7.48%,住在单位宿舍的有28.97%,自己租房住的有36.45%,其他为2.8%。通过此项数据可以发现幼儿园男教师的住房情况一般,自己买房子的仅占7.48%,超过一半的人只能靠单位宿舍和租房生活。这也反映了幼儿园男教师当前收入和待遇并不是很乐观,

(二)文化维度

利特尔伍德(Littlewood)和赫克默(Herkommer)认为,社会中存在着一些主导性的价值和行为模式,那些追随和表现出不同模式的人会受到排斥。有的学者指出,排斥出文化过程与个人被排斥出对特殊社会网络的参与有关。由于文化价值观念不同,一些人会受到排斥。随着社会的发展,社会对幼儿园男教师的评价有了变化,但是总体评价不是很高;同时幼儿园男教师对自己自我认定也有变化。在调查的结果中,42.06%认为幼儿园男教师的社会地位不太高,

25.23%不是很明确,19.63%认为比较高,4.67%认为很高,8.41%认为很低。由此可以看出整个社会对幼儿园男教师的认可不高。这在访谈中也得到了证实,在访谈中有10位老师谈到社会对他们存在一些偏见,社会对幼儿园男教师的认可影响了幼儿园男教师的生存与发展状态。社会舆论的报道影响着人们对幼儿园男教师的认识。调查中,对于社会舆论有28.04%认为比较合理,1.87%认为非常合理,38.32%认为不明确,28.04%认为不太合理,3.74%认为很不合理。从中可以看出绝大部分不是很满意社会舆论对幼儿园男教师的看法,只有小部分认为是合理的。在访谈中,几位老师也提及:"社会舆论对我们男教师的关注比较多,但是他们经常称呼我们为'男阿姨',我们非常不喜欢这个称呼,我们是专业的幼儿园工作者。""我们的幼儿园男教师比较多,舆论知道后对我们进行了相关的报道,并大肆地宣扬我们的办园特色,但是很少关注我们的生活,而是关注一些比较尴尬或不方便的事情,我不愿意他们这样描述我们的生活。"

(三)关系维度

利特尔伍德(Littlewood)和赫克默(Herkommer)用"由疏离造成的排斥"来表述社会排斥的关系面向,认为这个面向包括人们由于受到社会接触、社会关系和群体身份的限定和限制而成为边缘性的和被打上耻辱烙印。森(Sen)则进一步指出,排斥出社会关系亦会导致其他剥夺,由此会进一步限制人们的生活机会。调查发现,幼儿园男教师与同事、领导、父母的关系都比较好,但是幼儿园男教师的交际面很窄,在整个社会中由于经济待遇、传统观念等的影响,社会对他们的认可度低,所以造成了社会关系的排斥。

(四)制度维度

罗杰斯(Rodgers)1995把社会排斥和社会发挥功能的方式联系起来,认为不同的发展路径和宏观经济与结构调整策略意味着不同的社会排斥模式,介于经济和社会发展之间的制度性安排,决定着接纳和排斥两个完全不同模式的形成。调查发现,从单位为幼儿园男教师购买"五险一金"的状况能看出幼儿园男教师的生存现状,单位全部买了的占39.25%,单位买了部分的占41.12%,单位没有买的占19.62%,因此,大部分的工作单位为幼儿园男教师买了全部或部分的“五险一金”，部分没有编制的幼儿园男教师也买了部分“五险一金”。幼儿园男教师对幼儿园的福利制度满意度，反映了他们对自己待遇的看法，调查发现，非常满意的仅占2.8%，比较满意的占46.73%，不明确的占17.76%，比较不满意的占28.04%，很不满意的占4.67%。调查结果显示，公办幼儿园的男教师对自己的福利制度很满意，而私立幼儿园男教师对自己的福利制度是不满意的。如果幼儿园的管理者是女性，是否会对幼儿园男教师的管理造成影响？对于该问题的回答比较分散，我们发现，觉得有很大影响的占4.67%，觉得比较有影响的占39.25%，不明确的占16.82%，觉得比较小的影响的占23.36%，觉得没有影响的占15.89%。在访谈中也证实了管理者的性别对于幼儿园男教师的管理是有差别的。

(五)个人维度

社会排斥具有多种面向，其中的每一种面向都会影响到个人。这种影响一般表现为身体和精神疾病水平的上升、教育的低成就和不能获得提升以及低自尊等。有学者认为已有的社会排斥研究忽视了被排斥者个体，实际上，个体是社会排斥中的重要因素，他对处境的理解和选择对社会排斥的过程有很重要的影响。研究调查发现，有17.76%的人“一定会长期待在幼儿园”，有71.03%的人是“会，但是有点犹豫”；9.35%是“不会，但是有点犹豫”；仅有1.87%的人是“绝对不会长期做下去”。通过计分法对以下几项进行分析，分析得到的经济待遇为4.03分，社会地位为2.93分，专业成长为2.45分，工作环境为2.09分，其他为0.54分。得分越高说明其重复性越高，因此我们可以得出：大多数幼儿园男教师的压力主要是来源于经济地位和社会地位，其次是专业成长和工作环境。在个人遇到的困难中，解决住房问题为4.36分，增加经济收入为4.82分，处理各种复杂的人际关系为3.47分，谈恋爱找对象为2.83分，一边找工作一边参加培训学习为2.21分，其他为0.37分。从中我们得出结论：幼儿园男教师在工作后，遇到的困难主要是解决住房问题和增加经济收入；其次是处理各种人际关系、掌握教学技能以适应本职工作、谈恋爱找对象、一边上课一边参加培训学习和其他的困难。

综上，我们在社会排斥的视角下看幼儿园男教师，长久以来，受传统观念的影响，人们普遍认为幼儿园教师一般都是女性，同时也只有女性教师才能教育好孩子,男性教师不够细心,最多上上课,不适合在幼儿园带班。在不少人的眼里,当幼儿园男教师是没有出息的表现,有能力的人是不会到幼儿园去工作的。同时经济基础决定上层建筑,幼儿园男教师经济待遇比较低,这样造成了幼儿园男教师的社会地位比较低。有的媒体在宣传幼儿园男教师时方法不当,甚至以“男阿姨”“男阿舅”等这样非专业的称呼叫幼儿园男教师,这样的称呼使得男教师的专业性完全被抹杀掉。最终造成了幼儿园男教师的社会地位极其低,有不少男教师甚至羞于在别人面前提起自己是幼儿园男教师。幼儿园男教师顶住来自各方面的压力在幼儿园工作,其压力是极其巨大的。一方面,我们应看到幼儿园男教师有一个重要的压力之源就是待遇问题,同时,我们还应注意到与其他行业相比,幼儿教育相对来说还是一个比较传统的行业,与其他行业的交流不是很多,教师们的交际面较窄,特别是从外地到幼儿园工作的青年教师们,他们日常接触的仅仅是同事、幼儿和家长,而且家长还多为女性。同时在幼儿园内部女教师还是占绝大多数,男教师的人数较少。这样一种内外相加的情况就无形地导致了男教师的交际面较窄,认识的人也较少,同时认识的人中也大部分是女性。

六、讨论与建议

(一)政策倾斜,政府给予特别关怀

幼儿教育是基础教育的重要组成部分,然而幼儿教育在整个教育系统中并未受到人们的普遍重视。对于幼儿园的男教师,政府应该看到其在幼儿教育事业的作用,给予男教师应有的关怀。可以从以下几个方面做好工作:(1)吸取国外成功的经验,制定有地方特色的优惠政策,进而吸引男性教师加入幼儿园。(2)政府教育部门加强对男教师作用的宣传工作,营造尊重幼儿园男教师的氛围。(3)开展丰富多彩的活动,让幼儿园男教师在活动中展现个人魅力。(4)建立本地区的男教师沟通机制,让男教师不再感觉到是一个人在从事一项工作,增强其职业的归属感。

(二)正确宣传,媒体引导社会关注

有的媒体在宣传幼儿园男教师时方法不当,甚至以“男阿姨”“男阿舅”等这

样非专业的称呼叫幼儿园男教师，这样的称呼使得男教师的专业性完全被抹杀掉。最终造成了幼儿园男教师的社会地位极其低，有不少男教师甚至羞于在别人面前提起自己是幼儿园男教师。故应充分利用网络、电视、报纸等媒体的正面宣传，对男教师在幼儿教育事业的积极意义和优秀表现给予报道，促使人们尽快转变传统观念，使男教师的社会地位得以提升。

(三)以人为本，提升教师管理水平

随着人们传统观念的不断变化以及就业形势的日益紧张，越来越多的男性加入幼儿园。不少幼儿园的园长也开始招收男教师，但有不少人却对招收的目的不明确，不能正确对待男教师，未能在幼儿园中营造出一种良好的尊重男教师的氛围，最终造成了幼儿园男教师流失比较严重，男教师队伍极其不稳定，这对幼儿园男教师的生存状态是极其不利的。幼儿园园长要明确招收男教师的目的，不要人云亦云，要看到男教师在幼儿发展、队伍建设等方面的作用，要把男教师作为一名真正的男教师看待。

(四)合理定位，教师明确发展方向

教师的专业成长是有一个过程的，它需要不断积累，幼儿园男教师要获得专业化成长更需要不断积累。幼儿园男教师在幼儿园之所以受到欢迎，不仅仅在其性别优势，更在于其独特的思维模式、教育行为等对孩子发展所产生的有益作用。幼儿园男教师要善于结合自身特长，在幼儿园突出自己的与众不同之处。

参考文献

[1]王艳芝，柴莉颖.男教师进入学前教育的现实意义与可行性策略[J].学前教育研究，2008(02).

[2]王芳.从体育教学看男教师教育特色及现实意义[J].早期教育，2001(05).

[3]刘剑眉，杨龙祥.冷静透视幼儿园男教师现象[J].幼儿教育，2002(09).

[4]李婷，卢清.幼儿园男教师的生存现状及理性思考[J].教育与教学研究，2013(03).

[5]景晓芬."社会排斥"理论研究综述[J].甘肃理论学刊，2004(02).

[6]袁建霞.男"阿姨"的心里话[J].学前教育研究，2003(02).

[7]王秀美.论社会支持系统与教师的心理健康[J].思想理论教育，2007(02).

[8]刘宣.幼儿园男教师专业发展个案的叙事研究[D].华东师范大学，2006.

[9]章红.幼儿园男教师的角色及其管理策略研究[D].南京师范大学,2006.

[10]李小燕.幼儿园男教师实际工作情况以及影响男性参与学前教育因素的研究[D].华南师范大学,2007.

[11]王永峰.关于幼儿园男教师角色职能的研究[D].东北师范大学,2007.

[12]钟娇.社会排斥情境下个体人际交往倾向的实验研究[D].陕西师范大学,2012.

我国农村“撤点并校”改革现状调查

——以某几所小学为例

作者:徐璐[①]　加吾坎[②]　王如梦[③]　付雪莲[④]

指导教师:杨梅

前言:20 世纪 80 年代农村教育的任务,主要是普及初等教育,形成了乡、村分散办学、校点广布、低重心的农村教育格局。随着我国现代化和城镇化的推进,农村人口向城市大规模流动,农村人口出生率和学龄人口不断下降,边远山区农村学校生源急剧减少。这使得之前“一村一小”的学校布局模式的布局分散、管理不便,规模小、教师配备困难,教育投入浪费严重、学校管理运行成本高等弊端凸显。2001 年,国务院发布《关于基础教育改革与发展的决定》指出应“按照小学就近入学,初中相对集中,优化教育资源配置的原则,合理规划和调整学校布局”。此政策颁布后,全国开始了大规模的撤点并校。

2001 年来,撤点并校一直在如火如荼地进行着,但这期间一系列的问题层出不穷,2012 年国务院办公厅下发的文件《关于规范农村义务教育学校布局调整的意见》中要求:“农村义务教育学校布局要保障学生就近上学的需要”“坚决制止盲目撤并农村义务教育学校”“在完成农村义务教育学校布局专项规划备案之前,暂停农村义务教育学校撤并”。轰轰烈烈进行的“撤点并校”在 2012 年被“叫停”,开始了“撤点并校”的“理性纠偏”。

一、导论

(一)选题缘由

2001 年后轰轰烈烈进行了十多年的农村“撤点并校”在 2012 年时被“叫

①西南大学教育学部学前教育专业 2013 级免费师范生
②西南大学教育学部学前教育专业 2013 级免费师范生
③西南大学教育学部学前教育专业 2013 级免费师范生
④西南大学教育学部学前教育专业 2013 级免费师范生

停”。本文旨在深入研究2012年被“叫停”后的农村“撤点并校”现状如何，与2012年以前出现的情况进行对比，对于依然存在或新出现的一些问题提出建议，为农村教育的发展、重建乡村文化贡献自己的一分力量。

(二)概念界定

“撤点并校”是在保障每个儿童都能平等享有受教育权的前提下，以提高农村教育质量、缩小城乡教育差距为目的，依靠政策力量对农村教育资源进行优化与整合的过程。

二、调查的设计与过程

(一)调查对象

本论文是以云南、河南和四川部分地区某几所小学为调查对象，对经历了“撤点并校”的学校中在校的管理者、学生、教师及其家长进行了访谈、发放问卷。实地走访了其中的两所学校，在实地走访的过程中也参观了校舍、食堂等，对学校及其周围的一些基本情况都进行了尽可能详细的了解。

(二)调查方法

1.访谈法

就“撤点并校”现状而言，在对许多问题都不是很了解的情况下最好的调查方法就是深入各地区学校进行深入的调查和访谈，访谈的对象有学校管理者、教师、家长和学生。访谈内容包括“撤并叫停”前的现状，“撤并叫停”后学校的发展情况，以及现存的问题等。

访谈的目的在于弥补问卷调查的局限，发现问卷调查中发现不了的问题，让本次调研的结果更真实和充分。在此次走访中，我们发现了许多问卷无法反映出的问题，访谈法在本次研究中作用很大。

2.文献法

通过查阅网上一些有关“撤点并校”的期刊论文，了解“撤点并校”2012年“叫停”纠偏前的具体情况，再与访谈、问卷中反映的一些问题结合，与2012年前后进行对比，对如何进行农村学校布局调整的“理性纠偏”提出建议。

3.问卷法

问卷就被调查者的希望(1～3题)、学生的基本情况(4～6题)、学校的基本情况(7～9题)、被调查者对"撤点并校"的了解和看法(10～15题)四个维度对有关"撤点并校"的问题进行了调查。此次调研共发放问卷300份,收回291份,回收率为97%,有效问卷为288份,有效回收率为96%。其中学生问卷205份,教师问卷54份,家长问卷29份。

三、调查的结果

(一)调查对象对"撤点并校"的了解和认可

因为"撤点并校"的热潮已经淡去,现在撤并的学校很少,现在的学校好多都是以前撤并的,所以学生本人很多并未亲身经历过"撤点并校",调查中也发现学生中只有28%的学生经历过"撤点并校",而有72%的学生并未经历过,老师中经历过"撤点并校"的(52%)比未经历过(48%)的多一点,但调查的29个父母中只有5个(17%)经历过"撤点并校",而有24个(83%)没有经历过"撤点并校"。

当问到对2012年"叫停"中西部农村中小学布局调整的看法时,26%的学生认为早该叫停了,布局调整弊端十分明显,25%的学生认为不应该叫停,布局调整有存在的必要,49%的学生认为停不停无所谓,没有多大感觉。而更多的教师(61%)却认为不应该叫停,33%的教师认为早该叫停了,只有6%的教师认为停不停无所谓。大多数的父母(90%)认为停不停无所谓,3%的父母认为早该叫停了,7%的父母则认为不应该叫停。

在问卷调查的三种人群中,教师对"撤点并校"的了解总体上要深入一点。"撤点并校"在农村还是取得一定的成效,一些人还是能够感受到撤并前后的一些好的变化,其实,只要实施得好,"撤点并校"还是有可能成为惠民的好政策。但也有不少的人觉得应该叫停"撤点并校",可见其问题还是存在的,"撤点并校"的理性纠偏很重要。

(二)调查对象对"撤点并校"相关问题的一些看法

当回答"撤点并校"带来的问题时,被调查者对问卷给出的多个选项进行多

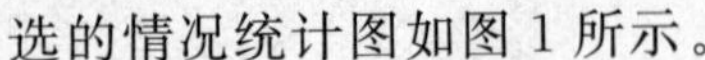
选的情况统计图如图1所示。

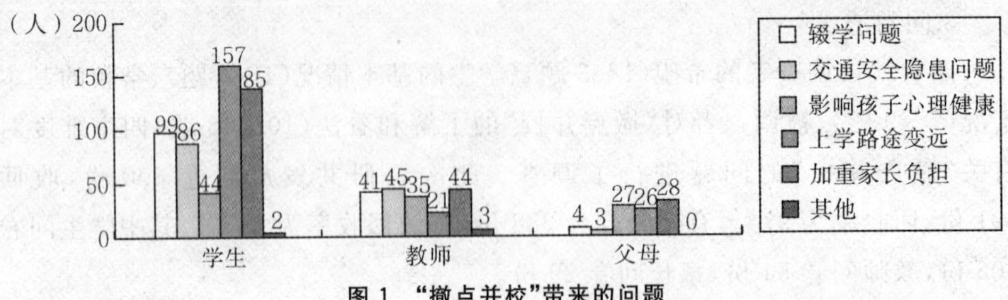

图1 “撤点并校”带来的问题

就农村中小学“撤点并校”的政策是怎样实施的而言，在调查中有53%的学生、63%的教师、93%的家长认为是实力较强的农村中小学合并实力较弱的农村中小学，10%的学生、13%的教师、3%的家长认为是城市中小学合并农村中小学，撤除农村中小学原教学点，37%的学生、24%的教师、3%的家长认为是集中分散的农村中小学，重新进行区域内中小学布局和规划。

从回答中可以看出，“撤点并校”实施的形式占主要的还是实力较强的农村中小学合并实力较弱的农村中小学，而很少重新进行区域内布局和规划，决策者决策时并未“以人为本”，想把学校建哪就建哪，这样会导致一些村庄的学生上学的路途变远，上学途中存在安全隐患。在带来的问题中，辍学问题还是存在，并且所占比率也不小，现在教育最该保障的就是让尽可能多的孩子留在学校不辍学。其他的问题都很常见，但现在这些问题依然存在，纠偏的过程是一个持续的过程，并不是一个政策的实施就可以解决一切问题的，它需要的是各方面的努力和配合。

(三)关于学生方面的调查

就有关学生的调查中，有95%的学生上下学途中花费的时间都在60分钟以内，其中30分钟以内的占57%，只有5%的学生要花费一个小时以上的时间，但值得注意的是，这些孩子中只有30%的学生是走路上学。上学期间有57%的学生走读，43%的学生住校。在调查中发现住校学生放假回家时的校车问题很突出，每当住校生放假的时候就会有许多自用的车来有偿接送学生，且因学生数量较多又无公交车可坐导致严重的超载现象。

(四)有关学校方面的调查

在关于学校应该改进的工作方面,对给出的多个选项的多选的情况统计如图 2 所示。

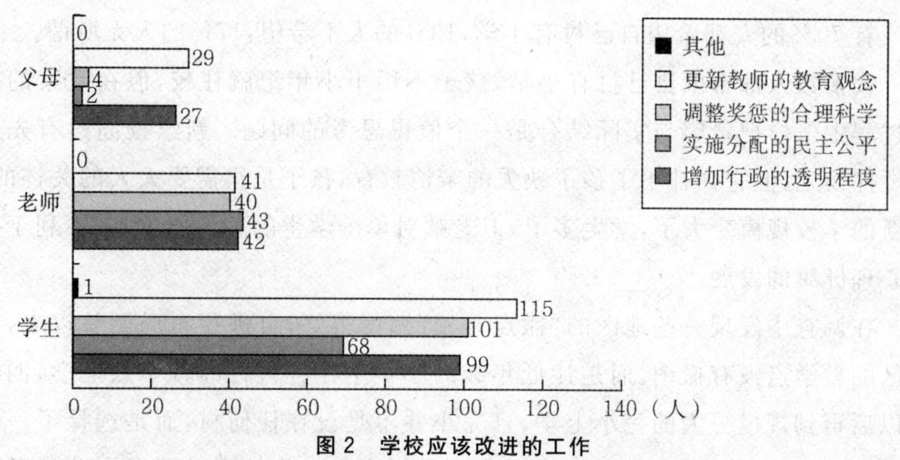

图 2 学校应该改进的工作

对于原来各村或各地方的学校教学楼现在的用途,回答情况统计如图 3 所示。

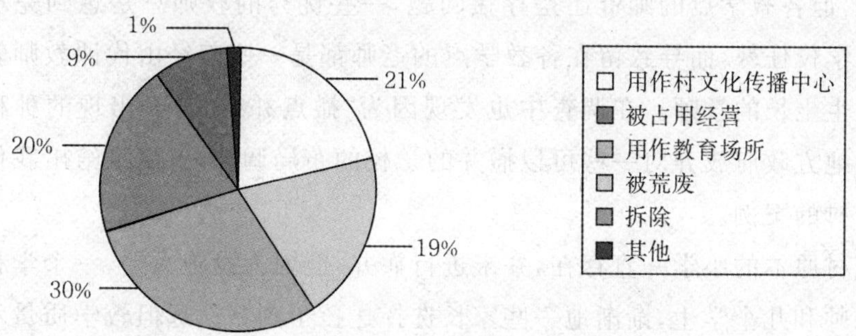

图 3 原来的教学楼现在的用途

各村留下的教学楼中有 51%都用在了文化、教育方面,这些教学楼得到了很好的利用,但还有 9%被占用经营,39%被荒废或拆除。

调查中发现许多人都认为师资力量弱、硬件设施不齐全的学校将会面临学校招生困难、升学率低的问题。而各教学点的撤销主要就是因为这些原因,这就意味着撤并后的学校应该有更完善的保障机制,能更好地体现教育公平。

(五)被调查者的希望

调查中有76%的人都不支持学生小小年纪就寄宿,而14%的人支持,10%的人无所谓,其中所有的父母都不支持。

有70%的人都希望自己村有小学,13%的人不希望,17%的人无所谓。

大多数人都希望自己村有小学,孩子不用小小年纪就住校,但在政策的执行过程中怎样把希望与实际结合是一个值得思考的问题。新学校固然有先进的硬件设施,但它弥补不了孩子缺失的亲情教育,孩子是很需要大人的关怀的,在新的学校规模变大了,学生多了,但老师对单个学生的关注就少了,不利于孩子心理健康的发展。

在调查中发现一些地区的"撤点并校"搞得很好,自进行布局调整以来,该地区的教学点没有撤销,而是让低年级的小学生在各自村的教学点上学,四年级以后再到规模更大的完小上学,且完小并不是设在任何村,而是选择了一个让所有孩子的上学路途都尽可能近的远离村庄的一个地方。所以在此地区没有出现一些地方出现的"撤点并校"的安全问题,学生也没有觉得学校撤并有什么问题,但各教学点的师资还是存在问题,一些优秀的教师总是想到完小或者更好的学校任教,而导致留在各教学点的老师都是一些曾经由代课教师转正的农村土生土长的教师。在调查中也发现因为"撤点并校"曾经出现的种种问题让一些地方政府放弃对一些可以撤并的学校的布局调整,下面将给出我们调查的一个村的案例。

该村原本的小学一直存在,并未进行撤并,但因为设施太差,一个学校只有一个老师和几个学生,渐渐地一些家长选择送孩子到路途远但教学质量和设施更好的其他学校上学,但这所学校一直都在,只是学生越来越少而已。近两年该村新建了一栋两层的新校舍,现在这个校舍却没有学生,也没有老师,完全被空置了。现在这个村的学生中饭在学校吃营养餐,早晚由父母合资租用的校车接送,但一些村落因为交通不便只能走一段路才能到达搭车的地方。空置的校舍造成了严重的浪费,如果当初选择撤并,把建新校舍的钱拿去完善撤并后的学校会取得更好的成效,当地政府最初并没有做出科学的决策,只知道国家出台政策叫停了"撤点并校",政府在做决策时一定要避免盲目跟风,全国一个样,要知道适合别人的东西不一定适合自己。

四、问题及其原因分析

(一)政策实施没有坚持“以人为本”

“以人为本”在这里主要指“以生为本”,对于农村学校的布局调整一般都是决策者想把学校建到哪就建到哪,很多都选择实力较强的学校合并实力较弱的学校,其间教师的建议可能得到了一定的考虑,但很少征求学生和家长的意见,最终导致学校布局没有以教育公平为先,失去了布局调整的意义。布局的不合理,最终导致了学生上学存在安全隐患、寄宿制学校影响孩子生理和心理的发展、亲情教育的缺失导致学生心理出现问题等一些常见的问题。

(二)因害怕出问题布局调整停滞不前

“撤点并校”政策出台以来,在促进教育资源合理配置、提高农村办学规模效益的同时,也出现了诸如学生上学难、辍学多、心理问题严重和学生家庭负担加重等一系列问题。政策实施十多年来,由于受到社会各方面的批判和学校撤并前后现状问题的显露,2012 年对“撤点并校”叫停,以避免问题的恶化。“叫停”并不意味着停滞不前,“叫停”的目的是对现有的农村学校布局进行调整,使其合理的布局,但调查中明显发现,现在的农村小学布局和 2012 年以前基本没有什么变化。一些地方政府因为害怕重新调整而让现如今稳定的局面出现混乱,选择忽略一些问题而让农村小学的布局维持原状,这样只会让看起来很小的一些问题集聚,最终在某个时刻出现大问题。

(三)补偿机制不完善

对农村寄宿制学校办学经费投入不足,宿舍、食堂等的建设不足或存在问题,卫生环境和医疗环境不能让学生在校期间有良好的健康保证,寄宿制的学生亲情教育缺失;教师补偿机制不完善,优秀教师缺乏;有关部门对校车的监督不完善,存在黑车接送学生、超载等情况;学校对学生的心理健康关注不够,心理咨询室和心理老师缺乏。

(四)学校的消失导致农村文化贫乏

各村学校的消失在带走农村朗朗的读书声的同时也带走了一部分的文化

氛围,乡村学校是农村少数的文化机构,它是乡村文化的载体,是乡村文化得以传承和发展的源头,乡村学校的消失,带走了独属于乡村的生机和活力,让乡村文化的传承断裂。乡村学校是乡村的文化符号,文化符号的消失带走的是独属于乡村的文化气息,最终导致乡村文明落后,这样给农村学生的家庭教育带来了负面的影响,导致对教育的不重视。

五、对策

“撤点并校”中出现了一些不科学的做法,导致了很多问题,但也不能因为这些就把“撤点并校”政策一棍打死,撤与不撤要根据农村实际情况具体考虑。但“撤点并校”在历经了十多年后,现在要做的就是理性纠偏,对之前的“撤点并校”情况深入了解,兼顾教育公平与教育效率,恢复一些必要的教学点,但对一些该撤的教学点还是要撤,切忌走偏。只要政府下定决心,理性地进行纠偏,“撤点并校”的问题会慢慢淡化的。

(一)坚持以“以人为本”为核心

每个人都有平等接受教育的权利,教育公平包括机会公平和结果公平。在纠偏的过程中要以学生为本,考虑各种有利于学生的因素,要做到一切以学生为先、一切为了学生。在我国的许多农村地区,教育是那里的孩子走出大山、收获自我的重要途径,如果因为学校的问题让他们没学可上,这对他们很不公平,或许就因“撤点并校”实施的盲目跟风而毁了孩子的一生,让他们的自我价值不能实现。孩子辍学后大多离开父母到外打工,过早地进入社会,现在农村辍学孩子的教育问题是一个很大的问题,他们远离父母,什么都约束不了他们。在纠偏的过程中要尽可能少地避免孩子辍学。

学校是要撤并还是恢复,决策者在做决策前要进行充分的调查,要给予学生及其家长该有的尊重,充分询问他们的意见,要优先考虑公平因素,合理考虑学校布局。对一些学校不要因为规模小就撤并,规模小不等于质量差,小规模教学一直是班级授课形式下所追求的,小规模教学对教育本身而言是很有用的。对于一些规模小,但又无法撤并的学校,要加强建设,要留得住老师和学生,不要又让这类型的学校因为资金不足、硬件设施不足而让学生不惜冒着各种风险去路途遥远但教学质量更好的学校上学,最终消亡,又回到“撤点并校”

前的状况。

（二）实事求是，因地制宜，慎重选择撤并或恢复

在以人为本的基础上，决策者要慎重考虑学校是撤并还是恢复，听取广大群众的意见，深入调查，优先考虑公平，尽可能做到让学校有最好的布局，让最多的人从中受惠，让更多的孩子能够愉快的上学。切忌出现案例中因为决策的失误而导致新建校舍浪费的情况，该撤还是该并要好好做决策。农村地区家长的教育思想参差不齐，一些家长认为孩子读书没多少用处，对孩子的教育很不上心，对于这样的家长，如果学校太远或有其他阻碍到他们的劳动状况的因素存在，他们可能会让孩子读几年后如果孩子成绩不好不想读书，他们会不做任何努力就让孩子辍学回家，现在的农村地区有很多这样的孩子。所以在决策的时候要考虑农村实际，各方面的因素都要考虑，要根据各个地方的实际情况，因地制宜地选择最佳方案，决策者在决策时不要拘泥于现有的模式，要发挥各方面的力量，创造出自己的有地方特色的好的学校布局，让更多的孩子有学上、上好学。

（三）建立健全补偿机制

加大对农村寄宿制学校办学条件的投入，从宿舍、食堂等着手，改造扩建一些新的校舍、食堂，让学生在更好的条件下生活、学习。加强和完善卫生环境和医疗环境，配备一些学生生活上的管理员，弥补缺失的家庭教育，让学生在学校住宿期间有良好的健康保证。

完善教师补偿机制，保证教师的工资足以保障基本生活，要留得住教师，不要在完善硬件设施的同时忽略了教师的待遇，让一所学校只有大楼而没有优秀的教师。

弥补亲情教育的缺失，教师要多关心和关注每一个学生，鼓励学生积极主动地与父母沟通交流，制定灵活的探访制度，为家长看望学生提供便利，让学生在学校能够感受到温暖，让学生能够爱上学校，减少学生辍学的数量。

在寄宿的学生放假的时候，有关部门要做好校车的监督，避免黑车接送学生、超载等情况的出现。

在学校开设心理咨询室，对学生定期进行心理健康状况调查，对不达标的学生及时给予心理疏导和帮助。

(四)加强农村文化建设,改变教学环境

充分利用闲置的各村教学楼,把它作为文化活动中心、图书馆、幼儿园、博物馆等,以此来弥补作为农村文化符号的学校的消失。可以定期举行一些小型的文化活动,让文化气息感染到所有的村民,重拾乡村的文化氛围,让更多的寒门学子学有所成。

参考文献

[1]国务院办公厅.《关于规范农村义务教育学校布局调整的意见》,国办发[2012]48 号.

[2]李向东."后撤点并校时代"的应对路径[J].教育评论,2013(10).

[3]杨东平,王帅.从网点下升、多种形式办学到撤点并校——徘徊于公平与教育间的农村义务 教育政策[J].清华大学教育研究,2013(10).

[4]马丽,冯文全.我国农村中小学撤点并校的政策变迁及其出路探寻[J].乐山师范学院学报,2014(1).

[5]古芸.让"撤点并校"少走弯路——中美农村学校合并的比较及其启示[J].2010(08).

[6]高毅哲,柯进,张以瑾,柴葳,刘琴.撤点并校需因地制宜保障发展——两会代表委员谈农村教育布局调整[J].生活教育,2012(04).

[7]万明钢.以促进教育公平和教育均衡发展的名义——我国农村"撤点并校"带来的隐忧(J).教育科学研究,2009(10).

[8]李国生.农村撤点并校:十年后的纠偏(J).华夏时报,2012(09).

[9]谢晓文.农村基础教育布局调整研究——撤点并校的利弊及借鉴措施[J].职业时空,2011(08).

[10]马晖."撤点并校"在西部农村水土不服[J].21 世纪经济报道,2009(06).

[11]朱菲娜."撤点并校"应尊重农村实际[J].中国经济时报,2012(10).

[12]崔多立.应重新评估农村"撤点并校"的实效——黑龙江省农村学校布局调整后的调查[J].教育探索,2012(03).

[13]张燕.农村中小学撤点并校之"理性纠错"[J].教育评论,2013(04).

[14]田云翔.昆明市农村小学"撤点并校"工作调研与反思[J].人民政协报,2013(05).

[15]刘斌.适度调整?过度撤并?[J].社会科学报,2012(08).

[16]斯琴.呼和浩特市农村中小学撤点并校现状调查研究[D].内蒙古师范大学,2008.

[17]王莹.农村小学撤点并校问题研究[D].安徽师范大学,2013.

幼儿园安全教育现状调查及对策研究

——以四川省某市15所幼儿园为例

作者：陈秋月① 许鑫② 栗妮薇③ 化芳④

指导教师：杨挺

一、研究背景与目的

(一)研究背景

幼儿园在儿童成长过程中扮演着重要的角色，孩子从小的人格养成和品德塑造都与这段时期的教育相关。儿童是祖国的未来，他们成长与发展的好坏是衡量一个社会文明与发达程度的标尺。据统计，在中国，伤害是0～14岁儿童的第一位死亡原因，每年有近5万名0～14岁儿童因伤害而死亡。因此首先要高度重视幼儿园中儿童的安全教育工作。但是就目前所有已颁发的文件来看，幼儿安全与保护只是《中华人民共和国未成年人保护法》中很小的一部分，这就需要我们做更多的调查研究来了解现状并分析存在的问题从而提出相应对策，以保障幼儿园教育事业更好地发展。

(二)研究目标

基于幼儿园的特殊性，我们对四川省某市15所幼儿园进行了调查研究，了解幼儿园安全教育工作的进展，并且通过充分考察幼儿园在园教师、保育员和其他职工的安全教育以及教师日常对儿童所进行的安全教育来了解幼儿园的安全教育工作现状，并分析其中存在的问题，最后提出相应的对策。

①西南大学教育学部学前教育专业2012级免费师范生
②西南大学教育学部学前教育专业2012级免费师范生
③西南大学教育学部学前教育专业2012级免费师范生
④西南大学教育学部学前教育专业2012级免费师范生

(三)研究价值和意义

本次研究的重点在于对幼儿园的安全教育工作进行相关的调查和了解,明确幼儿园所进行的日常安全教育工作,了解幼儿园的人员配备情况以及对相关人员所进行的安全教育培训,有助于厘清幼儿园安全教育的内容,以发现幼儿园所存在的安全缺失,提出相应的对策。本研究的意义在于厘清幼儿园安全管理的责任范畴,了解当前幼儿园安全管理存在的主要问题,为幼儿园提供完善安全管理的基本思路。

(四)研究现状

1.关于当前幼儿安全管理热点问题的研究。比如“虐童事件”的反思,从“虐童事件”可以看出幼儿园管理失当的问题以及儿童人身安全保护的缺乏,刑法对于虐童事件的处理;还有对校车事故的发生分析原因以及提出对策。

2.幼儿园安全管理的策略研究。主要是基于幼儿园是集体保教机构,需要规范管理,消除安全隐患,更多的是基于幼儿园的教学特点,将游戏与安全教育相结合,在于以下四点:(1)加强幼儿园的安全管理,防止幼儿在园事故的发生;(2)规范教师言行,加强对幼儿安全教育;(3)增强教职工的安全意识;(4)对家长宣传有关的安全知识。

3.对教师道德素质与幼儿安全关系的研究。幼儿教师对幼儿发展有重大影响,其道德水平如何直接影响着幼儿的身体、智力、人格、潜能等各方面的发展。目前我国的幼师在教学育人过程中存在索贿及虐待孩子等道德滑坡的现象。

二、研究对象与研究方法

(一)研究对象

本研究对象为四川省某市 15 所幼儿园,了解相关地区幼儿园的安全教育现状,旨在透过现状发现安全教育过程中存在的问题与不足,从而提出适当的意见与建议,希望有助于相关部门进一步完善幼儿安全政策与法律法规,为其进行安全检查、指导、干预等提供依据。同时,更希望有助于幼儿园将安全教育工作做得全面、到位，从而更好地保障幼儿安全，促进幼儿身心全面健康发展。

(二)研究方法

1.文献法。

本次研究通过进入中国知网，在其中查阅"CNKI 学术期刊"和参考阅读相关博硕论文。并且学习了许多相关专著和书刊，以及相关政策，了解了许多幼儿园的安全教育现状。

2.问卷调查法。

本次研究是针对四川省某市 15 所幼儿园进行的相关调查研究，根据相关研究，精心制定了问卷，其中包括幼儿园安全教育的相关制度、安全教育的人员、安全教育的内容和安全教育的形式等内容。并且在问卷中体现幼儿园教师对所在幼儿园的相关安全教育的建议，以便获取一手资料进行分析。

3.访谈法。

在进行了相关问卷调查的同时，还与在幼儿园一线工作的教育工作者进行访谈交流，对我国的幼儿园安全现状进行相应探讨，并且对国家以及有关部门对幼儿园安全教育存在的缺失进行了交流，更清楚地了解了幼儿园教师的工作状况和安全教育状况。

三、调查现状及存在的问题

(一)幼儿园安全培训的内容单一，人员少，而且缺乏实际操作效力

在进行调查的幼儿园中，仅有 3.4%的幼儿园安全培训人员较完备，包括了教师、保育员、后厨、医护人员、门卫，而没有同时对这些人员进行安全培训的幼儿园占 55%，许多幼儿园除了教师和保育员外忽视了其他相关的幼儿安全保障人员，对幼儿园内相关成人的安全培训不到位；对教师的安全培训的形式更多的是知识讲座，最少的是急救操作，三项都有的幼儿园只占 36%，因此缺乏突发性安全情况的应对及处理能力。

(二)幼儿教师缺乏对安全教育中的相关制度的了解，缺乏理论基础

幼儿园教师对相关幼儿安全和幼儿安全教育的制度了解认识不够。在对

15 所幼儿园教职工的调查中发现，幼儿教师对有关幼儿安全制度的了解情况如表 1。可见幼儿园教师对有关幼儿安全教育的制度了解得不全面且浅薄，安全教育缺乏制度依据。

表 1　教职员工对相关的制度了解

	制度				
		频率	百分比(%)	有效百分比(%)	累积百分比(%)
有效	未成年人保护法	22	18.8	18.8	18.8
	幼儿专业教师标准	33	28.2	28.2	47.0
	幼儿园教育指导纲要	62	53.0	53.0	34.2
	合计	117	100.0	100.0	—

(三)教师对幼儿进行的安全教育方式单调、内容不全、实际训练少

教学活动中，老师采用的最多的安全教育方式是主题讲座的占 83.8%，各种方式都采用的幼儿园不到一半。在对幼儿进行安全教育时，有 33% 的幼儿园没有涉及交通安全或消防安全，其中消防安全最为缺乏，有 22.2% 的幼儿园没有涉及消防安全。在日常警示中，教师更多的是口头告示，有 90.3% 的教师都是采用此方式，而学校中用于安全教育的警示标牌、图文画报较少，幼儿园没有创设好安全的幼儿生活环境。幼儿园缺少对幼儿安全标示认识的教育，如紧急出口、小心触电、小心有毒、禁止触摸等安全标示，幼儿缺乏对日常简单的安全标示的认知，这都不利于幼儿对自身安全的认识与保护。

表 2　知识讲座幼儿园教职工安全教育培训形式

		频率	百分比	有效百分比	累积百分比
有效	有	114	97.4	97.4	97.4
	没有	3	2.6	2.6	2.6
	合计	117	100.0	100.0	—

表 3　模拟演练

		频率	百分比	有效百分比	累积百分比
有效	有	93	79.5	79.5	79.5
	没有	24	20.5	20.5	20.5
	合计	117	100.0	100.0	—

幼儿园对教师的安全教育培训形式也相对单一，主要以知识讲座为主，占了 97.4%，而模拟演练只有 79.5%，更加忽略的是急救操作仅仅只有 48.7%，所

以从以上数据可看出幼儿园的安全教育现状多为知识讲授型而缺少实践操作。(表2,表3,表4)

表4　急救操作

		频率	百分比(%)	有效百分比(%)	累积百分比(%)
有效	有	57	48.7	48.7	48.7
	没有	60	51.3	51.3	51.3
	合计	117	100.0	100.0	—

(四)幼儿本身的应急安全教育缺乏,自救能力弱

在幼儿的安全教育中,因为操作比较难,所以应急安全教育的次数就比较少,而在应急教育中最缺乏的就是幼儿自救能力的训练,有31.6%的幼儿园没有对幼儿进行自救方面的安全教育,多数幼儿园进行的最多的是紧急撤离方面的教育。幼儿园严重忽视了对幼儿进行简单的自救和求救方法的教育,如记住自己家庭的住址、电话号码、父母姓名、单位;一些简单的求救手势和求救信号;走失时会及时向警察叔叔或路人寻求帮助;遇到火灾和其他紧急情况时知道拨打110,120,119等求救电话。

(五)安全教育中缺乏对幼儿注意他人安全的意识培养

在117份有效问卷中,只有2份问卷中的幼儿教师提到,对幼儿的安全教育除了应该强调幼儿自身的保护外,还不能忽略幼儿相互之间的伤害事件,在安全教育中应强调幼儿不要伤害他人。调查结果显示,这些幼儿园对幼儿的安全教育所涉及的活动安全、交通安全、饮食安全、保健卫生等多个方面,都集中在幼儿对自己的保护上,很少有教师注意到要加强对幼儿"不伤害他人"的教育,以减少幼儿之间的冲突和相互伤害的现象发生。

四、存在问题的原因分析

(一)教育者基于儿童认知较浅,不够重视安全教育

首先,幼儿安全教育所属的社会类活动安排较少。教师对幼儿认知的发展规律不够了解,缺乏对幼儿思维能力发展的认识,觉得幼儿太小,安全教育没有

多大用处,最终的问题也只能是由成人来解决,不需要花太多的心思来专门进行安全教育。最后,教师在安全教育活动中缺乏目标意识,对幼儿的安全教育随心所欲,幼儿园的安全教育缺乏系统性,与幼儿自身发展规律与发展阶段特征不相适应。

(二)缺乏有效的安全教育监督机制和安全教育评价体系

幼儿园没有专门对教师进行安全教育行为的监督,因为缺乏对幼儿园安全工作的有效监督,所以幼儿的安全教育活动得不到保障,在教学活动中教师只是按自己的理解与想法想当然地进行相关的安全教育,对幼儿完全缺乏系统性的指导。幼儿园对教师的安全教育工作效果没有合理的评价标准,也没有形成幼儿安全教育评估体系来对教师的安全教育工作做效度评价,这就导致幼儿园安全教育工作达不到想要的效果,教师不注重对幼儿安全教育中的实际效能。

(三)安全教育资源开发利用不够充分

在调查的15所幼儿园中,大多为乡镇幼儿园,这些幼儿园的安全教育经费支持力度小,我国学前教育经费仅占整体教育经费的1.3%,低于世界平均水平的3.8%,其中的安全教育经费更是少之又少。许多幼儿园中并没有太多关于幼儿安全教育的书籍及器材,教师亦有很大的知识空缺。教学器具和影像资料的缺乏,限制了安全教育形式的多样化发展,使幼儿园安全教育的形式单调,导致安全教育成了不断口头重复的让人烦厌的工作。幼儿园没有充分利用社会资源,幼儿园未和其他机构合作开展安全教育活动,缺乏社会系统支持,只局限于自己的幼儿园内部,这样就使幼儿安全教育脱离了生活实际。

五、对策及建议

(一)在对幼儿的安全教育中要强调“不伤害他人”

调查结果显示,这些幼儿园对幼儿的安全教育虽然涉及活动安全、交通安全、饮食安全、保健卫生等多个方面,但都集中在幼儿对自己的保护上,很少有教师提到要教育孩子“不伤害他人”。在安全教育中,绝大多数的老师都忽略了对“不要伤害他人”的强调,而这恰恰应该是安全中十分重要的一点。

教会幼儿“不伤害他人”不仅有利于减少幼儿之间的冲突以减少幼儿园中由幼儿间矛盾引发的不必要的安全事故，同时也是对幼儿进行的生命安全教育，教会幼儿尊重生命也有利于幼儿对自我的保护。所以，教师在对幼儿进行安全教育的过程中不能仅仅强调幼儿对自我的保护，也要强调“不伤害他人”。

（二）在对幼儿的安全教育中要加强紧急情况处理及自救的教育

通过对幼儿所受安全教育的内容的调查，我们发现，教师对幼儿进行的安全教育的内容多以活动安全、交通安全、饮食安全、水火电的安全以及保健卫生为主，对紧急情况的处理及自救虽然有所涉及但重视程度不够。

（三）完善各种安全教育的资源

1.幼儿园要不断开发完善幼儿园的校本资源。

幼儿安全教育的宣传画、挂图、有关安全教育的影视资料及录像片、幼儿安全教育教材、幼儿安全知识读本等。

2.加强家园交流及对幼儿家长的安全教育。

良好的家园沟通有利于家长与教师相互协作，共同对幼儿进行保护和安全教育，所以教师与家长之间建立良好的沟通模式并经常沟通是十分必要的。同时，幼儿园应该对幼儿家长尤其是新生家长进行安全教育，对一些幼儿的安全保护与教育的一些细节进行强调，便于幼儿的安全受到更加全面的保护，也便于幼儿的安全教育有连贯性，使幼儿所受安全教育得到强化。

3.充分利用各种社会资源，加强与当地各相关部门的合作来开展安全教育的主题性活动。

（四）对教职工的安全教育中要关注特殊的个体

1.对特殊幼儿的保护。

特殊的幼儿主要是指体质特殊的幼儿，这类幼儿在日常生活中需要受到特殊的照顾和保护，在出现突发状况时也需要及时处理。针对这样的幼儿，专业的医护人员应该对其所在班级的全部保教人员进行日常保护和紧急情况处理的培训，以使这类体质特殊的幼儿得到最为完善的保护。

2.建立健全幼儿园安全培训体系。

幼儿园的安全工作与安全教育工作都十分琐碎，从此次的调查中我们发现，幼儿园自行组织的对教职工的安全教育不能把琐碎的内容系统化。另外，幼儿园条件有限，并不是每个幼儿园都能请到各个行业的专业人员对教职工进行安全教育。针对这些问题，我们认为应该由国家教育部或各省教育厅组织幼儿园保教人员定期、轮流地参与集中的安全培训。这样的安全培训既可以将琐碎的内容形成系统化的知识，又有足够的条件请到各行专业人员进行主题讲座和实际操作及演练，使幼儿园保教人员所受的安全教育全面、系统、深入、有效。

加强教职工实际演练和操作的安全培训。在培训中增加一些实际操作和演练，既能加深参与培训的教职工对所学内容的记忆，以便其能够在今后的工作中学以致用，妥善处理与安全相关的各种事件，也便于对教职工进行培训的专业人员能及时指出并纠正培训人员在实际操作和演练中的错误，增强安全培训工作的有效性。

参考文献

[1]教育部基础教育司组织编写.《幼儿园教育指导纲要(试行)》解读[M].南京:江苏教育出版社,2002.

[2]包学芬.浅谈幼儿园安全管理[J].好家长,2012(10).

[3]黄桂香.探讨现代学前教育立法的重要性[J].经济管理者,2012(13).

[4]庞丽娟.加快推进《学前教育法》立法进程[J].教育研究,2013(01).

[5]王丽娟.浅谈幼儿园安全教育[J].科学咨询,2012(04).

[6]张琴秀,庞婷.对农村幼儿园安全管理的思考[J].教育导刊(下),2013(01).

[7]张天军.教师虐童事件的法律分析与思考[J].早期教育(教师版),2013(01).

[8]周逸清.浅谈幼儿园的安全管理工作[J].都市家教(上),2011(02).

[9]谭斯咏.论农村幼儿园校车安全问题的深层原因及对策[A].佳木斯教育学院学报,2012(11).

你做好去幼儿园工作的准备了吗?

——西南地区学前教育本科生职业认同现状的调查与研究

作者:高芳芳[①]　伍柯蓉[②]　杨文洁[③]　张思敏[④]

指导教师:吴岚

一、研究背景

(一)问题的提出

学前教育是教育的奠基阶段,是人生起步的关键。近年来,我国多个地区学前教育迎来了其发展的“春天”。然而,经济和文化都相对落后的西南地区,教育基础十分薄弱,学前教育更是最薄弱的环节。学前教师作为启蒙教师,是影响学前教育事业发展和教育质量提高的关键。大学专业教育阶段正是学生自我意识与职业有机结合形成职业认同感的关键时期。据调查,西南地区学前教育工作者社会地位较低,职业刻板印象较深。学前教育专业的很多学生不是第一志愿录取,而是被调剂录取的(尤其是男生),他们缺乏对专业的喜爱以及相应的专业信念,职业认同困乏成为普遍现象。同时,学前教育本科生去当幼儿老师的这种职业期待和角色转变并没有在很大范围内被认可,本科学前教育专业的学生培养目标和课程设置都不以培养幼儿教师为主,造成部分学前教育本科生在实习或见习过程中,难以很快适应幼儿园工作和生活,短时间内自我效能感降低。

随着社会对学前教育工作者综合素质要求的不断提高,学前教育本科生在幼教中的比重越来越大,学前教育本科生的质量如何将直接影响到未来我国幼教事业发展的速度和质量,特别是对西南地区这种教育相对落后的地区。因

①西南大学教育学部学前教育专业 2011 级免费师范生

②西南大学教育学部学前教育专业 2011 级免费师范生

③西南大学教育学部学前教育专业 2011 级免费师范生

④西南大学教育学部学前教育专业 2011 级免费师范生

此,西南地区学前教育本科生的职业认同研究就成为一个亟待解决的课题。

(二)研究的意义和价值

1.理论价值

职业认同感是衡量学前教育专业本科生培养成功与否的重要指标。国内外研究表明:教师的职业认同感越强,个体就越会以积极、主动、愉快的心态投入这项职业中,而教师职业认同感的获得则根源于大学阶段专业学习期间的职业认同感。探讨西南地区学前教育本科生的职业认同,有助于了解其认同的现状,丰富职业认同感的研究。

2.应用价值

一直以来,学前教育教师都属于“职业倦怠”的高危人群。近年来,西南地区幼儿教师“虐童事件”也层出不穷,幼儿教师培养的种种问题也再次成为大家关注的焦点。这些问题的出现与学前教育教师缺乏职业认同、职业坚定性不强、不安心本职工作有明显的关系。本研究试图通过调研探究当前西南地区学前教育本科生对该专业职业认同的现状和存在的问题,并在分析其原因的基础上,提出有效建议和对策。这有助于改善学前教育本科生的职业认同状况,为完善学前教育专业课程体系,改善学前教育质量,提升学前教育教师自我效能感和职业形象等举措提供参考。

二、相关概念的界定

职业认同感本是一个心理学概念,是指个体对所从事的职业的目标、社会价值及其因素的看法,与社会对该职业的评价及期望的一致,即个人对他人或群体的有关职业方面的看法、认识完全赞同或认可。职业认同是个体对所从事的职业的肯定性评价,职业认同感水平高的个体对与其职业相关的感知更积极,他们在积极职业情感的帮助下能克服恶劣的工作条件。较高的职业认同感,使个体能积极、心情愉快地投入工作,从内心认可并喜欢这个工作。

对教师职业认同感的概念和定义,在教育界有多种不同的说法,但是大多数研究者认为职业认同是一个个体和职业两方面综合的过程。本文较为认同德森和寇勒的定义:“教师职业认同感是教师作为个人和职业者,对自己所从事的教师工作,受学校内外各种因素影响,产生的完全认可的情绪体验或心理感受。”

学前教育本科生职业认同感是指个体对幼教职业合理的认识、端正的态度和积极的情感体验等组成的内部心理机制，个体对所从事的职业内心认为它有价值、有意义，并能从中找到乐趣。它包括个体对幼教职业本身的特点、社会职能和社会地位等的认识和看法；对从事幼教职业应具备的素质的认识；个体乐于从教的意愿以及从教是积极愉悦的情感体验。

三、研究设计

(一)研究目标

1.了解西南地区学前教育本科生对学前教育的看法和认识，分析其对学前教育专业现状和同行的职业认同状况的了解，使学前教育本科生能准确定位自己的专业角色和职业价值，为自己将来更好地就业提供参考依据。

2.通过调查结果分析和掌握影响学前教育本科生职业认同感的原因，并有针对性地提出增强学前教育本科生职业认同感的相关建议，进而促进学前教育本科生对以后所从事职业的认同。

(二)研究内容

1.编制系统的能够反映学前教育本科生职业认同的调查问卷。

2.采用分层抽样的方法，从职业认识、职业价值、职业期望、职业意志几个方面调查了解西南地区学前教育本科生的专业认同现状及其产生原因。

3.根据上述研究中发现的问题，提出提升西南地区学前教育本科生专业认同的具体措施。

(三)研究对象

以随机抽样的方法选取了宜宾学院、西南大学、毕节学院、大理学院、玉溪师范学院等西南地区的 300 多名学前教育专业本科生为被试，共发放问卷 350 份，收回有效问卷 303 份，有效率为 86.6%，样本具体分布情况见表 1。

表 1　本研究对象情况描述

(单位：人)

性别		年级				生源地	
男	女	大一	大二	大三	大四	城市	农村
13	290	76	100	95	32	68	235

(四)研究工具

1.采用自编《西南地区学前教育本科生职业认同现状的调查与研究问卷》。

本问卷分为两个部分：

第一部分：西南地区学前教育本科生的基本资料。

调查西南地区学前教育本科生的基本资料，包括性别、年级、籍贯等。

第二部分：问卷主体部分。

本研究借鉴国内相关研究成果，旨在对西南地区学前教育本科生的职业认同感进行探讨。因此，本研究拟从西南地区学前教育本科生的职业认识、职业价值、职业意志、职业期望等方面了解其职业认同感状况。

本问卷采用半开放式的结构编制，包含基本信息和对职业认同相关的问题两部分，总共26道题目，其中3道基本信息题，17道职业认同问题（选项从1～4分计分）。

2.自编《学前教育本科生（男性准幼儿园教师）的职业认同感》访谈提纲，提纲包括2道基本问题和9道核心问题。

3.采用SPSS 19.0软件进行统计与分析。

(五)研究方法

本研究主要采取以下研究方法：

1.文献法。

文献法是在全面搜集有关文献资料的基础上，经归纳整理、分析鉴别，对一定时期内某学科或专题研究成果的进展进行系统、全面的总结，并吸取优秀研究成果的方法。

(1)研究范围：本研究主要以西南地区学前教育本科生职业认同的现状为出发点，通过查阅十年间国内外的相关资料，了解我国学前教育专业本科生职业认同的基本情况，同时借鉴这些资料的数据来进一步分析本次调查结果。

(2)资料范围：本资料主要通过查阅相关网站，获取相关的文献资料，并在此基础上进行整理和分析，学习已有研究的经验，也了解已有研究的研究成果，并在此基础上寻求本研究的切入点。

2.问卷法。

本研究以西南地区几所高校学前教育专业各年级本科生为研究对象，综合采用相关文献资料中的问卷，并整合文献资料和指导老师的意见，制作《西南地区学前教育专业本科生职业认同现状的调查与研究的调查问卷》，主要从职业认识、职业价值、职业意志、职业期望等几个方面来设计问卷。

（六）研究步骤

本研究依下列步骤进行：

1.分析西南地区学前教育本科生的职业认同感，首先对国内职业认同感特别是大学生的职业认同感的文献资料进行整理分析，然后根据西南地区的经济、社会特点，进行相应的研究设计。

2.问卷编制与实施。

(1)问卷的编制。

根据职业认同感的相关理论，参照学前教育专业的职业认同感的相关文献资料，结合西南地区学前教育专业的实际情况对问卷进行精心编制，经过几次修改并在导师审核后进行问卷的发放。

(2)问卷的发放与收回。

①正式发放问卷。笔者于 2013 年 9 月 20 日分别将问卷发放至宜宾学院、西南大学、毕节学院、大理学院、玉溪师范学院，问卷共发放 350 份。

②问卷的回收。问卷于 2013 年 9 月 30 日全部回收，有效问卷 303 份，有效率为 86.6％。

③数据分析。数据采用 SPSS 19.0 软件进行统计与分析，得出调查的基本结论。

④撰写论文。根据文献查找、问卷结果和访谈结果开始论文的写作。

四、研究结果与分析

1.入学前对专业与职业了解不够深入，虽自主选择率有所提高，但选择动机仍不明确。

据调查结果分析发现，入学前学生对学前教育专业与幼儿园教师职业的了解不够深入。在专业方面，入学前对学前教育专业有一定了解的学生只占 50.5％；在职业方面，54.8％的学生认为幼儿教师有利于促进幼儿多方面发展，但仍有 46.2％的学生对幼儿教师的认识还停留在“保姆”“像小学老师一样传播知识”或“单纯的一份工作”的层面上。(图 1)

随着近年来我国学前教育事业的发展，幼儿园教师供不应求，自主选择学前教育专业的学生有所增多。调查结果显示，有 43.6%的学生自主选择学前教育专业，但选择动机不明确的现象依然存在。其中了 31%的学生出于兴趣爱好，其余都是出于“就业前景”“亲友推荐”等原因。同时，根据研究结果得出，城乡学生在专业第一志愿选择上有明显差异。其中，来自城镇的学生中有 50%选择学前教育为第一专业，而来自农村的学生中有 40%选择学前教育为第一专业。（图 2）

因此，入学前学生对学前教育专业与幼儿园教师职业的了解不够深入、生源地差异以及选择动机不明确是影响其形成职业认同的重要因素。

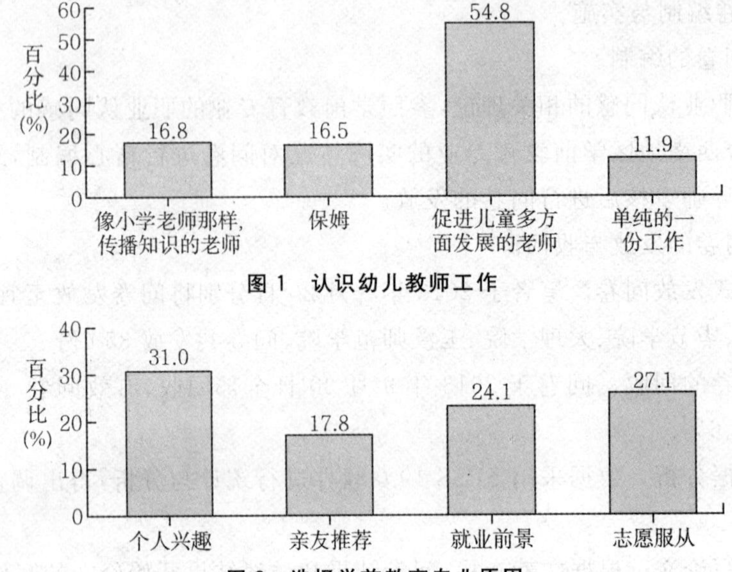

图 1　认识幼儿教师工作

图 2　选择学前教育专业原因

2.学前教育本科生职业价值认同度高，但仍存在年级差异；且认为幼儿教师职业的社会地位有待进一步提高。

如图 3 所示，303 名学生中 204 名学生即 67.3%的学生认为做幼儿教师能够实现他们的人生价值。同时，63%的学生认为幼儿教师对社会的贡献大。这表明学前教育专业本科学生对幼教职业价值认同度高。

不过，根据卡方检验结果得出，各年级学生对幼教职业价值认同有明显差异（$p<0.05$）。且由图 4 可知，职业价值认同均值随年级增长而上升，表明其职业认同度在大学期间逐渐提高。

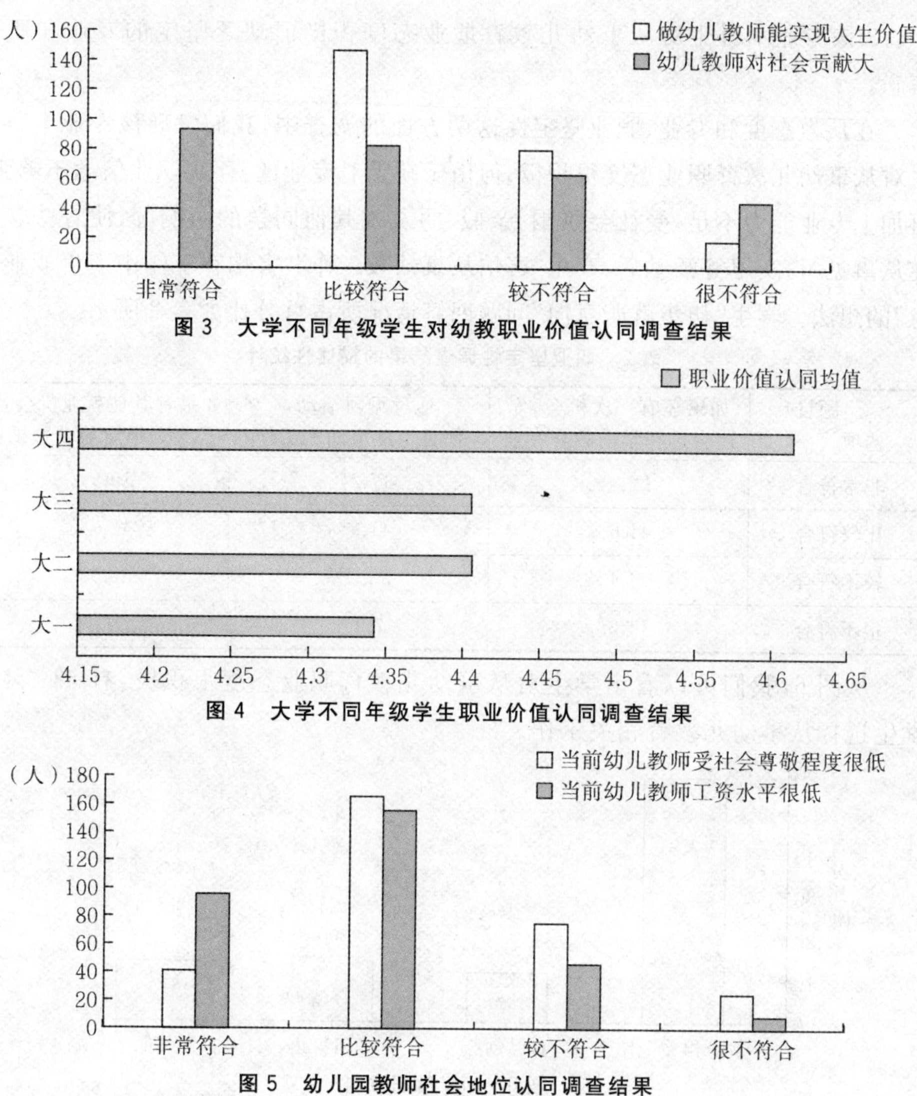

图 3　大学不同年级学生对幼教职业价值认同调查结果

图 4　大学不同年级学生职业价值认同调查结果

图 5　幼儿园教师社会地位认同调查结果

如图 5 所示，被调查同学对于“当前幼儿教师受社会尊敬程度很低和幼儿教师工资水平很低”多数选择了“非常符合”“比较符合”。究其原因这可能与幼儿教师不仅声望低，还普遍存在劳动强度过大、待遇过低等一系列问题密切相关。这可能也是长期以来大家认为本科毕业从事幼儿教育工作没出息，“大材小用”，体现不出自己的社会价值的主要原因。所以，进一步提高幼儿教师职业的社会地位对增强该专业本科生对幼儿教师职业态度的积极性和职业认同感至关重要。

3.该专业本科生对从事幼儿教育职业态度积极但缺乏坚定的专业和职业信念。

在从教态度和专业、职业坚定性这两方面的调查中,我们发现该专业本科学生对从事幼儿教育职业态度很积极,但由于缺乏对专业的喜爱,职业信念不够强,再加上专业能力不足,受社会氛围、亲戚、朋友或其他同学的影响等,使有些学生在从事见习、实习等活动后,产生“害怕从事幼教工作”“害怕在工作中产生职业倦怠”的想法。学生“初步就职意向”问题回答情况所占百分比如表 2 所示。

表 2　职业坚定性调查结果的描述性统计

题目 选项	如果还有一次机会,你还会选择学前教育专业	通过见习活动,你害怕从事幼教工作	如果有其他就业机会,你还会选择学前教育工作
非常符合	22.8%	17.2%	15.5%
比较符合	41.6%	41.9%	42.9%
较不符合	24.4%	33.0%	32.0%
很不符合	11.2%	7.9%	9.6%

从图 6,我们可以看出学生对从事幼儿教育职业态度很积极,有 58.7%的学生选择从事幼儿教育相关工作。

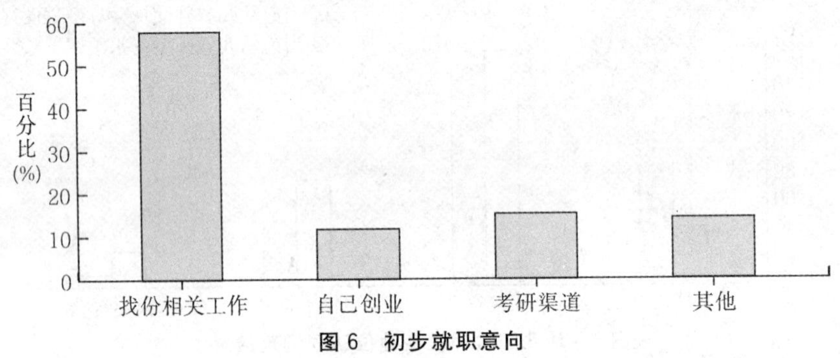

图 6　初步就职意向

从表 2 我们可以看出,对于“如果还有一次机会,你还会选择学前教育专业”这个问题,只有 22.8%的学生给出了肯定的答案。当学生被问到“通过见习活动,你害怕从事幼教工作”时,有 69.1%的学生产生了此想法。同时,当学生被问到“如果有其他就业机会,你还会选择学前教育工作”时,只有 15.5%的学生选了“非常符合”,这充分说明该专业本科学生缺乏坚定的专业和职业信念。因此,想要提高学生职业坚定性和认同感必须从树立学生专业、职业信念入手。

五、建议

(一)学生方面:加强专业学习和职业认知,正确看待社会舆论

学前教育本科生应该加强专业认识,端正学习态度,正确看待自己的专业,遇到疑惑和不解可以寻求老师的帮助,积极参加专业讲座,帮助自己了解幼儿教师这个职业,认识学前教育的重要性。此外,调查结果显示学前教育专业学生对于学前教育的认识在一定程度上受身边以及社会上其他人的影响,因此,当社会舆论对学前教育以及教师有错误偏见时,本专业学生应保持清醒的头脑和立场,客观地看待他人的看法和意见,坚定自己的职业价值取向,加深自己对职业的认识,促进职业认同感的提高。

(二)学校方面:完善学前教育专业的课程设置,丰富学前教育本科生的实践经验

首先,学校应该加强对学前教育专业的重视,不断提升技能课程和教育实践课程比例,进一步促进课程设置的科学合理化。学校需要进一步完善学前教育专业的课程设置,在学习教育理论课程的基础上,强化技能课程,并将教育理论与专业技能、实践课程相联系,促进课程设置的科学合理和多元化,从而提升本专业学生对学前教育专业学习的积极性,提高其对专业和职业的坚定性。

其次,学校应从实际出发,开发创新课程,特别是增加关于师德和人文素养方面的课程。近年来,全国各地幼儿园“虐童事件”时有发生,造成这种现象的原因除了当事人的心理因素外,主要还是幼教工作者缺乏基本的师德和必要的人文素养,这也就是缺乏职业认同感的表现。由此,学校在学前教育课程开发过程中应重视师德和人文素养课程的有效设置,促进本专业学生人文社会性全面发展,增强其职业认同感。

(三)社会方面:加强社会对幼儿教师的职业认识,提高幼儿教师的社会地位

首先,在国家方面,虽然近几年国家开始逐渐重视学前教育,加大了对学前教育发展的投入,但是由于我国学前教育起步晚、发展缓慢,学前教育发展水平和教育理念仍不够发达,社会大众对学前教育的认识和重视也依旧不足。因此,国家应继续加强对学前教育的重视,完善学前教育法律法规,保护幼儿教师

的基本权利和利益，完善幼儿教师培训机制和准入机制，优化幼儿教师队伍，同时加强发展学前教育的宣传力度，从而促进社会对幼儿教师的职业认识，改善大众对幼儿教师“非专业化”的看法，提升幼儿教师的社会认同度。

参考文献

[1]包丽珍.浅谈幼师、学前教育专业对学生职业认同感的培养[J].大观周刊，(13).

[2]陈妍，梁莹，强丽君.学前教育专业本科生专业认同情况的校别比较[J].学前教育研究，2008(03).

[3]高晓敏，刘岗.山西运城地区幼儿教师职业认同现状及影响因素[J].学前教育研究，2011(12).

[4]谭日辉.当前幼儿教师职业认同存在的问题、原因分析及其提高策略[J].学前教育研究，2009(12).

[5]许晓晖，韩佳伶，严钰.学前教育专业本科生的职业价值观特点[J].幼儿教育，2008(03).

[6]庄亚楠.推动学前教育立法工作，保障学前教育健康发展[J].现代教育科学普教研究，2010(01).

[7]蒋晟.学前教育专业学生职业价值观调查研究[D].华东师范大学，2010.

[8]王杰，薛钰川.学前教育本科生职业认同现状的调查与研究[N].鸡西大学学报，2011(01).

幼儿教师职业道德观调查研究

作者：王佳璐[1] 方声娟[2] 梁彩玲[3] 徐桢[4]

指导教师：李姗泽

一、问题提出

随着国家对发展学前教育的高度重视，幼儿教师成为社会各界瞩目的群体。近期频发的幼儿教师"虐童事件"更是引起了全社会对幼儿教师职业道德的热议。基于这样的现实状况，如何客观反映当前幼儿教师对职业道德的认识，如何促使幼儿教师在工作中做到言行一致，成为笔者进行此项研究的一大推动力。

教育是心灵与心灵的沟通，灵魂与灵魂的交融，人格与人格的对话。但幼儿教师究竟会以怎样的职业人格观对幼儿进行人格教育，也是其职业道德观在职业人格观维度的重要表现。笔者旨在通过对幼儿教师职业道德观中职业人格观的研究分析，探究幼儿教师"言教"与"身教"在幼儿教育工作中的价值意义以及幼儿教师的榜样示范作用。

现今国内已逐步关注教师的职业道德，但更多地停留在依据主观经验的理论探究，缺乏以实证研究为依托的对职业道德观较为客观地反映。同时，我国对于幼儿教师职业道德的关注仍处于起步阶段，但幼儿教师的职业道德观会影响其在工作中的职业道德，针对这一现实性的矛盾，基于促进学前教育发展的思考，笔者选取了"幼儿教师职业道德观调查研究"这一题目，以天津市幼儿教师作为研究对象进行调查。

---

①西南大学教育学部学前教育专业 2011 级免费师范生

②西南大学教育学部学前教育专业 2011 级免费师范生

③西南大学教育学部学前教育专业 2011 级免费师范生

④西南大学教育学部学前教育专业 2011 级免费师范生

二、研究设计

(一)研究对象

本次调查研究在天津市滨海新区、远郊二区三县中选取幼儿园进行随机抽样调查。所调查的幼儿园涉及市级园所、县级园所、乡镇中心园(国办园)、乡镇农村园(村办园)等不同级别的幼儿园。研究对象信息如表1所示。

表1　研究对象情况调查表

(单位:人)

学历			所学专业		教龄					工作单位所在地		工作单位性质	
高中及其以下	专科	本科	学前专业	非学前专业	1年以下	1～2年	2～3年	3～4年	5年以上	城市	乡镇	公立	私立
31	86	112	170	59	17	40	15	18	139	57	172	208	21

(二)研究方法

本次调查采用随机抽样调查法,自编问卷分为5个维度,共30题,包括职业理想观5题、职业态度观6题、职业责任观8题、职业纪律观6题和职业人格观5题。答案的设置采用Likert 5点式(即从“完全不符合”到“完全符合”),分别以1～5分进行统计,要求被试者对题目中所表述的情况与自己的实际情况符合程度进行判断。

本次调查一共发放问卷274份,回收267份,回收率97%,有效问卷229份,有效率85.8%。

本次调查问卷的可靠性检验结果如表2所示。

表2 问卷可靠性分析

Cronbach's Alpha	基于标准化项的Cronbach's Alpha	项数
.889	.901	30

利用SPSS 19.0对问卷进行可靠性分析结果可知,问卷总的内部一致性信度为0.901,说明问卷调查中的题目具有较强的内在一致性。

(三)统计工具

利用SPSS 19.0软件对幼儿教师的职业道德观进行描述性统计和推论统

计,并且对本次调查问卷进行了可靠性检验。

三、调查结果

(一)幼儿教师对职业理想的认识与分析

大部分幼儿教师具有较好的职业理想观,但在坚持自己的教育理念和树立终身从教信念的方面还不够理想。题 3 显示有 79.9%的幼儿教师认为在开展教学工作中应该做出明确的职业规划,题 2 显示有 67.7%的幼儿教师有明确的追求并在工作中努力践行;相对而言,由题 4,5 可知幼儿教师在坚持自己的教育理念和树立终身从教信念方面还不够理想。

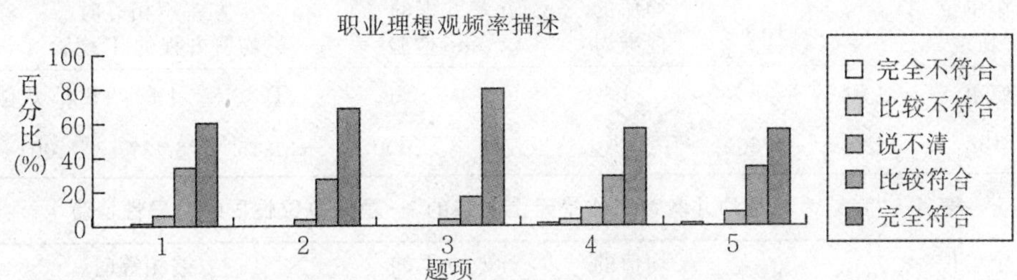

图 1 对幼儿教师整体的职业理想观的统计分析

注:1.我自愿选择幼儿教师作为职业;2. 我对于幼儿教育工作有明确的追求并在工作中努力践行;3. 我同意幼儿教师应该在幼儿教育工作中做出明确的职业规划;4. 我有为幼儿教育事业终身从教的理想信念;5. 我有属于自己的一套教育理念并能在工作中始终坚持着

(二)幼儿教师对职业态度的认识与分析

绝大部分幼儿教师表现出了良好的职业态度观,仍有少部分幼儿教师的职业态度观不够理想。同时,单位所在地、单位性质两个变量与对“以业为荣”的认识具有显著性,而学历与所学专业与之不具有显著性。对幼儿教师职业态度观整体情况的描述统计如图 2 所示。

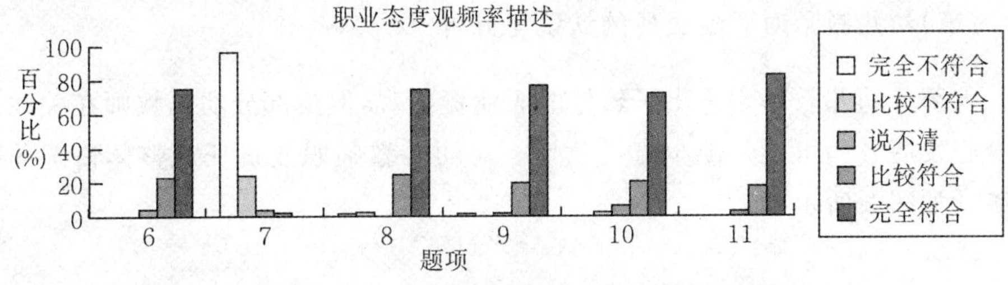

图 2 对幼儿教师整体职业态度观的统计分析

注:6. 我认为有必要进行幼儿教师职业道德观的研究;7. 我认为幼儿教师在日常生活工作中不需要坚持“师德为先,幼儿为本”的教育理念;8. 我能以积极主动的态度对待自己的职业;9. 我能够在幼儿教育工作中保持主人翁的责任;10. 我认为从事幼儿教育工作是无上光荣的;11. 我认为需要在幼儿教育工作中坚持“师德为先”的教育理念

在对题 10“我认为从事幼儿教育工作是无上光荣的”调查中呈现出“完全符合”频率的最低值,这一现状引发了笔者的进一步探究。因此,笔者分别从调查对象的职前教育(学历和所学专业)以及职后环境(单位所在地和单位性质)两个维度对题 10 进行了独立样本 T 检验和单因素方差分析,试图探究二者间的差异性。调查结果如表 3 和表 4 所示。

表 3 “我认为从事幼儿教育工作是无上光荣的”一题与工作单位所在地的差异性检验

工作单位所在地	均值	标准差	均值的标准误	方差方程的 Levene 检验		方差不相等时均值方程的 T 检验		
城市	4.32	.827	.110	F	Sig.	T	Df	Sig.(双侧)
乡镇	4.71	.600	.046	20.709	.000	−3.315	76.437	.001

表 4 “我认为从事幼儿教育工作是无上光荣的”一题与单位性质的差异性检验

工作单位所在地	均值	标准差	均值的标准误	方差方程的 Levene 检验		方差相等时均值方程的 T 检验		
公立	4.64	.665	.046	F	Sig.	T	Df	Sig.(双侧)
私立	4.29	.784	.171	3.064	0.081	2.314	227	.022

由表 3 和表 4 可知,单位所在地和单位性质与题 10“我认为从事幼儿教育工作无上光荣的”具有显著性。换言之,幼儿教师职后环境一定程度上能够影响幼儿教师的职业态度观,同时通过比较单位性质的均值发现公立幼儿园优于私立幼儿园。笔者采用同样的参数检验方法发现幼儿教师的学历和所学专业与题 10 不具有显著性。基于这一现状,笔者试图在现实操作中通过有效控制职后环境这一变量优化幼儿教师的职业道德观。

(三)幼儿教师对职业责任的认识与分析

大部分幼儿教师表现出了较好的职业责任观,但少部分幼儿教师在关注幼儿身心发展方面可能还缺少责任意识。对幼儿教师职业责任观整体情况的描述统计如图 3 所示。

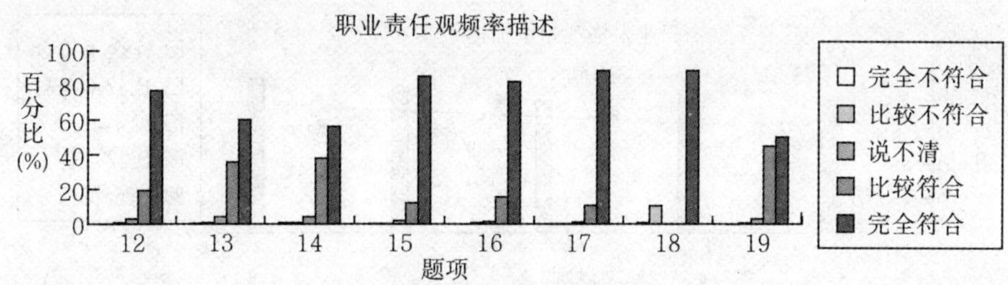

图 3　对幼儿教师整体职业责任观的统计分析

注：12. 我认为发挥教师的集体作用对于从事学前教育很重要；13. 我善于反思并改进自己的教学；14. 我了解《幼儿园教师专业标准(试行)》在幼儿教师职业道德方面的相关要求；15. 我认为幼儿教育工作者需要明确自身在工作中的职责和任务；16. 我认为幼儿教师需要与幼儿家长保持密切联系；17. 我认为幼儿教师之间应该相互配合，合作交流；18. 我认为幼儿教师需要关心幼儿、尊重幼儿、理解幼儿；19. 我总是能关注到并能够满足每一位幼儿的身心需要

题 19 显示只有一半的幼儿教师在教学活动中能够完全关注到每一位幼儿的身心需要。基于这一现状，笔者进行了学历与题 19 的单因素方差分析，结果如表 5 所示。

表 5　"我总是能关注到并能够满足每一位幼儿的身心需要"一题与学历之间的单因素 ANOVA 分析

Levene 统计量	Df_1	Df_2	显著性	平方和	Df	均方	F	显著性
1.225	2	226	.296	2.578	2	1.289	3.629	.028

结果表明，学历与题 19"我总是能关注到并能够满足每一位幼儿的身心需要"具有显著性。通过对因变量的多重比较，笔者发现该显著性主要体现在高中及其以下学历和本科学历之间，即学历间的差距越大显著性越明显。

(四)幼儿教师对职业人格的认识与分析

绝大部分幼儿教师具有高尚的职业人格观。通过对职业人格观中在榜样行为示范方面的认识研究发现，极低值和极高值分别出现在教龄 1 年以下组间和 5 年以上组间，转折点位于 1～2 年组间。对幼儿教师职业人格观的整体描述统计如图 4 所示。

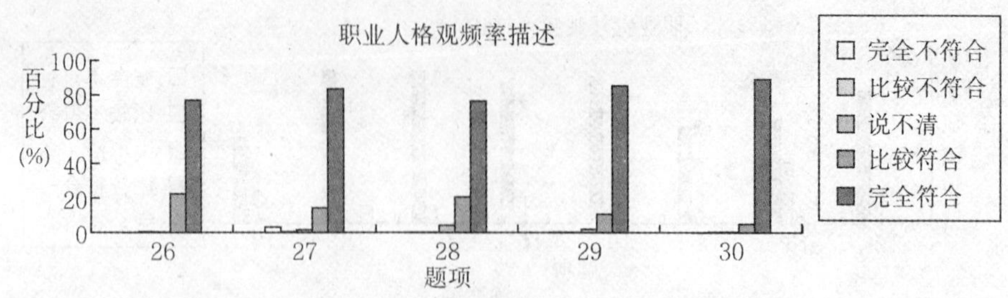

图 4　对幼儿教师整体职业人格的统计分析

注:26.我认为应该在幼儿教育工作中发挥幼儿教师正向的榜样作用;27.我认为幼儿教师威信的树立不是靠恐吓、粗暴的手段实现的;28.我认为在幼儿教育工作中行为示范比言语表达更能感染幼儿;29.我同意“只有自己具备了美好品德,才有资格塑造幼儿的品德”的观点;30.我同意幼儿教师的不文明言行会对幼儿的身心造成伤害。

对教龄和题 30“我同意幼儿教师的不文明言行会对幼儿的身心造成伤害”进行显著性检验,结果如表 6 所示。

表 6　“我同意幼儿教师的不文明言行会对幼儿的身心造成伤害”一题与教龄之间的单因素 ANOVA 分析

Levene 统计量	df1	df2	显著性	平方和	df	均方	F	显著性
20.621	4	224	.000	5.155	4	1.289	5.121	.001

根据表 6 可知,不同类别的教龄与题 30“同意幼儿教师的不文明行为会对幼儿的身心造成伤害”具有显著性。通过对不同教龄下的均值比较,笔者发现 1 年以下教龄的调查对象呈现出最低的均值,5 年以上教龄的调查对象呈现出最高的均值,转折点出现在 1～2 年教龄,能够坚持工作 5 年以上的幼儿教师表现出了较好的职业人格观。同时发现只要顺利度过工作适应期的幼儿教师的职业人格观呈现波动上升的趋势。

四、谈论不同背景变量对幼儿教师职业道德观的影响

笔者通过统计分析调查问卷汇总得到的研究结果,结合相关文献和已有研究,得到了综合全面的分析研究结果。为此,笔者明确了幼儿教师职业道德观的形成是一个动态的发展过程,在现有幼儿教师存在的职业道德观状况下,不同背景变量对幼儿教师职业道德观的影响存在差异性。本研究主要从两方面进行探讨:一是幼儿教师职前教育状况,二是幼儿教师职后环境情况。

(一)幼儿教师职前教育状况对幼儿教师职业道德观的影响

幼儿教师职前教育状况,主要涉及学历和所学专业两方面的职前状况。经过进一步分析发现,幼儿教师职前教育状况中因学历产生的显著性差异更为明显。

1.学历水平方面

我国学前教育发展面临以下国情:学前教育需要大力推进、积极发展,需要办出质量和成效,需要增进学前儿童的幸福体验,真正促进学前儿童身心和谐发展。为此,当前我国有 200 余所高校已开设学前教育专业,以对广大学生进行专业技能、教育理念、科研能力等方面全方位、多层次、宽领域的专业培养。在这种高校培养模式下,一定程度上保证了我国幼儿教师队伍的师资质量,从而使得职业道德问题未蔓延成普遍性问题。

另外,较高的职前学历水平对幼儿教师职业道德观中的职业人格观有直接的影响。具备良好认知前提的幼儿教师接下来便是要努力做到知行合一,充分发挥幼儿教师职业道德的感化效用,为其一生的发展带去积极影响。

2.所学专业方面

笔者采用独立样本 T 检验发现幼儿教师的所学专业与幼儿教师职业道德观无显著相关,为此,在此不再赘述所学专业的变量对幼儿教师职业道德观的影响。

(二)幼儿教师职后教育状况对幼儿教师职业道德观的影响

幼儿教师职后教育状况,主要涉及单位性质、教龄和单位所在地三方面的职后状况。其中,单位性质和教龄这两个变量产生的显著性差异更为明显。

1.单位性质方面

单位性质作为产生幼儿教师职业道德的社会环境,对幼儿教师职业道德观的影响难以忽视。环境,尤其是社会环境的重要性已经得到充分证明。其中,行为主义流派就强调了环境的重要性。早期行为主义的代表人物华生(Watson)主张把 S(刺激)—R(反应)作为解释人的一切行为的公式,从科学的角度说明了环境对机体的重要性。本研究中,通过比较单位性质的均值,发现公立幼儿园对幼儿教师职业道德观的影响优于私立幼儿园。这一发现与既有研究的结论基本一致。

2.教龄方面

教龄这一变量在影响幼儿教师职业倦怠的同时还会影响幼儿教师的职业道德观。教龄即工作时长,与职业倦怠有因果关系。根据费勒斯(Fessler)的教师生涯循环论,可以发现每一位幼儿教师都会历经职业高原期。倘若无法顺利度过职业高原期,就容易演化成职业倦怠。产生职业倦怠的幼儿教师容易表现出焦虑、不安、暴躁等负面情绪,进而通过消极的外显行为得以宣泄。这种负向的"身教"会给幼儿带去不利其身心和谐发展的负强化。

本研究选取的视角是从认知观念领域对幼儿教师进行调查的。在此视角下研究发现的幼儿教师的职业倦怠可归属于"知"的一种,会影响幼儿教师实际操作中的职业道德观。诚如"知行合一"中"知"先于"行"一般,改善幼儿教师的职业倦怠状况利于促进幼儿教师职业道德的整体提高。

3.单位所在地方面

单位所在地对幼儿教师职业道德观影响显著性并不明显,较侧重于影响幼儿教师职业道德观的幼儿教师职业纪律观维度。

五、建议

为促使幼儿教师能在日常工作中切实做到言行一致,不仅从思想上认同,更在行动中落实,特提出如下建议。

(一)职前教育和职后环境并重

为切实提高我国幼儿教师职业道德的整体水平,笔者建议要在实际操作中培养幼儿教师优良的职业道德观,职前教育和职后环境并重。

首先,在职前教育时期有意识地对未来的幼儿教师传授相关职业道德的经验知识,在此基础上促使其形成正确的职业观、教育观,用理论指导实践。其次,由于受到较好的专业培养并不意味着其日后职业道德观不会出现偏差,因而需要外部环境加以规范要求和巩固先前所习得的经验体系。根据皮亚杰的认知发展理论,幼儿教师能够一定程度上根据所处环境的刺激改变原有图式进而顺应该变化。这就说明了职后环境对幼儿教师职业道德的表现具有举足轻重的意义,它潜移默化地影响着其顺应质量的好坏。

(二)从不同主体出发规范幼儿教师的职业道德

笔者从宏观、中观、微观三个层次考察了幼儿教师对规范其职业道德的主体选择。经过分析可知,幼儿教师更倾向于从国家出台的相应法律法规的宏观角度和加强自身学习的微观层面入手。

首先,国家颁布教育法规是当代教育发展中依法治教和依法执教的重要保障。通过出台这些具有国家意志性、权威性的规范性文件,以国家强制力保证实施规范幼儿教师的职业道德具有法律约束力。然而我国目前在《中华人民共和国宪法》的根本指导下所出台的教育基本法《中华人民共和国教育法》和教育单行法《中华人民共和国教师法》的文件虽对教师的法律地位、权利与义务进行了宏观阐述,但并未对幼儿教师这一群体进行具体规定。由于我国学前教育还未从法律层面上定义为义务教育,因此学前教育很多领域缺乏法律效力的约束与保障。针对这一现实状况,笔者认为有必要从立法层面规范幼儿教师的职业道德,使之具有公信力。

其次,幼儿教师还需要不断通过自修来完善自身的职业道德。幼儿教师除了要懂得如何"育人"外,还要懂得如何"育己"。所谓"育己"是指教师在职业实践中对完善职业角色形象的探究与实践、思考与行动。正如叶澜老师所说:教师如何"育己",这是对教育质量、教师的生命质量具有决定意义的问题。因为教育是一个教学相长的过程,幼儿教师要明确,只有自觉地完善自己,才能更好地促进幼儿的完善和发展。幼儿教师要发挥自身的主观能动性,在学习与实践、自省与交流、认同与发展中逐渐促进自身的职业道德由道德他律向道德自律转化,不仅让自己成为一个德才兼备的经师,还让自己成为能够教书育人的人师。

参考文献

[1]周德义,王嘉德,王蓉德.师德修养与教师专业成长[M].北京:科学出版社,2006.

[2]朱小曼.教育职场:教师的道德成长[M].北京:教育科学出版社,2004.

[3]陈大伟.师德修养与教育法规[M].北京:北京师范大学出版社,2012.

[4]刘彦文.教育基本问题专论[M].北京:中国轻工业出版社,2012.

[5]易连云.德育原理[M].武汉:武汉大学出版社,2010.

[6][美] 斯特朗(Stronge,J. H.),[美] 塔克(Tucker,P. D.),[美] 欣德曼(Hindman,J. L.)著,李伟译[M].北京:中国轻工业出版社,2007.

[7]张小莲.对当前幼儿教师职业道德建设的思考[J].吉林教育,2013(04).

[8]李云淑.关于构建我国幼儿园教师专业标准的思考[J].漳州师范学院学报(哲学社会科学版),2009(03).

[9]张桂春.国外教师职业道德建设的经验及启示[J].教育科学,2001(01).

[10]傅维利,朱宁波.试论我国教师职业道德规范的基本体系和内容[J].中国教育学刊,2003(02).

[11] 易凌云.幼儿园教师专业理念与师德的定义、内容与生成.学前教育研究[J].2012(09).

[12] 刘畅,安泰.民办幼儿园教师职业道德素养的调查研究与分析——以内蒙古某镇民办幼儿园为例[J].思想政治教育,2013(01).

[13] 王成刚,袁爱玲.论幼儿园教师专业道德发展的向度与路径.幼儿教育[J].幼儿教育(教育科学),2009(09).

[14] 童芬妮,张苗芬.幼儿教师职业道德素质问题的探讨及分析——由虐童案引发的思考[J].教育教学论坛,2013(04).

[15] 刘黔敏.幼儿园教师道德焦虑刍议[J].幼儿教育(教育科学),2011(06).

[16] 杨俐.《教师专业标准》下的师德培养——从微薄辱骂儿童事件谈起[J].幼儿教学研究,2013(08).

[17] 杨迦琦.论教师职业道德建设[J].剑南文学(经典教苑),2012(09).

[18]常瑞芳.职业认同:幼儿教师专业成长的新起点[J].教育导刊,2008(07).

[19]赵春阳.教师职业倦怠相关因素的研究——兼谈国内外教师职业倦怠研究的比较[D].东北师范大学,2005(10).

第五篇

特殊教育审视

重庆市特殊学校中学聋生手机使用现状

作者:王晴[①]　李翔宇[②]　高辉[③]　郝海超[④]　杨璐[⑤]

指导教师:江小英

一、问题的提出

手机作为一个20世纪末的新事物,从它作为一个简单的通信工具,到现在已成为一个新的信息载体,其在某些方面的优越性已经超过了报纸等其他媒体。现在,越来越多的人已经将手机作为一个随身必备的物品。据CNNIC(中国互联网络信息中心)于2014年7月发布的第34次《中国互联网络发展状况统计报告》称,截至2014年6月底,我国手机网民规模达6.32亿,网民中使用手机上网的人群占比提升至83.4%。随着手机的发展,智能手机也登上了舞台。智能手机,是指像个人电脑一样,具有独立的操作系统、独立的运行空间,可以由用户自行安装软件、游戏、导航等第三方服务商提供的程序,并可以通过移动通信网络来实现无线网络接入的手机类型的总称。

针对将智能手机等移动终端运用于教育教学,已有国内学者进行了一定的研究。我国台湾地区经过多年的技术开发与课堂实践,已有较为成功的经验。

此外,交往是人类社会生活中不可缺少的内容。聋生由于听力损失,在语言发展、认知发展、社会交往等方面都会遇到一系列困难。聋生交往问题一直都是聋人教育研究和实践关注的焦点。随着手机的普及,聋生与健听人的交往越来越多,发短信、QQ聊天等,对聋生的书面语能力要求越来越高。

目前已有研究多是对聋生手机使用行为或运用多媒体对聋生进行教学等单方面的。并且在聋生手机使用行为方面的研究较多以其网络交往和手机依赖程度为主,在运用多媒体对聋生进行教学方面的研究多集中于非移动多媒体

①西南大学教育学部特殊教育专业2013级免费师范生
②西南大学教育学部特殊教育专业2013级免费师范生
③西南大学教育学部特殊教育专业2013级免费师范生
④西南大学教育学部特殊教育专业2013级免费师范生
⑤西南大学教育学部特殊教育专业2013级免费师范生

教学设备、无障碍学习资料设计等方面。将手机等移动设备与聋生教学相结合方面的研究目前相对较少。

因此,本研究试图通过对中学聋生手机使用行为现状的调查和分析,为聋生的信息无障碍获取提供新的机遇,促进聋生阅读能力的提升,为聋生无障碍学习资源的进一步开发提供相关实证支持。

二、研究方法

(一)研究对象

本研究选取重庆市四所特殊教育学校中学聋生作为调查对象。共发放问卷100份,收回有效调查问卷87份,有效问卷率为87%。调查对象中初中生70人,占80.5%,高中生17人,占19.5%;男生39人,占44.8%,女生48人,占55.2%。

(二)调查工具

本研究采用自编问卷,问卷内容包括聋生手机使用基本情况、使用手机习惯、使用手机的影响,对手机使用的态度和看法。

(三)统计工具

本次调查获取数据采用SPSS 16.0统计软件。对收集到的有效问卷进行描述统计、差异显著性检验、相关分析等相关数据处理与分析,并呈现相关调查研究的图表;在定性研究方面对访谈记录进行归纳整理。

三、研究结果

(一)中学聋生手机使用的基本情况

由表1可以看出,重庆市特殊教育学校中学聋生的手机使用情况大致如下:有效数据87份,其中有57.5%的聋生使用智能机型,67.8%的聋生将手机带到了学校,26.4%的聋生在上课时使用过手机。较少聋生在课堂上使用手机,使用手机也大多在课外,同时结合教师访谈的相关内容了解到,有少部分聋生没有把手机带到学校。聋生所使用手机的质量和功能方面有很大差异,同时大多数聋生手机费用较低。

表 1 中学聋生手机使用的基本情况

	选项	n	百分比(%)
手机是智能机	是	50	57.5
	否	25	28.7
把手机带到学校	是	59	67.8
	否	27	31.0
上课用手机	是	23	26.4
	否	50	57.5
每月手机费用	20 元以下	48	55.2
	20～50 元	32	36.8
	50 元以上	7	8.0
手机价格	500 元以下	52	59.8
	501～999 元	22	25.3
	1000～1499 元	9	10.3
	1500 元以上	4	4.6

(二)中学聋生使用手机的习惯

1.使用频率

在手机的使用频率方面,调查显示,46.0%的学生经常使用手机,54.0%的学生不经常使用手机。学生使用手机的频率在年级、听障程度上存在显著差异($p=0.03$,$p=0.007$),在性别、家庭住址上差异不明显。

在学习软件的使用频率方面,32.8%的学生经常使用与学习相关的软件,46.0%的学生偶尔使用,21.8%的学生从不使用与学习相关的软件。其中,学生的性别、年龄、家庭住址和听障程度与学生使用与学习相关软件的使用频率均无显著差异。

在最常使用的手机功能方面,由图 1 可知,中学聋生最常用的手机功能依次为 QQ、短信、微信、阅读、手机游戏、浏览网页、微博、电话和其他。其中,手机游戏功能在性别上差异显著($p=0.021$),阅读功能在家庭住址上差异显著($p=0.035$),微信功能在听障程度上差异显著($p=0.041$)。

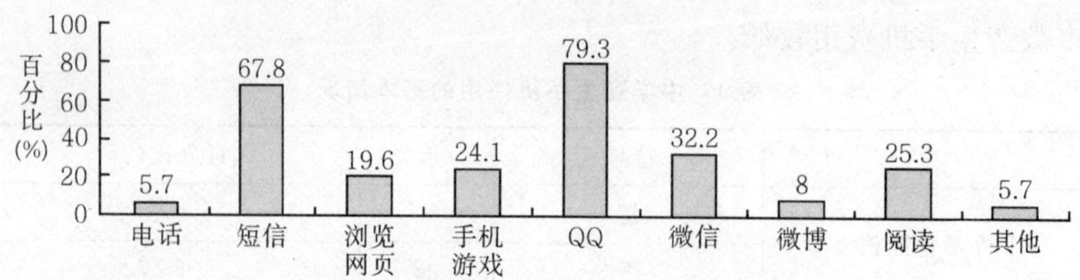

图1　中学聋生最常使用的手机功能

2.交流方式

在学生是否喜欢用手机进行文字交流方面，55.2%的学生喜欢用文字交流，13.8%的学生一般，31.0%的学生不喜欢。其中，学生是否喜欢用手机进行文字交流在性别、年级、家庭住址和听障程度上并无显著差异。

学生使用手机的打字速度在年级和听障程度上存在显著差异（$p=0.042$，$p=0.004$），在性别和家庭住址上无显著差异。

3.交往对象

在使用手机的期望交往对象方面，16.1%的学生希望通过手机与健听人交往，31.0%的学生希望通过手机与听障人士交往，52.9%的学生认为二者皆可。其中，学生使用手机期望的交往对象在听障程度上存在显著差异（$p=0.008$），在性别、年级、家庭住址上均无显著差异。

在使用手机的实际交往对象方面，1.1%的学生通过手机与健听人士交往较多，10.3%的学生通过手机与听障人士交往较多，47.1%的学生认为自己通过手机的交往对象健听人士与听障人士二者差别不大。且在性别、年级、家庭住址、听障程度上的差异均不显著。

4.手机使用时间

在使用手机的时间段方面，从数据分析中可以得出，中学聋生的手机使用时间段的频率由高到低依次为：课间或晚上休息时（70.1%）、需要查阅资料时（59.8%）、乘坐交通工具时（33.3%）、课堂或晚自习不想学习时（13.8%）。

在手机游戏方面，71.3%的学生每天玩手机游戏的时间少于1小时，21.8%的学生每天玩手机游戏的时间为1～2小时，6.9%的学生每天玩手机游戏的时间多于2小时，且性别与手机游戏功能使用差异显著（$p=0.021$）。

5.手机依赖性

从手机依赖性方面来说，34.5%的学生常把手机放在随时可以拿得到的地方，23.0%的学生无以上感受，19.5%的学生经常感觉手机在震动，18.4%的学生会习惯性地看手机，17.2%的学生在手机无信号时会感到烦躁，14.9%的学生没带手机心里会觉得不安，8.0%的学生长时间不使用手机会感到不适应、心烦意乱，6.9%的学生过分依赖手机。

年级、听力损失程度与手机使用习惯的关系方面，年级、听力损失程度与“常把手机放在随时可以拿得到的地方”二者的差异性显著（$p=0.019$，$p=0.03$）。

6.无障碍软件使用

从无障碍软件的使用情况来看，如图2所示，大部分（66.7%）的学生使用语言文字转换功能的软件，由此可知，中学聋生对无障碍软件的使用大多为语言和文字之间的转换。

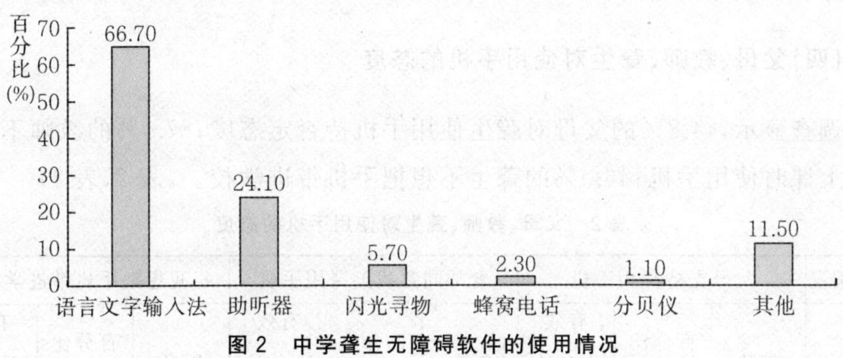

图2 中学聋生无障碍软件的使用情况

(三)中学聋生使用手机的影响

1.使用手机对聋生阅读能力和表达能力的影响

在被调查的聋生当中，约42.5%的聋生认为使用手机有助于提高阅读和理解能力，如图3所示。31%的聋生认可使用手机有助于提高表达能力和交流能力，如图4所示。

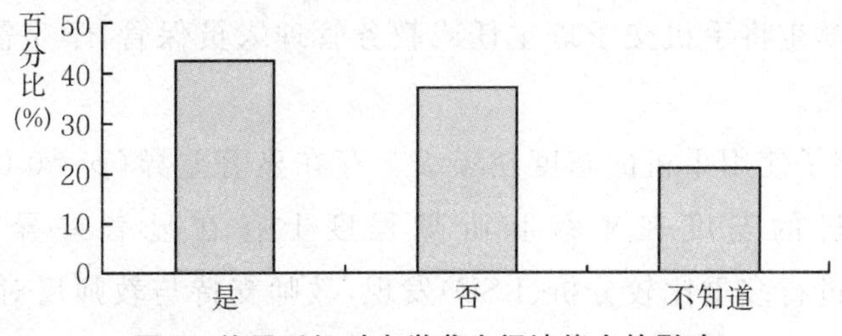

图3 使用手机对中学聋生阅读能力的影响

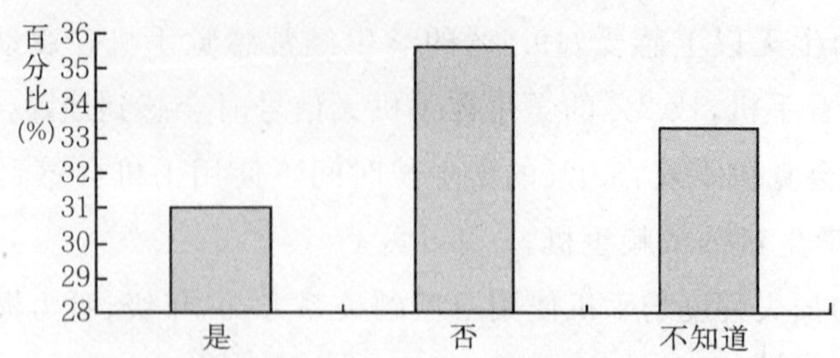

图 4 使用手机对中学聋生表达能力的影响

2.使用手机对聋生身心健康的影响

66.7%的学生认为使用手机会干扰睡眠,34%的聋生使用手机出现了眼睛干涩疲劳的症状,24%的学生有过头晕头痛的症状,41%的聋生使用手机时出现过脖颈僵硬等不适症状。

(四)父母、教师、聋生对使用手机的态度

调查显示,44.8%的父母对聋生使用手机持否定态度;87.4%的教师不允许聋生上课时使用手机;46.0%的聋生不想把手机带进学校。(表 2,表 3)

表 2 父母、教师、聋生对使用手机的态度

基本情况	父母支持我用手机			老师同意我上课用手机			我想把手机带进学校		
	频数	百分比(%)	有效百分比(%)	频数	百分比(%)	有效百分比(%)	频数	百分比(%)	有效百分比(%)
是	29	33.3	33.3	3	3.4	3.4	35	40.2	46.7
否	39	44.8	44.8	76	87.4	87.4	40	46.0	56.3
不知道	19	21.8	21.8	8	9.2	9.2	—	—	—

访谈发现,特殊学校的校长、教务管理人员、班主任等并不提倡学生在校使用手机,出于对学生离校时需要联系家长等因素的考虑,允许学生将手机带进学校,但要求学生将手机交予班主任或教务管理人员保管,学生需要时可自行领取,用后收回。

父母对孩子使用手机的态度在年级上存在显著差异($p=0.013$)。学生对在校使用手机的态度在年级和听障程度上存在显著差异($p=0.005$,$p=0.019$)。进行多重比较分析(LSD)发现,教师支持与教师反对、态度不明确之间,存在显著性差异。

表3 父母、教师、聋生对使用手机态度的卡方检验结果

	父母			教师			聋生		
	value	Df	Sig.	value	Df	Sig.	value	Df	Sig.
性别	1.286[a]	2	.526	1.231[a]	2	.540	2.221[a]	2	.329
年级	8.650[a]	2	.013	1.091[a]	2	.579	10.697[a]	2	.005
家庭住址	1.472[a]	4	.832	4.433[a]	4	.351	1.789[a]	4	.774
听障程度	5.684[a]	4	.224	3.332[a]	4	.504	11.743[a]	4	.019

注:a表示差异显著

四、分析和讨论

(一)中学聋生手机使用情况

笔者了解到,聋生手机的质量和功能方面有很大差异,可能是由于家庭境况的差别。在校方对手机进入课堂的问题的看法方面,大部分学校对手机对聋生学习和交往能力的积极影响是认同的,只是现在还尚未找到合适的机制来权衡手机的利弊,只能采取学校代为保管,需要时领取的措施,移动设备进入课堂的想法还不太现实。

(二)中学聋生手机使用习惯

根据调查结果显示,大多数聋生使用过语言文字输入法互转软件,使用手机可以帮助聋生获得更多的语言文字训练。同时,聋生在使用手机时不断掌握新的技能,促进自我认同感,有利于帮助聋生形成健康积极乐观的心态。手机虽然可以满足聋生很多方面的需求,但另一方面,研究表明,大多数聋生只是偶尔使用手机上的学习软件,使用频率较低;其次,聋生使用手机的时间短且集中在课后,析其原因,可能是受到学校严格的管理制度与聋生的自我控制能力的影响。基于对数据的分析,发现未表现出聋生手机成瘾的倾向。其对手机的依赖性低于普通青少年(相比于何安明《青少年手机使用状况及对其价值观的影响》中对青少年使用手机的现状的分析)。

(三)中学聋生使用手机的影响

调查结果显示,多数聋生认为使用手机能提高其阅读能力和表达能力,因此使用手机能促进聋生的学习和社会交往能力的提高。同时,使用手机的时间和方式不合理的问题等易对聋生身心产生不良影响也应引起注意。如何引导聋生合理使用手机,使手机的优越性发挥到最大化显得尤为重要。

结合与教师访谈的内容,归纳出了学校方面不提倡学生使用手机的原因主要有如下几点:担心学生上课使用手机会导致其注意力不集中,影响课堂教学,教师的主导作用得不到充分发挥;手机屏幕较小,不利于学习内容的展示;学生自我管理能力较差,易沉迷于手机游戏、聊天、电子书等,不利于学生养成良好的学习习惯;网络管制不健全,复杂的网络环境如不良信息的传播等会影响学生身心健康;与人交流过分依赖手机,会造成人与人之间的隔阂。多数中学聋生并不想将手机带进学校,其原因可能与聋生的自我觉醒有关。

五、结论和建议

(一)结论

1.聋生手机的拥有率较高

通过对问卷的数据分析,大多数聋生将手机带入学校,并且超过半数聋生使用智能手机。

2.聋生使用手机未表现出成瘾倾向

较少聋生在课堂上使用手机,其对手机的依赖性低于普通青少年(与何安明《青少年手机使用现状及对其价值观的影响》中对青少年使用手机的现状的分析)。同时结合教师访谈的相关内容了解到,有少部分聋生没有把手机带到学校。

3.聋生主要使用手机进行网络交往

中学聋生最常用的手机功能依次为QQ、短信、微信、阅读、手机游戏、浏览网页、微博、电话和其他,其中聋生对手机QQ的使用率最高,使用手机能够在一定程度上扩大聋生的社交圈。

4.使用学习软件与无障碍软件的聋生较多

通过统计发现,绝大多数聋生使用与学习相关的软件和无障碍软件,且以语言文字输入法互换软件和助听器软件为主,由此可知,聋生对学习软件以及无障碍软件有较高的需求度。

5.聋生使用手机有利于提高其阅读能力和表达能力

在被调查的聋生当中,多数认为通过手机功能的使用,有利于提高自己的阅读理解能力和语言表达能力。

6.父母、教师对聋生使用手机的支持度不高

父母、教师普遍不支持聋生使用手机,聋生想要将手机带进学校的愿望也并不强烈。

(二)建议

1.利用手机等移动设备开展书面语教学尝试

大部分聋生没有经历口语阶段,聋校语文需要教学的词语远比普通小学多,聋生自然手语的影响使得书面语语句结构残缺,语序颠倒等现象特别多,通过运用QQ、手机短信息等工具,使聋生有了大量的书面语言实践机会,从而提高其语文水平。另外,移动设备的性能和广泛的交互性使得它们有助于聋生的社会性学习,聋生通过移动设备与其他使用相同的设备人进行通信,使他们能共享数据与信息。例如聋生可通过社交软件参与聋人之间,聋健之间的讨论与交流,以满足聋生的生存、学习与发展的需要。

2.建立行之有效的管理规章制度

部分聋生由于长时间使用手机,从而引起身体上的不适感。因此学校必须在此方面建立行之有效的管理制度,既能够最大化地发挥聋生使用手机的正面作用,又能将由使用手机带来的负面作用最小化。教师必须加强引导,教育学生合理利用时间,明确使用手机的目的,努力提高自身语言能力,等等。

3.家长和教师增强对聋生手机使用的管理和指导

家校合作,对在校聋生使用手机的行为进行正确引导,让聋生认识到使用手机的利与弊。使手机的功能更好地服务于在校聋生的学习和生活。

4.重视聋生的网络交往

消除了时空障碍的网络给了聋生一次最佳的融入主流社会的机会,因为它是一个自由、平等交流与表达的空间。就他所在的环境而言,聋生利用网络交往改善自身的作用要远远大于健听人。网络交往通过信息之间的传递、交流,有利于提高聋生的语言能力和社会交往能力,从而有利于聋生智力和社会适应能力的发展。但网络交往是把双刃剑,过分沉迷则会对聋生的身心发展产生不利影响,因此,在重视聋生网络交往的同时,应趋利避害,将其益处发挥到最大

化。由于聋生伴有听觉障碍，手机的电话功能几乎没有使用到，为加强聋生的网络交往，可以建立 QQ 群、微信等。

5.促进聋生有效使用无障碍软件及学习软件

环境无障碍包含了设施无障碍和信息无障碍。信息和通信技术的飞速发展对整个国家、残障人士参与社会活动和建立在平等基础上的发展都有着重要的社会和经济意义。因此，无障碍软件和学习软件便成为实现信息无障碍举措的重要途径。目前聋生可以通过语言文字输入法软件、助听器软件等来使用手机，充分利用移动设备的便捷使之服务于社会生活。同时，聋生可以通过学习软件的使用，提高自身的学习能力和学习成绩，从而促进聋生智力等各方面的发展。

参考文献

[1]蔡文建.运用手机短信，发展聋生语言[J].现代特殊教育，2007(21).

[2]江小英，周静.中学聋生网络交往调查研究[J].第二届北京特殊教育国际论坛，2009(10).

[3]李东锋，黄如民，郑权.面向听障儿童的无障碍移动学习资源设计研究[J].现代教育技术，2013(09).

[4]林未延.浅谈聋生网络阅读能力的培养[J].现代特殊教育，2002(01).

[5]林频，倪琳.少年儿童新媒体使用情况解析[J].当代青年研究，2012(07).

[6]梅松丽，柴晶鑫.青少年使用手机上网与主观幸福感、自我控制的关系研究[J].中国特殊教育，2013(09).

[7]张象.聋校即时信息交流工具使用情况的调查与建议[J].现代特殊教育，2009.11.

[8]郑权，陈琳移动学习——未来聋生学习的新视窗[J].中国教育信息化·基础教育，2007.

[9]何安明，惠秋平，齐原，郑世通. 青少年手机使用状况及对其价值观的影响[J].中国卫生事业管理，2014(01).

[10]陈静.听障学生人际交往能力培养研究[D].苏州大学，2007.

[11]林金瑛.高中生手机使用对其学习的影响及对策研究[D].华中师范大学，2012.

[12]沈勇.手机使用行为及其影响因素[D].浙江大学，2009.

[13]施丽男.利用信息技术手段提升听障学生信息素养的研究[D].东北师范大学，2006.

[14]王培培.大学生手机小说阅读行为研究[D].西南大学，2012.

[15]汪文娟.听障学生认知风格与执行功能及其关系的研究[D].华东师范大学，2011.

[16]杨运强.梦想的陨落 特殊学校聋生教育需求研究[D].华东师范大学，2013.

[17]袁茵.听觉障碍中小学生汉语阅读能力研究[D].辽宁师范大学，2004.

[18]张茂林.听障学生阅读理解中的策略运用及其眼动特点研究[D].华东师范大学，2010.

[19]郑曼.聋生可视化教学资源研究[D].河南大学，2013.

中学聋生与健听生道德判断能力发展特点比较研究

——以重庆市为例

作者:文强[①] 夏瑞[②] 黄玲[③]

指导教师:杨柳

一、问题的提出

党的十八大报告强调,把立德树人作为教育工作的根本任务,培养德智体美全面发展的社会主义事业建设者和接班人,让每个孩子都成为有用之才。这是党的报告第一次明确提出立德树人,是对人的发展规律和教育规律的深刻把握,体现了新时期贯彻党的教育方针、实施素质教育的时代要求。立德树人是教育工作的本质要求,是教育系统坚持和发展中国特色社会主义的核心所在。

2014 年 4 月 25 日,教育部正式印发《关于全面深化课程改革 落实立德树人根本任务的意见》(以下简称《意见》)。《意见》在要求培养学生高尚的道德情操、扎实的科学文化素质、健康的身心、良好的审美情趣的同时,突出强调要使学生具有中华文化底蕴、中国特色社会主义共同理想和国际视野,力求使立德树人的方向性、民族性和时代性更加鲜明。

当前国家、社会出现的道德危机对德育工作的开展要求越发紧迫。在此背景下,对德育的研究和探索必不可少。道德发展是人的综合性、整体性和社会性发展,研究身心各作为一个系统方面的发展变化对道德发展的影响,研究身心两个系统间的整合对道德发展的影响,才能具体、完整地把握个体道德发展的基本特征,才能施以针对性的德育。道德判断能力是道德认知的重要结构,道德认知发展研究者所设计的各种道德两难情境,通过测查一个人面临冲突性的权利和义务作出的是非判断反应,就能客观地获知个人的道德认知结构水平。

国内很少有关于聋生与健听生道德判断发展水平的比较研究,并且国内外

①西南大学教育学部特殊教育专业 2012 级免费师范生
②西南大学教育学部特殊教育专业 2012 级免费师范生
③西南大学教育学部特殊教育专业 2012 级免费师范生

关于聋人青少年道德判断发展的几项研究结论不一，聋人犯罪事例又时有发生。因此，很有必要研究我国中学聋生与同龄健听生相比，道德判断的发展是否有差异、水平到底如何、具有什么发展特点等，从而为特殊教育学校及普通教育学校的道德教育提供一些参考建议。

二、研究设计

（一）研究对象

本研究随机选取重庆市聋哑学校、荣昌特殊学校、合川特殊学校、万州区特殊学校的聋生和北碚区兼善中学、朝阳中学初一至高三年级的健听生为研究对象，共发放问卷354份，其中有效问卷293份，有效率为82.77%。被试的具体情况见表1。

表1　被试情况统计表

（单位：人）

	聋生		健听生		合计
	男	女	男	女	
初一	12	13	14	12	51
初二	14	11	16	13	54
初三	14	12	13	12	51
高一	10	11	14	11	46
高二	12	13	11	13	49
高三	9	12	10	11	42
合计	71	72	78	72	293

（二）测验工具

测验工具采用上海师范大学徐江于2011年5月修订的《上海地区中学生道德判断能力测验问卷》，具有良好的信效度。该测验问卷由四个道德情境故事构成，包括公正、承诺、诚信、职业道德、谎言、感情、亲情、友情等维度，涉及体育、工商、医药和家庭几个方面的价值观冲突。根据研究需要，我们在徐江修订的测验问卷中附带了被试的性别、年龄、年级、学校与居住地的位置、家庭类型和经济状况、父母的学历和教养方式等统计变量，以便对聋生与健听生道德判断能力发展的影响因素进行研究。

(三)数据统计与分析

采用 SPSS 19.0 软件对有效数据进行分析处理。

三、结果与分析

(一)中学聋生与健听生道德判断能力的基本情况

1.P 分得分情况

P 分常模形式反映受试者对与道德态度相应的第四、第五和第六阶段论据上所作的可接受性判断分数,亦称可接受性判断的 P 分常模,这是本测验的一个核心指标。通过对 293 份有效样本进行统计分析,聋生和健听生的 P1、P2、P3、P4 及 P 分得分情况及对照 P 分常模转换表,推测出个体道德判断能力所处的科尔伯格道德阶段见表 2。

表 2 被试道德判断能力测验 P 分得分情况统计表

		P1 M±SD	P2 M±SD	P3 M±SD	P4 M±SD	P M±SD	道德阶段
初一	健听生	112.32±22.10	108.23±24.37	110.35±20.13	107.16±22.67	441.63±60.27	4
	聋生	87.37±22.10	72.21±22.07	90.45±24.44	82.33±25.23	349.73±83.54	3
初二	健听生	114.59±19.06	106.74±20.56	109.88±27.45	112.90±21.86	447.27±67.34	4
	聋生	58.03±20.33	67.91±23.85	70.26±23.27	62.95±23.72	296.38±80.26	2
初三	健听生	109.47±24.43	110.26±23.81	103.95±20.34	101.68±22.43	502.79±58.51	5
	聋生	70.23±22.07	74.05±20.6	84.29±23.03	80.38±21.59	362.27±64.21	3
高一	健听生	117.03±23.31	109.83±26.27	112.57±22.03	104.73±19.29	493.75±72.31	5
	聋生	88.35±19.45	84.74±26.26	93.63±22.07	91.76±25.78	382.63±83.69	3
高二	健听生	120.01±18.38	117.23±19.93	123.35±25.09	125.79±24.43	452.28±61.34	4
	聋生	95.75±23.26	103.67±18.37	110.27±27.29	108.63±24.57	378.92±79.28	3
高三	健听生	129.32±29.03	116.87±27.23	128.73±24.03	125.33±18.07	513.48±59.31	5
	聋生	101.57±31.09	99.05±18.74	103.21±29.01	98.34±24.43	459.32±68.52	4

由表 2 可以看出:(1)总体看来,初二聋生的道德能力处于科尔伯格道德阶

段的第 2 阶段，即个人的工具主义与交易阶段，初一、初三、高一、高二聋生的道德能力处于第 3 阶段，即“好孩子”定向阶段。高三聋生的道德能力处于第 4 阶段。(2)总体看来，初一、初二、高二的健听生的道德能力处于科尔伯格道德阶段第 4 阶段，即维护法律和秩序为定向的阶段，初三、高一、高三的健听生的道德能力处于第 5 阶段，即社会契约定向(履行准则与守法)的阶段。

2.所对应的道德判断发展阶段

对照上海师范大学徐江 2011 年 5 月修订的《上海地区中学生道德判断能力测验问卷》中 P 分常模转换表，推测并统计出各个年级被试道德判断能力所处的科尔伯格道德阶段，具体统计结果见表 3。

表 3　被试所处道德判断阶段统计表

		阶段一	阶段二	阶段三	阶段四	阶段五	阶段六
初一	健听生	0	3(11.5%)	3(11.5%)	11(42.3%)	9(34.6%)	0
	聋生	1(4%)	8(32%)	12(48%)	3(12%)	1(4%)	0
初二	健听生	1(3.5%)	2(6.9%)	5(17.2%)	13(44.8%)	8(27.6%)	0
	聋生	0	10(40%)	8(32%)	6(24%)	1(4%)	1(4%)
初三	健听生	0	0	7(28%)	6(24%)	11(44%)	1(4%)
	聋生	2(7.7%)	3(11.5%)	11(34.6%)	5(19.2%)	4(15.4%)	1(3.8%)
高一	健听生	0	1(4%)	2(8%)	11(44%)	10(40%)	1(4%)
	聋生	1(4.8%)	3(14.3%)	6(28.6%)	9(42.9%)	2(9.5%)	0
高二	健听生	0	0	4(16.7%)	9(37.5%)	9(37.5%)	2(8.3%)
	聋生	0	3(12%)	9(36%)	11(44%)	1(4%)	1(4%)
高三	健听生	0	0	2(9.5%)	7(33.3%)	10(47.6%)	2(9.5%)
	聋生	1(5%)	2(10%)	8(40%)	6(30%)	2(10%)	1(5%)

由表 3 可以看出：(1)整个有效样本中大部分学生的道德判断能力处于三、四、五阶段，极少数(5.5%)的学生道德判断能力处于第一和第六阶段。(2)65.73%的中学聋生道德判断能力处于三、四阶段，76%的中学健听生道德判断能力处于四、五阶段。

3.聋生与健听生道德判断发展趋势

我们以健听生与聋生各年级的道德判断所处阶段的均值为统计量绘制了均值折线图。具体结果见图 1。

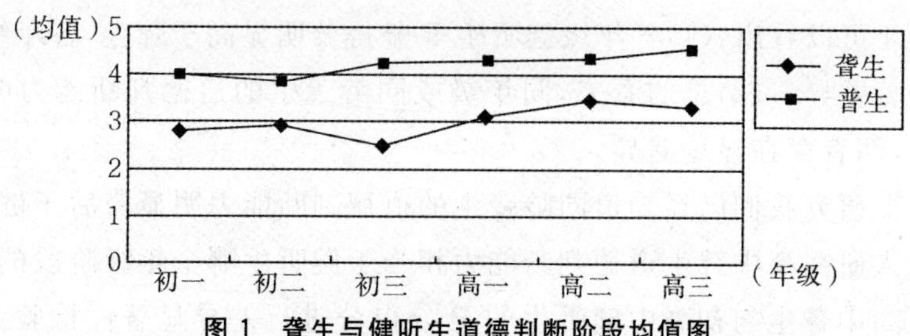

图 1　聋生与健听生道德判断阶段均值图

由图 1 可以看出:(1)总的看来中学聋生与健听生的道德判断能力发展呈现缓慢—较快—缓慢的趋势。(2)聋生道德判断能力发展较快期是在初三到高二学年,而健听生发展较快期是在初二到初三学年。(3)在某些时期,中学聋生与健听生的道德判断能力均有下滑现象。

(二)中学聋生与健听生道德判断能力的差异比较

国内外关于"同龄健听生与聋生的道德判断能力是否存在差异"研究结果不一,为了探究同龄健听生与聋生的道德判断能力是否存在差异,本次研究以 P 分为统计指标,通过差异显著性检验来验证中学聋生与健听生道德判断能力是否存在差异。具体结果见表 4。

表 4　被试道德判断能力测验 P 分差异分析(M±SD)

		M±SD	T	P(双侧)
初一	健听生	441.63±60.27	−1.03	0.044*
	聋生	349.73±83.54		
初二	健听生	447.27±67.34	−0.94	0.031*
	聋生	296.38±80.28		
初三	健听生	502.79±58.51	−1.67	0.004**
	聋生	362.27±64.21		
高一	健听生	493.75±72.31	−1.21	0.022*
	聋生	3822.63±83.69		
高二	健听生	452.28±61.34	−0.48	0.011*
	聋生	378.92±79.28		
高三	健听生	513.48±59.31	−1.31	0.025*
	聋生	459.32±68.52		
总体	健听生	372.28±80.29	−1.55	0.039*
	聋生	483.04±67.56		

注:*** 表示在 0.001 水平上差异显著;** 表示在 0.01 水平上差异显著;* 表示在 $0.01 < p \leqslant 0.05$ 水平上差异显著。下同

由表4可以看出:(1)各年级健听生P分得分明显高于聋生,各年级两者之间存在显著差异。(2)总的看来,同年级或同龄聋生的道德判断能力明显滞后于健听生,两者存在显著差异。

由以上研究我们已经知道同龄聋生的道德判断能力明显滞后于健听生,为了更加深入研究高中聋生道德判断能力相当于健听生哪个年级阶段的水平,我们选取了高中聋生与初高中健听生的P分得分进行差异显著性检验。结果如表5。

表5　被试道德判断测验P分显著性检验

		初一健听生	初二健听生	初三健听生	高一健听生	高二健听生	高三健听生
高一聋生	T	4.93	4.24	3.88	—	—	—
	P	.006**	.009**	.000***	—	—	—
高二聋生	T	3.07	2.34	1.85	1.38	—	—
	P	.030*	0.557	.003**	.019*	—	—
高三聋生	T	2.09	1.29	1.03	.939	1.254	—
	P	.000***	.112	.067	.023*	.019*	—

由表5可以看出:(1)高一聋生的P分得分与初高中健听生都不存在显著差异,这表明高一聋生的道德判断水平低于初中聋生水平。(2)高二聋生的道德判断水平与初二健听生不存在显著差异,这表明高二聋生的道德判断水平相当于初二健听生水平。(3)高三聋生的道德判断水平与初二、初三健听生不存在显著差异,这表明高三聋生的道德判断水平相当于初二、初三健听生水平。(4)综上分析可知,同龄中学聋生的道德判断能力水平比健听生落后3～5年。

(三)个体道德判断能力与个人因素、家庭因素、学校因素的分析

为了探究中学聋生与健听生道德判断能力发展的影响因素是否有差异,我们对可能的家庭、个人、学校等相关因素进行积差相关分析,具体分析情况见表6。

表6　道德判断能力与个人、家庭、学校因素的相关分析

	个人因素					家庭因素			学校因素		
	独生子女	性别	年龄	年级	居住地	父母学历	教养方式	经济状况	德育频率	管理风格	地理位置
聋生	0.25	−0.06	0.32**	0.36*	−0.06	0.01**	0.48**	0.01	0.36**	0.21**	−0.07
健听生	−0.03	−0.11	0.37**	0.40*	−0.20	0.21*	0.26**	0.07	0.33**	0.42*	−0.06

根据表6认真分析可以发现:中学聋生与健听生道德判断能力在影响因素不存在较大差异,两者均与性别、家庭经济状况,是否独生子女、学校地理位置的相关性不显著,均与年级、年龄、班主任及父母的管教方式、学校德育频率、父母学历等因素的相关性显著。

为了深入了解影响因素对个体道德判断能力发展有着怎样的具体影响,我们选取了性别与父母的管教方式进行了显著性检验,见表7和表8。

表7 道德判断能力P分得分的性别差异显著性检验

变量	男生 M±SD	女生 M±SD	T	P
健听生	463.25±69.51	484.39±50.27	−1.02	0.531
聋生	390.17±65.24	404.93±70.03	−1.58	0.972

表7表明:不同性别的中学聋生与健听生的道德判断能力P分得分均未达到显著水平,但两者的道德判断能力P分得分女生均高于男生,这说明女生的道德判断比男生优先发展。

表8 父母教养方式对道德判断能力P分的差异分析(M±SD)

	健听生	聋生
很严厉	439.56±52.07	397.88±45.72
严厉	446.27±57.21	402.97±47.96
刚好合适	469.77±48.31	413.76±52.45
较少管	420.62±53.29	346.52±49.08
基本上不管	407.72±68.13	324.68±60.27
t	−3.379	−2.894
p	.039*	.021*

由表8可以看出:很严厉和基本上不管的教养方式对应的中学生的道德判断能力P分得分相对低,刚好合适的教养方式对应的中学生的道德判断能力P分得分相对高些,其次是严厉的教养方式。

四、讨论

(一)中学聋生的道德判断能力显著滞后于健听生,落后水平约为3~5年

研究结果显示健听生与聋生的道德判断能力存在显著差异,同龄聋生道德

判断能力明显滞后于健听生，且经过差异显著性检验发现落后水平约为 3～5 年。那么是什么原因导致这种现象的呢？道德是一个抽象的范畴，从心理学的角度来看抽象的知识在脑中应该是以语义编码的形式储存的，而聋哑青少年正是缺失了听觉，抽象思维的发展受到影响，也就无法用语义编码来理解抽象的道德。这就必然使得聋哑青少年与听力正常青少年在道德发展水平上存在着差异。同时中学聋生的道德判断能力显著滞后于健听生还与家长不会手语沟通使家庭成员间存在沟通障碍导致家庭中榜样示范缺乏、以办设专门的特殊教育学校为主隔离性质的教育设置导致聋生同伴影响单一、以课堂讲授为主形式单一的课堂教学弱化了道德教育效果等有关。

（二）总体看来，中学聋生道德判断能力随着年龄（年级）的增加而发展，呈缓慢—较快—缓慢趋势，且在初三时期存在下滑现象

研究表明，中学聋生道德判断能力发展呈现缓慢—较快—缓慢的趋势，发展较快期是在初三到高二学年，在某些时期存在道德下滑现象。为什么在某些时期健听生和聋生的道德判断均有下滑现象呢？张俊玲认为这与学生在某个时期处于青春期有关。青春期是人类心理成长的关键时期，开始出现独立的倾向，出现逆反心理。由于还没有完成自我同一性的获得，自身身心发展又不平衡，常常会出现思考问题不够成熟，但又固执己见、容易偏激、自己形成的道德准则不成熟的现象，这种现象在道德故事的判断中被真实地反映出来。因此在青春期早期，初中生出现对一些社会道德问题思考的倒退或者反复，也是很正常的事情。到了高中阶段，进入青春期中期（16～18 岁），青少年生理和心理得到了进一步的发展，他们对一些社会道德问题有了更深层次的思考，思维也相对成熟了，所以这时候其道德判断水平开始出现向上回升的趋势。

（三）良好的教育环境利于学生的道德判断能力发展

研究表明，一般严厉的父母教养方式 P 分得分相对高，这说明良好的教育环境利于学生的道德判断能力发展。徐江在其硕士论文《上海市青少年道德判断能力测验的修订与常模制订》中指出家庭环境、社会文化氛围以及学校氛围等是影响道德判断能力的间接因素。家庭环境主要是指家庭中父母的教养方式，惩罚性教养、鼓励性教养，还是放任型、民主型都会对个体道德判断能力产生很大的影响；另外亲子关系的好坏也对个体的道德判断能力产生很大的影响。社会文化氛围主要是指社会中占主流的道德选择对个体道德判断的指导作用，这种引导作用也表现为社会风气的榜样作用。学校氛围包括老师的教育引导作用，老师的榜样作用，以及同伴关系对个体道德判断的影响，等。因此学校和家庭要树立正确的教养方式，以民主型为主，利用社会德育教育资源，开展多姿多彩的文化活动进行鼓励教育，引导青少年关注社会，关心大众疾苦，关注民生，关注当代生活，培养青少年健康、积极的道德判断倾向。

(四)聋生与健听生的道德判断均不存在性别差异，但女生的道德判断发展优于男生

研究表明，中学聋生与健听生的道德判断能力在性别上不存在显著差异，但女生的道德判断测验 P 分高于男生，这说明中学女生的道德判断发展优于男生。笔者认为女生的道德判断能力优先发展于男生，这跟女生更用心回答问卷有一定的情感因素，同时这跟生理学上女生比男生更早熟有关。现代社会对男生和女生的角色定位越来越趋于一致，这就要求男女学生在面对道德问题时表现出同样的理性思维，从而使得两个群体在面临不同的情境时可能做出极为类似的道德判断。

五、结论

(一)大部分中学聋生的道德水平处于科尔伯格道德发展阶段的第三、四阶段，而大部分中学健听生处于科尔伯格道德发展阶段的第四、五阶段。

(二)中学聋生的道德判断能力明显滞后于同年级健听生，落后水平约为 3～5 年。

(三)中学聋生与健听生的道德判断能力均呈现缓慢－较快－缓慢的发展趋势，聋生发展较快期是在初三到高二学年，而健听生发展较快期是在初二到初三学年。

(四)聋生与健听生的道德判断均不存在性别差异，但女生的道德判断发展优于男生。

参考文献

[1]易连云主编：德育原理[M].武汉大学出版社，2010.

[2]徐光兴.中学生道德判断能力的发展特点[J].教育学术月刊，2012(09).

[3]张志君，陈斌斌，顾海根.聋哑与听力正常青少年道德判断能力比较研究[J].《心理研究》，2008(01).

[7]彭莉,陈芳,傅朝晖.聋生道德判断能力发展的问题与对策[J].当代教育理论与实践,2011(01).

[4]张俊玲.高中聋生道德判断及内隐认知特点研究[D].华东师范大学,2008.

[5]韩璐.初中聋生道德判断的发展特点研究[D].辽宁师范大学,2012.

[6]徐江.上海市青少年道德判断能力测验的修订与常模制订[D].上海师范大学,2011.

二元经济结构视域下西南地区特殊学校师资力量均衡发展研究

作者:杨赛男[①] 成钰芳[②] 彭静[③] 毛艳萍[④] 杜欣颖[⑤]

指导教师:李欢

一、问题的提出

从"关心和支持特殊教育"到"布局合理、学段衔接、普职融通、医教结合的特殊教育体系的构建",从"促进义务教育均衡发展"到"努力办好人民满意的教育",特殊教育事业的发展和教育均衡成为当今教育界的热点话题。2012年教育部发布的《关于加强特殊教育教师队伍建设的意见》中提到坚持"特教特办",大力加强特殊教育教师队伍建设,并提出统筹规划特殊教育教师队伍建设,加大特殊教育教师培养力度,开展特殊教育教师全员培训,健全特殊教育教师管理制度,落实特殊教育教师待遇,营造关心和支持特殊教育教师队伍建设的浓厚氛围。由此可见师资队伍建设对特殊教育发展意义重大。通过文献综述,研究者发现我国特殊教育师资力量缺乏,教师学历不高,专业性不强,在特教教师培养方面仍然任重而道远。特殊教育师资中师生比、正式在编教师数量、教师学历、教师专业背景、教师职称等方面的研究比较少。本文旨在通过全面了解我国西南地区特殊教育学校师资力量的现状,分析其影响因素,客观说明我国西南地区特殊教育师资的均衡程度,并依此为我国西南地区特殊教育学校的均衡化、规范化、系统化发展提出对策建议,以促进特殊教育师资均衡发展。

本研究将二元经济结构视域下西南地区特殊教育师资力量均衡发展界定为:以城乡均衡发展的视角调查西南地区特殊教育师资中教师类型、学历结构、教师职称、学历专业和正式在编教师数量的发展现状。

---

①西南大学教育学部特殊教育专业2012级免费师范生

②西南大学教育学部特殊教育专业2012级免费师范生

③西南大学教育学部特殊教育专业2012级免费师范生

④西南大学教育学部特殊教育专业2012级免费师范生

⑤西南大学教育学部特殊教育专业2012级免费师范生

二、研究对象与方法

(一)研究对象

本研究通过问卷的方法,对西南地区重庆、四川、云南、贵州四个省市的80所特殊教育学校进行调查,回收71份,剔除无效问卷,问卷有效回收率88.75%。具体情况见表1。

表1 问卷调查对象基本情况

(单位:所)

省份	重庆	四川	云南	贵州	合计
市级特殊学校	1	2	7	3	13
县级特殊学校	26	5	18	9	58
总计	27	7	25	12	71

(二)研究方法

1.调查问卷

本研究采用问卷的方式对西南地区的4个省市中特殊学校师资的教师类型、学历结构、教师职称、学历专业和正式在编教师数量情况进行调查。

2.数据统计分析处理

本研究采用SPSS 17.0统计软件进行数据处理。

三、研究结果

(一)二元经济结构视域下西南地区特殊学校师资力量差异系数

表2 西南地区特殊学校教师类型差异系数表

		样本数量	平均数	标准差	差异系数
学科教师	城市	13	35.31	22.19	0.63
	农村	58	18.79	10.04	0.53
	总体	71	22.17	14.01	0.63
特殊相关技术服务教师	城市	13	4.15	13.2	3.18
	农村	58	0.66	3.72	5.63
	总体	71	1.3	6.55	5.04

（续表）

		样本数量	平均数	标准差	差异系数
行政及工勤教师	城市	13	8.69	5.89	0.68
	农村	58	4.57	3.82	0.84
	总体	71	5.42	4.51	0.83

差异系数是测量数据离散程度的相对指标，反映区域内各地区间的相对差异。差异系数越大，说明数据的离散程度越大；差异系数越小，说明数据的离散程度越小。教师类型是师资队伍建设中的重要维度。研究表明，西南地区特殊教育学校的师资力量在教师类型上城市特殊教育学校整体水平优于农村。在学科教师方面，城市特殊教育学校教师的数量明显多于农村，但是城市特殊教育学校之间的校际差异也要大于农村特殊教育学校。在特殊相关技术服务教师（如语言治疗师、康复治疗师等）和行政及工勤教师方面，城市特殊教育学校无论是在教师数量还是校际均衡度方面都要优于农村特殊教育学校。（表 2）

表 3　西南地区特殊学校师资力量差异系数表

		样本数量	平均数	标准差	差异系数
学历结构	城市	13	2.42	0.373	0.15
	乡村	58	2.43	0.310	0.13
	总体	71	2.43	0.319	0.13
教师职称	城市	13	2.78	0.455	0.16
	农村	58	2.59	0.472	0.18
	总体	71	2.62	0.471	0.18
学历专业	城市	13	1.36	0.255	0.19
	农村	58	1.33	0.311	0.23
	总体	71	1.35	0.254	0.22
正式在编教师数量	城市	13	39.62	25.16	0.63
	农村	58	21.17	10.50	0.50
	总体	71	24.55	15.81	0.64

注：在教师学历结构的计算中，把中专及其以下学历赋值为 1 分，大专学历赋值为 2 分，本科学历赋值为 3 分，研究生及其以上学历赋值为 4 分。在教师职称的计算中，把无职称赋值为 1 分，初级职称赋值为 2 分，中级职称赋值为 3 分，高级职称赋值为 4 分。在教师学历专业的计算中，把非特殊教育专业背景赋值为 1 分，特殊教育专业背景赋值为 2 分

教师的学历结构、职称、学历专业、正式在编数量是衡量师资队伍水平的重

要依据。研究表明,西南地区城市特殊教育学校的师资力量整体水平优于农村特殊教育学校。其中,在学历结构方面,城乡之间几乎没有差异,相对而言,城市特殊教育学校教师的均衡程度要低于农村。在教师职称和学历专业方面,城市特殊教育学校的整体水平和校际间的均衡程度都要优于农村特殊教育学校。在正式在编教师数量上,总体差异性最显著。城市特殊教育学校的整体水平明显优于农村特殊教育学校,但是城市特殊教育学校的校际间也存在较大差异。总体而言,西南地区特殊教育资源师资力量除了在特殊相关服务技术教师方面存在显著差异,其他方面差异系数均小于1,发展较均衡。尤其是在学历结构方面达到了较为理想的均衡状态。(表3)

(二)二元经济结构视域下西南地区特殊学校师资力量均衡指数

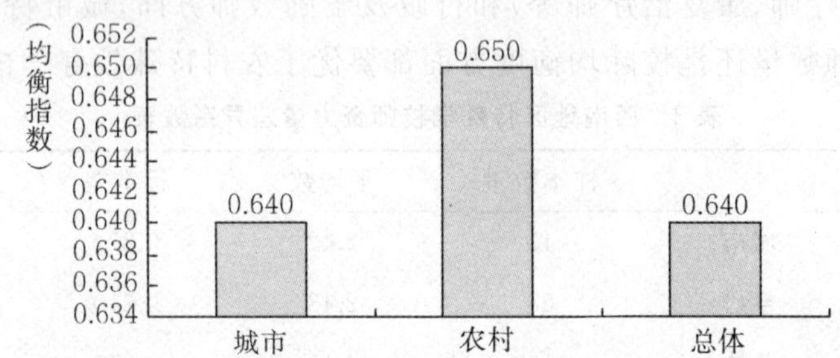

图1 西南地区特殊学校师资力量均衡指数图

均衡指数界于0～1,其越接近1表示均衡程度越大,所指对象的发展状况越平均。均衡指数是衡量一个地区均衡程度的重要指标。本研究通过对师资力量的数据进行统计分析,得到城市、农村及总体的均衡指数。结果显示,农村均衡指数较其他二者偏高,但相差不大,城市和总体均衡指数相等。城市特殊教育学校在学科教师、学历结构和正式在编教师数量上校际差异较为明显。(图1)

四、研究讨论

(一)西南地区城市特殊教育学校师资力量均衡程度低

西南地区城市特殊教育学校师资力量发展现状表现为发展水平高但均衡度低。

市场机制运行中存在的"马太效应"是导致城市特殊教育学校发展水平高

的主要原因。市场主体是经济理性的，企业、学校在选择投资方向时首先考虑如何实现自身效用的最大化，城市特殊教育学校的利润空间更大，所以资源都很自然地流向特殊教育发展较好的城市特殊教育学校。这为城市特殊教育学校师资力量的发展提供了丰厚的物质保障，使得教师在工资水平、发展前景等方面都要优于农村特殊教育学校，更能促进教师的专业化发展，提升城市特殊教育学校的办学水平，因而也更能吸引较多的优质教师前来应聘。

西南地区各个省市之间经济发展的不均衡是导致城市特殊教育学校师资力量均衡度低的主要原因。其次城市的优越性吸引着来自各个阶层的社会群体，城市的诱惑力使得城市特殊教育学校的教师来源更为复杂。最后，城市特殊教育学校管理者的理念和对特殊教育事业的价值评判也是导致校际差异大的一个因素。

(二)西南地区农村特殊教育学校师资力量均衡程度高

西南地区农村特殊教育学校师资力量发展现状表现为发展水平低但均衡度高。

县级人民政府义务教育管理体制和“以县为主”的义务教育经费保障机制是导致农村特殊教育学校师资力量发展水平低的主要原因。县级财政收入项目少、支出项目多，财政能力本身就弱。特殊教育的成果是人力资源，而人才培养具有长期性，短时间内很难收到成效，尤其是在特殊教育中，可能要跨越几届政府任期才能显现。在片面追求 GDP 的官员绩效考核体系引导下，地方政府缺乏对特殊教育投入的积极性，更愿意投资短期内可以产生经济效益的生产项目。此外，人力资源具有很高的流动性，对于经济欠发达地区，接受过义务教育的人更倾向于离开该地区，到经济更发达的城市去寻求更好的发展。

农村特殊教育学校师资力量整体发展水平低是导致其均衡度高的主要因素。由于缺乏师资建设的经济基础，使得农村特殊教育学校在教师的招聘、职后培训、工资待遇方面都差强人意，使得农村特殊教育学校的校际差异不大。

五、结论与建议

二元经济结构视域下西南地区特殊学校师资力量发展较为均衡。其中城市特殊教育学校师资力量发展现状表现为发展水平高但均衡度低，农村特殊教育学校师资力量发展现状表现为发展水平低但均衡度高。

为提高和促进西南地区特殊学校的师资力量均衡发展水平，笔者提出以下建议。

（一）"三方位"建立特殊教育经费投入保障机制

建立特殊教育经费投入保障机制。首先，在中央财政转移支付的拨款中加大对特殊教育的倾斜和支持力度，按照我国当前的国情来看，特殊教育经费的支出至少应保证不低于往年全国教育经费支出中特殊教育最高水平的0.31%，在条件允许的情况下还可适当提高比例。与此同时，政府在调整教育经费支出时要考虑当地的经济情况和成本问题，考虑地区差异，才能真正促进特殊教育学校经费支出结构的优化，提高经费支出的使用效率。其次，地方各级财政都应优先保证特殊教育的经费支出，以保障经济发展水平较低地区的教育经费供给充足。对农村地区实施政策倾斜，给予更多的经费支持。保障农村师资的工资待遇。以加拿大的新不伦瑞克省为例，该省特殊教育经费支出一般占全部教育经费的10%～15%，目前该比例还在不断上升，我国则远低于此。最后，多渠道筹措特殊教育办学经费，建设并形成新的特殊教育资源配置体系。积极动员和鼓励社会力量投资或捐助，支持特殊教育事业的发展。如在台湾和国外的一些地区，特殊教育经费很大一部分都是来自社会各界的捐助。

（二）强化师资培训，促进教师专业化发展

特殊教育专业化发展是一个持续的动态过程，需要教师不断地接受新知识，学习新技能。我国《关于加强特殊教育教师队伍建设的意见》中也提出了加大特殊教育教师培养力度的要求。《特殊教育特殊计划》中"医教结合""儿童康复"等新理念的提出也为特殊教育教师的发展提出了更高的要求，尤其是面对我国目前特殊教育师资队伍中教师来源混杂的现状，教师的职后培训显得尤为重要。要求并鼓励特殊教育教师参加国培、省培、校培等不同类型的培训。在特教师资培训中要做到拓展培训层次，满足专业要求；创新培训模式，关注动态发展；重视专业态度，注重情怀培养。针对特教师资的现状，转变培训形式；注重实践应用，加强理论和实践的对接。在对学科教师进行培训的同时也要注意对特殊学校校长的培训，对校长进行最先进、最前沿的教育理念和教育思想的熏陶，更新教育观念，树立正确的办学思想，转变校长的办学理念，提高校长队伍的整体素质。一个好校长可以带出一支好队伍，办出一所好学校。整体打造一支高素质的特殊教育教师师资队伍。

(三)加强城乡交流,缩小城乡均衡度程度

在西南地区各省市的特殊学校中,都有一个或两个比较好的示范性特殊学校。充分发挥现代化示范性特殊学校的龙头作用,辐射和带动省市内相对较薄弱特殊教育学校。目前我国上海市、河南省、广西壮族自治区等省市都在实行现代化示范性学校制度。加强示范性特殊学校与其他特殊学校之间教师的沟通和交流,传播先进的教育理念、教育教学方法、康复技术的应用以及科研经验,进而缩小城乡校际间师资水平的差距。教师之间的交流一方面可以通过网络进行在线交流,示范性特殊学校教师在自己学校的网站上分享自己的教学心得并积极答疑解惑;而其他特殊教育教师可以及时登陆示范性特殊学校的网站进行学习,主动发问。另一方面可以通过面对面座谈的方式进行交流。其他特殊学校的教师可以到示范性特殊学校进行访学,通过听课、教学研讨、参观等方式加强学习。

本研究致力于特殊学校师资力量的均衡发展,但均衡发展并不是绝对平均,而是在差异原则和补偿原则基础上的均衡。希望每一个特殊儿童的都能得到平等的教育。

参考文献

[1]中华人民共和国教育部.特殊教育提升计划 2014—2016 年[S].北京:人民教育出版社,2014.

[2]翟博.教育均衡论[M].北京:北京大学出版社,2008.

[3]翟博.教育均衡论——中国基础教育均衡发展实证分析[M].北京:人民教育出版社,2008.

[4]中华人民共和国教育部.《关于加强特殊教育教师队伍建设的意见》[S].北京:人民教育出版社,2010.

[5]中华人民共和国教育部.国家中长期教育改革和发展规划纲要(2010—2020 年)[S].北京:人民教育出版社,2010.

聋人大学本科生职业素养培养问题研究

作者:陈龠源① 李晓强② 王茜茜③

指导教师:代光英

一、问题的提出

聋人高等教育是聋人群体接受深层次教育的重要途径,聋人大学生是聋人群体的高层次文化水平人才,基本上代表了聋人群体的精英知识分子。然而在市场竞争日益激烈的今天,我国的聋人大学生接受过高等教育后仍然面临着严峻的就业难题,他们的就业出现了"高就业、高失业",甚至是"低就业、高失业"的状况,社会上也频频出现诸如优秀聋人大学生"跪求工作""求职600次惨遭拒绝"等一系列报道,聋人大学生就业现状不容乐观。

我国针对残疾人就业困难的情况,出台了一系列扶持残疾人大学生的就业政策。但是尽管如此,在已就业的聋人大学生中,大多数人还是靠国家的"就业保护政策"实现就业,真正靠自己的能力独立找到工作的并不多。

2014年1月,教育部等七部门发布特殊教育提升计划(2014—2016年),计划的重点任务中提出要"加快发展残疾人高等教育""加强残疾人职业培训,提高就业创业能力"。那么,聋人大学本科生职业素养现状究竟如何?学校培养是否存在不足?若存在问题与不足,高校又应该如何培养聋人大学本科生的职业素养?结合政策导向,从现代聋人大学本科生的就业现状,我们延伸出"聋人大学本科生职业素养"这一问题的研究。

二、研究目的及意义

本研究通过分析聋人大学本科生职业素养的实际情况,编制适合现代聋人大学本科生职业素养测量的问卷作为测量工具,为高校对聋人大学本科生的职业素养培养的不断完善提供参考,进而就其中的不足之处在高校聋人本科生专

①西南大学教育学部特殊教育专业2012级免费师范生
②西南大学教育学部特殊教育专业2012级免费师范生
③西南大学教育学部特殊教育专业2012级免费师范生

业设置、课程设置、培养方法、培养内容等方面提出建议。

对聋人大学本科生的职业素养培养问题进行研究，有利于推动高校对聋人职业素养培养改革，有利于改善聋人本科生就业现状，使广大聋人大学生更好地适应社会，间接推动特殊教育自身发展。同时，作为一个社会性难题，对聋人大学生就业现状的改善，是坚持以人为本理念、弘扬人道主义精神的重要举措，是推进教育公平、实现教育现代化的重要内容，有利于维护社会治安，营造和谐友爱的社会氛围，为共同实现中国梦添砖加瓦。

三、研究过程及方法

(一)研究对象

在问卷调查中，主要采取随机抽样的方法，随机抽取全国四所开设聋人大学本科专业的高校，即重庆师范大学、长春大学、天津理工大学、北京联合大学的41名在读聋人大学本科生进行调查，专业年级及分布如下图所示(图1，图2，图3)；其中男生26人，女生15人；43.9％为全聋，56.1％为重听；51.2％来自城市，48.8％来自农村(表1)。由于调查样本在全国分布样本较少，采取了网络问卷的方式，并在一定程度上保证问卷填写对象的真实性，从而得到最终数据。同时通过对两名已就业聋人大学本科生进行访谈，补充研究数据。

表1　聋人大学本科生问卷调查基本情况表

基本情况	性别		聋的类型		城乡类型	
类别	男	女	全聋	重听	城市	农村
百分比(％)	63	37	43.9	56.1	51.2	48.8

图1　聋人大学本科生问卷调查学校比例分布图　图2　聋人大学本科生问卷调查专业比例分布图

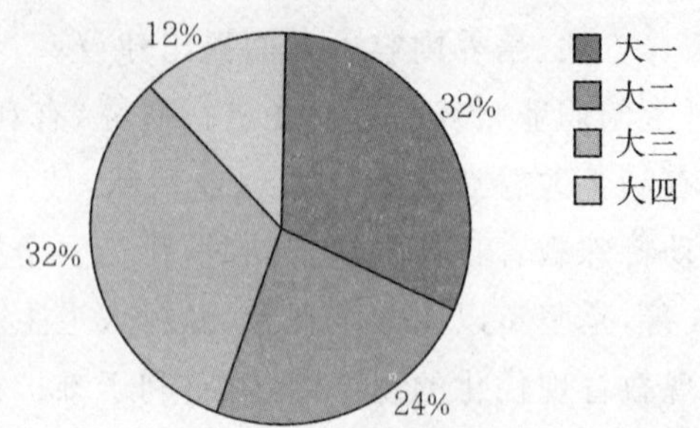

图 3 聋人大学本科生问卷调查年级比例分布图

(二)研究工具

根据研究目的,我们设计了包括 43 个问题的调查问卷,主要分为职业能力与职业素养两个一级维度,其中职业能力涵盖了表达理解能力、沟通合作能力、决策能力、学习能力、创新能力、实践能力、适应能力等七个二级维度,职业素养涵盖了爱岗敬业、积极主动与沟通合作、认真负责与进取创新三个二级维度(图 4)。

问卷经过初测得出:其同质性信度为 0.939,各因素的同质性信度在 0.516～0.788,总问卷分半信度为 0.883,各因素分半信度在 0.546～0.738,本问卷具有稳定性与可靠性。所编制的调查问卷内容效度较好;通过构想效度检验,证明其内部一致性较好,具有区分价值;通过结构效度检验,各因素与问卷总分之间的相关系数在 0.612～0.821。各因素之间的相关绝对值在 0.219～0.693,说明各因素之间具有一定的独立性,能反映所测的内容。最终得出所编制的《聋人大学生职业素养调查问卷》具有较好的心理测量学特征,可以作为聋人大学生职业素养的测量工具。运用正式问卷进行问卷调查,并对所得数据进行编码处理,输入计算机管理,采用 SPSS 19.0 统计软件包进行分析和处理。

除问卷调查外,编制访谈提纲,结合对聋人大学本科生教师和已毕业就职大学生的访谈记录,进而综合分析聋人大学本科生职业素养以及高等聋人教育课程设置所存在的问题。

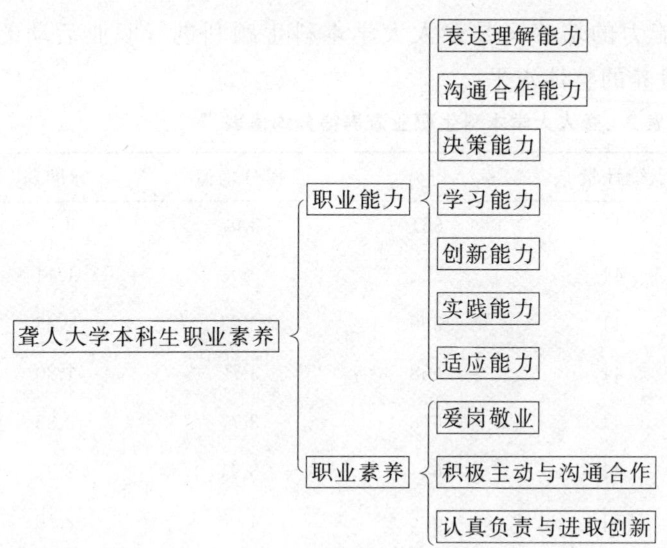

图4　聋人大学本科生职业素养结构图

四、研究结果与分析

(一)聋人大学本科生职业素养综合表现

根据聋人大学本科生职业素养调查问卷所得结果分析,发现聋人大学本科生职业素养平均水平不高。表现为其适应能力最强,决策能力最差,创新能力、学习能力次之(表2)。

决策能力方面,聋生对父母或老师的依赖性比较强,加之学校和老师的过度保护,他们在日常生活中缺乏独立性和自主性,因而决策能力较差。

创新能力方面,聋人大学生由于先天的缺陷,在对事物的观察方面自觉性差,缺乏选择性、整体性不强、概括性不高;思维表现为更大的具体形象性,创造性成分不多;接受新事物比较缓慢和困难。这些因素极大地阻碍了聋人创新能力的发展。同时,高校大多的教学主要针对理论知识的学习,尚未将创业教育纳入学校教育的总体规划,聋人大学生普遍缺少创业教育,缺乏创新意识。

学习能力方面,聋人大学生在学习过程中主要依靠视觉来接收信息,信息接收渠道单一。老师主要依靠手语和唇语进行教学,使聋生接收的信息量大幅减少,影响了他们的学习。具有大专以上学历的聋人所学的专业主要集中在数码平面制作、电脑软件、打字制版、服装设计等几个方面。就业面很窄。总之,在高校教育中,对聋人大学本科生的决策能力、创新能力、学习能力的培养仍存在较大不足，而这些能力的培养又是聋人大学本科生顺利进行职业活动的关键，直接影响到职业素养的整体水平。

表 2　聋人大学本科生职业素养得分均值表

职业素养	统计量	得分	得分均值	标准差
表达理解能力	41	651	3.97	2.75
沟通合作能力	41	322	3.93	1.44
决策能力	41	399	3.24	1.25
学习能力	41	458	3.72	1.80
创新能力	41	618	3.77	2.86
实践能力	41	641	3.91	2.32
适应能力	41	496	4.03	2.10
爱岗敬业	41	632	3.85	3.14
积极主动与沟通合作	41	957	3.89	3.45
认真负责与进取创新	41	941	3.83	4.06
总计	41	6115	3.82	25.17

(二)表达理解能力方面：各校培养水平不均衡，学生沟通方式单一

在卡方检验中，聋生所处学校在表达理解能力方面显著性为 0.041，小于 0.05，表现出显著差异。(表 3)且通过均值比较发现，在这里北京联合大学聋生表达理解能力最强，其次是长春大学。由于北京联合大学综合实力较强，学校办学条件、师资状况和教学设施比较完善，培养模式较为先进，聋生能够接受更好的语言训练和口语表达能力训练。(表 4)

表 3　聋人大学本科生表达理解能力卡方检验

	值	Df	渐进 Sig.(双侧)
Pearson 卡方	56.846a	40	.041
似然比	34.904	40	.699
线性和线性组合	4.377	1	.036
有效案例中的 N	41	—	—

注：55 单元格(100.0%) 的期望计数少于 5。最小期望计数为 .05

表 4 聋人大学本科生各学校表达理解能力均值表

学校名称	均值	N	标准差	极小值	合计	极大值
北京联合大学	17.2857	7	2.05866	14.00	121.00	19.00
长春大学	16.0000	11	2.32379	12.00	176.00	19.00
天津理工大学	15.8750	8	2.47487	12.00	127.00	19.00
重庆师范大学	15.9231	13	2.84199	11.00	207.00	20.00
其他	10.0000	2	.00000	10.00	20.00	10.00
总计	15.8780	41	2.74950	10.00	651.00	20.00

同时，在第 41 题项"我最喜欢以何种方式与同事沟通"中，29％的聋人学生的选择为"手语"，而在真正岗位上，健听人所占比例较大，手语普及程度较低，造成了聋人工作中最大的沟通障碍。（图 5）

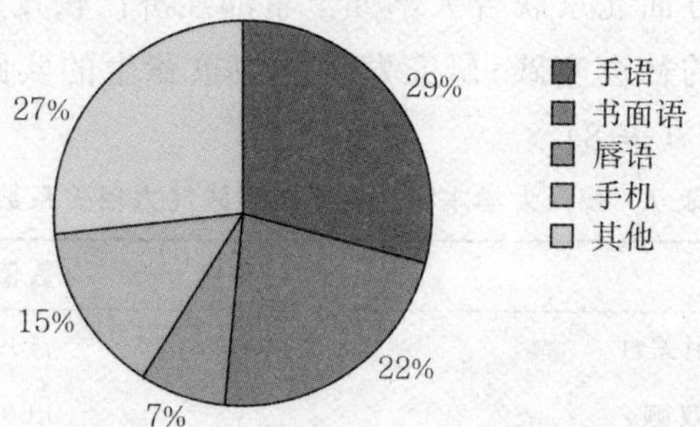

图 5 聋人大学本科生沟通方式比例图

（三）实践能力方面：低年级聋生有待提高，校际间发展水平不均衡

在皮尔逊卡方检验中，年级在实践能力维度上差异最为显著(表 5)。随着年级的增长，聋人本科生的实践能力不断提高，表明高校系统的课程学习在一定程度上促进了聋生实践能力的提升，越到高年级，学校也越注重培养聋生的实践能力。（表 6）

表 5 聋人大学本科生实践能力卡方检验表

	值	Df	渐进 Sig.（双侧）
Pearson 卡方	53.928a	32	.009
似然比	44.502	32	.070
线性和线性组合	2.419	1	.120
有效案例中的 N	41	—	—

注：45 单元格（100.0％）的期望计数少于 5。最小期望计数为 .05

表 6　聋人大学本科生各年级实践能力均值表

年级	均值	N	标准差	极小值	合计	极大值
大一	14.9231	13	1.93484	12.00	194.00	18.00
大二	15.6923	10	2.21302	12.00	204.00	19.00
大三	15.9000	13	2.80674	13.00	159.00	20.00
大四	16.8000	5	2.58844	14.00	84.00	20.00
总计	15.6341	41	2.32116	12.00	641.00	20.00

通过相关性分析,聋人本科生与其所在年级之间相关性系数达－0.400,绝对值大于0.3,学校教育对实践能力的影响较大。(表7)比较发现,对于聋人大学本科生实践能力培养较为到位的依次是北京联合大学、长春大学、重庆师范大学、天津理工大学。一方面北京联合大学处于东部经济比较发达地区,社会上有较多的岗位满足聋生的社会实践;研究发现越注重聋生的实践能力的培养学校,学生实践能力越强。(表8)

表 7　聋人大学本科生各学校实践能力相关系数

项目	数值
Pearson 相关性	－.400**
显著性(双侧)	0.009
平方与叉积的和	－44.927
协方差	－1.123
N	41

表 8　聋人大学本科生各大学实践能力均值表

学校名称	均值	N	标准差	极小值	合计	极大值
北京联合大学	17.8571	7	1.95180	15.00	125.00	20.00
长春大学	16.1818	11	1.94001	13.00	178.00	20.00
天津理工大学	14.3750	8	2.38672	12.00	115.00	18.00
重庆师范大学	14.4615	13	1.71345	12.00	188.00	17.00
其他	17.5000	2	2.12132	16.00	35.00	19.00
总计	15.6341	41	2.32116	12.00	641.00	20.00

(四)爱岗敬业态度方面:学校间差别显著

学校与爱岗敬业维度相关性为－0.407(表9),其相关程度较高。其中北京联合大学聋生在爱岗敬业维度表现最为抢眼(表10)。各大聋人学校对于聋人大学本科生职业素养培养的效果不同,接受过系统且良好的职业素养培养的学生,对于即将从事的职业具有较高的职业认同感和归属感,则外显于爱岗敬业这一职业态度上有显著的差别。

表9　聋人大学本科生各学校爱岗敬业相关系数

项目	数值
Pearson 相关性	－0.407**
显著性(双侧)	0.008
平方与叉积的和	－61.683
协方差	－1.542
N	41

表10　聋人大学本科生各大学爱岗敬业均值表

学校名称	均值	N	标准差	极小值	合计	极大值
北京联合大学	16.2857	7	2.28869	12.00	114.00	19.00
长春大学	16.7273	11	2.64919	11.00	184.00	20.00
天津理工大学	16.1250	8	2.94897	11.00	129.00	19.00
重庆师范大学	14.0769	13	3.40249	8.00	183.00	20.00
其他	11.0000	2	1.41421	10.00	22.00	12.00
总计	15.4146	41	3.13828	8.00	632.00	20.00

(五)积极主动与沟通合作态度方面:三年级学生水平不足

通过相关性分析,聋人大学本科生的年级和积极主动与沟通合作的职业态度 Kendall 的相关性系数为－0.345,Spearman 相关性系数为－0.316,有较大相关性。(表11)比较发现,聋人大学本科生此维度的水平由高至低为大一、大二、大四、大三。(表12)在大一阶段,由于聋生刚进入学校,学生对新的环境有较大的新鲜感，主动性较高，学生的学习热情也比较高。经过两年的大学学习生活，学生们已经适应大学环境，对周围的人和事的主动性和积极性降低。而大四面临就业，需要学生更多的积极性和主动性来自主了解就业状况，得到更好的自我发展。

表 11　聋人大学本科生各年级和积极主动与沟通合作相关系数

Kendall	年级	相关系数	−0.345*
		Sig.(双侧)	0.048
Spearman	年级	相关系数	−0.316*
		Sig.(双侧)	0.044
		N	41

表 12　聋人大学本科生各年级积极主动与沟通合作均值表

年级	均值	N	标准差	极小值	合计	极大值
大一	24.4615	13	3.66550	18.00	318.00	30.00
大二	24.4000	10	3.77712	20.00	244.00	30.00
大三	21.7692	13	2.52170	18.00	283.00	25.00
大四	22.4000	5	3.36155	20.00	112.00	28.00
总计	23.3415	41	3.44681	18.00	957.00	30.00

(六)其他方面

在对已就业的聋人大学本科生的访谈中了解到，聋人大学本科生就业难的因素主要存在于个人因素和社会因素中。在个人因素方面：聋人与健听人沟通交流存在极大困难，导致招聘单位与应聘者信息交流不畅。由于学校没有设置较为系统的职业指导课程，导致个人职业目标不明确。社会因素方面：虽然政府已经出台了相关政策要求企业招聘一定数量的残疾人员工，但是各个企业在实行时并没有理想中那么美好，聋人大学生还是很难得到和健全人一样的就业机会。

另一方面，通过对学校教师的访谈，我们也了解到职业生涯规划类课程对于聋人大学本科生的就业起到了很大的作用，但是聋人高校中对于职业素养培养方面仍存在课时较少、系统性不足等问题。

五、研究结论与建议

众多事实表明，聋人大学本科生就业难现象的存在与学生的职业素养难以满足企业的要求有关。“满足社会需要”是高等教育的目的之一，高等院校应该把培养大学生的职业素养作为主要培养目标之一。本研究通过调查得出聋人大学本科生的职业素养有待提高，针对高校对于聋人大学本科生职业素养培养中存在的问题，我们提出以下几个方面的建议。

（一）明确培养目标

各高校应当明确本校职业素养培养目标，从本校的教学目标出发、从聋生的实际情况出发、从社会的实际需要出发，重点提高其决策能力、创新能力和学习能力，针对就业需求提高聋人大学生的职业能力，树立正确的职业态度，制定合理的职业素养培养计划。同时，分阶段、有序稳步地提升聋人大学本科生职业素养，根据不同年级制定不同培养目标。

（二）改革培养内容

1.改革聋人大学本科生职业发展与就业指导课程

从各个高校的培养计划与课程方案中可以看出，聋人大学本科生在校所接受的职业生涯指导课程极少，与健听学生的区分度并不大，针对性低，成效不显著。各高校应当针对聋生就业问题增加聋人大学生职业发展与就业指导课时，可将教学内容系统化，从就业形势与政策、职业态度、就业能力与技巧等方面开设系列课程，并从大一开始进行培养，使其拥有良好的职业态度，学会爱岗敬业，积极主动，沟通合作。

2.增加综合实践活动课程板块

聋人大学本科生尤其是低年级学生实践能力不强，需要各高校在实践活动中提高其实践能力，有计划地开展社区服务与社会实践、劳动技术教育、信息技术教育课程等一些综合实践活动课程，提供更多见习、实习、外出学习的机会，鼓励学生走出寝室、走下课堂、走到社会中去，培养其动手操作的能力，同时锻炼学生的表达理解能力，形成积极主动与人沟通的良好习惯。

3.适当进行团体职业辅导

团体职业辅导是以职业生涯教育与心理健康教育为主线的综合教育活动，

以其轻松愉快的教育氛围受到广大师生的欢迎，但并没有被真正纳入高校培养计划中。在职业团体职业辅导中，聋生的表达理解能力以及积极主动沟通合作的职业态度得到发展。学校教师培养应注重掌握语言康复知识，用科学的方法对聋生进行语训，多开展如主题班会、团日活动等交流活动，引进先进的教育理念，鼓励聋生与健听学生的交流，加强合作。

(三)改进培养方式

天津理工大学聋人工学院建立了理论讲解、实训演练和心理辅导“三位一体”培训体系，并引入辅修双学位的全纳教育模式，采用如实验、角色体验、互动教学和企业实习等训练方式和手段，对各高校改进培养方式具有良好的借鉴意义。高校应重视在教学过程中理论与实际的结合，不能单纯学习理论知识。

另外，高校可以引进职业测评系统，让聋人大学生能够准确地定位自己，开展职业生涯教育课程和课外教育活动，发现自身存在的优势和不足，科学合理地进行职业生活规划，制订切实可行的实施计划。对本校已就业聋人大学生的就业状况进行跟踪调查，不断更新、完善、优化人才培养模式。

(四)拓宽培养途径

1.要拓展专业口径，综合提高素养

高校应当根据社会的需要来开设相应的课程，拓宽专业口径，开发多样化课程，使聋生能够学有所用，重视聋人大学本科生的心理健康教育。一方面注重学生通过自己职业素养的提高“走出去”——走到健听人中积极与其交流沟通，另一方面也要坚持“引进来”——应用全纳教育模式，在借鉴、应用对普通本科生的培养模式的同时，鼓励健听学生走到聋人学生群体去，如建立“一对一”实践互助小组、向普通学生普及特殊教育知识、开展“手语沙龙”活动、进行“手语舞蹈”比赛等，消除学生观念上的隔阂，帮助他们尽早适应社会，和谐发展。

2.加强学校之间的沟通交流

各高校聋人大学本科生在表达理解能力、实践能力、爱岗敬业态度等方面具有显著差异，不同地区的学校在培养模式上也具有差别。综合实力较弱的学校应借鉴综合实力较强的学校，改善学校的办学条件、教学设备，加强与其他学校交流与学习，引进先进的教学理念和教学模式，如进行学生“交换学习”、教师“交换授课”、校际“远程交流”等方式，建立合作网络，相互促进交流，均衡地区发展。

3.建立与社会企业机构的长期合作关系

高校要系统制定社会实践实施方案和实践内容，注重学生见习与实习中的职业素养培养。与当地残联和企事业单位合作，建立长期合作关系，在提高单位对聋人大学生接纳程度的同时，帮助聋人大学生找到更多的实践和就业的平台，以解决他们的实际认识和就业出口的问题。

4.贯彻落实国家政策，争取社会资源

2014 年 1 月，教育部等七部门发布《特殊教育提升计划(2014—2016 年)》，计划的重点任务中提出要“加快发展残疾人高等教育”“加强残疾人职业培训，提高就业创业能力”“有计划地在高等学校设置特殊教育学院或相关专业，满足残疾人接受高等教育的需求”，表明国家对于高校特殊教育的不断重视，各个高校应切实贯彻落实国家政策，争取优势资源，如教育经费、就业指标等，结合地方经济与文化建设实际，促进聋人大学生职业教育的发展。

参考文献

[1]黄希庭.心理学导论[M].北京：人民教育出版社，2007.

[2]李进宏.大学生职业生涯规划(修订本)[M].武汉：武汉理工大学出版社，2007.

[3]李法顺.大学生职业生涯规划[M].南京：东南大学出版社，2006.

[4]韩梅，袁群，贾林.聋人大学生就业力影响因素分析[J].教育与职业，2012(02).

[5]庆祖杰，周春梅.聋人大学生就业问题、影响因素及对策[J].中国特殊教育，2006(07).

[6]刘晓艳，李强.聋人大学生就业问题解析及对策[J].绥化学院学报，2013(04).

[7]李国敏.我国聋人大学生就业问题研究综述[J].科技风，2012(19).

[8]童欣，孙博.谈聋人大学生职业竞争力的培养[J].教育探索，2013(07).

[9]姜琨，李琛，周伟军.聋人大学生职业生涯教育的实践探索[J].教育教学论坛，2013(10).

[10]郑霄峰.聋校毕业生准备式就业教育模式研究报告[J].中国特殊教育，2004(03).

[11]赵侠.聋人大学生职业生涯辅导探析[J].中国特殊教育，2005(10).

[12]李强，鲍国东.中、日、美聋人高等教育模式的对比与借鉴[J].比较教育研究，2004(11).

聋人大学生职业素养问卷编制及研究

作者：陈俞源[①] 王茜茜[②] 李晓强[③]

指导教师：代光英

一、引言

(一)问题的提出

近几年,大学毕业生的就业已然成为社会热点问题,在健听大学生的就业形势如此严峻的情况下,聋人大学生的就业更是难上加难。在已就业的聋人大学生中,大多数人的就业途径还是靠国家的“就业保护政策”,真正靠自己的能力独立找到工作的并不多。

造成聋人大学生的就业形势严峻的因素有很多,其自身的职业素养是主要原因之一。若在校期间的聋人大学生的职业素养没有得到很好的培养,就无法形成足够的就业能力,即“聋人大学生在校期间通过知识的学习和综合素质的开发,调动代偿功能和潜能,扬长避短,以获得实现就业理想,满足社会需要,在社会生活中实现自身价值的能力”。

(二)研究的目的及意义

从现代聋人大学生的现状我们延伸出“聋人大学生职业素养”这一问题的研究,并针对此问题以问卷调查的方式进行研究。我们选择问卷作为调查的工具。本研究希望通过分析聋人大学生聋人大学生职业素养的实际情况,编制适合现代聋人大学生职业素养测量的问卷,作为测量工具,为高校对聋人大学生的专业素养培养的不断完善提供参考,进而就其中的不足之处在高校聋人本科生专业设置、课程设置、教学方法、教学内容等方面提出建议,对聋人大学生职业素养的提高,推动特殊教育,改善聋人本科生就业现状,使广大聋人大学生更

①西南大学教育学部特殊教育专业 2012 级免费师范生

②西南大学教育学部特殊教育专业 2012 级免费师范生

③西南大学教育学部特殊教育专业 2012 级免费师范生

好地适应社会，减轻社会负担具有很大意义。

二、研究假设

编制的聋人大学生职业素养问卷建立在查阅大量文献、调研、专家访谈等基础上，采用编制问卷的常规模式开展工作，因此本部分研究提出如下假设。

假设一：本文编制的《聋人大学生职业素养问卷》的结构相对以往研究有所不同，有创新之处。

假设二：编制的聋人大学生职业素养问卷具有良好的项目鉴别度和区分度。

假设三：编制的聋人大学生职业素养问卷及其各维度具有良好的信效度。

三、聋人大学生职业素养问卷编制过程

(一)问卷构成

1.职业能力

不同的专家学者对其认识不同，我们综合考虑，讨论并筛选出聋生进入工作岗位后必备的职业能力，初步定为表达理解能力、沟通合作能力、决策能力、学习能力、创新能力、实践能力、适应能力七个不同的角度的能力。

2.职业态度

针对本次研究，我们主要从职场角度对聋人大学生进行考察，通过查找文献、咨询专家、调研等途径将聋人大学生隐性职业素养分为五个维度：爱岗敬业、认真负责、沟通合作、积极主动、进取创新。

基于此次问卷所面向的特殊主体，我们将隐性职业素养考察的重点放在沟通合作、积极主动两个维度。沟通合作共以七道题加以体现，合作包含合作意识、合作情感、合作习惯。合作意识又包含三种取向，即他人取向、自我取向、小组取向等。具体表现为：关心、接纳、帮助分享、支持他人，以自我为中心与否，集体观念——是否愿意参加以小组为单位的活动；合作情感具体表现为：宽容接纳、拒绝、情绪稳定；合作习惯主要表现为：自觉主动与不自觉退缩。在该问卷中具体体现为合作意愿、心境体验、对象选择、主动与否，共四道题。而沟通则通过考察聋人大学生沟通的方式、沟通频率以及表达对象三道题进行体现。

积极主动表现为积极性与主动行为。主动行为具体表现为：积极地改善现

有环境或创造新环境,主动对现状提出挑战而非被动适应现有条件,不断学习晋升所需要的知识技能,关系建构,发表言论、创新、职业主动等等。积极主动的考察由七道题构成。此题亦分为四个维度,有关自己一道题、有关别人两道题、关于升迁两道题、关于交流两道题。从此四个维度七道题综合考察聋人大学生职场上的积极主动。从其在职场上的积极主动性的匮乏与否对聋人大学生的素养进行评析,从而对聋人大学生就业给予一定的指导。

爱岗敬业可以解释为爱岗与敬业两个部分,爱岗即热爱自己的工作岗位,热爱自己的本职工作;敬业即用一种尊敬严肃的态度对待自己的工作。由于大学生尚未进入工作岗位,我们在问卷中为其设定工作场景。运用心理学上的投射法,通过调查聋人大学生对所学专业的态度间接反映他们在工作之后爱岗敬业的态度。

其他维度中,进取创新是一个民族进步的灵魂,是一个国家兴旺发达的不竭动力,有创新性的人才在激烈的就业竞争中处于优势地位;认真负责在工作中作为基本要求,是一个人必须具备的素养。

通过讨论整合,聋人大学生职业素养初测问卷最终确定分为两个一级维度,职业能力和职业态度。职业能力:分为表达理解能力、沟通合作能力、决策能力、学习能力、创新能力、实践能力、适应能力七个二级维度;职业态度:分为爱岗敬业、合作沟通、积极主动、认真负责、进取创新五个二级维度(图1)。共编制出46道问题,其中1~42题为频度选择题,被试可以从非常符合、比较符合、不一定、较不符合、很不符合四个选项中进行选择;43~46题为单项选择题,个别题设有开放性选项。

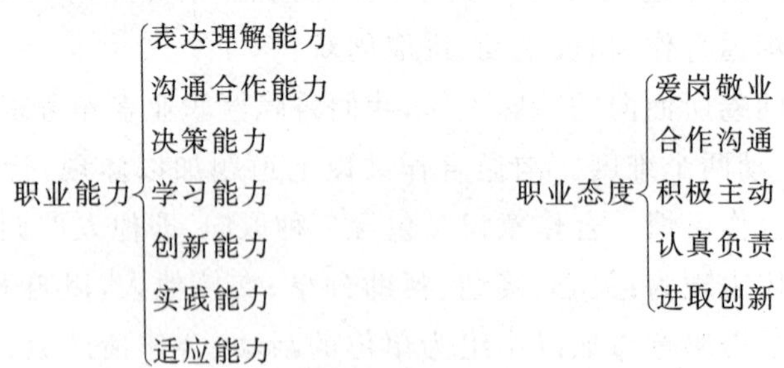

图1　聋人大学生职业素养初步结构

(二)项目编制

第一,广泛查阅文献资料,参考已有研究,根据聋人生理特点,结合当代聋人大学生职业素养及就业现状，设计出符合聋人大学生职业素养的项目。

第二，小组成员集中讨论，对已设计项目进行筛选。

第三，邀请专家老师进行指导，使项目条理化，初步定出大致维度。

第四，细化维度，根据专家建议，深入查找资料，进行进一步修改，定出问卷初稿。

第五，通过网络问卷发放等方法进行问卷初测。

第六，根据回收的问卷处理、分析信息，检验问卷信效度。

第七，根据所得数据，再次讨论分析，邀请专家指导，对问卷进行进一步修改，最后得出正式问卷。

（三）选取样本

主要采取随机抽样的方法，随机抽取全国四所开设聋人大学生专业的高校，即重庆师范大学、长春大学、天津理工大学、北京联合大学的 114 名在读聋人大学生进行调查，涉及特殊教育信息资源、艺术设计、动画、油画、国画、计算机科学、视觉传达技术、服装设计等专业。由于调查样本在全国分布样本较少，采取了网络问卷的方式，并在一定程度上保证问卷填写对象的真实性，从而得到最终数据。

（四）数据处理

本研究的调查问卷数据资料采用 SPSS 13.0 统计软件包进行分析和处理。

四、研究结果

（一）初测问卷的项目分析

对结果的分析方法采用临界比率法，本问卷中，高分组为总分升序排列的前 27%，分值高于 107 分；低分组为总分升序排列的后 27%，分值低于 88 分。本问卷中，除了项目 18 与项目 26，其他项目的 T 值非常显著（Sig.的值 0.00），因此，剔除项目 18 与项目 26。（表 1）

表1 高低分组独立样本T检验

项目	t值	Sig.	项目	t值	Sig.	项目	t值	Sig.
T1	4.401	.000	T15	6.130	.000	T29	8.089	.000
T2	3.665	.001	T16	8.494	.000	T30	7.494	.000
T3	5.807	.000	T17	5.797	.000	T31	6.207	.000
T4	5.280	.000	T18	−2.443	.017	T32	7.282	.000
T5	6.569	.000	T19	3.498	.001	T33	5.852	.000
T6	5.787	.000	T20	4.601	.000	T34	3.739	.000
T7	6.017	.000	T21	6.169	.000	T35	7.239	.000
T8	3.174	.002	T22	5.632	.000	T36	6.190	.000
T9	7.539	.000	T23	6.607	.000	T37	7.802	.000
T10	7.297	.000	T24	2.012	.049	T38	4.721	.000
T11	5.255	.000	T25	4.412	.000	T39	5.629	.000
T12	4.872	.000	T26	−3.376	.001	T40	7.495	.000
T13	6.457	.000	T27	6.445	.000	T41	6.738	.000
T14	7.226	.000	T28	4.507	.000	T42	7.763	.000

(二)初测问卷的探索性因素分析

本研究选择充足性检验(KMO)和球形检验(Bartlett)对采样是否充足以及因子模型是否适宜进行分析(表2)。根据Kaiser的观点,KMO的值小于0.50时,不适合做因素分析,在0.70以上时较适合做因素分析,在0.90以上时最适宜做因素分析。统计结果表明本问卷的KMO充足性检验系数为0.846,Bartlett球形检验的卡方值为2504.657,显著性为0.000,表明数据适宜做因素分析。

表2 KMO和Bartlett的检验

取样足够度的Kaiser－Meyer－Olkin度量		.846
Bartlett的球形检验	近似卡方	2504.657
	df	780
	Sig.	.000

采用主成分分析与正交旋转法进行分析,因素的数目按以下标准来确定:

(1)因素特征值(Elgenvalue)大于1;(2)因素在旋转前至少解释3%的总变异;(3)每个因素至少包括3个项目;(4)符合理论构想的成分分析。最后提取出10个因素,相关数据见表3。

表3 总方差解释表(Total Variance Explained)

成份	初始特征值			提取平方和载入			旋转平方和载入		
	合计	方差的%	累积%	合计	方差的%	累积%	合计	方差的%	累积%
1	12.453	31.133	31.133	12.453	31.133	31.133	4.876	12.189	12.189
2	2.945	7.364	38.496	2.945	7.364	38.496	3.723	9.307	21.496
3	2.222	5.556	44.053	2.222	5.556	44.053	3.134	7.836	29.332
4	1.888	4.720	48.773	1.888	4.720	48.773	3.103	7.758	37.091
5	1.573	3.932	52.705	1.573	3.932	52.705	2.917	7.291	44.382
6	1.465	3.663	56.368	1.465	3.663	56.368	2.342	5.856	50.238
7	1.363	3.408	59.776	1.363	3.408	59.776	2.249	5.622	55.860
8	1.294	3.235	63.010	1.294	3.235	63.010	1.773	4.433	60.293
9	1.098	2.746	65.757	1.098	2.746	65.757	1.669	4.172	64.465
10	1.024	2.561	68.317	1.024	2.561	68.317	1.541	3.852	68.317

为了解释变量、命名因素,需对因素负荷矩阵进行旋转,因为各因子间存在相关,故选用较贴近真实的斜交转法(promax),求出旋转后的负荷矩阵。(表4)

对预测问卷进行的探索性因素分析,剔除题号为18,26的题,形成了正式问卷含有40个题项。因素命名遵循两条原则:(1)参照理论模型的构想命名;(2)参照因素题项的负荷值命名。

表4 旋转后的负荷矩阵表 Rotated Component Matrix(a)

	成分									
	1	2	3	4	5	6	7	8	9	10
q36	0.797									
q25	0.756									
q37	0.7									
q38	0.629									
q23	0.627									
q35	0.579									
q39	0.548									
q31	0.538									

（续表）

	成分									
	1	2	3	4	5	6	7	8	9	10
q32	0.493									
q28		0.752								
q29		0.688								
q30		0.648								
q14		0.634								
q13		0.529								
q40		0.493								
q3			0.720							
q7			0.716							
q9			0.561							
q15			0.515							
q6			0.479							
q4			0.44							
q21				0.784						
q20				0.783						
q22				0.698						
q19				0.593						
q16				0.397						
q12					0.771					
q11					0.654					
q2					0.593					
q42					0.453					
q41						0.728				
q34							0.815			
q17							0.638			
q1							0.434			
q10								0.618		
q33									0.671	
q8										0.687
q26										0.706
q27										0.392

聋人大学生职业素养问卷经过分析，析出10个因素。因素1命名为“表达理解能力”，因素2命名为“沟通合作能力”，因素3命名为“决策能力”，因素4命名为“学习能力”，因素5命名为“创新能力”，因素6命名为“实践能力”，因素7命名为“适应能力”，因素8命名为“爱岗敬业”，因素9命名为“积极主动、沟通合作”，因素10命名为“认真负责、进取创新”。经过因素分析得出的因素与理论构想维度基本一致。

(三)信度检验

为了进一步了解问卷的可靠性，我们对问卷进行了信度检验。主要采用同质性信度(a系数)和分半信度(Split-half)作为信度指标。

表5　问卷的同质性信度和分半信度

	同质性信度(Alpha)	分半信度(Split－half)
表达理解能力	.688	.691
沟通合作能力	.575	.575
决策能力	.516	.688
学习能力	.619	.573
创新能力	.787	.682
实践能力	.738	.738
适应能力	.546	.546
爱岗敬业	.788	.720
积极主动、沟通合作	.771	.628
认真负责、进取创新	.771	.672
总问卷	.939	.883

由表5可见，总问卷的同质性信度为0.939，各因素的同质性信度在0.516～0.788，总问卷分半信度为0.883，各因素分半信度在0.546～0.738，说明本问卷是比较稳定和可靠的。

(四)效度检验

1.内容效度检验

本研究所编制的问卷维度和题项来源于文献、相关问卷、调查以及初测后因素分析的结果，基本保证了问卷的维度和题项能够涵盖聋人大学生职业素养的各方面，具有代表性。

2.构想效度检验

通过计算各题项与所属各维度之间的相关（表 6），进一步检验修正后的聋人大学生职业素养问卷的内部一致性。结果表明，各项目与所属维度之间的相关系数显著高于它们与其他维度的相关系数，本问卷的内部一致性较好，具有区分价值。

表 6　各题项与所属维度及其他维度的相关

	表达理解能力	沟通合作能力	决策能力	学习能力	创新能力	实践能力	适应能力	爱岗敬业	积极主动、沟通合作	认真负责、进取创新
Q1	.748**	.456**	.262**	.309**	.397**	.341**	.413**	.060**	.350**	.345**
Q2	.702**	.344**	.287**	.474**	.394**	.237**	.297**	.197**	.179**	.287**
Q3	.663**	.478**	.485**	.334**	.357**	.383**	..329**	.218**	.360**	.320**
Q4	.774**	.508**	.406**	.376**	.483**	.363**	.394**	.145**	.400**	.360**
Q5	.628**	.865**	.359**	.485**	.434**	.301**	.462**	.183**	.333**	.420**
Q6	.385**	.811**	.353**	.298**	.355**	.423**	.230**	.337**	.390**	.354**
Q7	.570**	.414**	.713**	.353**	.492**	.464**	.310**	.185**	.362**	.311**
Q8	.005**	.133**	.574**	.159**	.161**	.227**	.254**	.250**	.293**	.282**
Q9	.482**	.358**	.843**	.331**	.472**	.449**	.483**	.239**	.511**	.507**
Q10	.451**	.330**	.444**	.738**	.390**	.358**	.501**	.343**	.420**	.480**
Q11	.337**	.360**	.212**	.746**	.442**	.286**	.192**	.267**	.325**	.268**
Q12	.395**	.385**	.238**	.781**	.498**	.364**	.268**	.255**	.209**	.312**
Q13	.449**	.412**	.409**	.494**	.871**	.521**	.334**	.375**	.586**	.358**
Q42	.520**	.441**	.477**	.538**	.826**	.431**	.403**	.337**	.502**	.452**
Q14	.450**	.338**	.440**	.448**	.818**	.542**	.441**	.252**	.653**	.511**
Q15	.423**	.352**	.498**	.407**	.516**	.909**	.352**	.438**	.477**	.447**
Q16	.385**	.413**	.453**	.392**	.548**	.873**	.408**	.498**	.578**	.471**
Q17	.359**	.358**	.290**	.298**	.238**	.253**	.850**	.280**	.403**	.434**
Q40	.466**	.342**	.547**	.418**	.561**	.461**	.809**	.344**	.603**	.538**
Q19	.076**	.134**	.162**	.354**	.282**	.330**	.252**	.733**	.249**	.201**
Q20	.150**	.237**	.266**	.245**	.231**	.442**	.221**	.820**	.252**	.329**

（续表）

	表达理解能力	沟通合作能力	决策能力	学习能力	创新能力	实践能力	适应能力	爱岗敬业	积极主动、沟通合作	认真负责、进取创新
Q21	.206**	.249**	.279**	.374**	.342**	.417**	.331**	.838**	.309**	.371**
Q22	.264**	.338**	.290**	.371**	.343**	.452**	.371**	.745**	.248**	.402**
Q23	.306**	.292**	.299**	.280**	.404**	.498**	.299**	.362**	.709**	.517**
Q24	.184**	.124**	.260**	.202**	.249**	.200**	.083**	.058**	.415**	.155**
Q25	.167**	.232**	.259**	.191**	.304**	.295**	.324**	.282**	.611**	.496**
Q27	.172**	.261**	.389**	.243**	.406**	.374**	.487**	.069**	.660**	.490**
Q28	.337**	.269**	.339**	.229**	.502**	.357**	.443**	.157**	.608**	.322**
Q29	.423**	.360**	.450**	.372**	.655**	.473**	.520**	.286**	.776**	.518**
Q30	.397**	.390**	.481**	.348**	.607**	.448**	.543**	.138**	.748**	.457**
Q31	.289**	.293**	.350**	.325**	.433**	.317**	.395**	.357**	.501**	.543**
Q32	.218**	.335**	.368**	.240**	.360**	.372**	.275**	.432**	.488**	.554**
Q33	.368**	.395**	.397**	.353**	.400**	.260**	.429**	.264**	.451**	.459**
Q34	.292**	.330**	.233**	.147**	.170**	.213**	.423**	.113**	.298**	.546**
Q35	.386**	.417**	.361**	.381**	.379**	.415**	.355**	.403**	.465**	.749**
Q36	.261**	.319**	.418**	.257**	.344**	.383**	.376**	.279**	.504**	.733**
Q37	.349**	.295**	.464**	.385**	.440**	.440**	.422**	.303**	.565**	.811**
Q38	.232**	.260**	.324**	.349**	.356**	.285**	.422**	.334**	.403**	.722**
Q39	.229**	.189**	.388**	.230**	.319**	.296**	.469**	.417**	.449**	.590**
Q41	.346**	.285**	.350**	.435**	.506**	.394**	.382**	.283**	.472**	.559**

3.问卷的结构效度

本研究采用相关分析来检验所编制的调查问卷的结构效度。根据表7所显示的结果可知，在该调查问卷中，各因素与问卷总分之间的相关系数在0.612～0.821，存在着较高的相关，说明问卷的同质性较好；各因素之间的相关绝对值在0.219～0.693，说明各因素之间具有一定的独立性，能反映所测的内容。

表7　各因素及与总分之间的相关系数矩阵

	表达理解能力	沟通合作能力	决策能力	学习能力	创新能力	实践能力	适应能力	爱岗敬业	积极主动、沟通合作	认真负责、进取创新	总分
表达理解能力	1										
沟通合作能力	.614**	1									
决策能力	.497**	.424**	1								
学习能力	.525**	.475**	.396**	1							
创新能力	.565**	.473**	.528**	.588**	1						
实践能力	.454**	.425**	.534**	.448**	.594**	1					
适应能力	.493**	.422**	.495**	.427**	.470**	.423**	1				
爱岗敬业	.219**	.302**	.316**	.429**	.382**	.522**	.374**	1			
积极主动、沟通合作	.439**	.428**	.550**	.415**	.693**	.586**	.599**	.337**	1		
认真负责、进取创新	.452**	.463**	.520**	.470**	.528**	.513**	.581**	.412**	.654**	1	
总分	.679**	.643**	.707**	.678**	.794**	.724**	.711**	.612**	.821**	.818**	1

(五)因素的确定和命名

对问卷进行主成分分析，提取共同因素，求得因素负荷矩阵，再通过正交旋转因素负荷矩阵，以及探讨，对问卷项目进一步修改，最终确定因素题目为：第一个因素包含4道题，为表达理解能力；第二个因素包含3道题，为沟通合作能力；第三个因素包含3道题，为决策能力；第四个因素包含3道题，为学习能力；第五个因素包含4道题，为创新能力；第六个因素包含3道题，为实践能力；第七个因素包含3道题，为适应能力；第八个因素包含4道题，为爱岗敬业；第九个因素包含6道题，为主动沟通合作。第十个因素包含6道题，为认真负责、进取创新。其中第1～7因素皆为职业能力，8～10为职业态度。由于个别维度题目进行删减后存在过少及过多的问题，通过与专家的商议，最后决定对以下维度题目进行调整：对于沟通合作维度增加两个题项进行补充；对于适应能力维度题目进行补充更换；在施测过程中通过被试对题目的反馈，对积极主动沟通合作维度进行删减；通过日后进行复测检验其信效度。41～44题为单项选择题或开放式问题，为问卷的内容完整性做了补充。具体维度见表8。

结论，聋人大学生职业素养问卷具有较好的心理测量学特征，可以作为聋人大学生职业素养的测量工具。

表8　聋人大学生职业素养结构表

聋人大学生职业素养									
职业能力								职业态度	
表达理解能力	沟通合作能力	决策能力	学习能力	创新能力	实践能力	适应能力	爱岗敬业	积极主动、沟通合作	认真负责、进取创新

五、讨论与建议

众多事实表明，聋人大学生就业难现象的存在与聋人大学生的职业素养难以满足企业的要求有关。“满足社会需要”是高等教育的目的之一。高等院校应该把培养聋人大学生的职业素养作为其重要目标之一。同时社会、企业也应该尽力与高校合作，共同培养聋人大学生的职业素养。

在今后的调查研究以及教学活动中，可以从学生的表达理解能力、沟通合作能力、决策能力、学习能力、创新能力、实践能力、适应能力、爱岗敬业、积极主动与沟通合作、认真负责与进取创新十个方面进行考察，充分发挥学生的主观能动性，增强学生的竞争力。

随着国家对特殊教育的不断重视，社会观念也须转变，聋生在提高自身的职业素养的同时，也需要像健听学生一样得到平等的对待，社会不应用有色眼光来看待他们，这样才有助于解决聋人大学生就业形势严峻的问题。

本研究作为“聋人大学本科生专业素养培养问题——从其就业现状来看”的子课题，具有重要的开篇意义，为将来的深入研究打下了良好基础，同时也是对我们科学研究能力很好的锻炼，应从此次研究中总结经验，为今后研究的顺利开展不断努力。

参考文献

[1]李法顺.大学生职业生涯规划[M].南京:东南大学出版社,2006.

[2]杨朝祥.技术职业教育辞典[M].台北市:三民书局.1984.

[3]黄希庭.心理学导论[M].北京:人民教育出版社,2007.

[4]刘艳虹,朱楠,罗薇,王芳,王善峰,张石磊,李雪梅,田禾,张毅.北京市聋人职业适应性量表的编制[J].中国特殊教育.2009(04).

[5]韩梅,袁群,贾林. 聋人大学生就业力影响因素分析[J].教育与职业,2012(02).

[6]赖德胜,廖娟,刘伟.我国残疾人就业及其影响因素分析[J].中国人民大学学报,2008(01).

[7]贾欣岚,张健青,鲍国东,DeCaro James.世界各地聋人高等教育专业和主要机构[J].现代特殊教育,2004(06).

[8]李东梅.美国聋人高等教育的支持服务[J].中国残疾人,2006(08).